现代物流学理论与实务

主 编 孙中桥 朱春燕

东南大学出版社
SOUTHEAST UNIVERSITY PRESS
·南京·

内 容 提 要

全书共分为十一章,主要包括:概论,物流载运路网规划与布局,仓储与仓库及其附属建筑物,物流技术与设备的选择和利用,物流工具和工装的选择与利用,物流信息系统和技术构成与应用,物流服务与成本经济学分析,物流业的安全、风险防范与规避,物流标准化与法规体系建设,物流企业与运行管理,国际物流。

每章根据内容的多少进行了合理编排,主要由学习目标、案例导读、课后练习等构成。突出对基本理论、基本概念的讲解及学生实践实用技术的培养,充分体现了"管用、够用、适用"的教学指导思想。

本书内容系统全面,实用性强,适用面较为广博。它既可作为普通高等院校物流管理专业的入门课程教材,也可作为物流行业相关资质的培训教材,同时,还可作为硕士研究生入学考试的参考资料。

图书在版编目(CIP)数据

现代物流学理论与实务/孙中桥,朱春燕主编.
—南京:东南大学出版社,2022.1
ISBN 978-7-5641-9332-4

Ⅰ.①现… Ⅱ.①孙… ②朱… Ⅲ.①物流-研究
Ⅳ.①F25

中国版本图书馆 CIP 数据核字(2020)第 264072 号

责任编辑:马伟　责任校对:张万莹　封面设计:顾晓阳　责任印制:周荣虎

现代物流学理论与实务

主　　编	孙中桥　朱春燕
出版发行	东南大学出版社
社　　址	南京四牌楼2号　邮编:210096　电话:025-83793330
网　　址	http://www.seupress.com
电子邮件	press@seupress.com
经　　销	全国各地新华书店
印　　刷	常州市武进第三印刷有限公司
开　　本	787mm×1092mm　1/16
印　　张	17
字　　数	468千字
版　　次	2022年1月第1版
印　　次	2022年1月第1次印刷
书　　号	ISBN 978-7-5641-9332-4
定　　价	49.00元

本社图书若有印装质量问题,请直接与营销部调换。电话(传真):025-83791830

前 言

随着现代信息网络技术的日益完善和世界运输业的自由化,物流业的发展越来越迅猛,该产业已经成为国民经济的支柱产业之一。在当前我国社会主义市场经济的发展中,物流业越来越凸显出其重要性。目前,许多企业把物流发展作为提高市场竞争力和提升企业核心竞争力的重要手段。但因我国物流教育的滞后,现代物流综合性人才严重缺乏。在 21 世纪的今天,物流作为现代企业竞争优势的来源,作为一种一体化的组织形式和管理技术,已受到政府和企业的高度重视。许多学者也积极投入物流的教育和研究中,并取得丰硕的成果。

《现代物流学理论与实务》是普通高等院校交通运输类和物流管理类的核心课程之一。单单从它的主要业务活动"包、装、运、输、点、验、交、接"来讲,其涵盖的内容丰富且繁杂,不仅跨学科特征十分明显,而且是典型的理论与实际紧密结合的产物;从一项物流业务完成的整个过程来看,需要牵扯到商流、物流、信息流、资金流、加工制造流等,每一个业务环节都需要运用系统的思维和运作才能真正做到 2Es(efficiency & effectiveness,即效率和效益)。对于这样一本内容庞杂且涉及的知识面广博的教材,要规划组织好确实不太容易。可喜的是,本书两位编者浸淫于物流管理领域多年,不仅具有丰富的物流管理教学活动经验,而且也曾经为各个类型的企业提供过物流管理咨询项目的服务。教学活动与服务社会的双重工作真正实现了理论和实践的有机结合。可以说,本书正是在两位编者总结多年的物流教学和企业咨询经验的基础上完成的。鉴于此,本书的主要特点可归纳为:

1. 强调物流学方面的概念和理论的讲解。其主要的理论和概念在每一章节均有体现。这样,使得学生(学员)对物流学领域的主要理论和概念有一个全面的认识和了解。

2. 重视案例教学。本书配备了与各个章节核心内容相关的案例作为导引,运用案例深入浅出地对相关章节的内容进行编排。这样,不仅可以使学生(学员)跟随案例中的内容进入课程的学习,有助于他们对知识的理解和掌握;而且还可以通过对案例的研讨,活跃课堂氛围,增加师生互动环节。每一章的末尾还配有相关的思考题,供学生(学员)有效梳理知识点,复习巩固课程内容。

3. 注重知识体系的构建和学生(学员)认知能力与操作能力的培养。本书在内容编排上注重知识体系的搭建,从概念和理论出发,过渡到概念理论的内涵和其在实际中的运用,环环相扣,详略得当,结构严谨。这样的编排对于学生(学员)的系统思维能力和认知拓展能力是一种潜移默化的培养。同时,各个章节又相对独立,自成体系,使用本书的人员可以根据自己的需求进行学习。

  本书的编写,是编者严格按照教育部对本学科门类的要求,注重吸收国内外物流学发展的最新成果,结合自己多年来在实际授课过程中的经验,并运用编者为企业提供大量物流管理咨询服务过程中的所得,经过去粗取精、去伪存真、反复锤炼编撰而成。在全书的编写过程中,编者结合大量实际案例,从物流的基本概念着手,由浅到深、详细而系统地介绍了现代物流的发展脉络及每个发展阶段的特征;阐述了物流发展与社会经济发展相辅相成的关系。因而,本书具有较强的实践性、创新性和广泛的适用性。

  本教材由西安科技大学孙中桥老师、朱春燕老师担任主编。其中第1章到第6章由孙中桥老师编写;第7章至第11章由朱春燕老师编写;全书通稿、定稿由孙中桥老师完成。两位老师所指导的学生潘烨烨、马悦悦、张梦蝶、张改琪、王军、张远纯等参与了本书的校对工作。在本书编写过程中,编者还参考了物流学领域相关专家、学者的研究成果及观点,并将其列入书后的参考文献之中。同时,本书编者对东南大学出版社责任编辑马伟及其同事们对出版本书付出的辛劳表示衷心的感谢!

  限于作者水平,书中错误和遗漏在所难免,敬请广大读者批评指正。

本书编者于古城西安

2021年8月30日

目 录

1 概论 ··· 001
  1.1 物流概述 ·· 001
  1.2 物流基本理论与学说 ·· 008
  1.3 物流产业的形成与产业结构 ··· 011
  1.4 我国物流的发展现状与问题 ··· 013
  1.5 物流发展动态与战略趋势 ·· 020
  课后练习 ·· 022

2 物流载运路网规划与布局 ··· 023
  2.1 主干线交通路网 ··· 024
  2.2 主干物流交通枢纽的社会价值 ·· 040
  2.3 支线物流交通路线 ··· 042
  2.4 经济专用交通路线规划与布局 ·· 049
  课后练习 ·· 052

3 仓储与仓库及其附属建筑物 ··· 053
  3.1 仓储 ·· 054
  3.2 仓库 ·· 063
  3.3 仓库及其建筑物 ·· 065
  3.4 仓库选址 ··· 069
  3.5 仓库的相关计算 ·· 073
  课后练习 ·· 075

4 物流技术与设备的选择和利用 ·· 076
  4.1 包装技术与设备 ·· 077
  4.2 仓储技术与设备 ·· 082
  4.3 输送技术与设备 ·· 091
  4.4 集装单元化技术与设备 ··· 093
  4.5 装卸搬运技术与设备 ·· 097
  4.6 运输设施技术与设备 ·· 101
  4.7 流通加工技术与设备 ·· 104
  4.8 物流技术和设备的历史变迁与经济意义 ··· 106

课后练习 ·· 109

5　物流工具和工装的选择与利用 ·· 110
5.1　包装工具和工装 ·· 111
5.2　仓储工具和工装 ·· 112
5.3　集装单元化工具和工装 ··· 120
5.4　装卸搬运工具和工装 ·· 123
5.5　流通加工用工具和工装 ··· 126
5.6　物流工具和工装的历史变迁与经济意义 ··· 127
　　课后练习 ·· 128

6　物流信息系统和技术构成与应用 ··· 129
6.1　物流信息概述 ··· 129
6.2　物流信息系统的构成 ·· 133
6.3　物流信息平台建设 ··· 138
6.4　物流信息技术的应用 ·· 140
6.5　物流信息发展的经济意义 ·· 152
　　课后练习 ·· 153

7　物流服务与成本经济学分析 ··· 154
7.1　概述 ·· 155
7.2　物流服务的指标响应及分析 ··· 161
7.3　物流成本的构成与控制 ··· 166
7.4　物流服务与物流成本的关系与选择 ·· 173
7.5　物流服务的发展趋势 ·· 177
　　课后练习 ·· 182

8　物流业的安全、风险防范与规避 ··· 183
8.1　概论 ·· 183
8.2　物流安全及安全技术 ·· 184
8.3　物流风险及物流保险 ·· 197
8.4　我国应对物流风险及安全问题 ·· 200
8.5　国际物流常见风险、规避风险的新发展 ··· 202
　　课后练习 ·· 203

9　物流标准化与法规体系建设 ··· 204
9.1　物流标准化与法规体系的概述 ·· 204
9.2　物流标准体系的构成 ·· 210
9.3　物流法规体系的构成 ·· 214

  9.4 国际物流标准体系和法规 ·· 220
  课后练习 ·· 224

10 物流企业与运行管理 ·· 225
  10.1 物流企业的概述 ·· 226
  10.2 物流业在国内外发展状况 ·· 228
  10.3 物流企业的运作模式研究 ·· 231
  10.4 物流企业的增值服务研究 ·· 233
  10.5 物流企业管理合理化发展 ·· 238
  10.6 物流企业的整合发展战略 ·· 239
  课后练习 ·· 242

11 国际物流 ··· 243
  11.1 国际物流概述 ·· 243
  11.2 国际物流系统构成 ·· 246
  11.3 国际物流的增值研究 ·· 249
  11.4 货代在国际物流中的作用 ·· 251
  11.5 国际物流合理化趋势研究 ·· 253
  11.6 国际物流发展战略 ·· 255
  11.7 中国国际物流发展战略 ·· 258
  课后练习 ·· 259

参考文献 ··· 260

1 概论

学习目标

1. 掌握物流的概念。
2. 掌握物流的基本理论与观点。
3. 了解物流业的形成与物流产业结构。
4. 了解我国物流的发展现状与问题。
5. 了解物流发展动态与战略趋势。

案例导读·顺丰物流

顺丰在全国拥有38家直属分公司、3个分拨中心、近100个中转场、2 500多个基层营业网点,覆盖中国内地所有省区市。此外,顺丰在中国香港、澳门、台湾地区以及韩国、新加坡都设立网点,或者开通收派业务。一年365天,一天24小时,从黑龙江到海南,从上海到新疆,连接这些网点的是收派员的电动车、汽车和飞机。除了8万多员工,顺丰旗下资产还包括1 200余条各类陆运干线和6 000多辆自营车辆。此外,顺丰还是国内第一家使用全货运专机的民营速递企业。2020年度,顺丰在科技方面投入42.73亿元,比上年增长16%。在人工智能、大数据、机器人、物联网、物流地图等科技前沿领域进行了全面布局。目前,顺丰业务功能逐步实现了自动化分拣、大数据、数字化、智能化、可视化技术,并研发了智慧供应链平台,建立了区块链溯源平台,特别是在AI、5G技术发展驱动下,针对产业端的科技物流、生态物流拓宽了发展空间。

1.1 物流概述

物流一词的起源,有各种各样的说法。一般来说,物流一词的使用始于1905年,美军少校琼西·贝克在《军队和军需品运输》中认为军队调度和保障供给的工作就是物流。但是,现代社会的物流,特别是作为经营领域的物流,实际上开始于第二次世界大战。

1.1.1 物流发展历史

1) 美国物流的发展

20世纪50年代美国的物流处于停滞状态,其特征是这一领域并没有一种处于主导地位的物流理念。在企业中,物流的活动被分散管理。究其原因,主要是美国经济的快速发展使企业的生产满足不了需求,企业的经营思想是以生产制造为中心,根本无暇顾及流通领域中的物流问题。

60年代,美国的工业品向全世界出口,MADE IN USA成为优质品的代名词。因此,60年代是美国大量生产、大量消费的时代。生产厂商为了追求规模经济进行大量生产,而生产出的产品大量地进入流通领域。此时,出现了大型百货商店、超级市场。

在60年代,备货日期达到30天,因此,企业一般都拥有大量库存。作为企业的物流管理者,大量库存是天经地义的事,没有必要进行改善。对提供运输服务的物流企业,美国政府制定了严格的准入制度和运费规定,限制了物流行业内的竞争。当时大多数企业并不考虑进行物流改革,仅把物流作为一个成本核算的部门。

70年代,美国经济发生了重大变革。外部环境的变化,一方面给企业自身带来了改善物流系统的推动力,同时,也促使政府开始修改高物流成本温床的管理政策。70年代前期出现了一种新的物流服务方式,它就是1973年由Fred Smith使用8架小型飞机开始的航空快递业务。另外,物流总成本的概念也为美国物流的发展起到了推动作用。

80年代,美国政府出台了一系列物流改善政策,对美国物流的发展带来了极大的促进作用。在物流改善政策对象的卡车运输业,由于新企业的出现,行业竞争的激烈程度大大增加,使得很多企业破产。相反,由于政策环境的宽松,利用运输服务的企业得到了实惠。物流费用占国民生产总值的比例,在80年代大幅减少,显示了政策环境的改善对经济的直接影响效果。从PD(Physical Distribution)向Logistics的转化令美国企业全面进入物流领域的时代。JIT管理思想的导入,JIT方式的采用,大大降低了企业的库存,同时也给运输带来了新的压力。即企业对运输服务的准确性和及时性的要求比以往任何时候都高。随着新技术的革新,铁路运输也出现了很多革新,以铁路运输为主的多式联运(inter-modal transport)开始迅速普及。在这一时期,铁路集装箱运输也开始迅速发展,例如双层集装箱运输方式(double stack train)就是这一时期的产物。这种运输方式的产生,给美国国内集装箱运输提供了重要的支撑。航空快递运输的大量出现也是这一时期的产物,涌现出诸如UPS、DHL等众多的航空快递企业。一般货物的快递运输发展也很迅速,比如UPS公司。UPS公司在全美国提供翌日或第三日到达的快递业务。新的管理形式,外包制(outsourcing)成为当时降低成本、提高企业竞争能力的重要手段。美国企业在新的物流理念的指导下,改善物流系统,开始提供多样的物流服务,可以说,80年代的美国迎来了物流革新的新时代。

90年代至今,供应链管理理论的产生,使得物流系统更加系统化、整合化,物流也从logistics向SCM转化。物流与供应链管理的区别在于,物流强调的是单一企业内部的各个物流环节的整合,而供应链并不仅是一个企业物流的整合,其所追求的是商品流通过程中所有链条企业的物流整合。具体指的是商品到达消费者手中,中间要包括零售商、批发商、制造商、原材料零件的供应商等,而物流则处于流动的整个环节中。为了能够以低成本、快速地提供商品,仅考虑单一企业内部的物流整合是远达不到目的的,必须对链条中的所有企业的物流进行统一管理、整合才能实现上述目标,这就是供应链管理。

2) 中国物流的发展

新中国成立以来,我国物流发展大体经过了五个阶段。

第一阶段(1950—1952年)为国民经济恢复阶段。当时,有些工业生产和交通运输逐步在恢复和建设。在大部分流通部门,只是根据物流业务的需要,修建一些仓库或租用民房储存商品，购置一部分车辆进行运输。一些企业建立了储运部、汽车队等。在行政部门设置了储运局、储运处等。各个大区和一些省、市建立了少数仓储公司或储运公司，不过这种独立经营的物流企业不多，绝大多数是附属于各个专业公司或批发站的仓库和汽车队。至于工业生产部门，这时物流问题尚未摆到日程上来。

第二阶段(1953—1965年)为物流初期发展阶段。从1953年起，我国开始实行第一个五年计划，工农业生产、交通运输建设在恢复的基础上有了较快的发展，城乡物资交流日益兴旺，社会商品流通也不断扩大。商业、物资、粮食、外贸等流通部门相继在一些大中城市建立了储运公司、仓储公司、外运公司等"商物分离型"、专业化的大中型物流企业，以及附属于各个专业公司、批发站的储运部、中转站、仓库等"商流合一型"的小型物流企业，形成了覆盖全国的物流网络。这些早期的物流企业和第一代物流人，为我国物流业发展做出了很大贡献。

第三阶段(1966—1976年)为不景气(停滞)阶段。十年动乱时期，经济发展遭到破坏，物流业也和其他行业一样，陷于停滞状态。

第四阶段(1977—1992年)为改革开放阶段。我国社会主义四个现代化建设加快了步伐。随着国内商品流通和国际贸易的不断扩大，我国物流业取得了长足的发展。除各个流通部门专业性的物流企业不断增加外，生产部门也开始重视物流问题，并设置了物流研究室、物流技术部等，还发展了一些集体和个体物流企业。在交通运输方面，新增建了铁路、公路、港口、码头，增加了车辆，改进了技术，提高了车速，部分区段实现了电气化、高速化，开展了集装箱运输、散装运输和联合运输等。物流业本身也逐步打破部门、地区的界限，向社会化、专业化、现代化的方向发展。

第五阶段(1993年至今)为社会主义市场经济阶段。党的十四届三中全会《关于建立社会主义市场经济若干问题的决定》使我国经济进入一个新的历史发展阶段，为我国物流业的发展带来了机遇和挑战。一方面，对一些老储运企业进行改革、改造、重组等，以适应新的形势发展需要；另一方面，也积极建设一些现代物流企业，以迎接国外物流企业的挑战。这一阶段，除公有制的物流企业外，非公有制的物流企业迅速增加，外资和中外合资的物流企业也逐渐多起来。

1.1.2　物流的定义

关于物流活动的最早文献记载是在英国。1918年，英国犹尼利弗的哈姆勋爵成立了"即时送货股份有限公司"，目的是在全国范围内把商品及时送到批发商、零售商和用户手中。二战期间，美国从军事需要出发，在战时对军火进行的供应中，首先采用了"物流管理(Logistics Management)"一词，并对军火的运输、补给、屯驻等进行全面管理。二战后，"物流"一词被美国人借用到企业管理中，称为"企业物流(Business Logistics)"。

据日本物流管理协会的资料记载，日本在20世纪50年代成立了生产性本部，目的是为了改进流通领域的生产效率，确保经济的顺畅运行和发展。1956年秋季该团体考察了美国的物流，其间，美国著名教授肯巴斯先生讲到，美国30年来国民经济之所以顺利发展，原因之一就是既重视生产效率又重视流通效率。

日本考察团回国后便向政府提出了重视物流的建议，并在产业界掀起了PD启蒙运动。在日本能率协会内设立了PD研究会，每个月举办PD研讨会；在流通经济研究所，日本权威物流学者林周二教授等也组织起 PD 研究会,积极开展各种形式的物流启蒙教育活动。

中国的"物流"一词是在 20 世纪 80 年代,对"Logistics"一词翻译而得到的。2012 年,在中国物流术语标准中,将物流定义为"物品从供应地向接收地的实体流动过程中,根据实际需要,将运输、储存、采购、装卸、搬运、包装、流通加工、配送、信息处理等功能有机结合起来实现用户要求的过程"。

1998 年美国物流管理协会把物流定义为"是供应链活动的一部分,是为了满足客户需要而对商品、服务以及相关信息从产地到消费地的高效、低成本流动和储存进行的规划、实施与控制的过程"。

1.1.3 物流的分类

按照不同的标准,物流可以按以下几种方式分类:

1) 按物流的范畴,物流分为社会物流和企业物流

社会物流属于宏观范畴,包括设备制造、运输、仓储、装饰包装、配送、信息服务等,公共物流和第三方物流贯穿其中;企业物流属于微观物流范畴,包括生产物流、供应物流、销售物流、回收物流和废弃物物流等。

2) 根据作用领域的不同,物流分为生产领域的物流和流通领域的物流

生产领域的物流贯穿生产的整个过程。生产的全过程从原材料的采购开始,便要求有相应的供应物流活动,即采购生产所需的材料;在生产的各个工艺流程之间,需要原材料、半成品的物流过程,即所谓的生产物流;部分余料、可重复利用的物资的回收,就是所谓的回收物流;废弃物的处理则需要废弃物物流。

流通领域的物流主要是指销售物流。在当今买方市场条件下,销售物流活动带有极强的服务性,以满足买方的需求,最终实现商品的价值。在这种市场前提下,销售往往以送达用户并经过售后服务才算终止。因此企业销售物流的特点便是通过包装、送货、配送等一系列物流实现销售的目标。

3) 根据发展的历史进程,将物流分为传统物流、综合物流和现代物流

传统物流的主要精力有时集中在仓储和库存的管理以及派送上,而有时又把主要精力放在仓储和运输方面,以弥补在时间和空间上的差异。

综合物流不仅提供运输服务,还包括许多协调工作,是对整个供应链的管理,如对陆运、仓储部门等一些分销商的管理,包括订单处理、采购等内容。由于很多精力放在供应链管理上,其责任更大,管理也更复杂,这是它与传统物流的区别所在。

现代物流是为了满足消费者需要而进行的从起点到终点的原材料、中间过程库存、最终产品和相关信息有效流动及储存计划、实现和控制管理的过程。它强调了从起点到终点的过程,提高了物流的标准和要求,是各国物流的发展方向。国际上大型物流公司认为现代物流有两个重要功能:能够管理不同货物的流通时间、成本和质量;建立信息和通信系统,借助网络建立商务联系,直接从客户处获得订单,主动执行订单的服务内容。

4) 根据提供服务的主体不同,将物流分为代理物流和生产企业内部物流

代理物流也称第三方物流(Third Party Logistics, 3PL),是指由物流劳务的供方、需方之外的第三方去完成物流服务的运作模式。第三方就是向供需交易双方提供部分或全部物流服务的专业服务提供者。

生产企业内部物流是指一个生产企业中,原材料进厂后,经过多道工序加工成零件,然后将零件组装成部件,最后组装成成品出厂,也就是企业内部物资的流动服务。

5) 按物流的流向不同,可以分为内向物流和外向物流

内向物流是企业从生产资料供应商进货所引发的产品流动,即企业从市场采购的过程;外向物流是从企业到消费者之间的产品流动,即企业将产品送达市场并完成与消费者交换的过程。

1.1.4 物流的作用

关于物流的作用,概要的说,包括服务商流、保障生产和方便生活三个方面。

1) 服务商流

在商流活动中,商品所有权在购销合同签订的那一刻,便由供方转移到需方,而商品实体并没有因此而移动。除了非实物交割的期货交易,一般的商流都必须伴随相应的物流过程,即按照需方(购方)的需要将商品实体由供方(卖方)以适当方式、途径向需方转移。在这整个流通过程中,物流实际上是以商流的后继者和服务者的姿态出现的。没有物流的作用,一般情况下,商流活动都会退化为一纸空文。电子商务的发展需要物流的支持,就是这个道理。

2) 保障生产

从原材料的采购开始,便要求有相应的物流活动,采购的原材料必须到位,否则,整个生产过程便成了无米之炊;在生产的各个工艺流程之间,也需要原材料、半成品的物流过程,实现生产的流动性。就整个生产过程而言,实际上就是系列化的物流活动。合理化的物流,通过降低运输费用而降低成本,通过优化库存结构而减少资金占压,通过强化管理进而提高效率等,有效促进整个社会经济水平的提高。

3) 方便生活

实际上,生活的每一个环节,都有物流的存在。通过国际运输,可以使世界名牌出现在不同肤色的人身上;通过先进的储藏技术,可以使新鲜的果蔬在任何季节亮相;搬家公司周到的服务,可以使人们轻松地乔迁新居;多种形式的行李托运业务,可以使人们在旅途中享受舒适的生活。

1.1.5 物流的基本职能

物流的基本职能是指物流活动应该具有的基本能力,以及通过对物流活动最佳的有效组合,体现物流的总体功能,以达到物流的最终经济目的。

一般认为,物流的基本职能应该由包装、装卸搬运、运输、储存保管、流通加工、配送、废旧物的回收与处理,以及与上述职能相关的情报信息等所构成。也就是说,物流的目的是通过实现上述职能来完成的。

1) 包装

包装具有保护物品、便利储存运输的基本功能。包装存在于物流过程中的各个环节,包括产品的出厂包装,生产过程中在制品、半成品的换装,物流过程中的包装、分装、再包装等。一般来讲,包装分为工业包装、商业包装和物流包装。

2) 装卸搬运

装卸搬运是指在一定的区域内,以改变物品存放状态和位置为主要内容的活动。对装卸搬运的研究，主要是对装卸搬运方式和装卸搬运机械的选择，以及通过对装卸搬运物品灵活性和可运性的研究，其目的主要是提高装卸搬运效率。

3）运输

运输职能主要是实现物质资料长距离的空间移动。运输是一个极为重要的环节，在物流活动中处于中心地位，是物流的一个支柱。对运输问题进行研究的内容主要有：运输方式及其运输工具的选择，运输线路的确定，以及为了实现运输安全、迅速、准时、价廉的目的所实行的各种技术措施和合理化问题的研究等。

4）储存保管

一般来讲，储存保管是通过仓库的功能来实现的。物质资料的储存，是社会再生产过程中客观存在的现象，也是保证社会再生产连续不断运行的基本条件之一。有物质资料的储存，就必然产生如何保持储存物质资料的使用价值和价值，使其不至于发生损害的问题，为此就需要对储存物品进行以保养、维护为主要内容的一系列技术活动和保管作业活动，以及为了进行有效的保管，需要对保管设施的配置、构造、用途及合理使用、保管方法和保养技术的选择等作适当处理。

5）流通加工

在流通过程或生产过程中，为了向用户提供更有效的商品，或者为了弥补加工不足，或者为了合理利用资源，更有效地衔接产需，往往需要在物流过程中进行一些辅助的加工活动，这些加工活动，就被称为流通加工。对流通加工的研究，其内容非常丰富，诸如流通过程中的装袋、单元小包装、配货、挑选、混装等，生产外延流通加工中的剪断、打孔、拉拔、组装、改装、配套等，以及因经济管理的需要而进行的规模、品种、方式的选择和提高加工效率的研究等，都属于流程加工的职能。

6）配送

配送是物流的一种特殊的、综合的活动形式。它几乎包括了物流的所有职能，是物流的一个缩影或在某一范围内物流全部活动的体现。一般来讲，配送是集包装、装卸搬运、保管、运输于一体，并通过这些活动完成将物品送达的目的。配送问题的研究包括配送方式的合理选择，不同物品配送模式的研究，以及围绕配送建设相关的配送中心地址的确定、设施的构造、内部布置和配送作业及管理等问题的研究。

7）废旧物的回收与处理

废旧物的回收与处理是物流研究不可回避的问题。之所以把它视为物流的一种职能，其主要原因是由于生产消费和生活消费所产生的大量废旧物需要经过收集、分类、加工、处理等一系列活动；或使废旧物转化为新的生产要素，重新返回到生产过程或消费过程；不能成为新的生产要素的废旧物，则需要经过销毁、填埋等方式予以处理。

8）情报信息

物流整体职能的发挥，是通过物流各种职能之间的相互联系、相互依赖和相互作用来实现的。也就是说，各种职能的作用不是孤立存在的，这就需要及时交换情报信息。情报信息的基本职能在于对情报信息的收集、加工、传递、存储、检索、使用，包括其方式的研究，以及管理信息系统的开发与应用研究等，其目的在于保证情报信息的可靠性和及时性，以促进物流整体功能的发挥。

1.1.6 我国物流运行现状

物流业是融合运输业、仓储业、货代业和信息业等的复合型服务产业,是国民经济的重要组成部分,涉及领域广,吸纳就业人数多,促进生产、拉动消费作用大,在促进产业结构调整、转变经济发展方式和增强国民经济竞争力等方面发挥着重要作用。

物流产业对国民生产总值的贡献程度,可通过物流产业所创造的产值占国民生产总值的比例来衡量。

"十一五"期间国务院印发《物流业调整和振兴规划》以来,我国物流业保持较快增长,服务能力显著提升,基础设施条件和政策环境明显改善,现代产业体系初步形成。物流业已成为国民经济的重要组成部分。

1) 服务能力显著提升

物流企业资产重组和资源整合步伐进一步加快,形成了一批所有制多元化、服务网络化和管理现代化的物流企业。传统运输业、仓储业加速向现代物流业转型,制造业物流、商贸物流、电子商务物流和国际物流等领域专业化、社会化服务能力显著增强,服务水平不断提升,现代物流服务体系初步建立。

2) 技术装备条件明显改善

信息技术广泛应用,大多数物流企业建立了管理信息系统,物流信息平台建设快速推进。物联网、云计算等现代信息技术开始应用,装卸搬运、分拣包装、加工配送等专用物流装备和智能标签、跟踪追溯、路径优化等技术迅速推广。

3) 基础设施网络日趋完善

中国网财经 2018 年 4 月 12 日讯:据交通运输部网站消息,交通运输部日前发布《2018 年交通运输行业发展统计公报》显示,截至 2018 年年底,全国铁路营业里程达到 13.1 万千米,其中高铁营业里程 2.9 万千米以上;公路总里程 484.65 万千米,其中高速公路里程 14.26 万千米;内河航道通航里程 12.71 万千米,港口拥有生产用码头泊位 23 919 个;颁证民用航空机场达 235 个。

4) 发展环境不断优化

"十二五"规划纲要明确提出"大力发展现代物流业"。国务院印发《物流业调整和振兴规划》,并制定出台了促进物流业健康发展的政策措施。有关部门和地方政府出台了一系列专项规划和配套措施。社会物流统计制度日趋完善,标准化工作有序推进,人才培养工作进一步加强,物流科技、学术理论研究及产学研合作不断深入。

总体上看,我国物流业已步入转型升级的新阶段。但是,物流业发展总体水平还不高,发展方式属于粗放型。主要表现为:

(1) 物流成本高、效率低。2013 年全社会物流总费用与国内生产总值的占比高达 18%,高于发达国家水平 1 倍左右,也显著高于巴西、印度等发展中国家的水平。一方面由于我国基础设施落后,且利用效率不高,如当时全国仓储行业仓库利用率仅为 40%;另一方面,物流经营对管理水平和信息系统要求都很高,而我国物流业在这两个环节上都比较薄弱。

(2) 条块分割严重,阻碍物流业发展的体制机制障碍仍未打破。企业自营物流比重高,物流企业规模小,先进技术难以推广,物流标准难以统一,迂回运输、资源浪费的问题突出。

以公路运输为例,目前我国自货自运车辆占社会运输车辆总数的70%以上,运输效率低,物流过程造成的浪费惊人。长期以来"大而全""小而全"的生产模式和经营观念使货运市场呈现出货源封闭状态,社会物流专业化服务程度很低。

(3) 基础设施相对滞后,不能满足现代物流发展的要求。现代化仓储、多式联运转运等设施仍显不足。布局合理、功能完善的物流园区体系尚未建立,高效、顺畅、便捷的综合交通运输网络尚不健全,物流基础设施之间不衔接、不配套问题比较突出。

(4) 政策法规体系不够完善,市场秩序不够规范。物流是一项高度系统化的工程,需要从业者具有完善的市场意识和法制观念,而我国有关物流经营的法律法规体系还很不健全,大部分从业者市场意识薄弱。已经出台的一些政策措施有待进一步落实,一些地方针对物流企业的乱收费、乱罚款问题突出。信用体系建设滞后,物流业从业人员整体素质有待进一步提升。

在现实的市场环境与自身条件下,我国物流业的发展具有以下有利因素:

第一,供应渠道呈现多样化,流通环节减少,这符合现代物流的发展趋势。

第二,货物运输中小批量、多品种、高价值的货物越来越多,客户在运输的时效性和服务质量方面的要求越来越高。

第三,生产制造业对专业物流服务需求增长。一些大型生产企业开始转向寻求专业运输企业为其在全国乃至全球范围内组织运输和配送;一些跨国公司对选择有实力的专业物流企业负责其物流运作有较高的要求。

第四,我国的运输企业和储运企业专业化物流服务能力有所提高。

第五,物流服务领域有相当大的发展空间。

目前我国一般工业产品的流通费用占商品价格50%左右,而新鲜水果、易变质食品和某些化工产品的流通费用有时高达商品售价的70%以上,我国汽车生产中90%以上的时间是原材料、零配件的储存、装卸和搬运的时间。这些费用和时间上的消耗正是实施物流管理的领域,为物流的发展留下了巨大的空间。

1.2 物流基本理论与学说

任何一门学科,都离不开一定的理论学说的支撑,物流作为新兴学科,自然也有其独特的学说作为支撑。尽管时代蓬勃发展,信息日新月异,但这些学说中的精华,却像是大厦的基石一般,奠定了物流学的基础。

1.2.1 商物分流

物流科学赖以存在的先决条件,即所谓的商物分流,指的是流通中的两个组成部分,即商业流通和实物流通各自按照自己的规律和渠道独立运动。

商物分流又称商物分离,是指商流与物流在时间、空间上的分离。商贸企业可以不再有实际的存货,不再有真实的仓库,仅仅拥有商品的所有权,存货可以由工厂保管,也可以由市郊的物流中心保管;销售时,商贸企业完成的仅仅是所有权的转移,而具体的物流则交给工厂或物流中心处理。这样,可有效降低仓储、运输、装卸、管理成本,缓解相关区域的交通压力。

"商"指"商流",即商业性交易,实际是商品价值运动,是商品所有权的转让,流动的是"商品所有权证书",是通过货币实现的。

"物"即"物流",即马克思讲的"实际流通",是商品实体的流通。本来商流和物流是紧密地结合在一起的,进行一次交易,商品便易手一次,商品实体便发生一次运动。物流和商流是相伴而生并形影相随的,两者共同运动,取同样过程,只是运动形式不同而已。在现代社会诞生之前,流通大多采取这种形式,甚至今日,这种情况仍不少见。

商流和物流也有其不同的物质基础和社会形态。从马克思主义政治经济学角度看,在流通这一统一体中,商流明显偏重于经济关系、分配关系、权力关系,因而属于生产关系范畴;而物流明显偏重于工具、装备、设施及技术,因而属于生产力范畴。所以,商物分流实际是流通总体中的专业分工、职能分工,是通过这种分工实现大生产式的社会再生产的产物。这是物流科学中重要的新观念。物流科学正是在商物分流基础上才得以对物流进行独立的考察,进而形成的科学。但是,商物分流也并非是绝对的,在现代科学技术有了飞跃发展的今天,优势可以通过分工获得,也可以通过趋同获得,"一体化"的动向在原来许多分工领域中变得越来越明显。在流通领域中,发展也是多形式的,绝对不是单一的"分流"。

1.2.2 "黑大陆"学说

著名管理学权威 P.E.德鲁克曾经讲过:"流通是经济领域里的黑暗大陆。"德鲁克的流通学说是泛泛而谈。但是,在流通领域中,物流活动的模糊性尤其突出,流通领域中的人们更是认识不清。所以,"黑大陆"学说主要是针对物流而言。

在财务会计中,生产经营费用大致划分为生产成本、管理费用、营业费用、财务费用,然后再把营业费用按各种支付形态进行分类。这样,在利润表中所能看到的物流成本在整个销售额中只占极小的比重。因此物流的重要性当然不会被认识到,这就是物流被称为"黑大陆"的一个原因。

由于物流成本管理存在的问题及有效管理对企业盈利和发展的重要作用,1962年,德鲁克在《财富》杂志上发表了题为《经济的黑色大陆》一文,他将物流比作"一块未开垦的处女地",强调应高度重视流通及流通过程中的物流管理。

1.2.3 物流"冰山说"

物流"冰山说"是日本早稻田大学西泽修教授提出的。他专门研究物流成本时发现,现行的财务会计制度和会计核算方法都不可能掌握物流费用的实际情况,因而人们对物流费用的了解是一片空白,甚至有很大的虚假性。他把这种情况比作"物流冰山",其特点是大部分沉在水面以下的是我们看不到的黑色区域,而我们看到的不过是物流的一小部分。

1.2.4 第三利润源

从历史发展来看,人类历史上曾经有过两个大量提供利润的领域:第一个是资源领域,第二个是人力领域。在这两个利润源潜力越来越小、利润开拓越来越困难的情况下,物流领域的潜力越来越被人们所重视,按时间序列排为"第三利润源"。

"第三利润源"的说法来源于日本。第三利润源,是对物流潜力及效益的描述。

对第三利润源理论最初的认识是基于两个前提条件:第一,物流可以完全从流通中分化出来，自成一体，独立运行，有自身目标和管理，因而能对其进行独立的总体判断；第二，物流和其他独立的经营活动一样，它不是总体的成本构成因素，而是单独盈利因素，物流可以成为"利润中心"型的独立系统。

1.2.5 效益悖反说

效益悖反（Trade-off）这一术语表明的是两个相互排斥而又被认为是同样正确的命题之间的矛盾。"效益悖反"是物流领域中很普遍的现象，是物流领域中内部矛盾的反映和表现。"效益悖反"指的是物流的若干功能要素之间存在着损益的矛盾，即某一功能要素的优化和利益发生的同时，必然会存在另一个或几个功能要素的利益损失，反之也如此。这是一种此涨彼消、此盈彼亏的现象，往往导致整个物流系统效率的低下，最终会损害物流系统的功能要素的利益。

1.2.6 成本中心说

成本中心说认为：物流在整个企业战略中，对企业营销活动的成本产生影响，是企业成本的重要产生点；因而，解决物流的问题，并不只是为了追求合理化、现代化，也不在于支持、保障其他活动，更重要的是为了通过物流管理和物流的一系列活动降低成本。所以，成本中心既是指主要成本的产生点，又是指降低成本的关注点。物流是"降低成本的宝库"等说法正是这种认识的形象表述。但是，成本中心学说过分地强调了物流的成本机能，认为改进物流的目标只是降低成本，致使物流在企业发展战略中的主体地位没有得到认可，从而限制了物流本身的进一步发展。

1.2.7 利润中心说

物流可以为企业提供大量直接和间接的利润，是形成企业经营利润的主要活动。非但如此，对国民经济而言，物流也是国民经济中创利的主要活动。因此，物流的这一作用，被表述为"利润中心说"。

1.2.8 服务中心说

服务中心说是美国和欧洲等一些国家学者的观点。这种观点认为，物流活动最大的作用并不在于为企业减少消耗、降低成本或增加利润，而是在于提高企业对用户的服务水平，进而提高企业的竞争能力。因此，他们在使用描述物流的词汇上选择了"后勤"一词，特别强调其服务保障的职能。通过物流的服务保障，企业以其整体能力来压缩成本、增加利润。

服务中心说是强调物流的服务保障功能，认为服务重于成本，通过服务质量的不断提高可以实现总成本的下降。

目前，国内有关物流的服务性功能的研究也是一个比较热的话题，有的从顾客满意度的角度，探讨物流服务的功能和作用以及衡量指标体系；也有的从客户关系角度，研究客户关系管理在物流企业中的应用价值和方法。

1.2.9 战略说

战略说是当前非常盛行的说法。实际上，学术界和产业界越来越多的人已逐渐认识到，物流更具有战略性,是企业发展的战略而不是一项具体操作性任务。应该说这种看法把物流放到了很高的位置。企业战略关乎生存和发展。物流会影响企业总体的生存和发展,而不只是在某个环节降低成本。

1.3 物流产业的形成与产业结构

1.3.1 物流产业的形成与发展

物流作为一个新兴的产业,从产生到现在的蓬勃发展,经历了漫长的时期,可以分为四个阶段。

1) 第一阶段

20世纪初至50年代是物流发展的初始阶段。1956年物流概念被引进,受到理论界和实业界重视。在此期间政府加强了对物流基础设施的建设。科研院所开始重视有关车站、码头的装卸运作的研究和实践,重视工厂范围的物流。工厂也开始对物料传递与搬运进行变革,对厂内的物流进行必要的规划。

2) 第二阶段

20世纪60至70年代现代市场营销观念形成,物流在为顾客提供服务上起了重要作用,特别是配送得到快速发展,强调实现物流的近代化,开始在世界范围内进行高速道路网、港口设施、流通聚集地等基础设施的建设。物流的需求增多,形成了基于工厂集成的物流,成立了动态的物流配送中心。信息的获取采用了电话、计算机等设备。

3) 第三阶段

20世纪70至80年代逐步改变传统的采购、销售、研发等企业分解式管理的思维方式,物流向协作化和专业化方向发展,进入合理化阶段。用系统的观点开展降低成本的活动,企业内开始出现专业物流部门,物流子公司开始兴起。世界范围的物流联网蓬勃发展,开始探索综合物流供应链管理,实现物流服务的差别化。物流采用了现代的传真、条形码扫描等技术。从此,第三方物流开始兴起。

与此同时,世界产业结构调整,发达国家纷纷将劳动密集型产业,特别是制造业向发展中国家转移,而自身迅速发展生产性服务业,从而获取经济控制力。许多国际型大城市的物流业,在经济全球化与区域经济一体化过程中,从高度集中的制造业模式向高度集中的生产性服务业模式转变,生产性服务业已成为国际大都市的一个标志性产业。但需要说明的是,现代物流业也为消费者服务,城市里为千家万户进行消费品配送就属于这一类。

4) 第四阶段

20世纪90年代至今,现代物流高速发展,并向信息化、网络化发展。利用信息系统、条形码等技术收集、传递信息。受到经济发展的制约,物流合理化观念面临进一步变革。随着经济全球化步伐的加快,科学技术尤其是信息技术、通信技术的发展,跨国公司的出现导致的本土化生产、全球采购、全球消费趋势的加强,现代物流的发展呈现出新的特点,电子物流(E-Logistics)开始兴起。

基于网络的电子商务的迅速发展促进了电子物流的兴起。企业通过互联网加强了企业内部、企业与供应商、企业与消费者、企业与政府部门的联系和沟通,相互协调、相互合作。

消费者可以直接在网上获取有关产品或服务信息,实现网上购物。这种网上的"直通方式"使企业能迅速、准确、全面地了解需求信息,实现基于顾客订货的生产模式(Build To Order,BTO)和物流服务。

此外,电子物流还可以在线追踪发出的货物,在线规划投递路线,在线进行物流调度,在线进行货运检查。可以说电子物流是21世纪物流发展的大趋势。

与此同时,物流规模和物流活动的范围进一步扩大,物流企业将向集约化与协同化方向发展。集约化物流是指物流企业在一定区域或范围内,把个别的、零碎的、分散而同质的生产组织形式集中为成规模的、便于现代化大生产的组织形式;协调化物流是规避资源重复设置和浪费,充分利用信息和网络技术,运用现代组织和管理方式,延伸供应链管理领域的服务范围,将物流、运输、仓储、配送、信息等环节进行有效资源整合,优化运作成本,并进行社会一体化协作经营的新体制物流。

21世纪是一个物流全球化的时代,企业之间的竞争十分激烈。要满足全球化或区域化的物流服务,企业规模必须扩大并形成规模效益。规模的扩大可以是企业合并,也可以是企业间的合作与联盟,主要表现在以下几个方面。

1.3.2　物流园区的建设

物流园区是多种物流设施和不同类型的物流企业在空间上集中布局的场所,是具有一定规模和综合服务功能的物流集结点。物流园区的建设,有利于实现物流企业的专业化和规模化,发挥它们的整体优势和互补优势。

物流园区是由分布相对集中的多个物流组织设施和不同的专业化物流企业构成的具有产业组织、经济运行等物流组织功能的规模化、功能化的区域。这首先是一个空间概念,与工业园区、经济开发区、高新技术开发区等概念一样,具有产业一致性和相关性,拥有集中连片的物流用地空间。

物流园区是对物流组织管理节点进行相对集中建设与发展的具有经济开发性质的城市物流功能区域。其次是一个功能概念,作为城市物流功能区,物流园区包括物流中心、配送中心、运输枢纽设施、运输组织及管理中心和物流信息管理中心等适应城市物流管理与运作需要的物流基础设施。

再次,物流园区也是一个经济概念,也是依托相关物流服务设施,进行与降低物流成本、提高物流运作效率和改善企业服务有关的流通加工、原材料采购和便于与消费地直接联系的生产等活动的具有产业发展性质的经济功能区。作为经济功能区,其主要任务是开展满足城市居民消费、就近生产、区域生产组织所需要的企业生产经营活动。

1.3.3　物流企业的兼并与合作

随着国际贸易的发展,美国和欧洲的一些大型物流企业跨越国境展开连横合纵式的并购,大力拓展国际物流市场,以争取更大的市场份额。除此之外,另一种集约化方式是物流企业之间合作与建立战略联盟。

随着消费多样化、生产柔性化、流通高效化时代的到来,社会和客户对物流服务的要求越来越高,物流服务的优质化是物流今后发展的重要趋势。5个亮点"Right"的服务,即把物流业的产品(The right product)在规定的时间(At the right time)、规定的地点(In the right place)、以适当的数量(In the right quantity)、合适的价格(At the right price)提供给客户将成为物流企业优质服务的共同标准。物流成本已不再是客户选择物流服务的唯一标准,人们更多的是注重物流服务的质量。物流服务的全球化是今后发展的又一重要趋势。许多大型制造部门正在朝着"扩展企业"的方向发展。这种所谓的"扩展企业"基本上就是把全球供应链条上所有的服务商统一起来,并利用最新的计算机体系加以控制。同时,制造业已经实行"定做"服务理论,并不断加速其活动的全球化,对全球供应连锁服务业提出了一次性销售(即"一票到底"的直销)的需求。这种服务要求极其灵活机动的供应链,这也迫使物流服务商几乎都采取了一种"一切为客户服务"的解决方法。

1.3.4 第三方物流的快速发展

第三方物流(Third party logistics)是指在物流渠道中由中间商提供的服务。中间商以合同的形式在一定期限内,提供企业所需的全部或部分物流服务。第三方物流提供者是一个为外部客户管理、控制和提供物流服务作业的公司,通过提供一整套物流活动来服务于供应链。

1.3.5 绿色物流是物流发展的又一趋势

物流虽然促进了经济的发展,但是物流的发展同时也会给城市环境带来不利的影响,如运输工具的噪声、污染排放、对交通的阻塞等,以及生产及生活中的废弃物的不当处理所造成的对环境的影响。

21世纪对物流提出了新的要求,即绿色物流。绿色物流包括两方面:一方面是对物流系统污染进行控制,即在物流系统和物流活动的规划与决策中尽量采用对环境污染小的方案;另一方面就是建立工业和生活废料处理的物流系统。物流业须不断采用新的科学技术改造物流装备,提高管理水平。

"十一五"期间,国务院印发了《物流业调整和振兴规划》,提出大力发展绿色物流,优化运输结构,合理配置各类运输方式,提高铁路和水路运输比重,促进节能减排。大力发展甩挂运输、共同配送、统一配送等先进的物流组织模式,提高储运工具的信息化水平,减少返空、迂回运输。鼓励采用低能耗、低排放运输工具和节能型绿色仓储设施,推广集装单元化技术。

1.3.6 智慧物流

智慧物流(Intelligent Logistics System,ILS)由IBM首次提出。2009年12月,中国物流技术协会信息中心、华夏物联网、《物流技术与应用》编辑部联合提出此概念:物流是指在空间、时间变化中的商品等物质资料的动态状态;而"智慧物流"是指通过智能硬件、物联网、大数据等智慧化技术与手段,提高物流系统分析决策和智能执行的能力,提升整个物流系统的智能化、自动化水平。

1.4 我国物流的发展现状与问题

1.4.1 我国物流发展的现状

"十一五"期间,特别是国务院印发《物流业调整和振兴规划》以来,我国物流业保持较快增长,服务能力显著提升,基础设施条件和政策环境明显改善,现代产业体系初步形成,物流业已成为国民经济的重要组成部分。

1) 产业规模快速增长

全国社会物流总额 2020 年达到 300.1 万亿元,同比增长 3.5%。从构成看,工业品物流总额 269.9 万亿元,按可比价格计算,同比增长 2.8%;农产品物流总额 4.6 万亿元,增长 3.0%;单位与居民物品物流总额 9.8 万亿元,增长 13.2%;进口货物物流总额 14.2 万亿元,增长 8.9%;再生资源物流总额 1.6 万亿元,增长 16.9%;运输费用 7.8 万亿元,增长 0.1%;保管费用 5.1 万亿元,增长 3.9%;管理费用 1.9 万亿元,增长 1.3%。

2) 服务能力显著提升

物流企业资产重组和资源整合,形成了一批多元化、服务网络化和管理现代化的物流企业。传统运输业、仓储业加速向现代物流业转型,制造业物流、商贸物流、电子商务物流和国际物流等领域专业化、社会化服务能力显著增强,服务水平不断提升,现代物流服务体系初步建立。

3) 技术装备条件明显改善

信息技术广泛应用,大多数物流企业建立了管理信息系统,物流信息平台建设快速推进。物联网、云计算等现代信息技术开始应用,装卸搬运、分拣包装、加工配送等专用物流装备和智能标签、跟踪追溯、路径优化等技术迅速推广。

4) 基础设施网络日趋完善

我国物流行业正处于技术升级发展的关键节点,随着"新基建"带来的信息技术更新和升级,加快推动 5G 与工业互联网等技术的融合发展,物流资源与能力将被更好地整合,从而推动物流装备制造业从单点、局部的信息技术应用向数字化、网络化和智能化转变,有力支撑我国物流装备制造企业的发展壮大。

到 2020 年,布局合理、技术先进、便捷高效、绿色环保、安全有序的现代物流服务体系已基本建立起来。

1.4.2　我国物流发展面临的问题

总体上看,我国物流业已步入转型升级的新阶段。但是,物流业发展总体水平还不高,面临很多的问题。主要表现为:

1) 物流成本高、效率低

2013 年全社会物流总费用与国内生产总值的比率高于发达国家水平 1 倍左右,也显著高于巴西、印度等发展中国家的水平。

2) 条块分割严重

阻碍物流业发展的体制机制障碍仍未被打破。企业自营物流比重高,物流企业规模小,先进技术难以推广,物流标准难以统一,迂回运输、资源浪费的问题突出。

3) 基础设施滞后

基础设施滞后,不能满足现代物流发展的要求。现代化仓储、多式联运转运等设施仍显不足,布局合理、功能完善的物流园区体系尚未建立,高效、顺畅、便捷的综合交通运输网络尚不健全,物流基础设施之间不衔接、不配套问题比较突出。

4）政策法规体系不完善

政策法规体系不完善,市场秩序不够规范。已经出台的一些政策措施有待进一步落实,一些地方针对物流企业的乱收费、乱罚款问题突出。信用体系建设滞后,物流业从业人员整体素质有待进一步提升。

1.4.3 我国物流发展的前景

当前,经济全球化趋势深入发展,网络信息技术革命带动新技术、新业态不断涌现,物流业发展面临的机遇与挑战并存,我国物流业发展空间越来越广阔。

1）物流需求快速增长

农业现代化对大宗农产品物流和鲜活农产品冷链物流的需求不断增长。新型工业化要求加快建立规模化、现代化的制造业物流服务体系。居民消费升级以及新型城镇化步伐加快,需要建立更加完善、便捷、高效、安全的消费品物流配送体系。此外,电子商务、网络消费等新兴业态快速发展,快递物流等需求也将继续快速增长。

2）新技术、新管理不断出现

信息技术和供应链管理不断发展使物流发展如虎添翼,为广大生产流通企业提供了低成本、高效率、多样化、精益化的物流服务,推动制造业的发展,以新技术、新管理为核心的现代物流体系日益形成。物流成本进一步降低、流通效率明显提高,物流业市场竞争加剧。

3）资源环境问题日益严重

随着社会物流规模的快速扩大,能源消耗和环境污染形势加重、城市交通压力加大,传统的物流运作模式已难以持续发展。必须加快运用先进运营管理理念,不断提高信息化、标准化和自动化水平,促进一体化运作和网络化经营,大力发展绿色物流,推动节能减排,切实降低能耗、减少排放、缓解交通压力。

4）国际竞争日趋激烈

随着国际产业转移步伐不断加快和服务贸易快速发展,全球采购、全球生产和全球销售的物流发展模式正在日益形成,迫切要求我国形成一批深入参与国际分工、具有国际竞争力的跨国物流企业,打通与主要贸易伙伴、周边国家便捷高效的国际物流大通道,形成具有全球影响力的国际物流中心,以应对日益激烈的全球物流企业竞争。

1.4.4 我国物流发展的主要原则

1）市场运作,政府引导

使市场在资源配置中起决定性作用和更好发挥政府作用,强化企业的市场主体地位,积极发挥政府在战略、规划、政策、标准等方面的引导作用。

2）优化结构,提升水平

加快传统物流业转型升级,建立和完善社会化、专业化的物流服务体系,大力发展第三方物流。形成一批具有较强竞争力的现代物流企业,扭转"小、散、弱"的发展格局,提升产业规模和发展水平。

3）创新驱动,协同发展

加快关键技术装备的研发应用,提升物流业信息化和智能化水平,创新运作管理模式,提高供应链管理和物流服务水平,形成物流业与制造业、商贸业、金融业协同发展的新优势。

4）节能减排，绿色环保

鼓励采用节能环保的技术、装备，提高物流运作的组织化、网络化水平，降低物流业的总体能耗和污染物排放水平。

5）完善标准，提高效率

推动物流业技术标准体系建设，加强一体化运作，实现物流作业各个环节、各种物流设施设备以及物流信息的衔接配套，促进物流服务体系高效运转。

6）深化改革，整合资源

深化物流业管理体制改革，进一步简政放权，打破行业、部门和地区分割，反对垄断和不正当竞争，统筹城市和乡村、国际和国内物流体系建设，建立有利于资源整合和优化配置的体制机制。

1.4.5 我国物流发展的重点

1）着力降低物流成本

打破条块分割和地区封锁，减少行政干预，建立统一开放、竞争有序的全国物流服务市场。进一步优化通行环境，加强和规范收费公路管理，保障车辆便捷高效通行，全面推进全国主要高速公路不停车收费系统建设。加快推进联通国内、国际主要经济区域的物流通道建设，大力发展多式联运，努力形成京沪、京广、欧亚大陆桥、中欧铁路大通道、丝绸之路经济带、长江黄金水道等若干条货畅其流、经济便捷的跨区域物流大通道。

2）着力提升物流企业规模化、集约化水平

鼓励物流企业成为技术水平先进、主营业务突出、核心竞争力强的大型现代物流企业集团，通过规模化经营提高物流服务的一体化、网络化水平，形成大小物流企业共同发展的良好态势。鼓励运输、仓储等传统物流延伸服务，推进物流业与其他产业互动融合，协同发展。鼓励物流企业与制造企业深化战略合作，形成一批具有全球采购、全球配送能力的供应链服务商。鼓励商贸物流企业提高配送的规模化和协同化水平，加快电子商务物流发展，建立快速便捷的城乡配送物流体系。支持快递业整合资源，与民航、铁路、公路等运输行业联动发展，加快形成一批具有国际竞争力的大型快递企业，构建覆盖城乡的快递物流服务体系。支持航空货运企业兼并重组、做强做大，提高物流综合服务能力。充分发挥邮政的网络、信息和服务优势，深入推动邮政与电子商务企业的战略合作，发展电商小包等新型邮政业务。进一步完善邮政基础设施网络，各地邮政企业因地制宜地发展农村邮政物流服务，推动农资下乡和农产品进城。

3）着力加强物流基础设施网络建设

推进综合交通运输体系建设，合理规划布局物流基础设施，完善综合运输通道和交通枢纽节点布局，构建便捷、高效的物流基础设施网络，提升物流体系综合能力。优化航空货运网络布局，加快国内航空货运转运中心、连接国际重要航空货运中心的大型货运枢纽建设。推进"港站一体化"，实现铁路货运站与港口码头无缝衔接。完善物流转运设施，提高货物换装的便捷性和兼容性。加强物流园区规划布局，进一步明确功能定位，整合和规范现有园区，节约、集约用地，提高资源利用效率和管理水平。在大中城市和制造业基地周边加强现代化配送中心规划，在城市社区和村镇布局建设共同配送末端网点，优化城市商业区和大型社区物流基础设施的布局建设，进一步完善应急物流基础设施，积极有效应对突发自然灾害、公共卫生事件以及重大安全事故。

1.4.6 我国物流发展的方向

1) 大力提升物流社会化、专业化水平

鼓励制造企业分离外包物流业务,促进企业内部物流需求社会化。着力发展第三方物流,引导传统仓储、运输、国际货代、快递等企业采用现代物流管理理念和技术装备,提高服务能力;支持从制造企业内部剥离出来的物流企业发挥专业化、精益化服务优势,积极为社会提供公共物流服务。鼓励物流企业功能整合和业务创新,不断提升专业化服务水平,进一步优化物流组织模式,积极发展共同配送、统一配送,提高多式联运比重。

2) 进一步加强物流信息化建设

加强导航、物联网、云计算、大数据、移动互联等先进信息技术在物流领域的应用。加快企业物流信息系统建设,打通物流信息链,实现物流信息全程可追踪,鼓励各类平台创新运营服务模式。支持运输物流公共信息平台发展,整合铁路、公路、水路、民航、邮政、海关、检验检疫等信息资源,促进物流信息与公共服务信息有效对接,鼓励区域间和行业内的物流平台信息共享,实现互联互通。

3) 推进物流技术装备现代化

加强物流核心技术和装备研发,推动关键技术装备产业化,鼓励物流企业采用先进适用技术和装备。提升物流装备的专业化水平。积极发展标准化、厢式化、专业化的公路货运车辆,推广铁路重载运输技术,加强物流安全检测技术与装备的研发和推广应用。吸收引进国际先进物流技术,提高物流技术自主创新能力。

4) 加强物流标准化建设

加紧编制并组织实施物流标准中长期规划,完善国家物流标准,形成一批对全国物流业发展和服务水平提升有重大促进作用的物流标准。注重物流标准与其他标准以及国际物流标准的衔接,科学编制物流标准。

5) 积极推动国际物流发展

加强枢纽港口、机场、铁路、公路等各类口岸物流基础设施建设。以重点开发开放试验区为先导,结合发展边境贸易,加强与周边国家和地区的跨境物流,境内外口岸、内陆与沿海、沿边口岸的战略合作,推动海关特殊监管区域、国际陆港、口岸等协调发展,提高国际物流便利化水平。

6) 大力发展绿色物流

优化运输结构,合理配置各类运输方式,提高铁路和水路运输比重,促进节能减排。减少返空、迂回运输。鼓励采用低能耗、低排放运输工具和节能型绿色仓储设施,推广集装单元化技术。借鉴国际先进经验,加快建立绿色物流评估标准和认证体系。提高托盘等标准化器具和包装物的循环利用水平,构建低环境负荷的循环物流系统。大力发展回收物流,鼓励生产者、再生资源回收利用企业联合开展废旧产品回收。推广应用铁路散堆装货物运输抑尘技术。

1.4.7 我国物流发展的重点工程

1) 物流园区工程

在严格符合土地利用总体规划、城市总体规划的前提下,按照节约、集约用地的原则,在重要的物流节点城市加快整合与合理布局物流园区,推进物流园区水、电、路、通信设施和多式联运设施建设,完善周边公路、铁路配套,推广使用甩挂运输等先进运输方式和智能化管理技术,完善管理体制,提升管理和服务水平。结合区位特点和物流需求,发展货运枢纽型、生产服务型、商贸服务型、口岸服务型和综合服务型物流园区,以及农产品、农资、钢铁、煤炭、汽车、医药、出版物、冷链、危险货物运输、快递等专业类物流园区,发挥物流园区的示范带动作用。

2)农产品物流工程

引进先进粮食仓储设备和技术,切实改善粮食仓储条件。如"南糖北运"及产地的运输、仓储等物流设施建设。加强鲜活农产品冷链物流设施建设,"南菜北运"和大宗鲜活农产品产地预冷、初加工、冷藏保鲜、冷链运输等设施设备建设,形成重点品种农产品物流集散中心,提升批发市场等重要节点的冷链设施水平,完善冷链物流网络。

3)制造业物流与供应链管理工程

建设与制造业企业紧密配套、有效衔接的仓储配送设施和物流信息平台,鼓励各类产业聚集区域和功能区配套建设公共外仓,引进第三方物流企业。传统运输、仓储企业向供应链上下游延伸服务,建设第三方供应链管理平台,为制造业企业提供供应链计划、采购物流、入厂物流、交付物流、回收物流、供应链金融以及信息追溯等集成服务。加快发展具有供应链设计、咨询管理能力的专业物流企业,提升面向制造业企业的供应链管理服务水平。

4)资源型产品物流工程

依托煤炭、石油、铁矿石等重要产品的生产基地和市场,加快资源型产品物流集散中心和物流通道建设。统筹油气进口运输通道和国内储运体系建设,加快跨区域、与周边国家和地区紧密连接的油气运输通道建设,加强油气码头建设,鼓励发展油船、液化天然气船,加强铁矿石等重要矿产品港口(口岸)物流设施建设。

5)城乡物流配送工程

加快完善城乡配送网络体系,统筹规划、合理布局物流园区、配送中心、末端配送网点等三级配送节点,搭建城市配送公共服务平台,积极推进县、乡、村消费品和农资配送网络体系建设。进一步发挥邮政及供销合作社的网络和服务优势,加强农村邮政网点、村邮站、"三农"服务站等邮政终端设施建设,促进农村地区商品的双向流通。推进城市绿色货运配送体系建设,完善城市配送车辆标准和通行管控措施,鼓励节能环保车辆在城市配送中的推广应用。加快现代物流示范城市的配送体系发展,建设服务连锁经营企业和网络销售企业的跨区域配送中心。发展智能物流基础设施,支持农村、社区、学校的物流快递公共取送点建设。鼓励交通、邮政、商贸、供销、出版物销售等开展联盟合作,整合利用现有物流资源,进一步完善存储、转运、停靠、卸货等基础设施,加强服务网络建设,提高共同配送能力。

6)电子商务物流工程

适应电子商务快速发展需求,编制全国电子商务物流发展规划,结合国家电子商务示范城市、示范基地、物流园区、商业设施等建设,整合配送资源,构建电子商务物流服务平台和配送网络。建成一批区域性仓储配送基地,吸引制造商、电商、快递和零担物流公司、第三方服务公司入驻,提高物流配送效率和专业化服务水平。探索利用高铁资源,发展高铁快件运输。结合推进跨境贸易电子商务试点,完善一批快递转运中心。

7）物流标准化工程

重点推进物流技术、信息、服务、运输、货代、仓储、粮食等农产品及加工食品、医药、汽车、家电、电子商务、邮政（含快递）、冷链、应急等物流标准的制修订工作，积极着手开展钢铁、机械、煤炭、铁矿石、石油石化、建材、棉花等大宗产品物流标准的研究制订工作。支持仓储和转运设施、运输工具、停靠和卸货站点的标准化建设和改造，制订公路货运标准化电子货单，推广托盘、集装箱、集装袋等标准化设施设备，建立全国托盘共用体系，推进管理软件接口标准化，全面推广甩挂运输试点经验。开展物流服务认证试点工作，推进物流领域检验检测体系建设，支持物流企业开展质量、环境和职业健康安全管理体系认证。

8）物流信息平台工程

整合现有物流信息服务平台资源，形成跨行业和区域的智能物流信息公共服务平台。加强综合运输信息、物流资源交易、电子口岸和大宗商品交易等平台建设，促进各类平台之间的互联互通和信息共享。搭建面向中小物流企业的物流信息服务平台，促进货源、车源和物流服务等信息的高效匹配，有效降低货车空驶率。以统一物品编码体系为依托，建设衔接企业、消费者与政府部门的第三方公共服务平台，提供物流信息标准查询、对接服务。建设智能物流信息平台，形成集物流信息发布、在线交易、数据交换、跟踪追溯、智能分析等功能于一体的物流信息服务中心。加快推进国家交通运输物流公共信息平台建设，依托东北亚物流信息服务网络等已有平台，开展物流信息化国际合作。

9）物流新技术开发应用工程

支持货物跟踪定位、无线射频识别、可视化技术、移动信息服务、智能交通和位置服务等关键技术攻关，研发推广高性能货物搬运设备和快速分拣技术，加强沿海和内河船型、商用车运输等重要运输技术的研发应用。完善物品编码体系，推动条码和智能标签等标识技术、自动识别技术以及电子数据交换技术的广泛应用。推广物流信息编码、物流信息采集、物流载体跟踪、自动化控制、管理决策支持、信息交换与共享等领域的物流信息技术。鼓励新一代移动通信、道路交通信息通信系统、自动导引车辆、不停车收费系统以及托盘等集装单元化技术普及。推动北斗导航、物联网、云计算、大数据、移动互联等技术在产品可追溯、在线调度管理、全自动物流配送、智能配货等领域的应用。

10）再生资源回收物流工程

加快建立再生资源回收物流体系，重点推动包装物、废旧电器电子产品等生活废弃物和报废工程机械、农作物秸秆、消费品加工中产生的边角废料等有使用价值废弃物的回收物流发展。加大废弃物回收物流处理设施的投资力度，加快建设一批回收物流中心，提高回收物品的收集、分拣、加工、搬运、仓储、包装、维修等管理水平，实现废弃物的妥善处置、循环利用、无害环保。

11）应急物流工程

建立统一协调、反应迅捷、运行有序、高效可靠的应急物流体系，建设集满足多种应急需要于一体的物流中心，形成一批具有较强应急物流运作能力的骨干物流企业。加强应急仓储、中转、配送设施建设，提升应急物流设施设备的标准化和现代化水平，提高应急物流效率和应急保障能力。建立和完善应急物流信息系统，规范协调调度程序，优化信息流程、业务流程和管理流程，推进应急生产、流通、储备、运输环节的信息化建设和应急信息交换、数据共享。

1.5 物流发展动态与战略趋势

进入20世纪90年代,传统物流已逐渐开始向现代物流转变。现代物流包括运输合理化、仓储自动化、包装标准化、装卸机械化、加工配送一体化、信息管理网络化,等等。

1.5.1 现代物流的发展趋势

1）物流的系统化趋势

传统物流一般指产品出厂后的包装、运输、装卸、仓储,而现代物流提出了物流系统化或叫总体物流、综合物流管理的概念,并付诸实施。具体地说,使物流向两头延伸并加进了新的内涵,使社会物流与企业物流有机结合在一起,从采购物流开始,经过生产物流,再进入销售物流,与此同时,要经过包装、运输、仓储、装卸、加工配送到达用户（消费者）手中,最后还有回收物流。可以这样讲,现代物流包含了产品从"生"到"死"的整个物理性的流通全过程。即通过统筹协调、合理规划,控制整个商品的流动,以达到效益最大和成本最小,同时满足用户需求不断变化的客观要求。物流系统也就成了一个跨部门、跨行业、跨区域的社会系统。这样,就可以适应全球"经济一体化""物流无国界"的发展趋势。因此,物流的系统化是一个国家流通现代化的主要标志,是一个国家综合国力的体现。物流的系统化可以形成一个高效、通畅、可调控的流通体系,可以减少流通环节,节约流通费用,实现科学的物流管理,提高流通的效率和效益,进而提高国民经济的质量与效益。

2）物流的信息化趋势

由于全球经济一体化、物流无国界的趋势,当前物流业正向高科技、现代化和信息化发展。电子数据交换技术与国际互联网的应用,使物流质量、效率和效益的提高更多地取决于信息管理技术。物流的信息化是指商品代码和数据库的建立,运输网络合理化,销售网络系统化,物流中心管理电子化,电子商务和物品条码技术应用,等等。电子商务是指在电子计算机与通信网络基础上,利用电子工具实现商业交换和行政作业的全部过程。电子商务所涵盖的内容应包括电子数据交换和互联网上贸易两个主要方面。而物流条码是指物流过程中用以标识具体实物的一种特殊代码,它是由一组黑白相间的条、空组成的图形,利用识读设备可以实现自动识别、自动数据采集。可以说,在商品从生产厂家到运输、交换,整个物流过程中都可以通过物流条码来实现数据共享,使信息的传递更加方便、快捷、准确,提高整个物流系统的经济效益。现代社会是高度信息化的社会,各种高科技信息手段在流通领域被广泛应用是一种必然要求。

3）物流中心、批发中心、配送中心的社会化趋势

随着市场经济的发展,专业化分工越来越细,一个生产企业生产某种产品,除了一些主要部件自己生产外,大多外购。生产企业与零售商所需的原材料、中间产品、最终产品大部分由不同的物流中心、批发中心或配送中心提供,以实现少库存或零库存。目前国外实行配送的商品已十分广泛,不仅有生产资料、日用工业品,连生活用品、一次性消耗商品,以及图书、光盘等均可配送。这种配送中心或物流中心、批发中心不仅可以进行集约化物流,在一定半径之内实现合理化物流,从而大量节约流通费用,而且可以节约大量的社会流动资金,实现资金流的合理化,既提高经济效益,又提高社会效益。显然,完善和发展物流中心、批发中心和配送中心是流通社会化的必然趋势。

4）仓储、运输的现代化与综合体系化趋势

物流离不开仓储与运输。仓储现代化,要求高度的机械化、自动化、标准化,组织起高效的人、机、物系统。运输的现代化要求建立铁路、公路、水路、空运与管道的综合运输体系,实现"一条龙"服务。所以发达国家都致力于港口、码头、机场、铁路、高速公路、立体仓库等建设,为了减少运输费用,大力改进运输方式,采用先进物流技术,开发新的装卸机械,应用现代化物流手段和方式,比如发展集装箱运输、托盘技术等等,使仓储与运输呈现综合体系化趋势。

5）物流与商流、信息流一体化趋势

按照流通规律,商流、物流、信息流是三流分离的,商流解决的是商品价值与使用价值的实现,经过商流,商品变更了所有权;物流解决的是商品生产地与销售地域的位移,生产时间与销售时间的变更和商品价值的实现;信息流解决的是商流和物流之间的信息传递,它们是纵横交错、相互交织的信息流的综合。在现代社会,不同产品形成了不同的流通方式与营销途径,比如生产资料不仅有直达供货与经销制,还有配送制、连锁经营、代理制等,这就要求物流随之而变化。据资料得知,许多国家的物流中心、配送中心已实现了商流、物流、信息流的统一,而且这种"三流"一体化趋势已逐渐为物流界人士所认可。

1.5.2 我国物流发展趋势

（1）经济的持续快速增长必然导致物流和供应链服务需求总量的快速增长。因此导致我国物流业经济总量的快速增长。如果现有经济结构基本保持不变,预计我国在"十四五"期间社会物流总额的年均增长率不会低于18%,社会物流费用总额的年均增长率不会低于10%的水平,但社会物流费用总额占当年GDP的比重将继续缓慢下降。如果经济结构调整能够实现预定的战略目标,即服务业的比重有较大幅度的上升,则社会物流费用总额占当年GDP的比重就会有比较明显的下降。

（2）政府深化体制改革和发展现代物流业的努力将进一步促进物流市场体系的完善,差别国民待遇的情况会有所改善,还会有更多的解除管制、放开市场、扶持物流企业的政策出台,且各项政策的衔接之间会更加协调。比如,天津滨海新区的开发,就可能首先从开放一些政府管制的领域如金融业开始,令天津滨海新区成为国家的综合改革试验区。

（3）适应区域经济发展的要求,区域物流的发展将出现新的局面。区域之间经济要素流动规模和范围将进一步扩大,区域性物流资源的整合步伐将加快,依托运输通道和交通枢纽的中心城市和港口城市,将成为物流企业构建服务网络体系的战略布局重点。更多的具有区域经济特点的产业集群的形成和发展,将为物流业集中服务管理、降低供应链的总成本和更好地发挥现有各种物流园区的服务功能提供良好的产业支撑条件。但我们也要特别注意尽管地方政府对发展物流业的积极性高涨,但在缺乏有效的统筹规划和协调机制,缺乏有效的市场调节力量的情况下,有可能会造成物流资源的浪费,并严重削弱物流市场的统一性。

（4）国际物流的重要战略

①"一带一路"

"一带一路"是"丝绸之路经济带"和"21世纪海上丝绸之路"的简称。2013年9月和10

月,国家主席习近平分别提出建设"新丝绸之路经济带"和"21世纪海上丝绸之路"的合作倡议。

从国家战略看,西部地区是中国经济发展最大的回旋余地。西部的区位价值凸现在它是"一带一路"与长江经济带交会的战略腹地,是连接亚太与欧洲的战略走廊和经济腹地。这种价值,只有在"东西流动"中才能得以最大实现。

按照现在的统计数据,国土面积占全国70%以上的西部12省区市,进出口总额仅占全国外贸总额的6%,而上海、天津的外贸依存度远高于此。基于"一带一路"大力发展物流,对加快内陆地区物流设施建设,加快内陆地区开放型经济发展过程,全面融入世界经济体系大有好处。

② 亚投行

亚洲基础设施投资银行(Asian Infrastructure Investment Bank,AIIB,简称亚投行)是一个政府间性质的亚洲区域多边开发机构,重点支持基础设施建设,总部设在上海。

2014年10月24日,包括中国、印度、新加坡等在内的21个首批意向创始成员国的财长和授权代表在北京签约,正式成立亚洲基础设施投资银行。

亚投行的成立,意义重大,不仅整合周边亚洲国家的力量,而且吸引英国、法国等国家的加入。其对于物流产业的发展更加具有推进性的作用,势必带动我国物流业,尤其是国际物流业的发展,配合"一带一路"的共同建设,我国物流业必将迎来黄金发展时期。

课后练习

1. 简述物流的概念。
2. 试述物流基本理论与观点。
3. 论述物流业的形成与物流产业结构。
4. 剖析我国物流的发展现状与问题。
5. 论述物流发展动态与战略趋势。

2 物流载运路网规划与布局

> **学习目标**
> 1. 了解主干线交通路网。
> 2. 了解支线物流交通路线。
> 3. 掌握经济专用交通路线规划与布局。

案例导读·西安国际港务区

西安国际港务区是陕西省"十一五"规划确定的重大建设项目,位于西安市东北部、灞渭三角洲,总规划面积120平方千米,核心区规划面积19平方千米。园区西连西安市新的行政中心区,北抵渭河,南衔陇海线和三环路,东接临潼,是西安经济社会发展和城市建设"北扩、东拓、西联"的前沿区域。

西安国际港务区由保税物流区、国内物流区、集装箱作业区、国际贸易拓展区、国家应急物流园区、空港物流园区、产业转移承接区、湿地景观区、综合配套区、综合服务区等功能区域组成。其开发建设将依托规划建设中的综合保税区和西安铁路集装箱中心站,承接沿海港口功能内移,通过多式联运,成为联结西北经济圈与环渤海经济圈、长三角经济圈、珠三角经济圈的重要枢纽型国际陆地港口和现代综合物流园区。

西安国际港务区将建设成为我国西部大型现代商贸物流业的重要枢纽,体现新欧亚大陆桥陇海兰新线中心城市价值的重要载体,以现代物流功能为主导、以保税物流功能为核心、以铁路集装箱中心站和便捷的公路交通为依托,集港口、通关、保税物流、普通物流、物流公共信息平台、商务中心和综合居住配套等功能于一体的城市综合新区。

"西安港"是西安国际港务区港口功能要素的集合体和现有功能的升级版,具有运输、物流、贸易、信息等多种服务功能,集综合交通枢纽与外向型经济平台于一体,将内陆地区与沿海地区通过多式联运无缝对接,是沟通内陆与"一带一路"的交通枢纽,是西安区位优势和交通枢纽优势的集中体现。依托"西安港"构建丝绸之路经济带物流中心,是实现"道路联通、贸易畅通"的重要路径,"西安港"的建设发展,将为陕西、西安打造连接"一带一路"的国际多式联运中心和国际物流商贸集散交易中心提供重要支撑。

位于西安国际港务区内的国家一类陆路(铁路)对外开放口岸获批,提高了西安国际港务区的口岸通关效率、完善了口岸功能、降低了作业成本,使国际港务区真正具备了国际物流集散中心的功能,对陕西乃至西部地区开放型经济和丝绸之路经济带建设起到了重大推动作用。

随着西安国际港务区作用的逐步发挥,东部沿海地区及东亚、南亚等地的货物,通过陆海直达送往西安,以西安为中转枢纽,分拨到中西部地区,或通过"长安号"运抵中亚,辐射俄罗斯、欧洲等地,将把"一带一路"的要素有效连接起来,西安国际港务区亦将成为服务于"一带一路"的陆地国际中转枢纽港。

同时,西安国际港务区的建设发展,也有利于国际贸易及国际物流相关要素,尤其是高端要素在陕西和西安集聚,为发展外向型经济奠定坚实基础,极大地推动沿海地区与内陆地区基础设施的互联互通,为构建以陕西西安为中心的"丝绸之路经济带"综合立体交通体系奠定基础,使"一带一路"倡议无缝对接。

2.1 主干线交通路网

在物流的诸多职能中,运输被认为是核心职能之一。从宏观经济上讲,运输又是国民经济的大动脉。可见,从宏观、微观两个方面都体现出运输是整个经济发展的基础。企业参与运输决策对于物流成本的控制、运输效率的高低都有重要的影响,有效的运输决策往往能提高企业效益,也能在最短时间内完成客户需要的物流服务。

因此,物流企业都极其注重对物流系统的运输决策,正确的决策节省的物流成本不见得比产品本身获利要少。而一个企业物流系统运输决策往往通过运输网络设计、运输方式选择、装卸及配送水平高低等方面来实现。

基本的主干线交通路网分为铁路、公路、水运、航空和管道网线等五类。不同的交通网线决定了不同的运输方式,不同运输方式的技术性能、方便程度、服务质量等都会影响不同层次物流系统对运输方式的选择。各种运输方式都有各自的特点,物流企业可以根据所需服务的要求参考不同运输方式的不同营运特性,在物流运输决策过程中做出正确选择。

2.1.1 主干铁路网线

铁路是国家的重要基础设施,是国民经济的大动脉,是大众化交通工具,在综合交通体系中处于骨干地位。铁路运输系统是现代物流中最重要的货物运输方式之一,对于货物的异地交换起到非常重要的作用,如图2-1所示。

图2-1 铁路运输

1) 铁路运输的产生与发展

(1) 中华人民共和国成立前(1949年10月之前)

中国第一条铁路吴淞铁路建于上海,由英国人兴建,后被清朝地方官员买回并拆毁,而后为了运输唐山煤炭,修筑了从唐山到胥各庄的标准轨铁路。唐胥铁路是我国保留下来的最早的铁路。

(2) 中华人民共和国成立后到全面改革开放前(1949—1981年)

1949年中华人民共和国成立初期,铁路运输营业里程为21 810千米,这是19世纪后期和20世纪前期建的,主要分布于东北地区和沿海各省,线路标准低,技术设备落后。中华人民共和国成立以后,进行了大规模的铁路运输建设。到1981年铁路运输营业里程达50 181千米,为1949年的2.3倍,平均每年增加近900千米。

(3) 全面改革开放后(1981—2015年)

大秦铁路建于1985—1997年,是中国唯一一条煤炭运输专线线路,也是中国第一条重载单元铁路;2003年10月12日,秦沈铁路作为中国第一条客运专线铁路正式投入运行;2006年4月,上海磁悬浮结束两年试运,正式投入营运,这是世界上首条投入商业化运营的磁悬浮列车示范线,全长29.863千米;青藏铁路是从青海省西宁市至西藏自治区拉萨市的铁路,全长1 956千米,是世界上海拔最高、线路最长的高原铁路;在2007年实行的中国铁路第六次大提速中,中国首次在各主要提速干线(如京沪线、京广线、京哈线、胶济线等)大规模开行时速高达200~250千米的中国铁路高速(CRH)动车组列车,达到了目前世界上既有线提速改造的先进水平;2009年7月1日,洛湛铁路永州至玉林段正式开通,标志着中国实现了"八纵八横"铁路网主骨架。

"十一五"期间,铁路基本建设投资完成1.98万亿元,是"十五"期间投资额的6.3倍;新增营业里程1.6万千米,复线投产1.1万千米,电气化投产2.1万千米,分别是"十五"期间的2.3倍、3.2倍和3.9倍。2020年末,全国铁路营业里程达到14.6万千米,其中高速铁路3.8万千米,中西部地区铁路营业里程9万千米。截至2020年11月底累计开行超过32 000列。

2) 铁路线路

(1) 铁路线路的定义

铁路线路是指由路基、桥隧建筑物和轨道组成的一个整体的工程结构,是为了进行铁路运输所修建的固定路线,是铁路固定基础设施的主体。

(2) 铁路线路的分类

铁路线路分为正线、站线、段管线、岔线及特别用途线。正线是联结车站并贯穿或直接伸入车站的线路。站线是指到发线、调车线、牵出线、装卸线、货物线及站内指定用途的其他线路。段管线是指机务、工务、电务、供电等段专用并由其管理的线路。岔线是指在区间或站内接轨,通向路内外单位的专用线。特别用途线是指安全线和避难线。

(3) 铁路线路的等级

根据线路意义及其在整个铁路网中的作用,铁路线路可划分为3个等级。

Ⅰ级铁路。保证全国运输联系,具有重要政治、经济、国防意义,在铁路网中起骨干作用的铁路,远期国家要求的年输送能力大于800万吨。

Ⅱ级铁路。具有一定的政治、经济、国防意义,在铁路网中起联络、辅助作用的铁路,远期国家要求的年输送能力大于或等于500万吨。

Ⅲ级铁路。为某一地区服务，具有地方意义的铁路，远期国家要求的年输送能力小于500万吨。

3）铁路运输网及主要铁路干线

"十三五"期间，我国铁路已基本形成以北京为中心的"四纵四横"高速铁路主骨架，"八纵八横"高速铁路主通道和普速干线铁路正加快建设，重点区域城际铁路也在快速推进。

"四纵四横"是原铁道部《中长期铁路网规划（2008年调整）》，我国规划建设"四纵四横"客运专线，客车速度达到每小时200千米以上。四纵为京沪高速铁路、京港客运专线、京哈客运专线、杭福深客运专线；四横为沪汉蓉快速客运通道、徐兰客运专线、沪昆高速铁路、青太客运专线。

（1）京沪线

京沪线北起北京，经天津、德州、济南、兖州、徐州、蚌埠、南京、无锡、苏州，南达上海，纵贯北京、天津、河北、山东、安徽、江苏和上海七省市，跨越海河、黄河、淮河和长江四大水系，全长1 463千米（截至2007），是我国东部沿海地区的南北交通大动脉。京沪线在天津交汇了京沈线，衔接天津港；在德州交汇了石德线，与京广线相连通；在济南交汇了胶济线，可达青岛港和烟台港；在兖州交汇了焦石线，接通石臼所港；在徐州交汇了陇海线；在南京交汇了宁芜线，进而与皖赣线相连通；在上海交汇了沪杭线。

（2）京广线

京广线北起北京，南至广州，横贯我国中部，经过河北、河南、湖北、湖南、广东等省，跨越海河、黄河、淮河、长江、珠江五大流域，连接华北平原、长江中下游平原以及珠江三角洲，全长约2 324千米。京广线是我国关内地区主要的南北向铁路，为我国铁路网的中轴。在北端北京交汇了京秦、京包、京原、京通、京承、京沈等铁路线；在南端广州交汇了京九、广茂和广梅汕线，可达香港、茂名和汕头。

（3）京九线

京九线北起北京，经天津、河北、山东、河南、安徽、湖北、江西、广东，南至香港九龙，跨越九省市区，全长2 364千米。京九线是我国铁路建设史上规模最大、投资最多、一次建成里程最长的铁路干线。它的建设对完善我国铁路布局，缓和南北运输紧张状况，带动沿线地方资源开发，推动革命老区经济发展，加快老区人民脱贫致富，促进港澳地区稳定繁荣，具有十分重要的意义。

（4）北同蒲—太焦—焦柳线

同蒲线横贯山西的南北，从山西的大同到陕西的孟塬，北接京包线，南连陇海线。北同蒲线是指大同到太原这一段铁路。太焦线从太原经长治到焦作。焦柳线自焦作经襄樊、枝城、怀化到柳州。北同蒲—太焦—焦柳线北起大同，南到柳州，是一条与京广线平行的南北向的交通大动脉，全长2 395千米。

（5）京秦—京包—包兰—兰青—青藏线

这是我国北部地区一条重要的东西向铁路干线。东起秦皇岛，经丰润到北京的铁路线为京秦线；从北京向西经张家口、大同、集宁、呼和浩特到达包头的铁路线为京包线；从包头向西经银川到兰州的铁路为包兰线；自兰州到西宁的铁路线为兰青线；从西宁经格尔木到拉萨的铁路为青藏线。

（6）陇海—兰新线

陇海线东起黄海之滨的连云港，西至黄土高原的兰州，全长1 754千米，连通江苏、安徽、河南、陕西、甘肃五省,沿线经过徐州、商丘、开封、郑州、洛阳、孟塬、西安、咸阳、宝鸡、天水等重要城市。兰新线起自兰州,向西经张掖、酒泉、嘉峪关、吐鲁番、乌鲁木齐、昌吉、石河子、乌苏、博乐至阿拉山口,全长2 459千米。陇海—兰新线横贯我国中部地带,把经济发达的东部沿海地区与西北边疆地区连接起来,是一条具有重要经济、政治、国防意义的铁路干线。

(7) 沪杭—浙赣—湘黔—贵昆线

沪杭—浙赣—湘黔—贵昆线组成了一条横贯我国江南地区的东西向交通大动脉。它东起东海之滨的上海,西到云贵高原的昆明,全长2 598.5千米,贯通上海、浙江、江西、湖南、贵州和云南五省一市。这条铁路线对加强华东、中南和西南地区的经济联系具有重要的作用。

(8) 西南铁路网

西南铁路网由连接区内的成昆线、成渝线、川黔线、贵昆线等四条铁路和连接区外的宝成线、襄渝线、湘黔线、黔桂线和南昆线等五条铁路组成。西南铁路网区内的四线环通,成都、重庆、昆明、贵阳各占一角,把云南、贵州、四川和重庆三省一市连接起来。通向区外的五条铁路,北以宝成线与西北、华北、东北相连;东北以襄渝线接武汉至丹江口线,把川、陕、鄂相连,沟通中南、西南、西北三区;东以湘黔线连中南、华东;东南由黔桂线、南昆线入两广并出海。西南铁路干线网的形成,从根本上改变了"蜀道难,难于上青天"的川、云、贵、渝等西南地区交通闭塞的局面。

(9) 东北铁路网

东北地区是我国铁路最稠密的地区。东北铁路网是以南北向的哈大线和东西向的滨洲线、滨绥线为"丁"字形骨架,连接70余条铁路干支线组成。东北地区主要铁路干线有沈丹线、沈吉线、平齐线、长图线、哈佳线、滨北线、通让线和通向林区的嫩林线、牙林线等。

哈大线纵贯全东北,穿越富饶的松辽平原,连接哈尔滨、长春、沈阳三省会和出海口大连港,全长946千米。它是整个东北地区经济发展的重要支柱和客货运输的主要通道,也是全国最繁忙的干线之一。

滨洲线西起满洲里,中经海拉尔和齐齐哈尔,最后到哈尔滨,全长956千米。滨绥线由哈尔滨经牡丹江到绥芬河,全长381千米。滨洲线和滨绥线分别在满洲里和绥芬河与俄罗斯的铁路接轨。它们是我国东北北部地区重要的东西向运输干线。

(10) 沟通关内外的三条干线

京沈铁路是连接关内外的主要铁路线,它起自北京,经天津、唐山、秦皇岛,出山海关,过锦州,到达沈阳,全长850千米。京承—锦承线起自北京,经承德到达锦州,是京沈铁路的重要辅助线。京通线由北京郊区昌平出发,经内蒙古赤峰到通辽,京通线是连接关内外的第三条重要的铁路通道,为连接东北西部地区与华北地区的一条捷径。

4)铁路运输的特点

(1) 铁路运输的优点

① 运输能力大

通常,一列货车可装2 000~3 500吨货物,重载列车则可装20 000多吨货物;一般单线单向年最大货物运输能力达1 800万吨,复线达5 500万吨。运行组织较好的国家,单线单向年最大货物运输能力达4 000万吨,复线单向年最大货物运输能力超过1亿吨。

② 运输成本较低

由于铁路运输采用大功率机车牵引列车运行,可承担长距离、大运输量的运输任务,且机车的运动阻力较小、能源消耗低。

③ 受自然气候条件的限制较小

由于铁路运输具有高度的导向性,所以只要设施无损坏,在任何自然气候条件下,列车均可以安全行驶。铁路运输是较可靠的运输方式。

④ 客货运输到发时间准确性高

由于铁路运输统一调度,并且具有专用路权,可以独自按计划运行,因此能保证运输到发时间的准确性。

⑤ 环境公害问题较少

铁路运输单位功率所能牵引的货物重量大约比汽车高10倍,铁路货运对空气和地面的污染低于公路及航空运输,因此,铁路运输更加节能,环境污染程度更小。

(2) 铁路运输的主要缺点

① 初期投资大、建设周期长

铁路运输通常需要铺设轨道、建造桥梁和隧道,并且需要消耗大量钢材、木材,工程艰巨、复杂,其初期投资及建设周期均大大超过其他运输方式。

② 营运缺乏弹性、机动性较差

铁路运输只有达到一定的运输量,才能保证其经济性,其营运缺乏弹性。此外,由于铁路运输不能随着客源和货源所在地变更营运路线,只能在固定线路上运行,因此其机动性较差。

③ 货物滞留时间长、货损较高

由于铁路货运在运输过程中需要编组,导致货物在运输途中滞留时间过长。此外,多次装卸搬运作业,可能导致部分客户不敢将高价值的商品交由铁路承运。

5) 铁路运输系统的主要功能

根据铁路运输的上述特点,铁路运输主要适用于以下作业:

(1) 适宜大宗低价值货物的中、长距离运输,也较适合散装货物(如煤炭、金属、矿石、谷物等)、罐装货物(如化工产品、石油产品等)运输。

(2) 大量货物一次高效率运输。

(3) 运费负担能力小、货物批量大、运输距离长的货物运输。

2.1.2 主干公路网线

公路运输是在公路上运送旅客和货物的运输方式,主要承担短途客货运输。现代所用运输工具主要是汽车,因此,公路运输一般是指汽车运输。在地势崎岖、人烟稀少、铁路和水运不发达的边远和经济落后地区,公路运输为主要运输方式,公路起着运输干线作用。同时,公路运输与铁路、水路运输联运,就可以形成以公路运输为主体的全国货物运输网络,如图2-2所示。

1) 公路运输的产生与发展

(1) 中华人民共和国成立前

中国最初的公路是1908年苏元春驻守广西南部边防时兴建的龙州-那堪公路,长30千米,但因工程艰巨,只修通龙州至鸭水滩一段,长17千米。据统计,截至1927年,中国公路通车里程约为29 000千米。1932年冬,在督造苏、浙、皖三省联络公路的基础上,在浙江溪

图 2-2 公路运输

口召开了苏、浙、皖、赣、鄂、湘、豫七省公路会议,除确定七省公路的督造路线外,还将陕、甘、青等省和赣、粤、闽边境的重要公路纳入督造之列,在西北地区,修筑西(安)兰(州)公路和西(安)汉(中)公路,使陕、甘、川三省交通得以连贯。据统计,截至 1936 年 6 月,中国公路通车里程达到 117 300 千米。

抗日战争时期在北战场抢修了以石家庄为中心的石德(州)、石保(定)、石沧(州)等军用公路,抢修了环绕北战场外围的太原至大同和晋南、豫中等公路,总长达 3 600 余千米。在南战场主要抢修了苏、浙、皖三省被破坏了的桥梁。此后,随着战场的转移,赶筑或改善汴(开封)洛(阳)、广(州)韶(关)、武(昌)长(沙)、汉(口)宜(昌)公路以及鄂省东北、东南通达皖赣各地的干线和支线,疏畅以武汉为中心的辐射线交通网。同时,在西北改善了西(安)兰(州)公路、兰(州)新(疆)公路,在西南修筑和改善了川陕公路、滇缅公路,整修了川湘公路和湘黔、黔桂、川黔、黔滇以及湘桂公路。据统计,截至 1946 年 12 月,中国公路总里程达 130 307 千米。

解放战争时期,特别是国民党军队溃退时,公路遭到严重破坏。截至中华人民共和国建立前夕,全国公路能通车的只剩下 75 000 千米。

(2) 中华人民共和国成立后

旧中国的公路交通极为落后,至 1949 年,全国公路通车里程仅 8.07 万千米,公路密度仅 0.8 千米/百平方千米。新中国成立初期,公路交通经历一段时期的恢复后开始获得长足发展,1952 年公路里程达到 12.67 万千米。20 世纪 50 年代中后期,为适应经济发展和开发边疆的需要,我国开始大规模建设通往边疆和山区的公路,相继修建了川藏公路、青藏公路,并在东南沿海、东北和西南地区修建国防公路,公路里程迅速增长,1959 年达到 50 多万千米。

60 年代,我国在继续大力兴建公路的同时,加强了公路技术改造,有路面道路里程及其高级、次高级路面比重显著提高。70 年代中期我国开始对青藏公路进行技术改造,80 年代全面完成,建成了世界上海拔最高的沥青路面公路。随着公路事业的发展,公路桥梁建设也得到发展,建成了一批具有中国特色的石拱桥、双曲拱桥、钢筋混凝土拱桥以及各式混凝土和预应力梁式桥。在 1949—1978 年的 30 年间,尽管国民经济发展道路曲折,但全国公路里程仍基本保持持续增长,到 1978 年底达到 89 万千米,平均每年增加约 3 万千米,公路密度达到 9.3 千米/百平方千米。

改革开放后,特别值得一提的是我国高速公路的建设。高速公路建设是改革开放后我国公路事业取得的突出成就。1988 年,我国第一条高速公路沪嘉高速公路(18.5 千米)建成通车。此后,又相继建成全长375千米的沈大高速公路和143千米的京津塘高速公路。

进入90年代,在国道主干线总体规划指导下,我国高速公路建设步伐加快,每年建成的高速公路由几十千米上升到一千千米以上。到1999年底,全国高速公路通车里程已达11 605千米。短短10年间,我国高速公路就走过了发达国家一般需要40年才能完成的发展历程。高速公路及其他高等级公路的建设,改善了我国公路的技术等级结构,改变了我国公路事业的落后面貌,同时也大大缩短了我国同发达国家之间的差距。

进入21世纪,"十一五"时期是我国公路交通发展速度最快、发展质量最好、服务水平提升最为显著的时期。截至2009年底,全国公路网总里程达到386万千米,其中高速公路6.51万千米,二级及以上公路42.52万千米,分别较"十五"末增加36.4万千米、2.5万千米和9.4万千米;全国公路网密度由"十五"末的每百平方千米34.8千米提升至40.2千米。

截至2020年年底,全国公路总里程519.81万千米,其中高速公路里程16.1万千米。公路建设方面,国家出台了《国家公路网规划(2013—2030年)》,提出到2030年构建布局合理、功能完善、覆盖广泛、安全可靠的国家公路网络。

2) 公路

(1) 公路的定义

连接城市之间、乡村之间、工矿基地之间的,按照国家技术标准修建的;由公路主管部门验收认可的道路,但不含田间或农村自然形成的小道;主要供汽车行驶并具备一定技术标准和设施的道路称公路。

(2) 公路的分类

① 公路按使用性质可分为:国家公路、省公路、县公路和乡公路(简称为国、省、县、乡道),一般把国道和省道称为干线,县道和乡道称为支线。

② 按照公路所适应的年平均昼夜交通量及其使用任务和性质,将公路分为五个技术等级。

高速。能适应年平均昼夜汽车交通量25 000辆以上,具有特别重要的政治、经济意义,专供汽车分道高速、连续行驶,全部设置立体交叉和控制出入,并以长途运输为主的公路。

一级。能适应年平均昼夜汽车交通量5 000~25 000辆,连接重要的政治、经济中心,通往重要工矿区、可供汽车分道快速行驶、部分控制出入和部分设置立体交叉的公路。

二级。能适应按各种车辆折算成中型载重汽车的年平均昼夜交通量2 000~5 000辆,连接政治、经济中心或大型工矿区以及运输繁重的城郊公路。

三级。能适应按各种车辆折算成中型载重汽车的年平均昼夜交通量2 000辆以下,沟通县与县或县与城市的一般干线公路。

四级。能适应按各种车辆折算成中型载重汽车的年平均昼夜交通量200辆以下,沟通县与乡、镇之间的支线公路。

3) 公路运输网及主要公路干线

"五纵七横"国道主干线总规模约3.5万千米,贯通首都、各省省会、直辖市、经济特区、主要交通枢纽和重要对外开放口岸;"五纵七横"国道是我国规划建设的以高速公路为主的公路网主骨架,总里程约3.5万千米。

"五纵"国道主干线包括:黑龙江同江至海南三亚,长约5 200千米;北京至福州,长约2 500千米;北京至珠海,长约2 400千米;二连浩特至云南河口,长约3 600千米;重庆至湛江西南出海快速大通道，长约1 314千米。

"七横"国道主干线包括：绥芬河至满洲里，长约1 300千米；丹东至拉萨，长约4 600千米；青岛至银川，长约4 400千米；连云港至霍尔果斯，长约4 400千米；上海至成都，长约2 500千米；上海至云南瑞丽，长约2 500千米；衡阳至昆明，长约2 000千米。

4) 公路运输的特点

(1) 公路运输的主要优点

① 机动灵活，适应性强

由于公路运输网一般比铁路、水运网的密度要大十几倍，分布面也广；公路运输在时间方面的机动性也比较大，车辆可随时调度、装运，各个环节之间的衔接时间较短，因此公路运输车辆可以"无处不到、无时不有"。尤其是公路运输对客、货运量的多少具有很强的适应性，汽车的载重吨位有小(0.25~1 t左右)有大(200~300 t左右)，既可由单个车辆独立运输，也可以由若干车辆组成车队同时运输，这一点对抢险、救灾工作和军事运输具有特别重要的意义。

② 可实现"门到门"直达运输

由于汽车体积小，中途一般也不需要换装，除了可沿分布较广的路网运行外，还可离开路网深入到工厂企业、农村田间、城市居民住宅地，即可以把旅客和货物从始发地门口直接运送到目的地门口，实现"门到门"直达运输。这是其他运输方式无法与公路运输比拟的特点之一。

③ 在中、短途运输中，运送速度较快

在中、短途运输中，由于公路运输可实现"门到门"直达运输，中途不需要倒运、转乘就可以直接将客货运达目的地，因此，与其他运输方式相比，其客、货在途时间较短，运送速度较快。

④ 原始投资少，资金周转快

公路运输与铁、水、航运输方式相比，所需固定设施简单，车辆购置费用一般也比较低，因此，投资兴办容易，投资回收期短。据有关资料表明，在正常经营情况下，公路运输的投资每年可周转1~3次，而铁路运输则需要3~4年才能周转一次。

⑤ 掌握车辆驾驶技术较易

与火车司机或飞机驾驶员的培训要求相比，汽车驾驶技术比较容易掌握，对驾驶员的各方面素质要求也相对比较低。

⑥ 技术经济性能高、货损货差小

随着新技术的运用，汽车的动力性能、安全性能、运输监控性能等都得以发展，特别是这些技术在专用车辆、集装箱上被广泛使用，保证了公路运输的质量。

(2) 公路运输的主要缺点

① 运输量小，运输成本较高

尽管汽车载重已提高到一定的程度，与水运、铁路运输比还是相差甚远。由于汽车载重量小，行驶阻力比铁路大9~14倍，所消耗的燃料又是价格较高的液体汽油或柴油，因此，除了航空运输，就是汽车运输成本最高了。

② 运行持续性较差

据有关统计资料表明，在各种现代运输方式中，公路的平均运距是最短的，运行持续性较差。

③ 对环境污染较大

由于汽车载重受限，劳动生产率低，特别是长途运输中单位运输成本远高于铁路、水路运输。加之受当前汽车燃料限制，在空气污染、噪声、振动方面公路运输危害较大。

5）公路运输系统的主要功能

公路运输在现代交通运输领域担负的主要功能有以下 3 个方面：

（1）独立承担经济运距内的运输

公路运输的经济运距主要指的是中短途运输（我国规定 50 km 以内为短途运输，200 km 以内为中途运输，200 km 以上为长途运输），即 200 km 以内的运输主要是由公路运输来担负。

（2）参与长途和大批量货物的运输

由于近年来高速公路里程的不断增加和半挂车运输市场的兴起，汽车运输在长途和大批量货物的运输市场中已占得一席之地，从原先的中短途运输逐渐发展成为短、中、长途运输并举的局面。随着高速公路的不断兴建，这一趋势将愈演愈烈。

（3）成为其他运输方式的有效补充和衔接

由于汽车运输具有灵活、自由、活动区域大等优点，当水路、铁路或航空运输担负主要运输任务时，公路运输可以发挥自身优势，与其他运输方式紧密衔接，完成货物起点和终点处的集散运输。

2.1.3 主干水运网线

水路运输是以船舶为主要运输工具、以港口或港站为运输基地、以水域包括海洋、河流和湖泊为运输活动范围的一种运输方式。我国有漫长的海岸线和众多的河流、湖泊，充分利用海岸、江河、湖泊，大力发展水运是国家发展交通运输的重要方针。我国水路运输在保障国民经济运输、促进对外贸易等方面发挥了重要作用，如图 2-3 所示。

图 2-3 水路运输

1）水路运输的产生与发展

（1）中华人民共和国成立前（1949 年 10 月之前）

中国是世界上水路运输发展较早的国家之一。公元前 2500 年已经制造舟楫，商代有了帆船。公元前 500 年前后中国开始开凿运河。公元前 214 年建成了连接长江和珠江两大水系的灵渠。京杭运河则沟通了钱塘江、长江、淮河、黄河和海河五大水系。唐代对外运输丝绸及其他货物的船舶直达波斯湾和红海之滨，其航线被誉为海上丝绸之路。明代航海家郑和率领巨大船队七下西洋,到过亚洲、非洲30多个国家和地区。

1807年美国人富尔顿把蒸汽机装在"克莱蒙特号"船上,航行在纽约至奥尔巴尼之间,航速约为每小时6.4千米,成为第一艘机动船。19世纪蒸汽机驱动的船舶出现后,水路运输工具产生了飞跃。1872年,我国自制的蒸汽机船开始航行于海上和内河。

(2) 中华人民共和国成立后到全面改革开放前(1949—1980年)

此阶段中,我国水路运输发展很快,水路客、货运量均增加16倍以上。中国的商船已航行于世界100多个国家和地区的400多个港口。

(3) 全面改革开放后(1981—2015年)

2003年,我国水路货运量达到15.8亿吨、货物周转量达28 700亿吨公里,分别比1980年增长3.4倍和5.6倍;水运在全社会货物周转量中所占比重达55%、在外贸货运量中占到了90.6%。水路运输为我国国民经济和对外贸易持续快速发展起到了重要的支撑作用。

截至2015年,"两横一纵两网十八线"1.9万千米高等级航道70%达到规划标准,高等级航道里程达到1.3万千米,内河水运得到较快发展,进一步发挥运输优势。

2) 水路运输的分类

水路运输按其航行的区域,大体上可划分为沿海、远洋、内河运输三种形式。沿海运输是指利用船舶在我国沿海区域各地之间的运输;远洋运输通常是指除沿海运输以外所有的海上运输;内河运输是指利用船舶、排筏和其他浮运工具,在江河、湖泊、水库及人工水道上从事的运输。

水路运输按照船舶营运组织形式,可以分为定期船运输、不定期船运输和专用船运输。定期船运输是指选配适合具体营运条件的船舶,在规定的航线上,定期停靠若干固定港口的运输;不定期船运输是指船舶的运行没有固定的航线,按运输任务或按租船合同所组织的运输;专用船运输是指企业自置或租赁船舶从事本企业自有物资的运输。

3) 水路运输网及主要水路干线

在水资源较为丰富的长江水系、珠江水系、京杭运河与淮河水系、黑龙江与松辽水系及其他水系,形成长江干线、西江航运干线、京杭运河、长江三角洲高等级航道网、珠江三角洲高等级航道网、18条主要干支流高等级航道(即两横一纵两网十八线,简称2-1-2-18)。

(1) 长江水系

长江水系高等级航道布局方案为"一横一网十线"。"一横"指长江干线;"一网"即长江三角洲高等级航道网;"十线"为岷江、嘉陵江、乌江、湘江、沅水、汉江、江汉运河、赣江、信江、合裕线。

以长江干线和京杭运河为核心,三级航道为主体,四级航道为补充,由23条航道组成"两纵六横"高等级航道网。两纵,即京杭运河—杭甬运河(含锡澄运河、丹金溧漕河、锡溧漕河、乍嘉苏线),连申线(含杨林塘)。六横,指长江干线(南京以下),淮河出海航道—盐河,通扬线,芜申线—苏申外港线(含苏申内港线),长湖申线—黄浦江—大浦线、赵家沟—大芦线(含湖嘉申线),钱塘江—杭申线(含杭平申线)。

长江水系主要港口布局方案为16个:泸州港、重庆港、宜昌港、荆州港、武汉港、黄石港、长沙港、岳阳港、南昌港、九江港、芜湖港、安庆港、马鞍山港、合肥港、湖州港、嘉兴内河港。

(2) 珠江水系

珠江水系高等级航道布局为"一横一网三线"。

"一横",西江航运干线。

"一网",珠江三角洲高等级航道网。

"三线",右江、北盘江—红水河、柳江—黔江。

以海船进江航道为核心,以三级航道为基础,由16条航道组成"三纵三横三线"高等级航道网。三纵指西江下游出海航道,白坭水道—陈村水道—洪奇沥水道,广州港出海航道;三横为东平水道,潭江—劳龙虎水道—莲沙容水道—东江北干流,小榄水道—横门出海航道;三线即崖门水道—崖门出海航道,虎跳门水道,顺德水道。

珠江水系主要港口布局方案有5个:南宁港、贵港港、梧州港、肇庆港、佛山港。

(3) 京杭运河与淮河水系

京杭运河与淮河水系高等级航道布局为"一纵二线"。

"一纵",京杭运河。

"二线",淮河、沙颍河。

京杭运河与淮河水系主要港口布局方案有5个:济宁港、徐州港、无锡港、杭州港、蚌埠港。

(4) 黑龙江与松辽水系

黑龙江与松辽水系高等级航道布局为"二线",即黑龙江、松花江。

黑龙江与松辽水系主要港口布局方案有2个:哈尔滨港、佳木斯港。

4) 水路运输的特点

(1) 水路运输的优点

① 初始基本建设投资少

船舶主要航行于自然水道上,特别是在海洋上航行的船舶,几乎不受限制,只需建设码头设施,并对局部航道进行整治、维护、设置航标;而铁路、公路等,不仅需要建设站场,而且需要巨额投资建设道路、桥梁等。因此,用于航道的投资、维护及管理费用比其他运输方式少得多。

② 水上航道的通过能力大

海上航道的通过能力几乎没有限制,这是铁路和公路运输方式无法相比的。通常,一列火车载货量只有3 000吨左右,即使近代发展的重载列车,其载重量也只有6 000～10 000吨,而海船的最大载重量已达50万吨,内河运输的一个船队也可达几万吨。此外,在超大、超重单件货物的运输方面,水运也有无可比拟的优越性。

③ 运距长,水上航道四通八达

特别是远洋航线,其运距从几千海里到上万海里,可达全世界任何一个开放港口。

④ 运费低廉

船舶的航道天然构成,船舶运量大,港口设备一般均为政府修建,船舶经久耐用而且节省燃料,所以货物的单位运输成本相对低廉。据统计,海运运费一般为铁路运费的1/5,公路汽车运费的1/10,航空运费的1/30,这就为低值大宗货物的运输提供了有利的竞争条件。

⑤ 续航能力大

一艘大型船舶出航,所携带的燃料、食物和淡水,可供全船数十日之需,这是其他运输方式无法相比的。现代化的船舶还具有独立生活的种种设备,如发电、淡水制造等,使船舶的续航能力大大提高、运输距离大大延长。

(2) 水路运输的缺点

① 运输速度较慢

船舶的平均航速较低,一般为15～50 km/h。运输时间长会增加货主的流动资金占有量。

② 受气候和商港的限制,科技性较低

水路运输过程中由于受到自然条件影响较大,特别是受气候、季节条件的影响较大,船舶遇暴风雨需及时躲避预防损害,遇枯水季节无法通行,因此呈现较大的波动性和不平衡性。水路运输受河流通航条件及海岸和港口条件的限制,其普遍性不如公路、铁路运输。此外,水路运输过程往往需要公路、铁路运输系统的配合才能完成。

③ 船舶投资和港口建设投资巨大

航运公司订造或购买船舶需要花费大量的资金,回收期较长,且船舶一般没有用作其他用途的可能。港口基础设施的修建费用巨大,船舶大型化和装卸自动化的趋势使港口设施建设的投资费用进一步提高。

2.1.4 主干航空网线

航空输运,即使用飞机、直升机及其他航空器运送人员、货物、邮件的一种运输方式。其具有快速、机动的特点,是现代旅客运输,尤其是远程旅客运输的重要方式。其对于国际贸易中的贵重物品、鲜活货物和精密仪器运输也是不可或缺的。

航空物流是指货物以航空运输为主要的运输方式,从供应地向接收地进行的有效率、有效益的流通和储存,以满足顾客需求的过程,它将运输、仓储、装卸、加工、包装、配送、信息等方面进行有机结合,形成完整的供应链,为用户提供多功能、一体化的综合性服务。

1) 航空运输的产生与发展

航空运输始于1871年。当时普法战争中的法国人用气球把政府官员和物资、邮件等运出被普军围困的巴黎。1918年5月5日,飞机运输首次出现,航线为纽约—华盛顿—芝加哥。同年6月8日,伦敦与巴黎之间开通定期邮政航班。20世纪30年代有了民用运输机,各种技术性能不断改进,航空工业的发展促进了航空运输的发展。第二次世界大战结束后,在世界范围内逐渐建立了航线网,以各国主要城市为起讫点的世界航线网遍及各大洲。

1990年,世界定期航班完成总周转量达2 356.7亿吨千米。

近几年来,由于国际经济低迷,全球各国进出口贸易增速放缓。尽管目前我国航空物流行业面临一些困难,但整体上而言,这些困难也只是暂时的。航空物流作为商贸活动中最省时、最快捷的物流和货运方式,是符合时代发展潮流的,因此具有强大的生命力和庞大的发展空间。航空物流如图2-4所示。

图2-4 航空物流

2）干线航空市场的界定

一般来说，干线航空市场的定义有如下三类。

（1）机型界定（中国）

中国民航将干线航班使用70座以上涡桨飞机和50座以上各类飞机的航班定义为干线运输。

（2）航线距离确定（美国）

航线主要由飞行距离为800 km以上构成的航空公司确定为干线航空公司。

（3）航线网络界定（欧洲）

枢纽与枢纽之间以及大城市和大城市之间的航空运输均为干线运输。

3）航空运输的运输方式

航空运输的运输方式主要有班机运输、包机运输、集中托运和急件专递业务。

（1）班机运输

班机运输指具有固定开航时间、航线和停靠航站的飞机。通常为客货混合型飞机，货舱容量较小，运价较贵，但由于航期固定，有利于客户安排鲜活商品或急需商品的运送。

（2）包机运输

包机运输是指航空公司按照约定的条件和费率，将整架飞机租给一个或若干个包机人（包机人指发货人或航空货运代理公司），从一个或几个航空站装运货物至指定目的地。包机运输适合于大宗货物运输，费率低于班机，但运送时间则比班机要长些。

（3）集中托运

集中托运可以采用班机或包机运输方式，是指航空货运代理公司将若干批单独发运的货物集中成一批向航空公司办理托运，填写一份总运单送至同一目的地，然后由其委托当地的代理人负责分发给各个实际收货人。这种托运方式可降低运费，是航空货运代理的主要业务之一。

（4）急件专递

急件专递是目前航空运输中最快捷的方式，它由专门经营此项业务的部门和航空公司合作，以最迅速的方式传送急件。

4）航空运输的特点

（1）航空运输的优点

① 航空运输破损率低、安全性好

在地面，由于航空货物本身的价格比较高，操作流程各环节比其他运输方式严格得多，破损的情况大大减少，货物装上飞机之后，在空中很难导致损坏。因此在整个货物运输环节中，货物的破损率低、安全性好。这种特点使有些货物从物理特性上来说不适合用空运，例如体积比较大、重量比较重的机械设备仪器等，但这类货物中有些特别怕碰撞损坏，因此只能采用航空运输，以减少损坏的概率。

② 航空运输时效性高，运输速度快

由于航空货运所采用的运送工具是飞机，飞机的飞行时速大约都在600～800 km/h，比其他的交通工具要快得多，火车时速大约在100～140 km/h，汽车在高速公路上也就是120～140 km/h，轮船就更慢了。航空货运的这个特点适应了一些特种货物的需求，例如海鲜、活动物等鲜活易腐的货物，由于货物本身的性质导致这一类货物对时间的要求特别高，只能采用航空运输;另外,在现代社会,需要企业及时对市场的变化做出非常灵敏的反应,企业考虑的不仅仅是生产成本,时间成本也成为成本中很重要的一项因素,例如产品的订单生产、服装及时上市而获取更高的利润等情况,这都需要航空运输的有力支持才可以实现。

③ 经济特性良好

由于航空运输的快捷性,可加快生产企业商品的流通速度,从而节省产品的仓储费、保险费和利息支出等;另一方面产品的流通速度加快,也带来了资金的周转速度提升,可大大地增加资金的利用率,省时省力。航空货运代理公司对航空运输环节和有关规章制度十分熟悉,并与各航空公司、机场、海关、商检、卫检、动植检及其他运输部门有着广泛而密切的联系,具有代办航空货运的各种设施和必备条件。同时,各航空货运代理公司在世界各地或有分支机构,或有代理网络,能够及时联络,掌握货物运输的全过程。因此,委托航空货运代理公司办理进出口货物运输比较便利。

④ 基本建设周期短、投资少

与修建铁路和公路相比,其建设周期短、占地少、投资少,见效快。

⑤ 不受地形限制,机动性强

飞机在空中飞行,受陆地高山等因素的限制很小,受航线条件限制的程度也远比铁路运输、汽车运输和水路运输小很多。

(2) 航空运输的缺点

① 运输成本高,运价昂贵。

② 受天气状况限制大。这在很大程度上限制了航空运输的广泛应用。在一般国家航空运输只是担负大城市间和国际快速客运以及贵重、紧俏、保鲜、急救等物资和报刊、邮件的运输。

③ 载量有限,由于飞机航空器本身的载重容积的限制,通常航空货运的量相对于海运来说少得多,且飞机的造价高、技术复杂。

④ 可达性差。一般情况下,航空运输难以实现客、货的"门到门"运输,必须借助其他运输工具转运。

2.1.5 主干管道网线

管道运输是用管道作为运输工具的一种长距离输送液体和气体物资的运输方式,是一种专门由生产地向市场输送石油、煤和化学产品的运输方式,是统一运输网中干线运输的特殊组成部分。有时候,气动管也可以做到类似工作,以压缩气体输送固体舱,而内里装着货物,如图2-5所示。

图2-5 管道运输

1）管道运输的产生与发展

现代管道运输始于19世纪中叶，1865年美国宾夕法尼亚州建成第一条原油输送管道。然而它的进一步发展则是从20世纪开始的。随着第二次世界大战后石油工业的发展，管道的建设进入了一个新的阶段，各个产油国竞相开始兴建大量石油及油气管道。

20世纪60年代开始，输油管道的发展趋于采用大管径、长距离，并逐渐建成成品油输送的管网系统。同时，开始了用管道输送煤浆的尝试。全球的管道运输承担着很大比例的能源物资运输，包括原油、成品油、天然气、油田伴生气、煤浆等，其完成的运量常常大大高于人们的想象（如在美国接近汽车运输的运量）。管道运输也被进一步研究用于解决散状物料、成件货物、集装物料的运输，以及发展容器式管道输送系统。管道运输是国际货物运输方式之一，是随着石油生产的发展而产生的一种特殊运输方式，具有运量大、不受气候和地面其他因素限制、可连续作业以及成本低等优点。随着石油、天然气生产和消费速度的增长，管道运输发展步伐不断加快。

管道运输业在中国是一种新兴运输行业，是继铁路、公路、水运、航空运输之后的第五大运输业，它在国民经济和社会发展中起着十分重要的作用。2006年末，全国输油（气）管道里程为48 226 km，其中输油管24 136 km，输气管24 090 km；管道输油（气）能力达每年66 948万吨，其中输油能力为每年57 530万吨，输气能力为每年9 418千万立方米。目前是中国管道工业的黄金期，除得益于中国经济的持续快速发展和能源结构的改变，建设的中俄输气管线、苏格里气田外输管线、吐库曼和西西伯利亚至中国的输气管线等，不仅为中国，也为世界管道业提供了发展机遇。

2）管道运输的分类

管道物流运输承担着几乎所有气体和大部分流体的货物运输。按输送对象不同，它可以分为输油管道运输、天然气管道运输和固体料浆管道运输三种。

（1）输油管道运输

输油管道一般用于原油或成品油的长距离运输，它主要由输油站和输油管线两部分组成，是连接油田、炼油厂、油库或其他用油单位的管道。

输油管道也可以按不同的方法分类，通常按输送油料的种类或轻重进行分类。第一，按输送油料的种类不同，输油管道可分为原油管道和成品油管道。原油管道的起点大多是油田，终点则可能是炼油厂或转运原油的港口、铁路枢纽；成品油管道的起点常是炼油厂或成品油库，沿途常有较多的支线分油或集油，其终点和分油点则是转运油库或分配油库，在该处用铁路油槽车或汽车油罐车将各种型号的成品油运送给加油站或用户，或利用支线将油料直接输送给大型用油企业。第二，按输送油料的轻重不同，输油管道可分为轻油管道和重油管道。由于轻重油料的黏度和凝固点相差较多，常需采用不同的输送方法，敷设不同的输油管道。

（2）天然气管道运输

天然气是重要的化工原料和清洁能源，早已为世界各国所利用，我国天然气约占能源总量的2%，而西方发达国家的这一比例高达20%。随着经济和社会的发展，对天然气的需求量还将不断增大。

我国天然气可开采量约为10.5万亿立方米，但分布非常不均衡，西部蕴藏量丰富，而天然气的需求又集中在东部地区。因此，我国的天然气需要进行远距离输送。目前，实际应用的天然气储运方式有三种：一是通过管道，采用高压方法运输天然气；二是利用低温技术将天然气液化，然后利用船舶等运输工具进行储存和运输；三是利用多孔介质的吸附作用储存天然气。目前，绝大部分天然气（约占总量的75%）采用管道输送。

（3）固体料浆管道运输

用管道输送各种固体物料的一般方法是将待输送的固体物料破碎为粉粒状，与适量的液体配置成可泵送的浆液，通过管道将这些浆液输送到目的地后，再将固体物料从液体中分离出来。目前固体料浆管道主要用于输送煤、铁矿石、磷矿石、铜矿石、铝矾土和石灰石等矿物，配制浆液的主要载体是水，还有少数采用燃料油或甲醇等液体作载体。

3）管道运输的特点

在五大运输方式中，管道运输有着独特的优势。在建设上，与铁路、公路、航空相比，投资要省得多。就石油的管道运输与铁路运输相比，交通运输协会的有关专家曾算过一笔账：沿成品油主要流向建设一条长7 000 km的管道，它所产生的社会综合经济效益，仅降低运输成本、节省动力消耗、减少运输中的损耗3项，每年就可以节约资金10亿元左右；而且对于具有易燃特性的石油来说，管道运输更有着安全、密闭等特点。

（1）管道运输的主要优点

① 运量大

一条输油管线可以源源不断地完成输送任务。根据管径大小的不同，其每年的运输量可达数百万吨到几千万吨，甚至超过亿吨。

② 占地少

运输管道通常埋于地下，其占用的土地很少。运输系统的建设实践证明，运输管道埋藏于地下的部分占管道总长度的95%以上，因而对于土地的永久性占用很少，分别仅为公路的3%，铁路的10%左右。在交通运输规划系统中，优先考虑管道运输方案，对于节约土地资源意义重大。

③ 管道运输建设周期短、费用低

国内外交通运输系统建设的大量实践证明，管道运输系统的建设周期与相同运量的铁路建设周期相比，一般来说要短1/3以上。历史上，我国建设大庆至秦皇岛全长1 152 km的输油管道，仅用了23个月的时间，而若要建设一条同样运输量的铁路，至少需要3年时间；新疆至上海全长4 200 km的天然气运输管道，预期建设周期不会超过2年，但是如果新建同样运量的铁路专线，建设周期在3年以上，特别是地质地貌条件和气候条件相对较差，大规模修建铁路难度将更大，周期将更长。统计资料表明，管道建设费用比铁路低60%左右。

以天然气管道输送与其液化船运（LNG）相比较为例，如建设6 000 km管道投资约120亿美元，而建设相同规模（2 000万吨）LNG的投资则需200亿美元以上；另外，需要容量为12.5万立方米的LNG船约20艘，一艘这样的LNG船造价在2亿美元以上，总的造船费约40亿美元。仅在投资上，采用LNG就大大高于管道。

④ 管道运输安全可靠、连续性强

由于石油天然气易燃、易爆、易挥发、易泄漏，采用管道运输方式，既安全，又可以大大减少挥发损耗；同时由于泄漏导致的对空气、水和土壤的污染也可大大减少，也就是说，管道运输能较好地满足运输工程的绿色化要求。此外，由于管道基本埋藏于地下，其运输过程受恶劣多变的气候条件影响小，可以确保运输系统长期稳定地运行。

⑤ 管道运输耗能少、成本低、效益好

发达国家采用管道运输石油，每吨每千米的能耗不足铁路的1/7，在大量运输时的运输成本与水运接近。因此在无水条件下，采用管道运输是一种最为节能的运输方式。管道运输是一种连续工程，运输系统不存在空载行程，因而系统的运输效率高。理论分析和实践经验已证明，管道口径越大，运输距离越远，运输量越大，运输成本就越低。以运输石油为例，管道运输、水路运输、铁路运输的运输成本之比为 1∶1∶1.7。

（2）管道运输的主要缺点

① 灵活性差

管道运输不如其他运输方式（如汽车运输）灵活，除承运的货物比较单一外，它也不容随便扩展管线，实现"门到门"的运输服务。对一般用户来说，管道运输常常要与铁路运输或汽车运输、水路运输配合才能完成全程输送。

② 专用性强

运输对象受到限制，承运的货物比较单一，只适合运输诸如石油、天然气、化学品、碎煤浆等气体和液体货物。

③ 专营性强

管道运输属于专用运输，其生产与运销混为一体，不提供给其他发货人使用。其固定投资大，为了进行连续输送，还需要在各中间站建立储存库和加压站，以促进管道运输的畅通。

2.2 主干物流交通枢纽的社会价值

交通枢纽又称运输枢纽，是几种运输方式或几条运输干线交会并能办理客货运输作业的各种技术设备的综合体。一般由车站、港口、机场和各类运输线路、库场以及运输工具的装卸、到发、中转、联运、编解、维修、保养、安全、导航和物资供应等项设施组成，是综合运输网的重要环节。

影响交通枢纽形成的条件与因素有：自然条件与地理位置、运输技术进步、经济联系的方向与规模、交通网的原有基础与发展条件、枢纽所在城市的发展条件。大城市、大工业中心及大型河、海港口往往可形成交通枢纽。

1) 交通枢纽的组成与分类

交通枢纽由七种设备和建筑组成：

① 铁路设备与建筑。包括共同为完成客、货运作业的正线、车站和其他设备，以及专用线、联络线。作业量大时，还分别形成为客运服务的通路与设施，如客运正线、客运站、客运技术作业站等；为货运服务的通路与设施，如货运正线、专用线、编组站、货运站、地区站、工业站等，并通过各种联络线将它们联为整体。在具有这些复杂设施时，就形成铁路枢纽。铁路枢纽是许多大型综合交通枢纽的核心设施之一。

② 水运设施（河运、海运）。包括水上部分——水域与航道，一般多为客运与货运船舶公用。以岸线为核心的陆域，一般都区分为设有旅客站舍的客运码头和设有堆场、仓库、专用线和装卸设备的货运码头。其中，货运码头又可分为通用码头、专用码头和工商企业用货主码头等。

③ 公路设施。包括对外公路线路、立体交叉桥、客运站、货场、停车场、保养基地等。
④ 航空设施。包括航空港的客运站、货运站和导航设备等。
⑤ 管道设施。包括专用管道、泵站、储油（气）库等。
⑥ 工业运输设施。包括工矿企业专用线路和有关车站等。
⑦ 城市交通运输设施。包括担负市区内与市郊客、货运的道路网、水道网、各种公共客运交通设施和专业货运设施等。

在交通枢纽的组成成分中，包含有两组性质不同的交通运输系统，属于第一组的是沟通国内与国外、国内各地区和各城市之间联系的外部交通运输系统，即上述①至⑤各类；属于第二组的是实现城市联系的内部交通运输系统，即上述⑥⑦两类。每个交通枢纽都包含这两组交通系统，但并非都具备上述各套设施。规模大的枢纽多较复杂，规模小的一般都较简单。由于枢纽在交通网中所处位置不同，连接的运输方式及承担客、货运量的多少不等，同时所在地点的自然条件也有差异，城市规模与性质存在区别等，交通枢纽的组成有着很大差别。

2）交通枢纽的分类

（1）按地理位置分。①陆路交通枢纽，如我国的北京、郑州、西安，美国的华盛顿等。我国综合枢纽中42%为陆路枢纽，共有36个。②滨海交通枢纽，如我国的上海、大连、湛江，国外的圣彼得堡、东京、纽约等。我国滨海交通枢纽共有18个。③通航江河岸边交通枢纽。如我国交通枢纽中共有40条通航水运干线，长江干流从宜宾至上海共有13个枢纽。

（2）按承担的客、货运业务分。①以直线或中转换装（乘）作业为主的交通枢纽，其地方运量较少或比重小。我国交通枢纽中，通过运量在80%以上的有郑州、鹰潭、衡阳、宝鸡等。②具有大量地方作业，而同时办理相当数量直通客货运作业的枢纽，一般这两种作业比重相差不多。我国的枢纽中，通过运量占50%～60%的有兰州、昆明、成都、北京等。③以办理地方作业为主、中转运量较少的枢纽，它们主要分布在路网的边缘处，或大型工业中心与矿区。如广州、本溪等枢纽的地方作业量占三分之二左右。

（3）按运输方式组合分。①铁路—公路枢纽：这种由陆路干线组成的枢纽分布于内陆地区。我国的枢纽中约有43%属此类型。国家为了改善土地辽阔而人口稀少的西北、西南地区的交通布局，大力发展航空运输，这两个大区目前已有70%的枢纽建立了对外空运联系。②水路—公路枢纽：由河运或海运与公路等运输方式组成的枢纽。一般水运起主要作用，公路为其集散客、货，如温州、汕头、梧州等。③水路—铁路—公路枢纽：此类枢纽因水路有海、河之分，又可包括三种情况：海运—河运—铁路—公路枢纽（位于通航干线河流入海口处）；海运—铁路—公路枢纽；河运—铁路—公路枢纽。④综合交通枢纽，是交通枢纽发展的高级阶段。其组成方式有：建立了五种运输方式的枢纽；具有铁路、公路、海运（或河运）、航空（或管道）等多条干线的枢纽；虽无水运，但具有其他四种运输方式（铁路、公路、管道与航空）等多条干线的大型枢纽。我国的上海、北京、沈阳、天津、武汉等，都已形成具有不同运输方式组合的综合交通枢纽。

（4）按主要交通干线与站场空间分布形态分。在各种交通设施的空间结合上，由于水运航线位于江河湖海之中，只有港口码头的陆上设施具有固定形态，因此分析枢纽的空间分布形态，实际上是以陆上的站场、码头等的相对位置及其与干线的结合为准来加以区分，有如下四种：①终端式枢纽，分布于陆上干线的尽端或陆地边缘处，如乌鲁木齐（铁路干线终端)、九江、青岛;②伸长式枢纽,干线从两端引入呈延长式布局的枢纽,如兰州;③辐射形枢纽,是各种交通干线可以从各个方向引入的枢纽,许多枢纽属此类型,其发展条件一般都比较好,如郑州、徐州;④辐射环形枢纽,由多条放射干线和将其连接的环形线构成,如北京、维也纳、巴黎、伦敦;⑤辐射半环形枢纽,分布于海、湖、河流岸边,如芝加哥。

3) 我国主干物流交通枢纽

(1) 北京交通枢纽

北京市城区的路网结构以矩形和环状为主,道路多以此为依托,与经纬线平行呈网状分布。先后依托城市扩展,建设了二、三、四、五和六环路。总长度超过 500 km 的北京新"七环路"已经形成半圆。全市共有立交桥 381 座,京哈、京沈、京津塘、京石、八达岭、京承、京开等多条高速公路经过北京。全市铁路总里程 962 km,京秦、京哈、京沪、京九、京广、京原、京包、京承、京通等多条铁路干线汇集于此。

北京首都国际机场已开通 200 多条国际国内航线,通往世界主要国家及地区和国内大部分城市。北京已与世界上所有国家和地区通邮,国内直拨电话可达所有城市,国际直拨电话可达 200 多个国家和地区。

(2) 上海交通枢纽

上海市的公共交通,其线路、车辆、载客量均居全国第一。上海已形成由铁路、水路、公路、航空、管道等 5 种运输方式组成的,超大规模的综合交通运输网络。上海港是中国最大的枢纽港,共有 47 个客运站,长途班线 1 611 条,可抵达全国 14 个省市的 660 个地区。全市已形成了由地面道路、高架道路、越江隧道和大桥以及地铁、高架式轨道交通组成的立体型市内交通网络。

(3) 广州交通枢纽

广州是我国华南地区最大的交通枢纽,高速公路为广州城市交通带来了很大的转变。重要高速公路有广清(广州—清远)、京珠(北京—珠海)、广惠(广州—惠州)、广深(广州—深圳)、广佛(广州—佛山)、广三(广州—佛山三水)、广肇(广州—肇庆)以及广河(广州—河源)、广深沿江(广州—深圳)、广明(广州—高明)和珠三角外环高速公路。高速公路使城市与城市之间的交通速度加快,降低了国道、省道上的车流量,减少了交通事故以及提高了司机对道路情况的熟悉程度。

(4) 武汉交通枢纽

武汉历来被称为"九省通衢"之地,是中国内陆最大的水陆空交通枢纽之一。它距离北京、上海、广州、成都、西安等大城市都在 1 000 km 左右,具有承东启西、沟通南北、维系四方的作用。独特的区位优势造就了得天独厚的交通优势。京广、京九、武九、汉丹 4 条铁路干线将形成以武汉为圆心、半径 1 000 km 的 5 h 高速铁路经济圈,以及京珠、泸蓉等 6 条国道在此交汇。武汉港是长江的重要港口,水运已形成"干支一体,通江达海"的客货运网络。武汉港还是我国内河通往沿海、近洋最大的启运港和到达港。

2.3 支线物流交通路线

统筹考虑物流运输干线与支线建设的关系,对物流运输支线进行系统的规划研究,提出科学合理的支线布局规划及方案。

2.3.1 支线铁路的经济规划与布局

铁路网络是一个有机的整体,所有的铁路及处于不同阶层的路网,都是这个有机整体的一部分,不能脱离整体而独立存在,它们分别具有的功能只有彼此联系,才能实现铁路网整体的共同目标。

1) 支线铁路概述

支线铁路是由铁路干线分支出来的次要铁路线,一般只有一端与干线铁路网接通。工矿企业和林业专用铁路亦属于支线的一种。

2) 区域铁路网的规划

区域铁路,在我国也称为城际轨道交通,指一个区域内中等距离的铁路,包括客运及货运铁路。区域铁路网规划是在区域社会经济发展战略指导下,根据区域资源分布情况和产业布局特点,以合理开发利用各种资源,以区域经济发展为目标,通过对区域运输需求的分析预测,在统筹考虑铁路的技术经济优势以及与相关行业衔接的基础上,进行铁路网空间布局规划的过程。

(1) 区域铁路网布局的侧重问题

区域铁路网是地方政府出于拉动经济发展的目的,根据各种交通方式中铁路的技术经济优势,以及出于衔接高速公路网的考虑,提出的地方性铁路网络。这些线路里程短,往往仅途经一两个编组站即可连通;同时,因铁路具备低成本、运力大的技术经济优势,因此在网络布局方面,更应注重综合运输走廊、区域和重要区内通道的构建和强化,重点解决大宗货物的中长途调运的问题,同时应在煤炭运输以及港口和口岸集、散、运等领域发挥骨干作用。

建议对该类铁路的布局要站在综合交通运输的角度区别对待,如果该地区经济发展常年受到交通条件限制,从拉动地方经济的角度考虑,可以纳入区域铁路网规划。如果仅仅为了考虑铁路的覆盖问题,则需要结合其他交通运输方式的发展详细斟酌其建设的必要性。

(2) 公共通道资源的利用问题

公共通道资源的利用问题主要集中在几个煤炭能源输出大省和煤炭分布集中城市。由于能源市场煤炭紧缺,主要能源企业蜂拥进驻,提出众多为煤炭开发配套的铁路项目。这类铁路项目的运输往往具有点到点的特性,基本不承担路网功能,企业特性明显,在服务地方经济方面作用较小,但已经提前占用公共通道资源。这种情况突出表现在煤炭资源储量丰富的蒙西地区、包神铁路、大准铁路等企业铁路,基本以承担所属企业的矿区煤炭运输为主,仅承担少量地方煤炭和其他物资的运输。

建议区域铁路网规划中,铁路部门提前控制该类公共通道资源,将这种能源线路纳入国家层次的铁路网规划,统筹考虑路网的统一及地方经济发展。建议投资采用多元化方式,鼓励企业参与投资建设。

(3) 内陆省份的出海需求问题

目前,我国沿海省市经济发展迅速,港口作为对外开放的重要窗口,在区域经济的发展中起到了重要作用。一些内陆省份提出了出海通道的规划问题,以加强与沿海经济区域及世界其他城市的交流。根据梯度经济发展理论,我国经济发展由东向西逐步转移,因此,我国中部各省纷纷提出建设出海铁路通道的构想,如江西省提出的向莆铁路等。

建议出海通道的规划应当详细分析区域货运的流量、流向及其构成,如果存在出海需求,应当考虑通过与我国铁路主要通道衔接,形成出区达海通道,实现与沿海港口的连接,带动内陆省份经济的快速发展。

(4) 口岸铁路的布局问题

许多地方政府出于自身的考虑,纷纷要求规划各自行政区范围内的口岸铁路,有些口岸甚至出现了腹地资源完全相同的局面。通过调查分析,部分口岸铁路吸引范围内需求而获取资源的前景并不被看好,且各口岸分布距离不均,部分口岸吸引邻国资源范围重叠。

建议口岸铁路的分布考虑以下几个重要因素:两国双边关系发展及贸易发展前景;口岸吸引范围内资源的可靠性以及邻国的态度;邻国口岸铁路的建设进度;口岸数量不宜过多,布局应有侧重,按照规模经济的原则,做大做强。

2.3.2　支线公路的经济规划与布局

公路网建设对国民经济增长的贡献在于其对地区生产总值的贡献,包括公路网建设直接创造的增加值和间接创造的增加值,以及直接和间接创造的就业机会。

1) 支线公路概述

在我国,公路按使用性质可分为国家公路、省公路、县公路、乡公路(简称为国、省、县、乡道)以及专用公路五个行政等级。一般把国道和省道称为干线,县道和乡道称为支线。

2) 我国支线公路建设

改革开放以来,国民经济持续高速发展,公路运输需求迅速增长,公路基础设施建设开始发生历史性转变。二级以上公路占全国公路总里程的比重由1979年的1.3%提高到2018年的13.4%,主要城市之间的公路交通条件显著改善,公路交通紧张状况初步缓解。同时,县、乡公路里程快速增长,质量也有很大提高,有的省份已实现全部县道铺筑沥青路面乃至达到二级技术标准,全国实现了100%的县、98%的乡和89%的行政村通公路。

进入20世纪90年代,高等级公路的快速发展对公路桥梁、隧道建设提出了较高要求,推动了公路桥梁的建设、隧道数量的增加和技术水平的提高。我国先后在主要江河和一些海峡建设了一批深水基础、大跨径、施工难度很高的桥梁,如黄石长江大桥(我国交通部门自行设计和建设的第一座跨长江特大型桥梁)、万县长江大桥、铜陵长江大桥、江阴长江大桥、南京第二长江大桥、风陵渡黄河大桥、济南第二黄河大桥、广东虎门大桥、山东女姑山跨海大桥、厦门海沧大桥等。尤其是2018年港珠澳大桥的建成并运营,标志着我国深水基础技术、大跨径桥梁建设已进入世界先进行列。

3) 区域公路网规划发展

(1) 区域公路建设项目通过解决运力和运量之间的矛盾,推进区域间、企业间各方面的专业化分工协作,使区域生产要素禀赋的比较优势得以展现出来,优化区域产业结构,促进区域经济增长。

(2) 区域公路网的建成与发展要与综合运输体系的发展相适应,使多式联运能够得到有效落实。公路网的建设必须与该区域其他运输方式很好地配合与衔接,使不同的运输方式能够相互融合,并将机场、码头、港口和铁路站场等作为公路网必须连接到的重要物流基地。

(3) 区域公路的发展主要与区域总体发展规划相适应。土地利用规划和城镇体系规划是区域总体规划的重要组成部分,路网的建设与布局必须充分考虑这两方面因素的协调。

（4）公路网的发展规划要与经济的发展规划相适应。公路网的建设应符合区域经济和社会的发展战略，能够引导生产力在该地域合理地展开与分布；区域公路及其网络的建设要符合区域的资源分布状况，与该地区人口、城镇、农副产业基地和大型厂矿的分布、经济带的拓展趋向相适应。

（5）区域公路网的建设要与主干道建设相协调，尽量避免断头路的建设，搞好进出口路的建设，促进区域间经济的协调发展，即保证路网服务水平的连续性。

（6）区域公路网建设中，应注意农村公路网的建设，促进城乡一体化发展；从适应经济的现代化和可持续发展的需要出发，实现公路交通的现代化与公路交通的可持续发展。

2.3.3 支线水运的经济规划与布局

航道网规划以促进国民经济和社会发展、生产力合理布局为基本出发点和根本目的，充分考虑促进区域经济发展对航运的要求，根据区域主要港口的发展现状来规划适应港口吞吐量的发展需求，同时要促进水资源的综合开发。

1）支线水运概述

支线水运网线连接各个港口，辅助干线完成其不能完成的运输任务，完善水运路线，使水路运输更具灵活性。

2）区域水运网规划发展

（1）统筹兼顾、干支结合、有重点地加大对支线航道的养护投入。当前，在航道养护计划安排上，交通部门忽视了对支线航道的投入。要坚持干支结合的航道养护方针，有重点地加大对支线航道的建养投入，抽出一定资金按照轻重缓急对支线航道进行建养保护，改善支线航道通航条件。

（2）转变观念，推动支线水运发展建设。要做到转变观念，一是地方政府要转变观念，改变在安排交通基础设施建设时重路轻水的倾向；二是交通部门本身也要转变观念，充分认识到航道建设是交通建设的一个重要组成部分，支线航道在地区运输中占有相当重要的地位，在整个货物运输中也占有相当大的比例。

（3）综合利用水资源。由于航道除了航运功能外，还有工农业用水、居民饮水的调水作用，以及对城市环境改善的支持作用等，因此航道网规划还要考虑水系的沟通、船闸的应用、水环境的保护等问题。航道网规划要以水资源综合利用为基础，平衡各方面利益，做到统筹兼顾、合理开发、科学规划，以最大限度地发挥水资源的综合效益。

（4）水系沟通和船闸的建设。航运需要航道，更需要承载船舶的水体。航道规划是受到天然水系沟通制约的，因此，除了考虑交通需求外，还要考虑天然水系的现状。有些本来就没有水系通过的地方，很多不适合建设航道，如果因为货物运输的原因非要在那些地方建设航道就要涉及开挖新航道和引水的问题。在地势高又没有水源支持的地方建设航道往往需要修建船闸。开挖新航道和引水工程都需要增加投入，修建船闸也要增加投入，同时也会增加船舶的通航时间。因此，新航道的开挖和船闸的修建必须经过权衡后才能确定。

2.3.4 支线航空的经济规划与布局

支线航空发展规划的主要意义，就国家社会经济而言，就是通过支线机场布局规划和支线航线网络规划来建设支线机场，完善支线航线网络，提高航空运输通达能力，适应全国和地区经济社会发展需要,为经济建设、对外开放和民众旅行提供服务,发挥社会效益。同时对加强军事和国防建设,以及增进民族团结、促进社会文明也具有重要意义。

1) 支线航空概述

支线航线是指连接支线机场与大型枢纽机场、区域枢纽机场和中型机场之间的航线,以及连接支线机场之间的航线。支线航线一般是航线距离小于800 km、年旅客运输量小于20万人次的航线市场。支线航空运输指用于提供中、短途的,中小城市之间以及中小城市与大城市之间的航空运输。

我国支线航空发展规划分为四个层次,第一层次是国家级的支线航空发展规划,第二层次是大地区级的支线航空发展规划,第三层次是经济区或省市级的机场规划布局体系,第四层次则是各机场总体规划。

2) 我国支线航空建设介绍

(1) 中南区主要空港城市及机场分布

中南区包括的空港城市有广东省的广州市、深圳市、汕头市等6个城市;海南省的海口市、三亚市;河南省的郑州市等3个城市;湖北省的武汉市等5个城市;湖南省的长沙市等4个城市;广西壮族自治区的南宁市、桂林市等5个城市。

中南区是我国机场数量较多、空中运输业务量较大的地区之一,尤其是珠江三角洲地区经济发展迅速,带动着中南地区航空运输的快速发展。中南区的重要机场有广州白云国际机场、海口美兰国际机场、长沙黄花国际机场、武汉天河国际机场、郑州新郑国际机场、深圳宝安国际机场、南宁吴圩国际机场、桂林两江国际机场等。中南区以广州白云国际机场为中心枢纽。

(2) 西南区主要空港城市及机场分布

西南区的空港城市主要包括重庆市;四川省的成都市、绵阳市、宜宾市等12个城市;贵州省的贵阳市、遵义市等3个城市;云南省的昆明市、丽江市等9个城市;西藏自治区的拉萨市、昌都市等。

西南区是我国西部机场最多的地区,其中成都、昆明、重庆三个机场地位逐渐显现,发挥着重要作用。成都双流国际机场是西南区最大的航空港;昆明巫家坝国际机场始建于1951年,后经多次大规模修缮扩建,目前已成为西南区的门户枢纽机场;重庆江北国际机场为我国20世纪80年代建设的大型机场,于1990年建成并投入使用,目前机场飞行区等级为4F级,可满足年旅客吞吐量4 500万人次,货邮吞吐量40万吨的生产需要。

(3) 东北区机场分布

东北区是我国机场数量相对较少的地区,重要的机场有沈阳桃仙国际机场、大连周水子国际机场、哈尔滨太平国际机场、长春龙嘉国际机场等。沈阳桃仙国际机场是东北区重要航空枢纽,地理位置优越,位于辽沈中部,是辽沈中部城市群2 400万人口的共用机场;大连周水子国际机场占地面积284.46 hm^2,飞行跑道长3 300 m,滑行道3 168 m,航站楼面积6.5万 m^2,停机坪24万 m^2,停机位25个,符合4E级国际机场标准,可供世界上各种大型飞机安全起降,是东北地区四大机场之一,其旅客、货邮吞吐量和飞机起降架次三项运输生产指标自1998年来连续多年居中国东北地区12个民用机场的首位。

3) 区域航空网规划发展

(1) 以市场需求为导向。做好我国支线航空运输的整体及局部规划、发展支线航空运输要以支线航空运输市场为导向,搞好整体规划,加强引导,避免盲目性和随意性,把握好支线航空运输的总体规模,既不能过度超前又要适应经济和社会发展的需要。各地区应该根据地区支线航空运输市场需求的特点,制订适合本地区支线航空运输的发展规划。

(2) 支线航线和机场的数量由少到多,规模要由小到大,以平稳快速发展为原则。支线航空运输发展是一个过程,既要积极主动、努力培养,又要循序渐进,实现稳步快速发展。

(3) 有利于综合交通运输体系建立和优化原则。支线航空运输网络作为交通运输网的组成部分,其建立必然要考虑与其他运输网的衔接问题。在规划支线机场及航线网络时要兼顾地面交通网络,充分利用地面交通资源,取长补短,使支线机场布局和航线网络布局在整个交通网中趋于合理。

(4) 重点发展、重点建设原则。由于各地经济发展程度不同,市场容量有大有小,支线航空运输的发展也必然具有不平衡性,不可能齐头并进。要综合考虑市场状况等因素,经济发达地区、旅游资源丰富地区和交通运输不便地区是国内支线机场、航线布局关注的重点。

(5) 东部沿海开放地区经济发展水平较高,航空运输市场规模较大,发展商务支线航空具有基础和潜力,要更多地引进市场机制。西南地区人口较多,旅游资源丰富,但地面交通不畅,支线航空具有优势,可重点发展旅游支线航空,解决出行不便。西北地区地域广阔,交通设施落后,建设机场投资小、周期短,发展支线航空更多地表现为经济社会整体利益,要有政策支持和引导,特别是借助国家西部大开发战略促进航空发展。

(6) 多功能发展。支线航空经营成本相对较高,在起步阶段想要完全靠其创利并实现自我发展比较困难。因此,可通过支线航空的其他功能,如作为干线的延伸服务、形成经营上的干支一体化、使之成为一个整体航空产品、合理地进行飞行人员培养、开展支线包机、公务飞行等,以此来带动支线航空发展。

(7) 全方位发展。支线航空主要为区域经济社会服务,注重提高地方、企业和个人的积极性,鼓励其以适当形式参与支线航空,尤其支持和鼓励地方省市修建一些占地少、投资省、建设周期短、经营成本低的支线机场,既满足地方发展航空运输的迫切需要,又不致使地方背上过重的财政负担。引导外资进入支线领域,包括投资建设机场,参股航空公司或引入管理经验,鼓励航空公司之间开展支线联营业务。

(8) 加强宏观调控。政府部门首先要规范支线航空市场,避免盲目发展和无序竞争;鼓励支线航空适度开展竞争,但更注重区域分工协作,尤其是同一地区航空公司之间的竞争要合理有序。必要时,对首先开辟和培养某一支线的航空公司予以适当的市场保护。开展支线航空要兼顾整个航空运输发展和结构调整,合理安排航线、建设机场和配置运力,做到既有利于支线航空健康发展,又不冲击干线市场。大力保障支线航空安全,提高经济效益和社会效益。

2.3.5 支线管道的经济规划与布局

1) 支线管道概述

支线管道连通企业与企业、企业与个体等,将干线管道运输货物进行分配,使管道运输实现一体化。

2) 我国支线管道建设

采用油气管道区域化管理,是为适应油气业务大发展而做出的重要决策。支线管道建设应按照"管道区域化管理、站场区域化维护、站场综合值班无人操作"的总体思路,积极探索油气管道运、检、维一体化管控模式。

3）支线管道规划与布局

（1）管道的规划、建设应当符合管道保护的要求,遵循安全、环保、节约用地和经济合理的原则。

（2）全国管道发展规划应当符合国家能源规划要求,并与土地利用总体规划、城乡规划以及矿产资源、环境保护、水利、铁路、公路、航道、港口、电信等规划相协调。

（3）管道企业应当根据全国管道发展规划编制管道建设规划,并将管道建设规划确定的管道建设选线方案报送给拟建管道所在地县级以上地方人民政府城乡规划主管部门审核;经审核符合城乡规划的,应当依法纳入当地城乡规划。纳入城乡规划的管道建设用地,不得擅自改变用途。

（4）管道建设的选线应当避开地震活动断层和容易发生洪灾、地质灾害的区域,与建筑物、构筑物、铁路、公路、航道、港口、市政设施、军事设施、电缆、光缆等的保护距离应符合相关法律法规的要求以及国家技术规范的强制性要求的规定。

（5）新建管道通过的区域受地理条件限制,不能满足上述规定的管道保护要求的,管道企业应当提出防护方案,经管道保护方面的专家评审论证,并经过管道所在地县级以上地方人民政府主管管道保护工作的部门批准后,方可建设。

（6）管道建设项目应当依法进行环境影响评价。管道建设使用土地,依照《中华人民共和国土地管理法》等法律、行政法规的规定执行。依法建设的管道通过集体所有的土地或者他人取得使用权的国有土地,影响土地使用的,管道企业应当按照管道建设时土地的用途给予补偿。

（7）依照法律和国务院的规定,取得行政许可或者已报送备案并符合开工条件的管道项目的建设,任何单位或个人不得阻碍。

（8）管道建设应当遵守法律、行政法规有关建设工程质量管理的规定。管道企业应当依照有关法律、行政法规的规定,选择具备相应资质的勘察、设计、施工、工程监理单位进行管道建设。

2.3.6 支线交通枢纽的规划与布局

在支线交通枢纽规划中,一方面受自然条件的限制,使得火车站、港口与机场的选址和布局可以调整的空间比较狭窄;另一方面对支线交通枢纽在中转换乘、运输组织方面的要求,使得一体化考虑支线交通枢纽中各种交通运输站场的布局非常必要。

在五种交通运输方式中,公路运输系统作为联系其他交通运输方式的纽带,其灵活性和可调整性较大。因此首先从公路主枢纽入手,对公路主枢纽的场站数量、位置进行优化和调整,把铁路、航空和管道这几种交通运输方式的场站作为公路场站布局的约束条件,使得公路场站的布局最大限度地保证交通运输方式的有机衔接,从而提高支线交通运输枢纽的运转效率。

由于支线交通枢纽与所在城市的性质和功能有着密切的联系,因此必须考虑城市交通系统与支线交通枢纽的相互关系。

2.4 经济专用交通路线规划与布局

2.4.1 物流园区交通路线的设置

1）物流园区概述

物流园区是指在物流作业集中的地区,在几种运输方式的衔接地,将多种物流设施和不同类型的物流企业在空间上集中布局的场所,是一个有一定规模和具有多种服务功能的物流企业的集结点。

2）我国物流园区交通路线

(1) 从安全、便于运作控制的角度出发,物流园区通常采取相对封闭的运作模式,与周边路网的结合处往往是受到严格控制的,进出物流园区的大量货车只能从有限的出入口集中汇入路网,虽然在出入口的选择上往往会选择交通负荷小的道路作为货运主通道汇入线,但是这种负荷的小只是相对的,货车在从出入口汇入主线的过程中,对主线的交通状况依然会带来很大的干扰。

(2) 依托空运、海运或陆运枢纽而规划,至少有两种不同的运输方式或两条不同的运输干线衔接。

(3) 完善配套设施。支持连接物流园区的铁路专用线、码头岸线和园区周边道路等交通配套设施的建设和改造,进一步发挥物流园区的中转服务功能,提高运输水平。

(4) 加强枢纽规划之间的衔接,统筹公路、铁路、水运、航运等多种交通枢纽和周边的物流园区建设,大量发展多式联运,形成综合交通枢纽,促进多种运输方式之间的顺畅衔接和高效中转。大力推广共同配送、集中配送等先进配送组织模式,为第三方物流服务企业搭建基础平台。

目前,我国拥有一级物流园区布局的城市共有 29 个,分别为北京、天津、唐山、呼和浩特、沈阳、大连、长春、哈尔滨、上海、南京、苏州、杭州、宁波、厦门、济南、青岛、郑州、合肥、武汉、长沙、广州、深圳、南宁、重庆、成都、昆明、西安、兰州和乌鲁木齐。

2.4.2 第三方物流企业交通路线的设置

1）第三方物流概述

第三方物流是指为公司提供全部或部分物流服务的外部供应商。第三方物流供应商提供的物流服务一般包括运输、仓储管理、配送等。在此过程中第三方物流供应商既非生产方,又非销售方,而是在从生产到销售的整个物流过程中进行服务的第三方,它一般不拥有商品,只是为客户提供仓储、配送等物流活动。

第三方物流内部的构成一般可分为两类:资产基础供应商和非资产基础供应商。对于资产基础供应商而言,他们有自己的运输工具和仓库,通常实实在在地进行物流操作。而非资产基础供应商则是管理公司,不拥有或租赁资产,他们提供人力资源和先进的物流管理系统,专业管理顾客的物流功能。

广义的第三方物流可定义为上述两者的结合。第三方物流因其所具有的专业化、规模化等优势在分担企业风险、降低经营成本、提高企业竞争力、加快物流产业的形成和再造等方面发挥出巨大作用,已经成为21世纪物流发展的主流。

狭义的第三方物流是指能够提供现代化的、系统的物流服务的第三方物流活动。

2) 我国第三方物流交通路线

在第三方物流管理过程中,优化行车路线,可以大幅度减少物流成本,提高物流企业工作效率。有以下几点依据:

(1) 客户订单

客户订单对配送商品的品种、规格、数量、时间、送达地点、收货方式等都有要求。因此,客户订单是拟定配送计划的最基本的依据。

(2) 客户分布、送货路线、送货距离

客户分布是指客户的地理位置分布。客户位置与配送中心的距离、配送中心到达客户收货地点的路径选择,直接影响到配送成本。

(3) 物品特性

配送货物的体积、形状、质量、性能、运输要求是决定运输方式、车辆类型、载重、容积、装卸设备的制约因素。

(4) 运输、卸载条件

道路交通状况、送达地点及其作业地理环境、装卸货时间、气候等对配送作业的效率也起相当大的约束作用。

(5) 运力配置

根据分日、分时的运力配置情况,决定是否要临时增减配送业务。

2.4.3 物流中心交通路线的设置

1) 物流中心概述

国家标准《物流术语》将物流中心定义为"从事物流活动的场所或组织,应基本符合以下要求:主要面向社会服务;物流功能健全;完善的信息网络;辐射范围大;少品种、大批量;存储吞吐能力强;物流业务统一经营管理"。

物流中心是为了实现物流系统化、效率化,在社会物流中心下设置的货物配送中心,其主要功能是从供应者手中受理大量的多种类型货物,进行分类、包装、保管、流通加工、信息处理,并按众多用户要求完成配货、送货等作业。

2) 物流中心交通路线

物流中心选择正确的配送路线,不仅有利于提高配送效率,更好地为客户服务,还有利于节约企业成本,有助于企业的长远发展。

(1) 配送路线目标的确定

目标的选择是根据配送的具体要求、配送中心的实力及客观条件来确定的。由于目标有多个,因此可以有多种选择方法:

① 以效益最高为目标的选择,就是指计算时以利润的数值最大为目标。

② 以成本最低为目标的选择,实际上也是选择了以效益为目标。

③ 以路程最短为目标的选择。

④ 以运行吨千米最小为目标的选择。

⑤ 以准确性最高为目标的选择,它是配送中心重要的服务指标。

⑥ 其他还有以运力利用最合理、劳动消耗最低等为目标的选择。

(2) 配送路线约束条件的确定

一般配送路线的约束条件有：

① 满足所有收货人对货物品种、规格、数量的要求。

② 满足收货人对货物发到时间范围的要求。

③ 在允许通行的时间内进行配送。

④ 各配送路线的货物量不超过车辆容积和载重量的限制。

⑤ 在配送中心现有运力允许的范围内。

(3) 物流中心交通路线的优化

目前确定优化配送方案的一个较成熟的方法是节约法，也叫节约里程法。利用节约法确定配送路线的主要出发点是：根据物流中心的配送能力（包括车辆和载重量多少）和配送中心到各个用户以及各个用户之间的距离来制订使总的车辆运输的吨千米数最小的配送方案。利用节约法制订出的配送方案除了使配送吨千米数最小外，还满足以下条件：

① 方案能满足所有用户的要求。

② 不使任何一辆车超载。

③ 每辆车每天的总行驶时间或行驶里程不超过规定的上限。

④ 能满足用户到货时间的要求。

2.4.4 栈桥网线

1) 栈桥的概述

栈桥是形状像桥的建筑物，是用于车站、港口、矿山或工厂，也可用于装卸货物、上下旅客或专供施工现场交通、机械布置及架空作业使用的临时桥式结构。在土木工程中，是指为运输材料、设备、人员而修建的临时桥梁设施，按采用的材料分为木栈桥和钢栈桥。铁路轮渡中的栈桥，则是供机动车辆驶上和驶下渡船的桥梁建筑物。

2) 栈桥案例——临江出海码头改建两座栈桥方便运输

从 2013 年防洪大堤完成后，临江出海码头已变成江面。在这样的背景下，只有在江面上修建栈桥才能使出海码头正常使用。一座栈桥的设计长 97.5 m，宽 12 m，另一座设计长 99 m，宽 9 m，栈桥分别位于出海码头两端。

该码头之所以这样设计，与临江出海码头运输货物的种类有关。据悉，由于进出该码头的货物多为各类生产设备，其体积大、重量大、长度大，因而运输车一般都有十几米长，这造成车辆在码头上转弯掉头几乎不可能。修建两座栈桥，则解决了这一难题。

2.4.5 经济专用物流交通枢纽的设置

1) 经济专用物流交通枢纽概述

经济专用物流交通枢纽是包括城市仓库、铁路货站、公路运输货站、水运货运码头、市内汽车运输站场等的市内和市外的仓储、转运的枢纽。

2) 经济专用物流交通枢纽的特点和作用

经济专用物流交通枢纽是多种运输方式的交汇点，是大宗货流中转、换装与集散的场所，是各种运输方式衔接和联运的主要基地；货物中转时堆放、存储的场所，包括包装、处理等服务,以及办理运输手续、货物称重、路线选择、路单填写、运输工具的停放、技术维修和调度。

3) 经济专用物流交通枢纽规划布局

经济专用物流交通枢纽的规划应贯彻节约用地、合理利用空间的原则。地区性、生产性、生活性及居民零星货物运输服务站的用地面积总和,不宜大于城市规划总用地面积的2%,其用地面积计入城市交通设施用地内。

课后练习

1. 如何区分运输与物流运输？
2. 如何理解物流与运输的关系？
3. 物流运输系统的组成要素及其特征是什么？
4. 分析我国运输结构的现状及发展趋势。
5. 试着比较铁路运输与公路运输的技术经济特性及其适用范围。
6. 简述鲜活易腐货物运输的特殊性。
7. 简述五种运输方式路线的基本构成。

3 仓储与仓库及其附属建筑物

学习目标

1. 掌握仓储与仓库概述。
2. 了解仓储在国内、外发展的状况。
3. 掌握仓库及其建筑物。
4. 应用仓库的选址。
5. 了解仓储业的整合发展战略。

案例导读·西南仓储公司

西南仓储公司是一家地处四川省成都市的国有商业储运公司,随着市场经济的深入发展,原有的业务资源逐渐减少,在企业的生存和发展过程中,经历了由专业储运公司到非专业储运公司再到专业储运公司的发展历程。在业务资源和客户资源不足的情况下,这个以仓储为主营业务的企业其仓储服务是有什么就储存什么。以前是以五金交电为主,后来也储存过钢材、水泥和建筑涂料等生产资料。这种经营方式解决了仓库的出租问题。

那么,这家企业是如何发展区域物流的呢?

(1) 专业化。当仓储资源又重新得到充分利用的时候,这家企业并没有得到更多利益,经过市场调查和分析研究,最后确定了立足自己的老本行——发展以家用电器为主的仓储业务。一方面,在家用电器仓储上,加大投入和加强管理,加强与国内外知名家用电器厂商的联系,向这些客户和潜在客户介绍企业确定的面向家用电器企业的专业化发展方向,吸引家电企业进驻。另一方面,与原有的非家用电器企业用户协商,建议其转库,同时将自己的非家用电器用户主动地介绍给其他同行。

(2) 延伸服务。在家用电器的运输和使用过程中,不断出现损坏的家用电器,以往,每家生产商自己进行维修,办公场所和人力方面的成本很高。经过与用户协商,在得到大多数生产商认可的情况下,这家企业在库内开始了家用电器的维修业务,既解决了生产商售后服务的实际问题,也节省了维修品往返运输的成本和时间,并分流了企业内部的富余人员,一举多得。

(3) 多样化。除了为用户提供仓储服务之外,这家企业还为一个最大的客户提供办公服务。为这个客户的市场销售部门提供办公场所,还提供了前店后厂的工作环境,大大地提高了客户的满意度。

(4) 合理利用外包与自营运输业务。在业务资源有限的情况下,如何才能又快又好地实现货物的配送呢?这家企业选择了最聪明的方式——外包运输。在与其他企业竞争的同时,选择在货物运送方面与运输物流企业进行合作,这样既减少了财力、物力、人力的消耗,又能达到各自的业务目的,实现了双赢。

现在这家企业的家用电器物流配送已经覆盖了四川、贵州和云南等地。

3.1 仓储

3.1.1 仓储的概念

仓储是社会产品出现剩余之后产品流通的产物,是商品流通的重要环节之一,也是物流活动三大支柱之一。当产品不能被及时消耗掉,需要专门的场所存放时,就产生了静态的仓储。将物品存入仓库并对存放在仓库里的物品进行保管、控制、存取时便形成了动态仓储。可以说,仓储活动是对有形物品提供存放场所,对物品存取、保管和控制的过程,是人们一种有意识的行为。

3.1.2 仓储的性质

1) 仓储是物质产品生产过程的持续

这是因为仓储活动是社会再生产过程不可缺少的环节,产品从脱离生产到进入消费,一般要经过运输和储存。所以,仓储是物质产品生产过程的持续。

2) 仓储是社会再生产过程中不可缺少的一环

任何产品的使用价值只有在消费中才能实现,而产品从脱离生产到进入消费,一般情况下都要经过运输和储存。所以,商品的储存和运输一样,是社会再生产过程的中间环节。

3) 仓储活动具有生产三要素

商品仓储活动同其他物质生产活动一样,具有生产三要素,即劳动力——仓库作业人员、劳动资料——各种仓库设施、劳动对象——储存保管的物资,三者缺一不可。

商品仓储活动就是仓库作业人员借助仓储设施,对商品进行收发保管的过程。

4) 商品仓储中的某些环节是生产过程的组成部分

商品仓储中的某些环节,实际上已经成为生产过程的一个组成部分。商品仓储活动具有生产性质,但它与一般的物质生产活动相比,又是不同的,主要表现在以下几个方面:

① 商品仓储活动所消耗的物化劳动和活劳动,只是保持或延续其使用价值。

② 商品仓储活动的产品,虽然无实物形态,但是却有实际内容,即仓储劳务。

③ 商品经过储存保管使用价值不变,但其价值增加。在仓储活动中,还要消耗一定数量的原材料和适当的机械设备,这部分消耗和设备的磨损要转移到库存商品中去,构成其价值增量的一部分。

④ 仓储劳务,其生产过程和消费过程是同时进行的,既不能储存也不能积累。

3.1.3 仓储的种类

仓储的本质为物品的储藏和保管。但由于经营主体不同、仓储对象不同、经营方式不同、仓储功能不同,使得不同的仓储活动具有不同的特性。

1）按仓储经营主体划分

（1）企业自营仓储

企业自营仓储包括生产企业和流通企业的自营仓储。生产企业自营仓储是指生产企业使用自有的仓库设施，对生产使用的原材料、半成品和最终产品实施储存保管的行为。生产企业自营仓储的对象一般来说品种较少，基本上是以满足生产需要为原则。

流通企业自营仓储则是流通企业自身以其拥有的仓储设施而对其经营的商品进行仓储保管的行为。流通企业自营仓储中的对象种类较多，其目的为支持销售。企业自营的仓储行为具有从属性和服务性特征，从属于企业，服务于企业，所以相对来说规模较小、数量众多、专用性强、仓储专业化程度低，一般很少对外开展商业性仓储经营。

（2）营业仓储

营业仓储是仓库所有者以其拥有的仓储设施，向社会提供商业性仓储服务的仓储行为。仓储经营者与存货人通过订立仓储合同的方式建立仓储关系，并且依据合同约定提供服务和收取仓储费。营业仓储的目的是在仓储活动中获得经济回报，追求的目标是经营利润最大化。其经营内容包括提供货物仓储服务、提供场地服务、提供仓储信息服务等。

（3）公共仓储

公共仓储是公用事业的配套服务设施，为车站、码头提供仓储配套服务。其主要目的是对车站、码头的货物作业和运输流畅起支撑和保证作用，具有内部服务的性质。但对于存货人而言，公共仓储也适用于营业仓储，只是不独立订立仓储合同。

（4）战略储备仓储

战略储备仓储是国家根据国防安全、社会稳定的需要，对战略物资实行战略储备而形成的仓储。战略储备由国家政府进行控制，通过立法、行政命令的方式落实，由执行战略物资储备的政府部门或机构进行运作。因为战略储备时间较长，所以特别重视储备品的安全性。战略储备物资主要有粮食、油料、能源、有色金属、淡水等。

2）按仓储对象划分

（1）普通物品仓储

普通物品仓储是指不需要特殊保管条件的物品仓储。例如一般的生产物资、普通生活用品、普通工具等，它们不需要针对货物设置特殊的保管条件，可以视为普通物品，从而采取无特殊装备的通用仓库或货场来存放。

（2）特殊物品仓储

特殊物品仓储是指在保管中有特殊要求和需要满足特殊条件的物品仓储。例如危险物品仓储、冷库仓储、粮食仓储等。特殊物品仓储应该采用适合特殊物品仓储的专用仓库，按照物品的物理、化学、生物特性，以及有关法规规定进行专门的仓储管理。

3）按仓储功能划分

（1）储存仓储

储存仓储是指物资较长时期存放的仓储。储存仓储一般设在较为偏远但具备较好交通运输条件的地区。其存储费用低廉，存储的物资品种少，但存量大。由于物资存期长，储存仓储特别注重两个方面：一是仓储费用要尽可能降低；二是对物资的质量保管和养护。

（2）物流中心仓储

物流中心仓储是指以物流管理为目的的仓储活动，是为了有效实现物流的空间与时间价值，对物流的过程、数量、方向进行调节和控制的重要环节。一般设置在位于经济地区中心、交通便利、储存成本较低的口岸。物流中心仓储品种并不一定很多，但每个品种基本上全是具有较大批量进货、进库、一定批量分批出库，整体吞吐能力强的特点，故要求机械化、信息化、自动化水平要高。

（3）配送仓储

配送仓储也称为配送中心仓储，是指商品在配送交付消费者之前所进行的短期仓储，是商品在销售或者供生产使用前的最后储存，在该环节中还将进行销售或使用前的简单加工与包装等前期处理。配送仓储一般通过选点，设置在商品的消费经济区间内，要求物品能迅速地送达销售和消费。由于配送仓储物品品类繁多，但每个品种进库批量并不大，因此进货、验货、制单、分批少量拣货出库等操作，往往需要进行拆包、分拣、组配等作业，主要目的是支持销售和消费。配送仓储特别注重两个方面：一是配送作业的时效性与经济合理性；二是对物品存量的有效控制。基于此，配送中心仓储十分强调物流管理信息系统的建设与完善。

（4）运输转换仓储

运输转换仓储是指衔接铁路、公路、水路等不同运输方式的仓储，一般是设置在不同运输方式的衔接处，如港口、车站等场所进行的仓储活动。它的目的是保证不同运输方式的高效衔接，减少运输工具的装卸和停留时间。运输转换仓储具有大进大出以及货物存期短的特性，十分注重货物的作业效率和周转率。基于此，运输转换仓储活动需要高度机械化作业作为支撑。

（5）保税仓储

保税仓储是指使用海关核准的保税仓库存放保税货物的仓储行为。保税仓储一般设置在进出境口岸附近。保税仓储受到海关的直接监控，虽然说货物也是由存货人委托保管，但保管人要对海关负责，入库或者出库单据均需要由海关签署。

4）按仓储物的处理方式划分

（1）保管式仓储

保管式仓储是指存货人将特定的物品交由仓储保管人代为保管，物品保管到期，保管人将代管物品交还存货人的仓储活动。保管式仓储也称为纯仓储。仓储要求保管物除了发生自然损耗和自然减量外，数量、质量、件数不应发生变化。保管式仓储又可分为物品独立保管仓储和物品混合在一起保管的混藏式仓储。

（2）加工式仓储

加工式仓储是指仓储保管人在物品仓储期间根据存货人的合同要求，对保管物进行合同规定的外观、形状、成分构成、尺度等方面的加工或包装，使仓储物品满足委托人所要求达到的变化的仓储方式。

（3）消费式仓储

消费式仓储是指仓库保管人在接受保管物时，同时接受保管物的所有权，仓库保管人在仓储期间有权对仓储物行使所有权，待仓储期满，保管人将相同种类、品种和数量的替代物交还委托人的仓储。消费式仓储特别适合保管期较短的商品储存，如储存期较短的肉禽蛋类、蔬菜瓜果类农产品的储存。消费式仓储也适合一定时期内价格波动较大的商品的投机性存储，仓储经营人可利用仓储物品开展投机经营的增值活动，具有一定的商品保值和增值功能,同时也具有较大的仓储风险,是仓储经营的一个重要发展方向。

3.1.4 仓储的基本功能

1) 仓储可协调需求和供应的时间差

从消费需求看,一般情况下,生产与消费之间存在着时间差,有些产品的生产是季节性的、非连续性的,而消费是常年的、连续的;有些产品的生产是常年的、连续的,而消费却是季节性的、间断的。例如,人们吃的稻米是在秋天收获的,但要在全年食用。再如空调、冷饮等产品多在暑期消费,如果只在夏季生产,就需要大量的生产设备,那么到了消费量少的时候,生产设备势必闲置,因此,就要采用适当规模的生产设备,暑期前即增加生产,将产品保存在仓库里以备夏日之需。由于生产和消费在时间上的差异,使物资储备成为必然。所以,仓储的主要功能就是在供应和需求之间进行时间的调整。

2) 仓储支持生产正常进行

从社会再生产看,首先,仓储作为社会再生产各环节之中以及之间的"物"的停滞,是上一步活动和下一步活动衔接的必要条件。其次,上一道工序的半成品总是要到达一定批量之后才能经济合理地送给下一道工序,而下一道工序为了保持连续生产也总是要有一些储备保证。因此,这种仓储是生产各环节连续化、正常化作业的必要条件。

一些偶发事件的影响使供应具有不确定性,需要仓储。例如,一个组装产品的生产流水线上两个连续的操作环节,在理想状态下,第一个操作环节制造了一个部件,随后把该部件发送给第二个操作环节进行处理,随着部件的到来,第二个操作环节就会立即开展工作。但是,如果第一个操作环节生产出的是一个废品,或者这个部件有瑕疵,或者由于某种原因,该部件未能被及时地传递到第二个操作环节,这时,第二个操作环节就会出现无事可做的情况。避免这种情况出现的办法就是,储备一些上一环节生产的部件。一旦出现上述问题,下游的操作环节就可以利用这些存货进行工作,解决生产中"断顿"的问题。

3) 仓储在实物供应和实物配送中含有运输经济作用

从实物供应、实物配送和输出角度看,仓储除协调需求和供应存在的不确定性以外,也有利于解决供应的最佳批量和需求的实际批量之间存在差异的矛盾。仓库可用来组合、合并或拆分输出产品。

众所周知,整车(TL)或整箱(CL)货物的平均运输费用比零担货物的平均运输费用低。当货物不足整车或整箱的情况下,为了降低运输成本,把小批量的货物凑成整车或整箱运输,这样就能大大减少平均运输费用,实现运输经济。仓库可以作为合并点,将大量小批量货运组合或合并成单一的大批量货运。对于货源广的物流系统来说,仓库能将不同供货商的零担及拼箱货整合为整车及整箱,然后将其送给收货人。

仓储可以按照顾客的需要进行产品组合混装。顾客下达的订单,要求的往往是产品线上各种产品的组合,例如,10组旅行器材,包括背包、帐篷、睡袋、望远镜、水和食品。这样的产品组合涉及多个生产工厂。因此,将各个工厂的产品通过 TL 或 CL,大量运至组合仓库(综合仓库)。在那里按顾客要求将订购的产品进行组合,高效地完成订单,由此带来的节约通常比因仓储和库存持有成本增加导致的成本增加多得多。

对产品物流系统来说,仓库也从事与拼装作业相反的拆分工作。一个供应商把一地区的所有订货都一次性地发运到了当地的一间仓库,在仓库中根据订单对货物实施拆分作业,然后把拆分后的货物分别交付给每个客户,将大的货运分成许多小的货运来满足许多客户的需求。

还存在一种极端的情况,仓库根本就不对物料进行储存,而只是担任一个中转站的角色,这种做法称为直接转运(越库作业)。直接转运是指货物到达仓库的时间和将此货物发给客户运输的时间经过协调,使得货物能够直接从收货区域被转移到发货区域,载入正在等待的货车,立刻被发运给下游的客户。这种做法源于卡拉伯斯(Karabus)和克罗萨(Croza)于1995年提出的"产品永远都不应该进入仓库或被储存起来,而是应该不断地移动着,并且尽可能地减少装卸的次数"。这样做既省去了把货物放入仓库然后再取出来的非增值性操作,又降低了存货水平。

仓储还在物流运输活动中发挥作用。运输能力的大小因运输工具的不同而千差万别。由于运输工具运量的不同,给物资运输的衔接造成一定困难。这种由于运输能力的差异而造成的运输矛盾,可用仓储来解决,这便是仓储对运输的调节作用。例如,万吨巨轮载有几万吨的物资到港靠岸后,在较短的停泊期内,用火车和汽车直接将物资运离港口较困难,但在港口货场或仓库暂存待运,则可以解决压港问题。

4) 仓储具有支持企业市场形象的作用

变化的市场条件可能使得在现场存储产品变得必要,主要原因是企业往往不能准确地预测消费者需求及零售商或者批发商的订货时间。例如,商场出售的服装需要一定的时间生产,但对于顾客来说,往往希望到商场时能买到在某一广告上看中的款式,而不愿意等候,这就要求商场必须进行事先安排。从总体看来,在客户前来购买的时间和款式方面,通常都会有变化的特点和不可知性,这就要求商场事先将本季适应目标客户的各种款式服装,置于货架之上,等候客户上门购买。通过在现场仓库保留超量存货,公司能够迅速应对未预料到的需求。因为从满足需求的角度看,超量存货使制造商在现场仓库补货延迟的时候仍能满足客户订单。其次从一个距离较近的仓库供货远比从生产厂商处供货方便得多。如果仓库也能提供更为快捷的递送服务,这样会在供货的方便性、快捷性及对市场需求的快速反应性方面,为企业树立一个良好的市场形象。

如果公司想在原材料和其他产品上获得批量购买折扣,就必须有仓储。批量购买不但会带来折扣,使每单位产品价格降低,而且因为运输的经济性,运输成本也会降低。类似的折扣和节约同样适用于制造商、零售商和批发商。但是,这些成本的节约必须要能够补偿存货增加带来的库存成本的增加。

总的来说仓储的主要作用是缓冲供给与需求间的矛盾,实现生产的经济性、运输的经济性,从批量购买折扣和提前购买中获益,维持供应源,支持公司的客户服务政策,以达到理想的客户服务水平。但因仓储成本和风险的存在,公司应根据所处行业、经营理念、资金、产品特征、市场竞争、生产过程等因素,利用仓储管理在既定的客户服务水平下实现总成本最小。

3.1.5 仓储的产生和发展

1) 仓储活动的产生

仓储随着物资储存的产生而产生,随着生产力的发展而发展。人类社会自从有剩余产品以来,就产生了储存。我国的仓储业有着悠久的历史,在我国的经济发展过程中起着重要的作用。在原始社会末期,当某个人或者某个部落获得食物自给有余时,就把多余的产品储藏起来,同时也就产生了专门储存产品的场所和条件,于是"窖穴"就出现了。在西安半坡村的仰韶遗址,已经发现了许多储存食物和用具的窖穴,它们多分布在居住区内,并和房屋交错在一起,这可以说是我国最早的仓库的雏形。在古籍中常常看到有"仓廪""窖窑"这样的词语。所谓"仓廪","仓"是指专门藏谷的场所;"廪"是指专门藏米的场所。所谓"窖窑",是指储藏物品的地下室,椭圆形的叫"窖",方形的叫"窑"。古代也把存放用品的地方称为"库"。后人把"仓"和"库"两个字合用,从而形成了"仓库"这样一个概念,即储存和保管物资的建筑物与场所,由此"仓库"一词也就出现了。

2)我国仓储活动的发展过程

我国仓储活动的发展历史,大体可分为以下四个阶段:

(1)我国古代封建社会时期的仓储业

我国古代商业仓库是随着社会分工和专业化生产的发展而逐渐形成和扩大的。我国商业仓库的最初形式可以追溯到《中国通史》上记载的"邸店"。"邸店"既具有商品寄存性质,又具有旅店的性质。随着社会分工的进一步发展和商品交换的进一步扩大,专门储存商品的"塌房"从"邸店"中分离出来,才出现了带企业性质的近代的仓储业。

我国历代都十分重视仓储建设,不仅把仓储的多寡作为衡量国力强弱的重要标准,而且把仓廪系统作为自己财政体系的一部分。处于我国封建社会发展繁荣时期的隋唐王朝,在仓储制度的建立、完善方面,与它们的整个经济水平一样,在古代是首屈一指的。然而,如同其他历史时期一样,隋唐时期的仓储在其容量与分布地域上,存在着明显的不平衡性。具体而言,洛阳及其周围地区,在隋唐时期曾长期作为封建国家仓储的中心,聚藏了全国大部分的粮食、布帛、食盐等物资,以至这一地区的仓储情况,在一定程度上影响了这两个王朝的政治、经济、军事动向,甚至可以说,洛阳及其周围地区的仓储,是国家机器正常运转的重要保证。因此,研究洛阳及其周围地区的仓储问题,不仅有助于全面衡量隋唐王朝的总体经济水平,了解当时的经济区域分布,及仓储丰厚的原因,而且对于认识洛阳的历史地位及其演变,也不无裨益。

(2)我国近代的仓储业

随着商品经济的发展和商业活动范围的扩大,我国近代的仓储业得到了相应的发展。近代我国把商业仓库称为"堆栈""货栈",即堆存和保管物品的场地。堆栈业与交通运输业、工商业,以及与商品交换的深度和广度关系极为密切。由于我国近代工业主要集中在东南沿海地区,因此堆栈业也是在东南沿海地区较为发达。例如,上海、天津、广州、福州、厦门、宁波等地区堆栈业都开展得较早,也更发达。根据统计,1929年上海码头仓库总计在40家以上,库房总容量90多万吨,货场总容量70多万吨。随着堆栈业务的扩大,服务对象的增加,旧中国的堆栈业已经划分为码头堆栈、铁路堆栈、保管堆栈、厂号堆栈、金融堆栈和海关堆栈等。当时堆栈业大多是私人经营,为了商业竞争和垄断的需要,往往组成同业会,订立同业堆栈租价价目表等。

(3)新中国成立后的仓储业

新中国成立以后,政府接管并改造了旧中国留下来的仓库。当时采取对口接管改造的政策,即铁路、港口仓库由交通运输部门接管;物资部门的仓库由全国物资清理委员会接管;私营仓库由商业部门对口接管改造;银行仓库,除"中央""中国""交通""农业"等银行所属仓库作为敌伪财产随同银行实行军管外,其余大都归商业部门接管改造;外商仓库,按经营的性质，分别由港务、外贸、商业等有关部门接管收买。对于私营仓库的改造是通过公私合营的方式逐步实现的，政府通过工商联合会加强对私营仓库的领导，限制仓租标准，相继在各地成立国营商业仓库公司（后改为仓储公司），并加入当地的仓库业同业公会，帮助整顿仓库制度。

　　随着工农业生产的发展，商品流通的扩大，商品储存量相应增加，但经改建的解放区原有的仓库和被接收的旧中国的仓库，大多是企业的附属仓库，在数量上和经营管理上都不能满足社会主义经济发展的需要。为此，党和政府采取了一系列措施，改革仓库管理工作。例如，1952年，原中央贸易部颁发的《关于国营贸易仓库实行经济核算制的决定》指出：为解决仓容不足，消除仓库使用不合理现象，提高仓库使用率，必须有组织、有计划地实行经济核算制，并强调，除专用仓库和根据各经营单位经营商品的具体情况，保持一定数量的附属仓库外，其余仓库应全部集中组成仓储公司，推行仓库定额管理，以便统一调剂，供各单位使用。这些措施首先在北京、天津、上海、沈阳、武汉等城市试行。这也是社会主义商业集中管理仓库的开端。1953年召开的第一届全国仓储会议，做出了《关于改革仓储工作的决定》，进一步明确国营商业仓库实行集中管理与分散管理相结合的仓库管理体制。根据这一决定，在全国10万人口以上的城市都测量了仓库面积，查清当时的仓容能力，在此基础上经过调整集中，成立了17个仓储公司。实践证明，集中与分散相结合的仓库管理体制是适合中国国情的，也是适应我国社会主义商品流通的客观要求的。集中管理的仓库一般由仓储公司（或储运公司）经营，它是专业化仓储企业，实行独立经营核算；分散管理的仓库隶属于某个企业，只为该企业储存保管物品，一般不独立核算。它们各具优缺点，一般情况下，一、二级批发企业比较集中的城市，大中型工业品仓库（除了石油、煤炭、危险品、鲜活、冷藏等特种仓库外）适宜集中管理；三级批发仓库，特别是批发机构和仓库在同一地点的，则适宜分散管理，以方便购销业务。同时，根据社会主义计划经济的需要，国家对重要的工业品生产资料，逐步实行计划分配制度。1960年以后，在国民经济调整的过程中，国家对物资管理工作也做了整顿和改革，改革的基本原则是进一步加强对物资的计划分配和统一管理，国务院设立物资管理部，建立起全国统一的物资管理机构和经营服务系统。在仓储方面，把中央各部设立中转仓库保管物资的做法，改由物资部门统一设库保管。1962年，成立了由国家物资管理总局管辖的国家物资储运局（后改为物资储运总公司），负责全国物资仓库的统管工作。根据1984年统计，国家物资储运总公司在各地设有14个直属储运公司，下属上万个仓库，主要承担国家掌握的机动物资、国务院各部门中转物资以及其他物资的储运任务，再加上各地物资局下属的储运公司以及仓库，在全国初步形成了一个物资储运网。从国营商业仓库系统来看，截至1981年底，全国初步形成按专业、按地区（省、市、县）设立的仓库网。在这一阶段，无论仓库建设、装备，还是装卸搬运设施，都有很大发展，是旧中国所无法比拟的。

3）现代化仓储业

　　我国在一个较长时期里，仓库一直是属于劳动密集型企业，即仓库中大量的装卸、搬运、堆码、计量等作业全是由人工来完成的。因此，仓库不仅占用了大量的劳动力，而且劳动强度大，劳动条件差，特别是一些危险品仓库，还极易发生中毒等事故。从劳动效率来看，人工作业的劳动效率低下，库容利用率不高。为迅速改变这种落后状况，我国在这方面下了很大力气，一方面，重视仓库的改造工作，按照现代仓储作业要求来改建旧式仓库，增加设备的投入，配备各种装卸、搬运、堆码等设备，减轻工人的劳动强度，改善劳动条件，提高仓储作业的机械化水平;另一方面,新建了一批具有先进技术水平的现代化仓库。特别是20世纪60年代以来,随着世界经济发展和现代科学技术的突飞猛进,仓库的性质发生了根本性变化,从单纯地进行保管货物的静态储存一跃而进入了多功能的动态储存新领域,成为生产、流通的枢纽和服务中心。我国于20世纪70年代开始建造自动化仓库,并在这些自动化仓库中普遍采用电子计算机辅助仓库管理,使我国仓储业开始迈入仓储自动化的新阶段。

3.1.6 仓储活动的意义

商品的仓储活动是由商品生产和商品消费之间的矛盾所决定的。商品在从生产领域向消费领域转移过程中,一般都要经过商品的仓储阶段,这主要是由于商品生产和商品消费在时间上、空间上以及品种和数量等方面的不同步所引起的,也正是在这些不同步中,仓储活动发挥了重要的作用。

1) 搞好仓储活动,是社会再生产过程顺利进行的必要条件

商品由生产地向消费地转移,是依靠仓储活动来实现的。由于生产与消费在空间、时间以及品种、数量等方面存在着矛盾,尤其是在社会化大生产的条件下,专业化程度不断提高,社会分工越来越细,随着生产的发展,这些矛盾势必进一步扩大。因此,在仓储活动中不能采取简单地把商品生产和消费直接联系起来的办法,而需要对复杂的仓储活动进行精心组织,拓展各部门、各生产单位之间相互交换产品的深度和广度,在流通过程中不断进行商品品种上的组合,在商品数量上不断加以集散,在地域和时间上进行合理安排。通过搞活流通,搞好仓储活动,发挥仓储活动连接生产与消费的纽带和桥梁作用,借以克服众多的相互分立又相互联系的生产者之间、生产者与消费者之间地理上的分离,衔接商品生产与消费时间上的不一致,以及调节商品生产与消费在方式上的差异,使社会简单再生产和扩大再生产能建立在一定的商品资源的基础上,保证社会再生产顺利进行。具体来讲,仓储活动主要从以下几个方面保证社会再生产过程的顺利进行:

(1) 克服生产与消费地理上的分离

从空间方面来说,商品生产与消费的矛盾主要表现在生产与消费地理上的分离。在自给自足的自然经济里,生产者同时就是其自身产品的消费者,其产品仅供本人和家庭消费。随着商品生产的发展,商品的生产者逐渐与消费者分离。生产的产品不再是为了本人的消费,而是为了满足其他人的消费需要。随着交换范围的扩大,生产与消费空间上的矛盾也逐渐扩大,这是由社会生产的客观规律所决定的。

(2) 衔接生产与消费时间上的背离

商品的生产与消费之间,有一定的时间间隔。在绝大多数情况下,今天生产的商品不可能马上全部卖掉,这就需要商品的仓储活动。有的商品是季节生产、常年消费;有的商品是常年生产、季节消费;也有的商品是季节生产、季节消费或常年生产、常年消费。无论何种情况,在产品从生产过程进入到消费过程之间,都存在一定的时间间隔。在这段时间间隔内,形成了商品流通的暂时停滞。商品在流通领域中的暂时的停滞过程就形成了商品的仓储。同时,商品仓储又是商品流通的必要条件,为保证商品流通过程得以继续进行,就必须有商品的仓储活动。为了使商品更加符合消费者的需求,许多商品在最终销售以前,要进行挑选、整理、分装、组配等工作。这样便有一定量的商品停留在这段时间内,也会形成商品储存。此外,在商品运输过程中,车、船等不同运输工具间需要衔接,由于在时间上不可能完全一致。因此也会产生在途商品对车站、码头流转性仓库的储存要求。

（3）调节生产与消费方式上的差别

生产与消费的矛盾还表现在品种与数量方面。专业化生产将生产的产品品种限制在比较窄的范围之内。一方面，专业化程度越高，一个工厂生产的产品品种就越少，而消费者却要求更广泛的品种和更多样化的商品。另一方面，生产越集中，生产的规模越大，生产出来的产品品种越少。这样，在生产方面，每个工厂生产出来的产品品种比较单一，但数量却很大；而在消费方面，每个消费者需要的是广泛的品种和较少的数量。因此，整个流通过程就要求在众多企业所提供的品种上不断进行组合，在数量上不断加以分散。

商品的仓储活动不是简单地把生产和消费直接联系起来，而是需要一个复杂的组织过程，在品种和数量上不断地进行调整。只有经过一系列调整之后，才能使遍及全国各地的零售商店向消费者提供品种、规格、花色齐全的商品。

总之，商品生产和消费在空间、时间、品种、数量等方面都存在着矛盾。这些矛盾既不可能在生产领域里得到解决，也不可能在消费领域里得到解决，只能在流通领域，通过连接生产和消费的商品仓储活动加以解决。商品仓储活动在推动生产发展、满足市场供应中具有重要意义。

2）搞好仓储活动，是保持物资原有使用价值和合理使用物资的重要手段

任何一种物资，在它生产出来以后至消费之前，由于其本身的性质、所处的条件，以及自然的、社会的、经济的、技术的因素，都可能使其使用价值在数量上减少、质量上降低，如果不创造必要的条件，就不可避免地使物资受到损害。因此，必须进行科学的管理，加强对物资的养护，搞好仓储活动，以保护好处于暂时停滞状态的物资的使用价值。同时，在物资仓储过程中，要努力做到流向合理，加快物资流转速度，注意物资的合理分配、合理供料，不断提高工作效率，使有限的物资能够及时发挥最大的效用。

3）搞好仓储活动，是加快资金周转、节约流通费用、降低物流成本、提高经济效益的有效途径

仓储活动是物质产品在社会再生产过程中必然出现的一种状态。这对整个社会再生产，对国民经济各部门、各行业的生产经营活动的顺利进行，都有着巨大的作用。然而，在仓储活动中，为了保证物资的使用价值在时空上的顺利转移，必然要消耗一定的物化劳动和活劳动。尽管这些合理费用的支出是必要的，但是由于它不能创造使用价值，因此，在保证物资使用价值得到有效的保护，在社会再生产顺利进行的前提下，这种费用支出越少越好。那么，搞好物资的仓储活动，就可以减少物资在仓储过程中的物资损耗和劳动消耗，就可以加速物资的流通和资金的周转，从而节省费用，降低物流成本，开拓"第三利润源泉"，提高物流社会效益和企业的经济效益。

4）搞好仓储活动，是物资供销管理工作的重要组成部分

仓储活动在物资供销管理工作中有特殊的地位和重要的作用。从物资供销管理工作的全过程来看，它包括供需预测、计划分配、市场采购、订购衔接、货运组织、储存保管、维护保养、配送发料、用料管理、销售发运、货款结算、用户服务等主要环节。各个主要环节之间相互依存、相互影响，关系极为密切。与其中许多环节相比，仓储活动所消耗和占用的人力、物力、财力多，受自然的、社会的各种因素影响很大，组织管理工作有很强的经济性，既涉及经济学、管理学、物理、化学、机械、建筑、气象等方面的知识，又涉及物资流通的专业知识和专业技能,它与物资管理、经济管理专业的其他课程都有密切的联系。因此,仓储活动直接影响到物资管理工作的质量,也直接关系到物资从实物形态上确保分配供销的经济关系实现。

3.2 仓库

3.2.1 仓库概念

在西安半坡村的仰韶遗址,已经发现了许多储存食物和用具的窖穴,这可以说是我国最早的仓库的雏形。我国古代把储藏粮食的地方称为"仓廪",把存放兵器的地方称为"库房",后来,人们逐渐把这两个概念合二为一称为"仓库(Warehouse)",用以表示任何存放物资的场所。仓库是用于物资储存的建筑物,其种类繁多,人们赋予它不同的名称,当涉及物料的存货时,通常称为配送中心和物流中心,如图3-1所示。

图 3-1 典型仓库

3.2.2 仓库的基本分类

1) 按经营的性质分类

(1) 营业用仓库。一些企业为了经营储运业务而专门修建的仓库,这类仓库有保管杂货的1类仓库;保管小麦、肥料的2类仓库;保管玻璃、瓷砖的3类仓库;保管水泥、缆线的露天仓库;保管危险物品的危险品仓库;保管农产品、水产品和冷冻食品的冷藏(温度10 ℃以下)仓库等6种。

(2) 自用仓库。生产或流通企业为本企业经营需要而修建的仓库,完全用于储存本企业的原材料、物料、半成品等货物。

（3）公用仓库。由国家或某个主管部门修建的为社会服务的仓库，如机场、港口、铁路的货场、库房等仓库。

（4）出口监管仓库。经海关批准，在海关监管下存放已按规定领取了出口货物许可证或批件，已对外买断结汇并向海关办完全部出口海关手续的货物的专用仓库。

（5）保税仓库。经海关批准，在海关监管下专供存放未办理关税手续而入境或过境货物的场所。

2）按结构和构造分类

（1）平房仓库。平房仓库的构造比较简单，建筑费用便宜，人工操作比较方便。

（2）楼房仓库。楼房仓库是指两层或两层以上的仓库，进出库作业可采用机械化或半机械化。

（3）高层货架仓库。在作业方面，高层货架仓库主要使用电子计算机控制，能实现机械化和自动化操作。

（4）罐式仓库。罐式仓库的构造特殊，呈球形或柱形，可用来储存石油、天然气等液体化工品和粮食等散装颗粒状、粉状料物等。

（5）简易仓库。简易仓库的构造简单、造价低廉，一般是在仓库不足而又不能及时建库的情况下采用的临时代用方法，包括一些固定或活动的简易货棚等。

3）按仓库保管条件分类

（1）普通仓库。用于存放无特殊保管要求的物品的仓库。

（2）保温、冷藏、恒湿恒温库。指用于存放要求保温、冷藏或恒湿恒温的物品的仓库。

（3）特种仓库。通常是指用于存放易燃、易爆、有毒、有腐蚀性或有辐射性的物品的仓库。

（4）气调仓库。用于存放要求控制库内氧气和二氧化碳浓度的物品的仓库。

（5）散装仓库。提供对液体的桶装和煤、沙等干货的开放存储或者遮蔽存储的仓库。

4）按库内形态分类

（1）地面型仓库。一般指单层地面库，多使用非货架型的保管设备。

（2）货架型仓库。采用多层货架保管的仓库，在货架上放着货物和托盘，货物和托盘可在货架上滑动，货架分为固定货架和移动货架。

（3）自动化立体仓库。采用运送机械将货物存入取出，用堆垛机等设备进行机械化和自动化作业的高层货架仓库。

3.2.3 仓库的其他分类

对仓库的科学分类，有助于仓库管理的有效进行。按不同的分类特征，仓库还可以分为以下几种：

（1）按仓库在社会再生产中的作用和所处领域分为生产企业仓库和流通领域仓库。生产企业仓库又可细分为原材料库、设备库、工具库、配件库、劳保用品库等；流通领域仓库又可分为成品仓库、中转仓库、储备仓库等。

（2）按仓库存放物资的种类和保管条件分为通用仓库、专用仓库、特种仓库等。通用仓库也称综合性仓库，内存性质互不影响的物资；专用仓库是指用以存入某一种或某一类物资产品的仓库,是根据某类物资的保管、养护条件而建造的;特种仓库是指储存危险品的仓库,其建造地点、结构以及库内布局都有特别要求。

(3) 按仓库是否独立经营分为营业性仓库和非营业性仓库。营业性仓库是指经营独立、面向社会进行相应服务且自负盈亏的仓库;非营业性仓库一般是指企业内部仓库,只为本企业服务。

(4) 按仓库的建筑结构不同分为库房、货棚和露天货场。库房又可分为一般库房、保温库房、高级精密仪器库房、危险品库房、爆破器材库房和贮罐等;货棚一般存放防雨雪侵蚀的物资,如小型钢材、玻璃等;货场是指地面经过适当处理的露天场所,一般存放大型钢材、铸件及生铁等。

3.2.4 仓库的基本功能

一个现代化的仓库必须尽可能卓有成效地执行其功能的广泛多样性。仓库管理部门贯彻这些任务的方式将反映该企业单位的服务效率,它包括以下各个方面:

(1) 供应所有物资并提供相应劳务,以确保各个部门业务正常运转。
(2) 储存、保管和发放所有在制品和半成品。
(3) 储存、保管和发放企业经营所需的所有工具、设备和备用零件。
(4) 收受、贮存、保管和利用好企业在生产中用剩的所有边角零料和多余物资。
(5) 确立与整个仓库业务有关的健康与安全预防措施。
(6) 负责仓库范围内所有人员的培训和进修事宜。

3.2.5 仓库的建筑布局考虑的因素

仓库的建筑布局是影响到整个仓库工作效率的基本因素之一。因仓库的建筑布局是仓库系统的关键部分,如果要求它能发挥作用,那就必须在它的布局上反映出企业的各种要求,在仓库布局设计确定时,必须考虑到的因素有以下几项:

(1) 为所采用的各种不同储存方式确定需要的容量,这种容量的分类大致为桶装储存20%,货盘储存60%,货橱储存10%,货架储存10%。
(2) 摸清各类库存物资的发货频率,根据发货频率就原材料装卸和库存物资的发放,确定流转快、中和慢三档。
(3) 新仓库办公室应设在对仓库能施加控制的要害部门(如发货部门)。
(4) 新仓库要为电动的原材料装卸机械设置维修和充电地点。
(5) 出入口通道须能适应一切储存物资的进出和装卸。
(6) 仓库所需的装货站和进货站的大小与数量须根据进货发货频率而定。

3.3 仓库及其建筑物

3.3.1 仓库建筑概述

1) 仓库建筑的重要性

仓库建筑对任何仓库系统都十分重要,因为它是企业内所有仓库业务与活动的基地。

各个企业间,仓库建筑的规模大小,主要取决于以下几种因素:
(1) 业务经营的规模与复杂性。
(2) 为建造和改建仓库所提供的人力、物力与资金。
(3) 现有业务场地。
(4) 企业今后的发展规划。

因为仓库建筑对于仓库及企业本身都至关重要,任何关于建造仓库的重大决定,必须经过高级管理人员仔细地做出周密计划和专业性的研究。

2) 仓库建筑的作用

仓库建筑的作用是根据各个企业的需要而定,包括:
(1) 一个大型中央仓库常用作所有库存物资的集中点。
(2) 仓库建筑为所有须储存的物资,包括半成品、成品和原材料提供储存场所。
(3) 仓库建筑常包括行政与管理方面的设施,如办公室、发货柜台和卸货场等。
(4) 质量控制与检验活动常在仓库建筑范围内进行。
(5) 物资装卸设备通常在仓库建筑内使用与存放,运货车只能在仓库的指定地点装车。

3) 仓库的主要建筑

库房、料棚、料场,是仓库最主要的建筑,是储存保管物资的场所。

库房是指有屋顶、有墙体、有严密的门窗、有通风孔道的储存保管建筑物。库房按用途可以划分为:

(1) 通用封闭式库房。主要用于保管怕潮湿、怕日晒、怕雨淋的物资,如机电产品、五金工具、化工橡胶制品、金属制品各种配件和有色金属等。

(2) 保温库房。主要用于保管精密仪器、仪表。库内具有采暖装置,以保持一定温度,还有比较严密的防尘、防震、防潮设施,有的地面还铺设了地板、胶板或采用了水磨石地。

(3) 危险品库房。主要用于保管毒品、易燃品、腐蚀品和各种化工危险品等。建筑这种库房,须保证良好的通风条件,并考虑防火、防爆、防毒等问题。危险品库房,在煤矿主要是指用于保管火药和起爆器材的火药库。火药库应与周围环境、其他建筑物和居民点保持安全距离,甚至隔离,可以建筑在地上、地下、山洞或半地下。

料棚是指那种只设有防雨顶棚,或者再加简易围墙的储存保管建筑物。它用于保管不需防低温、但怕雨水侵蚀的物资。

料场是指那种只有夯实地坪的储存场所。料场可以储放适于露天存放的物资,如大宗的钢材、木材、砖瓦砂石等。如果由于条件所限,要在料场上存放机电设备时,必须"上盖下垫",保持良好通风,以防腐蚀损坏。料场的建筑要求:地势平坦坚实,每平方米的承载力应在 5~10 t;道路通畅,便于作业;四周设有水沟,能排水,不积水;有固定的货区,并建有高出场地平面的货墩;有条件的,应设固定的起重装卸设备。

4) 仓库建筑的一般要求

仓库建筑必须满足经济、坚固、适用,符合物资的安全存放,物资和机械设备进出方便以及工程造价合理等条件。仓库的选型要因地制宜,最好选用定型设计。仓库建筑的一般要求是:

(1) 仓库建筑基础必须要稳定、坚固,其断面尺寸要符合有效荷重和地层的承载能力,其基础材料必须有抵抗潮湿和地下水作用的能力。基础的形状和尺寸,应能保证使荷载均匀地分布在地基上。

(2) 仓库的墙体是仓库的主要支撑结构和围护结构,应该尽量使库内不受外部温、湿度变化及风沙的影响,坚固耐久。墙的高度按存放物资所达的高度和采用的机械设备而定。

(3) 仓库的地坪是由基础、垫层和面层构成,必须坚固,具有一定的荷载能力。仓库地坪的荷载能力,一般应在 5~10 t/m^2,同时还应耐摩擦和耐冲击等,能容许运输工具的通行,光洁平坦,容易整修,不透水,防潮性能良好,导热系数小。

(4) 仓库的屋顶是由承重构件和围护构件组成。仓库的屋顶,要求能有效地防雨、防雪、防风和防止日光的曝晒,屋面坡度能保证雨水迅速排掉,符合防火安全要求,导热系数小,其坚固性和耐久性应与整个建筑物相适应。

(5) 仓库的门窗和库门的多少取决于技术操作过程和物资吞吐量。对于较长的仓库,可每隔 20~30 m 在其两侧设库门。对于通行小车或电瓶车的库门,宽高一般均为 2.0~2.5 m;对于通行载重汽车的库门,宽 3.0~3.5 m,高 3.0 m。库门的形式以拉门最好。库窗的形状、尺寸和位置,必须保证库房的采光、通风、防火和安全,多采用小气窗(通风口),以保证库房内的自然通风。库窗要设在较高位置,启闭灵活,关闭要严密。

3.3.2 仓库建筑的类型

1) 单层仓库建筑

这是最常见和广泛使用的一种类型。顾名思义,这种仓库是平面建筑,没有楼梯与上层。虽然如此,单层仓库也可用半楼提供一定程度的上层储存。单层仓库建筑具有以下有利条件:

(1) 由于设计简单,没有楼房,在建造与维修上花费较省。

(2) 一切作业都处于一层屋内,便于物资装卸和物资流转等工作。

(3) 通风设备与其他基本服务(如水、电、煤气等),无论在安装上或使用上都较方便。

(4) 底层房屋能承担重型货物的存放,不存在多层建筑常遇到的困难,即上层要受到承重的限制等问题。

单层仓库建筑的主要缺点在于库房面积问题。许多企业只能在有限的仓位面积上储放物资,没有能力购买发展所需要的大块土地。

2) 多层仓库建筑

这类建筑主要用在人口稠密、土地较少的地区,或企业本身即设立在多层楼的场所,每层为仓库的各个部门所使用。多层仓库建筑有如下一些优点:

(1) 多层仓库建筑的环境具有适应各种不同储存面积要求的灵活性,它可作办公室、安置生产工具等用途。

(2) 用分层体系将库区隔开,有助于执行安全与防火措施,如发生火警,便可设法将其限制在一层范围内而不致危及其他库存物资。

(3) 多层仓库建筑设在城市中心地区,对小型高值的物资如电子元件等装卸方便。

多层仓库建筑最大的不利条件,就是用在建造及以后管理方面的费用开支较大。

3.3.3 仓库建筑内的储存方法

显然,使用哪种储存设备,要在很大程度上依据仓库建筑的结构和所准备储存和装卸的是何种物资而定。对储存方法问题有以下几个可供研究的基本途径：

1）空旷作业法

这是一种没有真正固定设备的储存方法。储存面积主要用以储存用货盘装载的物资。企业在某些情况下，可采用货盘架的办法将货盘堆高至三、四层。

2）分层上架法

这是一种很普遍的储存方法，特别是在机械装卸工具广泛使用之前，那些旧式仓库建筑中最为常见。这种分层货架可用于储存大量不同的物资，从小件物资到钢材、轮胎，完全视储存需要而定。

3）上架法

如果仓库用来储存大批材料如钢材、钢管、金属板等，上架储存可能是唯一的办法。

4）综合法

把所有这些不同储存方法综合起来，是仓库管理最常采用的经营办法。大多数企业有着品种繁多的库存物资，所以需要各种不同的储存条件。

3.3.4 专门建造的与经过改建的仓库建筑

1）专门建造的仓库建筑

"专门建造"指的是有关企业根据本身需要与业务要求，而设计建造的仓库建筑。专门建造的仓库大多为大企业所有，因为只有大企业才有能力置办这种仓库。

尽管如此，那些规模较小的企业也可在公开市场购买专门建造的仓库，倘若它们的基本设计符合买方需求的话。例如，一家企业储存的是为数众多的、用货盘装载的重型物资，那它就需要一个大型的空旷的仓库；而不少小型生产单位也需要一个有许多敞开和可观货架的储存空间。

2）经过改建的仓库建筑与设施

随着企业的发展与扩大，企业对仓储使用面积与装卸设备的需要也将随之扩大。因此许多企业认为有必要将原作其他用处的建筑改建为仓库。这些供改建用的建筑，从旧厂房到大住宅皆有，根据业务范围的大小和可提供的产业而决定。

（1）改建仓库的缺点

① 储存某些物资所必需的环境条件可能不具备，因而必须安装代价昂贵的设备（如食品冷冻设备、防潮设备、防尘设备等）。

② 原材料装卸方法和储存方法可能在改建部分不适用，如电动卡车通行所必需的平坦地面和通道，改建建筑中的许多门与入口的通过问题，常常成为重点问题。

③ 企业的实际需要与改建的建筑有出入，往往会降低仓库的标准。

④ 进一步扩建，可能会受到某些企业力不能及的因素的限制，如当地政府对设计是否批准的问题。

（2）改建仓库的优点

① 花费代价较小，可一次购进，如企业无力购置，采用租赁办法亦可。

② 企业有选择权，当日后需求发生变化时，可将库存物资移至他处。

③ 对改建仓库进行精心规划与安排，则改建后的仓库可成为非常有用的物资储存的场所。

3）改建仓库建筑的来源

企业可以有许多房屋来源作为适当的储存场所。这些来源包括下列几个方面：
① 在企业所在地区有很多房产。
② 地方经营的国有企业可能有多余的房地产可供使用。
③ 当地私营公司可能有空地或不再需要的建筑，愿意出租或出售。
④ 政府单位可能也有房屋，企业可购进或租赁供储存之用。

3.4 仓库选址

3.4.1 仓库选址概述

仓库选址是指在一个具有若干供应点及若干需求点的经济区域内，选一个地址建立仓库的规划过程。合理的选址方案应该使商品通过仓库的汇集、中转、分发，达到需求点的全过程的效益最好。因为仓库的建筑物及设备投资较大，所以选址时要慎重。如果选址不当，损失较大。

任何一个仓库在规划建设初期都会将如何快速有效地送达货物作为考虑因素之一。货物的目的地大多是人口聚集地，因此库址相对于大都市的远近，在运输成本和操作效率上所反映出的相关性就十分显著。

3.4.2 仓库选址的原则

1）适应性原则

仓库的选址要与国家及地区的产业导向、产业发展战略相适应，与国家的资源分布和需求分布相适应，与国民经济及社会发展相适应。

2）协调性原则

仓库的选址应将国家的物流网络作为一个大系统来考虑，使仓库的设施设备在区域分布、物流作业生产力、技术水平等方面相互协调。

3）经济性原则

就是选址的结果要保证建设费用和物流费用最低，如选定在市区、郊区，还是靠近港口或车站等，既要考虑土地费用，又要考虑将来的运输费用。

4）战略性原则

要有大局观，一是要考虑全局，二是要考虑长远，要有战略眼光。局部利益要服从全局利益；眼前利益要服从长远利益，要用发展的眼光看问题。

5）可持续发展原则

主要指在环境保护上，充分考虑长远利益，维护生态环境，促进城乡一体化发展。

3.4.3 仓库选址的影响因素

1）自然环境因素

（1）气象条件。主要考虑的气象条件有：年降水量、温湿度、风力、无霜期长短、冻土厚度等。

（2）地质条件。主要考虑土壤的承载能力，仓库是大宗商品的集结地，货物会对地面形成较大的压力，如果地下存在着淤泥层、流沙层、松土层等不良地质环境，则不适宜建设仓库。

（3）水文条件。要认真搜集选址地区近年来的水文资料，需远离容易泛滥的大河流域和上溢的地下水区域，地下水位不能过高，故河道及干河滩也不可选。

（4）地形条件。仓库应建在地势高、地形平坦的地方，尽量避开山区及陡坡地区，最好选长方地形。

2）经营环境因素

（1）政策环境背景。选择建设仓库的地方是否有优惠的物流产业政策，是否对物流产业进行扶持，这将对物流业的效益产生直接影响，当地的劳动力素质的高低也是需要考虑的因素之一。

（2）产品特性。储存不同类型商品的仓库应该分别布局在不同地域，如生产型仓库的选址应结合产业结构、产品结构、工业布局进行考虑。

（3）物流费用。仓库的修建应该尽量接近物流服务需求地，如大型工业区、商业区，以便缩短运输距离，降低运费等物流费用。

（4）服务水平。物流服务水平是影响物流产业效益的重要指标之一。在选择仓库地址时，要考虑是否能及时送达，应保证客户无论在任何时候向仓库提出需求，都能获得满意的服务。

3）基础设施状况

（1）交通条件。仓库的位置必须交通便利，最好靠近交通枢纽，如港口、车站、交通主干道（国、省道）、铁路编组站、机场等，应该有两种运输方式衔接。

（2）公共设施状况。要求城市的道路畅通、通信发达，有充足的水、电、气、热的供应能力，有污水和垃圾处理能力。

4）其他因素

（1）国土资源利用。仓库的建设应充分利用土地，节约用地，充分考虑到地价的影响，还要兼顾区域与城市的发展规划。

（2）环境保护要求。要保护自然与人文环境，尽可能降低对城市生活的干扰，不影响城市交通，不破坏城市生态环境。

（3）地区周边状况。一是仓库周边不能有火源，不能靠近住宅区；二是考虑仓库所在地的周边地区的经济发展情况，是否对物流产业有促进作用。

3.4.4 仓库选址的实例——铜川市物流中心的选址

1）选址方案

根据物流中心的规划原则和目标，以及物流中心选址考虑的因素，将选址比较法定为物流中心选址的方法。根据铜川市实际情况，在市区内有限的候选地点中，使用定性和定量相结合的分析方法，对物流中心的建设以及建成后的运行情况进行经济、技术、生态、现实与长远的综合分析，来确定一个比较合理可行的选址地点。

（1）各候选地的详细介绍

在铜川市区内共选址 5 块地作为物流中心的候选地，分别为寺沟镇、野狐坡村、新城堡、岔口村和张家坡，5 块地的位置和详细介绍分别如图 3-2 和表 3-1 所示。

3 仓储与仓库及其附属建筑物

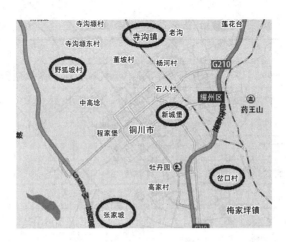

图 3-2 候选仓库位置示意

表 3-1 候选地情况描述

分析因素	可选地	野狐坡村	寺沟镇	新城堡	岔口村	张家坡
自然环境	气象条件	基本相同				
	地质条件	基本相同				
	水文条件	基本相同				
	地形情况	基本相同				
交通运输	距公路距离	1.2千米	3千米	2.1千米	2千米	1千米
	周边干线		延西高速、包茂高速、铁路干线			
公共设施	供电	暂时未开发	标准220 kW供电	标准220 kW供电	暂时未开发	
	供水		开发区水厂统一供应	城区水厂统一供应		
	供热		开发区供热站统一供应	城区供热站统一供应		
	供气		提供灌装石油液化气			
	排水		开发区有排污站一座	暂时未开发		
	通信		可根据需要安装			
	固体废弃物处理		垃圾处理厂一个			
	道路设施	延西高速	铁路干线	铁路干线	包茂高速	延西高速

(2) 评价选址结果

根据选址过程中要考虑的每个因素,选定5分为满分,分值越高满意程度越高,最后总分最高的候选地为建议方案。评价标准如表3-2所示。

① 自然环境。考虑各候选地距离较近,自然环境基本相同,故评分无差别。

② 交通运输。由于物流中心是商品的集散地,有较多的运输业务,运输距离的长短影响运输成本的高低,因此,物流中心的位置要靠近主要交通干线附近。考虑到该城市无机场,所以距火车站和高速公路越近,得分越高;反之则越低。

表 3-2 评价标准表

分析因素		评价标准
自然环境	气象条件	温湿度、风力、降水、日照等气象因素适中
	地质条件	符合建筑承载力要求
	水文条件	远离泛滥河流
	地形情况	地形坡度平缓、适宜建筑
交通运输	距高速公路出口距离	距离最短
	周边干线	路况好
公共设施	供电、供水、供气、供热、通信、道路	公共设施便利,符合标准

③ 公共设施。主要考虑物流中心的供气、供水、供电等情况。

④ 道路。考虑各候选地周边道路情况,道路是否畅通、路面状况是否良好、路面宽度多少等影响物流中心运输效率的因素。

2) 方案选定

(1) 方案比较

通过对选址因素和评价标准的确定,对每个候选地进行打分,如表 3-3 所示。

表 3-3 候选地打分表

分析因素	可选地	野狐坡村	寺沟镇	新城堡	岔口村	张家坡
自然环境	气象条件	评分无差别				
	地质条件					
	水文条件					
	地形情况					
交通运输	距公路远近	3	4	5	5	3
	周边干线	4	5	4	5	4
公共设施	供电	2	4	5	2	
	供水		4	5		
	供热		3	4		
	供气		3	2		
	排水		4	2		
	通信		3	2		
	固体废弃物处理		4	3		
	道路设施	4	5	4	5	3
评分合计		25	39	36	29	24

(2) 方案建议

从上面分析可知,各个候选地的总分差别不大,都可以作为物流中心的选址地点,但得分越高者满意度越高。因此物流中心的选址建议排序如下:寺沟镇、新城堡、岔口村、野狐坡村、张家坡。

3.5 仓库的相关计算

1) 仓库总面积的计算

仓库总面积(也称仓库占地面积)是从仓库外墙线算起,整个围墙内所占用的全部平面面积,包括库外的生活区、库外铁路专用线的占地面积。仓库总面积取决于企业消耗物资的品种和数量的多少,同时与仓库本身的技术作业过程的合理组织,以及面积利用系数的大小有关。仓库储备物资的数量多,品种规格复杂,仓库面积就大;单一品种的物资就比同样数量的、品种规格繁多的物资占用面积小一些。设计的仓库总面积,必须与预定的仓库容量相适应。

在确定仓库总面积时,应当首先分清楚仓库的各种面积的概念、相互关系和组成情况。仓库面积可划分为:

(1) 仓库的建筑面积,包括生产性建筑面积(库房、料棚等)、辅助生产建筑面积(机修车间、车库等)、仓库行政建筑面积(办公室)、仓库生活福利建筑面积(食堂、浴室、宿舍等)。

(2) 仓库的使用面积,指可以用来储存物资的面积,即指库房、料棚和料场所占面积之和。也就是在仓库总面积中,扣除仓库内道路、铁路专用线、装卸站台及其他区域所占的面积。

(3) 仓库的有效面积,指在仓库使用面积内,实际用来堆放物资的面积,也就是指料垛、料架等占用的面积。而仓库内的通道、行车道、垛距、消防间距、验收发料场地和仓库库房内的办公用地等不包括在内。

仓库的有效面积,可按下列公式概略地加以确定:

$$F=\frac{p}{q} \tag{公式 3-1}$$

式中 F——仓库的有效面积(m^2);

p——仓库内物资的最高储存数量(一般是按吨计算);

q——仓库每平方米单位面积上物资储存定额(t/m^2)。

物资仓库,通常是储存各种各样的物资的综合性仓库。所以每平方米有效面积存放物资的定额值,应按加权平均值计算:

$$Q=\frac{q_1 A+q_2 B+q_3 C+\cdots+q_n n}{100} \tag{公式 3-2}$$

式中 $q_1, q_2, \cdots, q_n$——每平方米有效面积存放某种物资的定额(以吨或其他单位计算);

$A, B, C, \cdots, n$——每种物资储备在仓库总的物资储存量中占的百分比(%)。

每平方米有效面积上存放物资的定额与存放方法,即码垛的高度或料架的高度与物资的形状、重量有关。

在确定仓库总面积时,还须引入一个仓库面积利用系数来近似计算。计算公式如下:

$$\alpha = \frac{\sum F}{S} \quad \text{(公式 3-3)}$$

式中　α——仓库面积利用系数(%);
　　　$\sum F$——仓库有效面积的总和(m^2);
　　　S——仓库总面积(m^2)。

因此,仓库总面积就可以利用上式求得:

$$S = \frac{\sum F}{\alpha} \quad \text{(公式 3-4)}$$

应该看到,仓库面积利用系数的大小,取决于保管方法、料架形式与布置、搬运码垛的机械设备等。

2) 仓库面积利用指标和库房容积利用指标的计算方法

仓库面积利用指标,即仓库面积利用系数,是仓库有效面积与仓库总面积之比。这项指标百分比越大,表明仓库面积利用得越好;反之,就利用得越差。库房容积利用指标,就是库房容积利用率,它反映库房容纳物资的实际状况,其指标越高,表示仓库库房容积利用越充分。库房容积利用率计算公式如下:

$$\text{库房容积利用率} = \frac{\text{库房实际储存物资总量}}{\text{库房储存物资能力}} \times 100\% \quad \text{(公式 3-5)}$$

在计算这项指标时,首先要制订仓容定额。仓容定额是在一定条件下,单位面积上储存物资的数量。仓容定额是一个受多种因素影响的数值。不同的物资、物资的不同形状和重量等,都会影响仓容定额的变化。仓容定额的制订,主要是按物资的大类对各种物资进行实际测定而得的一个量。通过仓容定额的制订和执行,可以合理、充分地利用仓库库房容积,最大限度地发挥仓库的使用效能。有了仓容定额,乘以库房有效面积,可以得到该库房实际储存物资总量,就能计算出库房容积利用率。

3) 仓库的劳动效率的计算方法

仓库也需要计算劳动效率,劳动效率的考核是很重要的,人力的节约是最大的节约。通过仓库劳动效率的考核,可以看出仓库劳动力的利用是否充分,才能找出薄弱环节,采取有利措施,使劳动效率不断提高。

仓库的劳动效率也像煤矿企业一样,分为仓库全员劳动效率和仓库工人劳动效率。仓库全员劳动效率计算公式如下:

$$\text{仓库全员劳动效率} = \frac{\text{报告期物资吞吐量}}{\text{同期全体职工工作日总量}} (t/\text{工日}) \quad \text{(公式 3-6)}$$

仓库工人劳动效率计算公式如下:

$$\text{仓库工人劳动效率} = \frac{\text{报告期物资吞吐量}}{\text{同期全体工人工作日总量}} (t/\text{工日}) \quad \text{(公式 3-7)}$$

除了按 t/工日来表示劳动效率外,也有的单位用 t/人来表示,计算公式如下:

$$仓库全员劳动效率 = \frac{报告期物资吞吐量}{同期全员平均人数}(t/人) \quad (公式3-8)$$

劳动效率计算指标也有不足之处,它不能完全反映仓库职工工时的利用情况,解决不了出工不出力的问题,也反映不出单位工时内工人创造的价值。要进一步解决出工不出力的问题,要从加强思想政治工作、合理搞好仓库定员编制、提高出勤率方面着手。

4)仓库作业成本的计算

仓库储运作业成本,是反映仓库经营管理活动的一项综合性指标,可用报告期内(月、季、年,一般为一年)吞吐每吨物资的作业成本来计算,其公式如下:

$$吞吐每吨物资的作业成本 = \frac{报告期仓库流通费用支出总额}{同期内物资吞吐量}(元/t) \quad (公式3-9)$$

5)库存物资盈亏率的计算

由于自然的、人为的因素,物资在储存期间会有数量和质量的变化,必须进行经常性的盘点,盘点可能发生盈亏问题。盈亏率就是仓库保管工作中一项重要的质量指标。盈亏率高,说明保管工作质量差;反之,说明保管工作质量高。盈亏率的计算公式如下:

$$库存物资的盈亏率 = \frac{本期盈亏相加金额}{初期库存金额 + 本期进库物资总金额} \times 100\%$$

$$(公式3-10)$$

在计算盈亏率时应该注意,不能盈亏相抵得出净盈或净亏数。无论盈与亏,仓库保管人员都得按规定的手续分别报批。盈或亏都不是正常现象,如果盈或亏数量多,应该视为仓库管理不善的表现,须以此来对照检查,改进工作。

物资在运输过程中的损耗,不属于保管过程中造成的亏损,不计入盈亏率。但是,仓库要加强运输装卸管理,改善条件,降低损耗,为国家节约物资。

课后练习

1. 仓储有什么作用?
2. 仓储的基本功能有哪些?
3. 仓库库房建筑的一般要求有哪些?
4. 影响新仓库定位的因素有哪些?
5. 仓库选址的原则是什么?

4 物流技术与设备的选择和利用

> **学习目标**
> 1. 掌握包装技术与设备。
> 2. 掌握运输设施技术与设备。
> 3. 掌握流通加工技术与设备。
> 4. 掌握物流信息技术与设备。
> 5. 了解物流技术与设备的历史变迁与经济意义。

案例导读·柳工集团

倒立开啤酒瓶、神壶倒油、高竿垒蛋……如此特技节目表演你是否见过？你又是否想象得出这种细腻度、灵活性要求极高的节目是由装载机、起重机这类大块头来表演的。日前，在柳工集团厂区，就上演了这样一幕精彩大戏。

据了解，与在各种庞大工程以及抢险救灾等场合表现出的强悍、威武、有力不同，由中央电视台特别录制的一期《旗鼓相当》节目中，柳工装载机及起重机充分展示了它们细腻、灵活的一面(图4-1)。

柳工起重机精彩特技表演1　　　　柳工起重机精彩特技表演2

图4-1　柳工机械特技表演

在节目录制现场，数台柳工装载机及起重机灵活巧妙地完成了各种特技动作。其中，柳工装载机上演了翘尾倒立，并在此基础上相继完成了前进、悬停、倒退、过窄门、倒立开啤酒瓶等特技；起重机则挑战国内极限摞油桶、百步穿杨、神壶倒油、高竿垒蛋等项目，各种精彩的表演令人叹为观止。

在赞叹操作手惊人技艺的同时，在场众人无不叹服柳工产品的优良操控性能。随着科技的发展，物流设备科技含量逐年增加，专业化、通用化、实用化程度不断提高，越来越能满足人们的各种操作要求。本章为大家介绍的就是物流环节所用到的有关技术和设备。

4.1 包装技术与设备

4.1.1 包装的概念

包装是指物件外部的保护层和装饰。营销型包装侧重策划策略而使之成为广义的包装。不同的物件有不同的包装方式和材质,一些容器如盒子等也可以作为包装之用。

国家标准(GB/T 4122.1—2008)中,包装的定义是:为在流通过程中保护产品、方便储运、促进销售,按一定技术方法而采用的容器、材料及辅助物等的总体名称。也指为了达到上述目的而采用容器、材料和辅助物的过程中施加一定方法等的操作活动。

总之,包装是为运输、物流、仓储、零售和最终使用准备货物的联合系统;包装是一种在合理的条件下以最低的成本保证货物安全有效地送达最终消费者手中的作业;包装具有一种技术经济的作用,其目标是运送成本极小化,销售和利润极大化。

4.1.2 包装的作用

包装一般分为商业包装和运输包装。

商业包装是以促进销售为目的的包装。这种包装的特点是外形美观,有必要的装饰,包装单位适于顾客购买量以及符合商店陈设要求。

运输包装主要强调以优化运输储存等物流环节作为重要目的的包装。它具有保障产品的安全、方便储运装卸、加速交接点验等作用。

包装的具体作用有以下几个方面:

1) 保护功能

在整个物流系统中,应考虑来自物流过程中物理环境造成的损伤,如振动、撞击、挤压,以及货架堆码或运输工具的倒塌和颠覆等。此外,还应该考虑来自物流过程中自然环境造成的损伤,如雨淋、浸水、湿度、温度、腐蚀、虫蛀、鼠害、盗窃和辐射等。

2) 便利功能

即具有便利流通、方便消费的功能。

3) 定量功能

即单位定量或单元化,形成基本单位或形成与目的相适应的单件。

4) 传递信息功能

货品识别、生产厂家、产品名称、内部数量、日期和识别代码等信息在收货、选货及运单确认时极为重要。现代物流系统要求包装上有便于现代化管理的电子代码等标识。

5) 节约成本功能

包装与生产成本、运输成本等密切相关。合理的包装可以使零散的产品以一定数量的形式集成一体,从而大大提高装载容量并方便装卸运输,可以节省运输费、仓储费等费用支出。有的包装容器还可以多次回收利用,节约包装材料,降低成本,提高经济效益。

6) 促进销售功能

包装具有广告效力,能够吸引消费者注意,唤起消费者的购买欲。

4.1.3 包装的设计原则

为了实现以上基本功能,物流包装的设计原则一般应遵循以下几点:

1)标准化原则

我国对物流包装件的尺寸、质量、标志、环境条件和基本试验都制定了比较完整的国家标准,在设计物流包装时应优先选用国家标准。出口产品还应考虑使用 ISO 或出口国的有关标准。例如:ISO 已将 600 mm×400 mm 作为包装件长宽尺寸基数,称为包装模数,设计物流包装件时应尽可能以此为基数。物流包装标准化托盘能实现全球共享,采用标准化托盘,成本可以降低 1/3 以上。

2)集装化原则

实践证明,产品运输如果不采用大型集装器具,产品内包装的强度需增加 1.5~2 倍,物流效率很低,失窃严重。因此,物流包装设计应充分考虑集装化的需求。

3)多元化原则

随着市场对产品多元化的需求增加,要求物流包装设计也需要适应市场这一新趋势,使所设计的物流包装尽可能地满足不同形状、尺寸、重量等产品包装的要求,以减少物流包装成本。

4)科学化原则

在人类进入 21 世纪的今天,科学技术日新月异,物流包装应尽量采用成熟的新技术和新材料,开发出保护功能更强且成本更低的新型物流包装系统。

5)生态化原则

为了贯彻我国的可持续发展战略方针,保证子孙后代的生存条件,物流包装设计必须充分考虑绿色包装和环境保护的要求,做到资源消耗少、尽量重复使用、便于回收、有利于再生,尽可能使用可降解材料。

4.1.4 包装的保护技术

1)防震保护技术

防震包装的作用主要是克服冲击和振动对被包装物品的影响。克服冲击所采用的方法通常叫缓冲,所用材料叫缓冲材料;克服振动而采用的方法通常叫防振、隔振,所用材料叫防振材料、隔振材料。缓冲材料与防振材料、隔振材料统称为防震材料。防震材料种类很多,按外形可大致分成无定形防震材料和定形防震材料。防震包装的主要技法有四种:全面防震包装、部分防震包装、悬浮式防震包装、联合式防震包装。

2)防破损保护技术

缓冲包装有较强的防破损能力,因而是防破损包装技术中很有效的一类。

此外还可以采取以下几种防破损保护技术:

(1)捆扎及裹紧技术。其作用主要是使杂货、散货形成一个牢固整体,以增加整体性,便于处理,防止散堆以减少破损。

(2)集装技术。利用集装,减少货体间的接触,从而防止商品破损。

(3)选择高强度保护材料。通过外包装材料的高强度来防止内装物受外力作用破损。

3）防锈保护技术

（1）防锈油防锈蚀包装技术。大气锈蚀是空气中的氧、水蒸气及其他有害气体等作用于金属表面引起电化学作用的结果，采用防锈油防锈蚀包装技术能有效防止大气锈蚀。

（2）气相防锈包装技术。气相防锈包装技术就是用气相缓蚀剂（挥发性缓蚀剂）在密闭包装容器中对金属制品进行防锈处理的技术。

4）防霉腐保护技术

霉腐微生物落在物品上，会不断从物品中吸取营养，并排出废物，在其大量繁殖的同时，物品也就逐渐遭到分解破坏。因此霉腐微生物在物品上进行物质代谢的过程也就是物品霉腐发生的过程。对此，可采用如下几种防霉腐保护技术：低温冷藏防霉包装技术、气调包装技术和气相防霉包装技术。

除以上列举的，还有一些常用的防霉腐技术。比如化学药剂防霉腐包装技术、干燥防霉腐包装技术、电离辐射防霉腐包装技术以及紫外线、微波、远红外线和高频电场等。

5）防虫保护技术

该技术就是利用较高的温度来抑制害虫的发育和繁殖。

6）危险品保护技术

危险品种类繁多，按其危险性质，交通运输及应急消防部门将其规定为十大类，即爆炸性物品、氧化剂、压缩气体和液化气体、自燃物品、遇水燃烧物品、易燃液体、易燃固体、毒害品、腐蚀性物品和放射性物品，有些物品同时具有两种及两种以上性能。

因此，对于危险品，要针对其特性来进行有效包装。

7）特种包装技术

（1）充气包装。充气包装是采用二氧化碳气体或氮气等不活泼气体置换包装容器中空气的一种包装技术方法。因此也称为气体置换包装。这种包装方法是根据好氧微生物需氧代谢的特性来实现防霉、防腐和保鲜的目的。

（2）真空包装。真空包装是将物品装入气密性容器后，在容器封口前抽真空，使密封后的容器内基本没有空气的一种包装方法。适用于肉类食品、谷物加工商品以及某些容易氧化变质的商品。

（3）收缩包装。收缩包装就是用收缩薄膜包裹物品，然后对薄膜进行适当加热处理，使薄膜收缩而紧贴于物品的包装技术方法。收缩薄膜是一种经过特殊拉伸和冷却处理的聚乙烯薄膜，加热后收缩力在冷却阶段达到最大值并能长期维持。

4.1.5 通用包装技术及包装机械

1）充填技术——充填机

充填是指将内装物按要求的数量装入包装容器的操作。充填是包装过程的中间工序，在此之前是容器准备工作，在此之后是封口、贴标、打印等辅助工序。在充填过程中，精密地计量内装物是很重要的。充填方法分为固态内装物充填方法和液态内装物充填方法。

将产品按预定量充填到包装容器内的机器称为充填机。

（1）容积式充填机

将产品按预定容量充填到包装容器内的机器称为容积式充填机，适用于固体粉料或稠状物体充填。容积式充填机有量杯式、螺旋式、气流式、柱塞式、计量泵式、插管式和定时式等多种,如图 4-2(a)所示。

(2) 称量式充填机

将产品按预定重量充填至包装容器内的机器称为称量式充填机,如图 4-2(b)所示。充填过程中,事先称出预定重量的产品,然后充填到包装容器内。

(3) 计数充填机

将产品按预定数目充填至包装容器内的机器称为计数充填机,如图 4-2(c)所示。按其计数方法不同,有单件计数和多种计数两类。

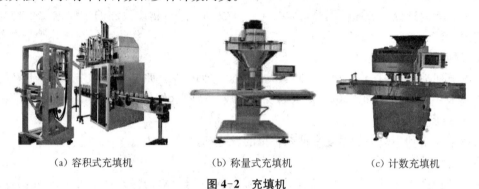

(a) 容积式充填机　　　(b) 称量式充填机　　　(c) 计数充填机

图 4-2　充填机

2) 装箱技术——装箱机

将若干包装件或产品,按一定方式装入箱内的机械,称为装箱机,如图 4-3 所示。由于被包装物品种类繁多,装箱机的形式也多种多样,目前无统一分类标准。一般根据物品装箱形式,分为充填式装箱机和裹包式装箱机。

图 4-3　装箱机

3) 裹包技术——裹包机

裹包是块状类物品包装的基本方式。这种方式不但能对物品直接作单体裹包,而且能够对包装物品做排列组合后的整体裹包。另外,可对已作包装的物品再作外表装饰性裹包,以增加其防潮性和展示性。裹包形式从总体上看主要有:直接全裹包、收缩裹包、成型裹包和集合裹包。裹包材料应具有一定的撕裂强度和可塑性能,以防止裹包操作时扭断和回弹松包。同时也应该考虑材料的成本以及供应情况等。

(1) 扭结式裹包机

这种裹包机可将末端伸出的无弹性的柔性包装材料进行扭结封闭,如图 4-4(a)所示。主要用于糖果的裹包。

(2) 收缩裹包机

将产品用具有热缩性的薄膜裹包后再进行加热使薄膜收缩裹紧产品的机器叫收缩裹包机,如图 4-4(b)所示,其具有适用性广、包装性能好、生产效率高、市场销售好等特点,便于自动化生产。

(3) 拉伸裹包机

这种裹包机是使用拉伸薄膜,利用其张力裹包产品,如图 4-4(c)所示。主要用于将堆集在托盘或浅盘上的产品连同托盘或浅盘一起裹包。它具有收缩裹包机的特点,但不需要加热,更节省能源。

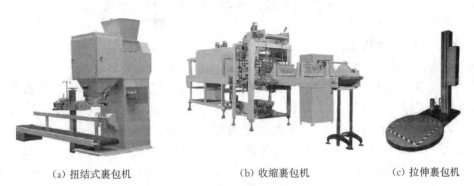

(a) 扭结式裹包机　　(b) 收缩裹包机　　(c) 拉伸裹包机

图 4-4　裹包机

4) 封口技术——封口机

在包装容器内盛装内装物后,对包装容器进行密封封口的机械,称为封口机。根据包装容器的形式、封口的形式和要求不同,可以有不同的分类方法。

(1) 热压封口机[图 4-5(a)]。用热封合的方法封闭包装容器的机器称为热压封口机。封口时被封接面被热板压在一起,待被封接材料在封接温度下充分黏着后,卸压冷却而完成封口操作。这种封口方法主要用于复合膜和塑料杯等。

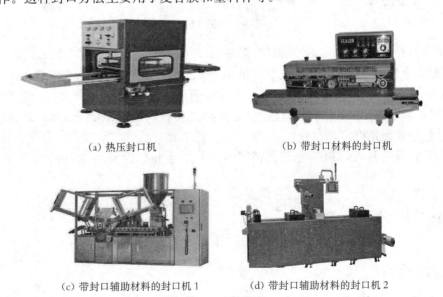

(a) 热压封口机　　　　　　　　(b) 带封口材料的封口机

(c) 带封口辅助材料的封口机 1　　(d) 带封口辅助材料的封口机 2

图 4-5　封口机

（2）带封口材料的封口机[图4-5(b)]。带封口材料的封口机不是通过加热，而是通过加载使封口材料变形或变位来实现封口的。常见的有压纹封口机、折叠式封口机、滚压封口机等。

（3）带封口辅助材料的封口机[图4-5(c)(d)]。这种封口机是采用各种封口辅助材料来完成包装的封口设备。常见的有缝合机、订书机、胶带封口和黏结封口等。

但是，在实际应用中，一般是按被封口包装容器进行分类的。根据封口包装容器的不同，封口机又可以分为封袋机、封瓶机、封罐机、封箱机四大类。随着科技的进步与发展，多功能包装机相继出现，在一台整机上可以完成两个或两个以上的包装工序，如筒装成型—充填—封口机，四边封口式制袋装置，真空或充气填装机，热成型—充填—封口机等。一机多用是现代包装机的发展趋势。

5）捆扎技术——捆扎机

捆扎是将商品或包装件用适当的材料扎紧、固定或增强的操作。利用带状或绳状捆扎材料将一个或多个包件紧扎在一起的机器称为捆扎机，它属于外包装设备。利用机器捆扎替代传统的手工捆扎，不仅可以加固包件、减少体积、便于装卸保管、确保运输安全，更重要的是可以大大降低捆扎劳动强度、提高工效，因此是实现包装机械化、自动化必不可少的。

根据包装产品的不同，捆扎机又分为很多类型。一般按捆扎材料、设备自动化程度、设备传动形式、包装件性质、接头接合方式和接合位置的不同，将捆扎机分为不同的种类，如图4-6所示。

图4-6 捆扎机

按捆扎材料，可以分为塑料带、钢带、聚酯带、纸带捆扎机和塑料绳捆扎机；按自动化程度，可以分为全自动、自动、半自动式捆扎机和手提式捆扎工具；按包装件类型，可以分为普通式、压力式、水平式等；按接头接合形式，可以分为热熔搭接式、高频振荡式、超声波式、热钉式、打结式和摩擦焊接式捆扎机；按接合位置，可以分为底封式、侧封式、顶封式、轨道开闭式和水平轨道式捆扎机。

选用捆扎设备时可以根据包装件的要求、尺寸、重量以及被包装物的性质进行综合考虑。

4.2 仓储技术与设备

4.2.1 仓储概述

仓储系统是利用仓库对物资进行储存和保管的中心环节，是现代物流系统的一个重要子系统,是物流网络的一个节点。储存就是保护、管理和储藏物品;保管就是对物品进行保存,对其数量、质量进行管理与控制的活动,也就是对进入仓库的货物进行堆存、管理、保养和维护。在物流系统中仓储又是许多货运枢纽、配送中心不可缺少的重要组成部分。

将仓储设备与技术应用于现代物流中,合理配置仓储资源,优化仓储的管理,提高仓储作业水平,对现代物流技术及服务有着重要意义。

4.2.2 几种重要的仓储技术与设备

1) 叉车

叉车是人们常用的搬运车辆之一,是对成件托盘货物进行装卸、堆垛和短距离运输、重物搬运作业的各种轮式搬运车辆的统称,广泛应用于港口、车站、机场、货场、工厂车间、仓库、流通中心和配送中心等,并可进入船舱、车厢和集装箱内进行托盘货物的装卸、搬运作业,是托盘运输、集装箱运输中必不可少的设备。

仓储叉车主要是为仓库内货物搬运而设计的叉车。除了少数仓储叉车(如手动托盘叉车)采用人力驱动,大部分都是以电动机驱动的,因其车体紧凑、移动灵活、自重轻和环保性能好而在仓储业得到普遍应用,如图4-7所示。

(a) 平衡重式叉车　　　　(b) 前移式叉车　　　　(c) 插腿式叉车

图 4-7 叉车

(1) 基本功能

叉车的基本功能分为水平搬运、堆垛/取货、装货/卸货、拣选。根据企业所要达到的作业功能可以初步确定所需车型。另外,特殊的作业功能会影响到叉车的具体配置,如搬运的是纸卷、铁水等,需要在叉车上安装属具来完成特殊功能。

(2) 作业要求

叉车的作业要求包括托盘或货物规格、提升高度、作业通道宽度、爬坡度等一般要求,同时还需要考虑作业效率(不同的车型其效率不同)、作业习惯(如习惯坐驾还是站驾)等方面的特殊要求。

(3) 作业环境

如果企业需要搬运的货物或仓库环境对噪音或尾气排放等环保方面有要求,在选择车型和配置时应有所考虑。如果是在冷库中或是在有防爆要求的环境中,叉车的配置也应该是冷库型或防爆型的。仔细考察叉车作业时需要经过的地点,设想可能的问题。例如,出入库时门高对叉车是否有影响;进出电梯时,电梯高度和承载是否对叉车有影响;在楼上作业时,楼面承载是否达到相应要求等等。

(4) 选用原则

在选型和确定配置时,要向叉车供应商详细描述工况,并实地勘察,以确保选购的叉车完全符合企业的需要。即使完成以上各步骤的分析,仍然可能有几种车型同时满足上述要求,此时需要注意以下几个方面:

① 不同的车型,工作效率不同,那么需要的叉车数量、司机数量也不同,会导致一系列成本发生变化。

② 如果叉车在仓库内作业,不同车型所需的通道宽度不同,提升能力也有差异,由此会带来仓库布局的变化,如货物存储量的变化。

③ 车型及其数量的变化,会对车队管理等诸多方面产生影响。

国产叉车型号介绍如下:

平衡重式叉车按叉车种类、撰料、起重量和传动方式来表示。例如:CPQD3 表示起重量为 3 t,动压传动(液力传动)、以汽油为燃料的平衡重式叉车。

前移式叉车按类型、动力形式、起重量来表示。例如:CQD0.5A 表示第一次改进的起重量为 0.5 t 的前移式蓄电池叉车。世界上最大的前移式叉车——永恒力"巨无霸"ETV—V5150,它的有效载荷达到了惊人的 15 t,车身自重也高达 20 t。

插腿式叉车按类型、动力形式、起重量来表示。例如:CTD0.5A 表示第一次改进的起重量为 0.5 t 的插腿式蓄电池叉车。

(5) 叉车特点

① 有很强的通用性。叉车在物流各个领域都有所应用,如仓库、车站、码头和港口都使用叉车进行作业。如果叉车与托盘配合,它的应用范围会更广,同时可以提高作业的效率。

② 有装卸和搬运的双重功能。叉车是装卸和搬运一体化的设备,它使装卸和搬运两种作业合二为一,提升了作业的效率。

③ 有很强的灵活性。叉车底盘与汽车相比较,它的轮距较小,这样叉车的转弯半径就很小,作业时灵活性很强,在许多特殊的环境中都可以采用叉车。

(6) 技术参数

叉车的技术参数是用来表明叉车的结构特征和工作性能的。主要技术参数有:额定起重量、载荷中心距、最大起升高度、门架倾角、最大起升速度、最高行驶速度、最小转弯半径、最小离地间隙、轴距及轮距、直角通道最小宽度和堆垛通道最小宽度等。

① 额定起重量。叉车的额定起重量是指货物重心至货叉前壁的距离不大于载荷中心距时,允许起升的货物的最大重量,以 t(吨)表示。当货叉上的货物重心超出了规定的载荷中心距时,由于叉车纵向稳定性的限制,起重量应相应减小。

② 载荷中心距。载荷中心距是指在货叉上放置标准的货物时,其重心到货叉垂直段前壁的水平距离,以 mm(毫米)表示。对于 1 t 叉车规定载荷中心距为 500 mm。

③ 最大起升高度。最大起升高度是指在平坦坚实的地面上,叉车满载,货物升至最高位置时,货叉水平段的上表面离地面的垂直距离。

④ 门架倾角。门架倾角是指无载的叉车在平坦坚实的地面上,门架相对其垂直位置向前或向后的最大倾角。前倾角的作用是为了便于叉取和卸放货物;后倾角的作用是当叉车带货运行时,防止货物从货叉上滑落。一般叉车前倾角为 3°~6°,后倾角为 10°~12°。

⑤ 最大起升速度。叉车最大起升速度通常是指叉车满载时,货物起升的最大速度,以

m/min(米/分)表示。提高最大起升速度,可以提高作业效率,但起升速度过快,容易发生货损和机损事故。目前国内叉车的最大起升速度已提高到 20 m/min。

⑥ 最高行驶速度。提高行驶速度对提高叉车的作业效率有很大影响。对于起重量为 1 t 的内燃叉车,其满载时最高行驶速度不少于 17 m/min。

⑦ 最小转弯半径。当叉车在无载低速行驶、打满方向盘转弯时,车体最外侧和最内侧至转弯中心的最小距离,分别称为最小外侧转弯半径($R\ min$ 外)和最小内侧转弯半径($r\ min$ 内)。最小外侧转弯半径愈小,则叉车转弯时需要的地面面积愈小,机动性愈好。

⑧ 最小离地间隙。最小离地间隙是指车轮以外,车体上固定的最低点至地面的距离,它表示叉车无碰撞地越过地面凸起障碍物的能力。最小离地间隙愈大,则叉车的通过性愈高。

⑨ 轴距及轮距。叉车轴距是指叉车前后桥中心线的水平距离。轮距是指同一轴上左右轮中心的距离。增大轴距有利于叉车的纵向稳定性,但使车身长度和最小转弯半径增大。增大轮距有利于叉车的横向稳定性,但会使车身总宽和最小转弯半径增大。

⑩ 直角通道最小宽度。直角通道最小宽度是指叉车往返行驶能够通过的成直角相交的通道的最小宽度,以 mm 表示。一般直角通道最小宽度愈小,叉车的性能愈好。

⑪ 堆垛通道最小宽度。堆垛通道最小宽度是叉车在正常作业时,能够通过的通道的最小宽度。

2) 仓储输送设备与技术

在仓储系统中,主要以托盘和集装单元货物为主,常用的输送设备是单元负载式输送机。单元负载式输送机主要用于输送托盘、箱包件和其他有固定尺寸的集装单元货物。

根据有无动力来源来区分,输送机可分为重力式和动力式两类。重力式输送机就是利用输送物品本身的重量为动力,在一倾斜的输送机上,由上往下滑动,因滚动体的不同,重力式输送机可分为滚轮式、滚筒式及滚珠式三种形式,如图 4-8 所示。动力式输送机,一般以电动机为动力,根据其驱动介质的不同,动力式输送机可以分为链条式输送机、辊子式输送机、平皮带输送机和悬挂式输送机等,如图 4-9 所示。

  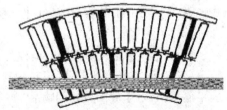

(a) 重力式滚轮式输送机　　(b) 重力式滚筒式输送机　　(c) 重力式滚珠式输送机

图 4-8　重力式输送机

在仓库内使用单元负载式输送机有如下优点:货物的装载与卸载均可在输送过程不停顿的情况下进行;同时由于不需经常启动与制动,输送的平均速度较快;另外由于输送机的结构比较简单,动作单一,造价也较低;此外还可按货物的输送线路,选用多台输送机构成输送系统,实现物流自动化。单元负载式输送机的缺点在于,输送系统的占地面积较大,且不易变更货物的运输路线。

图 4-9 动力式输送机

（1）重力式输送机

重力式输送机的货物或是由人力推动或是利用货物本身的重量在倾斜的输送机上由上而下运动。由于重力式输送机的宽度可以调整，所以应用范围较广。其中，重力式滚筒式输送机一般用在食品、饮料行业和浇铸车间、轧钢车间、木材加工车间、仓库、配送中心和邮局。

① 重力式滚轮式输送机。也称为"滑冰鞋滑轮（Skate Wheel）"。主要特点是：滚轮重量轻，易于搬运，在转变段部分，滚轮为独立转动，其组装拆卸快速容易。适宜输送有一定刚性的平底货物，对于底面较软的物品，如布袋等也有较好的输送效果，但不适宜运输底部挖空的容器。

② 重力式滚筒式输送机。重力式滚筒式输送机较重力式滚轮式输送机重，不适用于需常移动或拆卸的场合，其应用范围远远大于滚轮式输送机。一般不适用于滚轮式输送机输送的货物，如塑料篮子、容器、筒状物等均可采用滚筒式输送机输送。为保证输送货物的平稳性，硬底货物至少需要三根滚筒支承，柔性物品则至少需要四根以上。

③ 重力式滚珠式输送机。重力式滚珠式输送机是货物在其上可以自由地沿任意方向运动的输送机。它广泛用于输送底部较硬的货物的场所。这种输送机使用时不需润滑，但不能用在有灰尘的环境中。

(2) 动力式输送机

① 辊子式输送机

辊子式输送机是一种广泛使用的输送机械。它由一些等间距排列的辊子组成,辊子转动呈主动状态,可以严格控制物品的运行状态,按规定的速度精确、平稳、可靠地输送物品,便于实现输送过程的自动化。按传动方式分类,辊子式输送机可分为带传动、链条传动和齿轮传动三种。

a. 带传动

带传动的辊子式输送机的传送带可以是平皮带、V形皮带、圆形皮带和齿形皮带。带传动的辊子式输送机运转平稳,噪声小,允许高速运行,但不适于在有油污的地方工作。平皮带传动承载能力最大,圆形皮带次之,V形皮带再次之,齿形皮带传动最小。V型皮带、圆形皮带均可适用于辊子式输送机圆弧段。四种带传动方式中,圆形皮带传动布置最为灵活。

平皮带驱动输送机在平皮带上安装承载滚筒,下方装有调节皮带张力的张紧滚筒。

V形皮带传动方式与平皮带传动相同。不同之处在于把平皮带改成V形皮带。这种输送机多用于轻载、短距离场合。因为V形皮带可沿曲线弹性变形,适用于输送线的直线段和转弯段的结合部分。

圆形皮带驱动适用于中等载货的输送机。它的传动是电动机通过减速器、链轮链条把运力传给线轴上的链轮,再通过线轴上的带轮和圆带传给滚筒。这种输送方式的优点是干净卫生、安全可靠、成本低、噪声小。

齿形皮带驱动适用于轻载输送。各滚筒上的工程塑料齿轮配合齿形皮带传动,所占空间小,而且噪声低。

b. 链条传动

链条传动的辊子式输送机的链条传动方式通常有两种:辊子—辊子型和连续链型。与带传动相比,链条传动承载能力大、通用性好、布置方便,对环境适应性强,可在经常接触油、水及温度较高的地方工作。

c. 齿轮传动

齿轮传动的辊子式输送机的特点是:负载能力大、传动精度高、使用寿命长、对环境适应性强,适用于重载、运动精度要求高、启制动频繁、经常逆转的场合。齿轮传动的辊子式输送机有两种形式:一种是圆锥齿轮传动,一种是圆柱齿轮传动。

② 平皮带输送机

平皮带输送机可用来输送各种规则或不规则形状的货物,多用在精确定位或需要伸缩的场合。

③ 链条式输送机

链条式输送机是以链条为传动组件及输送组件的输送机。输送机的链条以导轨为依托,将货物以承托方式进行输送。其输送组件使用最多的是滑动链和滚子链。

④ 悬挂式输送机

悬挂式输送机是一种空中封闭的运输系统,适用于工厂车间、仓库内部成件物品及集装单元物料的空中输送。

除以上4种外,还有链条牵引式和积放式输送机等。

3) 自动分拣设备

分拣是指将一批相同或不同的货物,按照不同的要求(如品种、发送的目的地、客户等)分别拣开,进行配送或发运,如图 4-10 所示。

(a) 挡板式分拣机　　　　　(b) 胶带浮出式分拣机　　　　(c) 辊筒浮出式分拣机

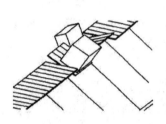  

(d) 条板倾斜式分拣机　　　(e) 翻盘式分拣机　　　　　(f) 滑块式分拣机

(g) 托盘式分拣机　　　　　(h) 悬挂式分拣机　　　　　(i) 滚柱式分拣机

图 4-10　分拣机

(1) 挡板式分拣机

挡板式分拣机利用一个挡板(挡杆)挡住在输送机上向前移动的商品,将商品引导到一侧的滑道排出。挡板的另一种形式是挡板一端作为支点,可做旋转,当挡板运动时,像一堵墙似的堵住商品向前移动的路径,利用输送机对商品的摩擦力的推动,使商品沿着挡板表面移动,从主输送机上排出至滑道。

(2) 浮出式分拣机

浮出式分拣机是把商品从主输送机上托起,从而将商品引导出主输送机的一种结构形式,包括胶带浮出式分拣机和辊筒浮出式分拣机。从引离主输送机的方向看,一种是引出方向与主输送机构成直角;另一种是呈一定夹角(通常是 30°～45°)。一般是前者比后者生产率低,且容易对商品产生较大的冲击力。

(3) 条板倾斜式分拣机

这是一种特殊型的条板输送机,商品装载在输送机的条板上,当商品行走到需要分拣的位置时,条板的一端自动升起,使条板倾斜,从而将商品移离主输送机。

(4) 翻盘式分拣机

这种分拣机是由一系列的盘子组成,盘子为铰链式结构,可向左或向右倾斜。装载商品的盘子行走到一定位置时,盘子倾斜,将商品翻到旁边的滑道中。为减轻商品倾倒时的冲击力,有的分拣机能控制商品以抛物线状倾倒出来。

(5) 滑块式分拣机

滑块式分拣机是一种特殊形式的条板输送机。输送机的表面由金属条板或管子构成,如竹席状,而在每个条板或管子上有一枚硬质材料制成的导向滑块,能沿条板作横向滑动。

(6) 托盘式分拣机

托盘式分拣机是一种应用十分广泛的机型,它主要由托盘小车、驱动装置、牵引装置等组成。其中托盘小车形式多种多样,有平托盘小车、U形托盘小车、交叉带式托盘小车等。

(7) 悬挂式分拣机

悬挂式分拣机是用牵引链(或钢丝绳)作牵引件的分拣设备。按照有无支线,它可分为固定悬挂和推式悬挂两种机型。前者用于分拣、输送货物,只有主输送线路、吊具和牵引链是连接在一起的;后者除主输送线路还具备储存支线,并有分拣、储存、输送货物等多种功能。

(8) 滚柱式分拣机

滚柱式分拣机是根据货物输送、存储与分路的分拣设备,按处理货物流程需要,可以布置成水平形式,也可以和提升机联合使用构成立体仓库。

4) 巷道堆垛机

巷道堆垛机是由叉车、桥式堆垛机演变而来的。桥式堆垛机由于桥架笨重,运行速度受到很大的限制,仅适用于出入库频率不高或存放长形原材料和笨重货物的仓库。巷道式堆垛机的主要用途是在高层货架的巷道内来回穿梭运行,将位于巷道口的货物存入货格,或者取出货格内的货物运送到巷道口,如图 4-11 所示。

巷道堆垛机具有如下特点:①电气控制方式有手动、半自动、单机自动及计算机控制,可任意选择一种电气控制方式;②大多数堆垛机采用变频调速、光电认址,具有调速性能好、停车准确度高的特点;③采用安全滑触式输电装置,保证供电可靠;④运用过载松绳、断绳保护装置,确保工作安全;⑤配备移动式工作室,室内操作手柄和按钮布置合理,座椅较舒适;⑥堆垛机机架重量轻,抗弯、抗扭刚度高,起升导轨精度高,耐磨性好,可精确调位;⑦可伸缩式货叉减小了对巷道的宽度要求,提高了仓库面积的利用率。

(1) 按机架结构分类

① 单立柱型巷道堆垛机。机架结构是由 1 根立柱、上横梁和下横梁组成的矩形框架,结构刚度比双立柱差,适用于起重量在 2 t 以下,起升高度在 16 m 以下的仓库。

② 双立柱型巷道堆垛机。机架结构是由 2 根立柱、上横梁和下横梁组成的矩形框架,适用于各种起升高度的仓库,一般起重量可达 5 t,必要时还可以更大。其优势为结构刚度比较好、质量比单立柱大、可用于高速运行。

  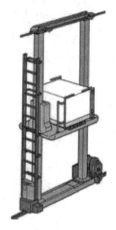

(a) 单立柱型巷道堆垛机　　　(b) 双立柱型巷道堆垛机　　　(c) 地面支承型巷道堆垛机

(d) 悬挂型巷道堆垛机　　　(e) 货架支承型巷道堆垛机　　　(f) 单元型巷道堆垛机

图 4-11　巷道堆垛机

(2) 按支撑方式分类

① 地面支承型巷道堆垛机。支承在地面铺设的轨道上,用下部的车轮支承和驱动,上部导轮用来防止堆垛机倾倒,机械装置集中布置在下横梁,易保养和维修。适用于各种高度的立体库,以及起重量较大的仓库,应用广泛。

② 悬挂型巷道堆垛机。在悬挂于仓库屋架下弦装设的轨道下翼沿上运行,在货架下部两侧铺设下部导轨,防止堆垛机摆动。适用于起重量和起升高度较小的小型立体仓库,便于转巷道。

③ 货架支承型巷道堆垛机。支承在货架顶部铺设的轨道上,在货架下部两侧铺设下部导轨,防止堆垛机摆动,货架应具有较大的强度和刚度。适用于起重量和起升高度较小的小型立体仓库。

(3) 按用途分类

① 单元型巷道堆垛机。以托盘单元或货箱单元进行出入库,可自动控制。适用于各种控制方式,应用最广,可用于"货到人"式拣选作业。

② 拣选型巷道堆垛机。由堆垛机上的操作人员从货架内的托盘单元或货物单元中取少量货物,进行出库作业。这种堆垛机上装有司机室,一般为手动或半自动控制,多用于"人

到货"式拣选作业。

5）自动导向车

自动导向车是采用自动或人工方式装载货物，按设定的路线自动行驶或牵引着载货台车至指定地点，再用自动或人工方式装卸货物的工业车辆。按日本 JISD6801 的定义：自动导向车是以电池为动力源的一种自动操纵行驶的工业车辆。自动导向车按照物料搬运作业具有自动化、柔性化和准时化的要求，与自动导向系统、自动装卸系统、通信系统、安全系统和管理系统等构成自动导向车系统（AGVS）。计算机硬件技术、并行与分布式处理技术、自动控制技术、传感器技术以及软件开发环境的不断发展，为 AGVS 的研究与应用提供了必要的技术基础。人工智能技术如理解与搜索、任务与路径规划、模糊与神经网络控制技术的发展，使 AGVS 向着智能化和自主化方向发展。AGVS 的研究与开发集人工智能、信息处理、图像处理为一体，涉及计算机、自动控制、信息通信、机械设计和电子技术等多个学科，已经成为物流自动化研究的热点之一，如图 4-12 所示。

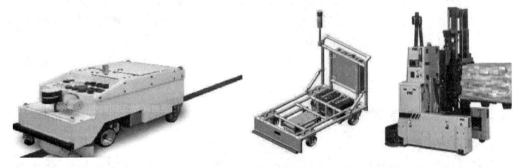

图 4-12 自动导向车

尽管对 AGVS 的研究已有多年的历史，但仍有多项关键技术还有待提高和突破，以进一步提高 AGVS 的性能，降低制造成本和减少使用费用。

4.3 输送技术与设备

4.3.1 连续输送机械的概念

连续输送机械是以连续运作的方式按规定的线路从装货点到卸货点输送散装货物和小件杂货物的机械。

连续输送机械一般具有以下特点：

① 高速性。连续输送机械的输送线路固定，加上散料具有的连续性，使装货、输送、卸货可以连续进行，而且输送过程中极少紧急制动和启动，因此可以采用较快的工作速度，效率很高，而且不受距离远近的影响。

② 自动控制简单。由于输送线路预设且固定，运动方式简单，而且调速简单，所以较容易实现自动控制。

③ 专用性强。一般来说，一种机械仅适用于相对固定的几种类型的货物，对于单体重量很大的杂货来说，普通的连续输送机械是不适用的。

④ 经济性好。一般连续输送机械性价比高，耐用性好。

⑤ 通用性好。一般该类设备零部件标准化、系列程度高，维修简单。

4.3.2 连续输送机械的分类

① 按照连续输送机械结构，基本安装方式可分为固定式和移动式两类。

固定式输送机械是指整个设备固定安装在一个地方，不能再移动，主要用于专用码头货场、仓库中货物移动、工厂的制造车间等，具有输送量大、效率高等特点。

移动式输送机械是指整个设备安装在可移动的车轮上，具有机动性强、适用率高、能及时调配输送作业线路的特点。这类设备单体较小、输送量不太高、输送距离不长，适用于中小型仓库。

② 按照连续输送机械结构，又可分为具有挠性牵引构件的输送机械和无挠性牵引构件的输送机械。

具有挠性牵引构件的输送机械的工作特点是物料或货物随着牵引构件的连续运动向一定方向输送，是一个往复的、循环的系统，通常是一部分牵引构件输送货物，另一部分牵引构件返回。常见的有带式输送机、链式输送机、斗式提升机等。

无挠性牵引构件的输送机械的工作特点是利用牵引构件的旋转运动或振动，使货物向一定方向运送，不具有往复循环形式。常见的有气力输送机、螺旋输送机、振动输送机等。

4.3.3 几种常见的连续输送机械

1）带式输送机

带式输送机是一种摩擦驱动的、以连续方式运输物料的机械，主要由机架、输送带、托辊、滚筒、张紧装置、传动装置等组成。它可以在一定的输送线上，从最初的供料点到最终的卸料点间形成一种物料的输送流程。它既可以进行碎散物料的输送，也可以进行成件物品的输送。除进行纯粹的物料输送外，还可以与各工业企业生产流程中工艺过程的要求相配合，形成有节奏的流水作业运输线。

带式输送机根据用途可分为重型皮带输送机和轻型皮带输送机；根据结构形式又可分为槽型皮带输送机和平板型皮带输送机。其可以用于水平运输或倾斜运输，使用非常方便，广泛应用于现代化的各种工业企业中，如：矿山的井下巷道、矿井地面运输系统、露天采矿场及选矿厂。根据输送工艺要求，既可以单台输送，也可多台或与其他输送设备组成水平或倾斜的输送系统，以满足不同布置形式的作业线需要。

2）胶带输送机

胶带输送机又称皮带输送机，输送带根据摩擦传动原理而运动，适用于输送堆积密度小于 1.67 t/m^3，易于掏取的粉状、粒状、小块状的低磨琢性物料及袋装物料，如煤、碎石、砂、水泥、化肥、粮食等。胶带输送机可在环境温度 -20℃ 至 $+40\text{℃}$ 范围内使用，被送物料温度小于 60℃。其长度及装配形式可根据用户要求确定，传动可用电滚筒，也可用带驱动架的驱动装置。

3）链式输送机

链式输送机是利用链条牵引、承载，或由链条上安装的板条、金属网、辊道等承载物料的输送机。根据链条上安装的承载面的不同，可分为链条式、链板式、链网式、板条式、链斗式、托盘式、台车式等，此外，也常用于与其他输送机、升降装置等组成各种功能的生产线。链式输送机被广泛运用于机械、轻工、邮政、运输、医疗、牧业、木业、家具、汽车、摩托车、酿酒、饮料、电子电器、食品、塑胶、化工、烟草等各行各业中。

4）斗式提升机

斗式提升机是利用均匀固接于无端牵引构件上的一系列料斗，竖向提升物料的连续输送机械。分为环链、板链和皮带三种。供应物料通过振动台投入料斗后，机器自动连续运转向上运送。根据传送量可调节传送速度，并随需选择提升高度。料斗为自行设计制造，无毒料斗使斗式提升机使用更加广泛。所有尺寸均按照实际需要设计制造，可与立式包装机、电脑计量机配套设计。适用于食品、医药、化学工业品、螺丝、螺帽等产品的提升上料。通过包装机的信号识别可以控制机器的自动停启。

5）气力输送机

气力输送机是在一定的线路上连续输送物料的物料搬运机械，又称连续输送机。气力输送机可进行水平、倾斜和垂直输送，也可组成空间输送线路，输送线路一般是固定的。其输送能力大、运距长，在输送过程中还可同时完成若干工艺操作。所以，其应用十分广泛。

气力输送机可以单台输送，也可多台或与其他输送设备组成水平或倾斜的输送系统，以满足不同布置形式的作业线需要。气力输送机按运作方式可以分为带式输送机、螺旋输送机和斗式提升机。

几种常见的连续输送机械如图4-13所示。

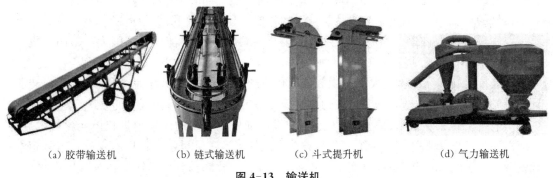

(a) 胶带输送机　　(b) 链式输送机　　(c) 斗式提升机　　(d) 气力输送机

图4-13　输送机

4.4　集装单元化技术与设备

4.4.1　集装单元化的概念

集装单元化是以集装单元为基础组织装卸、搬运、储存和运输等物流活动的方式。

（1）集装单元化的优点

① 通过标准化、通用化、配套化和系统化以实现物流功能作业的机械化、自动化。

② 物品移动简单，减少重复搬运次数，缩短作业时间，提高效率和装卸机械的机动性。

③ 改善劳动条件、降低劳动强度、提高劳动生产率和物流载体利用率。

④ 物流各功能环节中便于衔接，容易进行物品的数量检验，清点交接，减少差错。

⑤ 货物包装简单，节省包装费用，降低物流功能作业成本。
⑥ 容易高堆积，减少物品堆码存放的占地面积，能充分灵活地运用空间。
⑦ 能有效地保护物品，防止物品的破损、污损和丢失。

(2) 集装单元化的缺点

缺点包括作业有间歇；需要宽阔的道路和良好的路面；托盘和集装箱的管理烦琐；设备费一般较高；由于托盘和集装箱自身的体积及重量的原因，物品的有效装载较少。

4.4.2 集装单元化需要遵循的原则

集装单元化需要遵循的原则包括：
① 集装单元器具标准化原则。
② 集装单元化的通用化、系统化、配套化原则。
③ 集装单元化的集散化、直达化、装满化原则。
④ 集装单元化的效益化原则。

4.4.3 集装单元化技术

集装单元化技术是指物流管理硬技术(设备、器具等)与软技术(为完成装卸搬运、储存、运输等作业的一系列方法、程序和制度等)的有机结合。

集装单元化是物流现代化的标志。随着科学技术的发展，生产技术得到不断发展，各种交通工具和交通设施以及交通网络也得到了不断发展。同时由于市场扩大，为大量生产提供了良好的环境，而大量生产的产品要输送到各地，因此，大批量、长距离输送显得越来越重要。要实现大批量、长距离的输送必须依靠集装单元化技术，目前世界各国大都采用了集装单元化技术进行物流活动。

集装单元化的实质就是要形成集装单元化系统，集装单元化系统是由货物单元、集装器具、装卸搬运设备和输送设备等组成的为物流业高效、快速地进行而服务的人工系统。

集装单元化技术是随着物流管理技术的发展而发展起来的。采用集装单元化技术后，物流费用大幅度降低，同时，传统的包装方法和装卸搬运工具也发生了根本变革。集装箱本身就成为包装物和运输工具，改变了过去那种对包装、装卸、储存、运输等各管一段的做法。集装单元化是综合规划和改善物流机能的有效技术。

集装单元化技术是物流系统中的一项先进技术，它是适合于机械化大生产，便于采用自动化管理的一种现代科学技术。它是现代化大生产将自动化装置运用于物流活动的产物，它的生命力在于科学技术的发展。但是在推广应用集装单元化技术的过程中必须注意三个问题：①要注意集装单元化系统中必须具有配套的装卸搬运设备和运送设备；②必须注意集装箱和托盘等集装器具的合理流向及回程货物的合理组织；③必须实行集装器具的标准化、系列化和通用化。只有物流管理技术不断发展，集装单元化技术才会不断发展和完善，才能实现物流现代化。

4.4.4 集装单元化的重要设备——集装箱

集装箱，英文名为container，是指具有一定强度、刚度和规格，专供周转使用的大型装货容器。使用集装箱转运货物，可直接在发货人的仓库装货，运到收货人的仓库卸货，中途更换车、船时，无须将货物从箱内取出换装。集装箱最大的成功在于其产品的标准化以及由此建立的一整套运输体系。

按国际标准化组织（International Organization for Standardization，ISO）技术委员会的规定，集装箱应具备下列条件：

① 能长期反复使用，具有足够的强度。
② 途中转运不用移动箱内货物，就可以直接换装。
③ 可以进行快速装卸，并可从一种运输工具直接方便地换装到另一种运输工具。
④ 便于货物的装满和卸空。
⑤ 具有 $1 m^3$（即 35.32 立方英尺）或以上的容积。

满足上述 5 个条件的大型装货容器才能称为集装箱。

1）集装箱分类

集装箱种类很多，分类方法多种多样，主要有以下几种：

（1）按所装货物种类分

包括杂货集装箱、散货集装箱、液体货集装箱、冷藏集装箱，以及一些特种专用集装箱，如汽车集装箱、牧畜集装箱、兽皮集装箱等。

杂货集装箱是最普通的集装箱，主要用于运输一般杂货，如各种不需要调节温度的货物，一般称通用集装箱。

散货集装箱是用以装载粉末、颗粒状货物等各种散装货物的集装箱。

液体货集装箱是用以装载液体货物的集装箱。

冷藏集装箱是一种附有冷冻机设备，并在内壁敷设热传导率较低的材料，用以装载冷冻、保温、保鲜货物的集装箱。

汽车集装箱是一种专门设计用来装运汽车，并可分为两层装货的集装箱。

牲畜集装箱是一种专门设计用来装运活牲畜的集装箱，有通风设施，带有喂料和除粪装置。

兽皮集装箱是一种专门设计用来装运生皮等带汁、渗漏性质的货物，有双层底，可存储渗漏出来的液体的集装箱。

（2）按制造材料分

制造材料是指集装箱主体部件（侧壁、端壁、箱顶等）材料。主要分为三种：钢制集装箱、铝合金集装箱、玻璃钢集装箱。此外，还有木集装箱、不锈钢集装箱等。

钢制集装箱，用钢材制造，优点是强度大、结构牢、焊接性高、水密性好、价格低廉；缺点是重量大、防腐性差。铝合金集装箱，用铝合金材料制造，优点是重量轻、外表美观、防腐蚀、弹性好，加工方便以及加工费、修理费低，使用年限长；缺点是造价高，焊接性能差。玻璃钢集装箱，用玻璃钢材料制造，优点是强度大、刚性好、内容积大、隔热、防腐、耐化学性好，易清扫、修理简便；缺点是重量大、易老化、拧螺栓处强度降低。

（3）按结构分

可分为三类，即固定式集装箱、折叠式集装箱、薄壳式集装箱。在固定式集装箱中还可分为密闭集装箱、开顶集装箱、板架集装箱等；折叠式集装箱，指集装箱的主要部件（侧壁、端壁和箱顶）能简单地折叠或分解，再次使用时可以方便地再组合起来；薄壳式集装箱，是把所有部件组成一个钢体，它的优点是重量轻，可以适应所发生的扭力而不会引起永久变形。

（4）按总重分

分为 30 t 集装箱、20 t 集装箱、10 t 集装箱、5 t 集装箱、2.5 t 集装箱等。

（5）按规格尺寸分

国际上通常使用的杂货集装箱有：外尺寸为 20 英尺×8 英尺×8 英尺 6 吋，简称 20 尺货柜；外尺寸为 40 英尺×8 英尺×8 英尺 6 吋，简称 40 尺货柜；外尺寸为 40 英尺×8 英尺×9 英尺 6 吋，简称 40 尺高柜。

（6）按用途分

有冷冻集装箱、挂衣集装箱、开顶集装箱、框架集装箱、罐式集装箱、冷藏集装箱、平台集装箱、通风集装箱、保温集装箱。

开顶集装箱多用于装载玻璃板、钢制品、机械等重货，可以使用起重机从顶部装卸，其顶部可开启，或无固定顶面。框架集装箱是以箱底面和四周金属框架构成的集装箱，适用于长、大、超重、轻泡货物。罐式集装箱是由箱底面和罐体及四周框架构成的集装箱，适用于液体货物。平台集装箱是专供装运超限货物的集装箱，有一个强度很大的底盘，在装运大件货物时，可同时使用几个平台集装箱。

如图 4-14 所示为主要集装箱类型。

(a) 冷藏集装箱　　(b) 玻璃钢集装箱　　(c) 固定式集装箱

(d) 折叠式集装箱　　(e) 汽车集装箱　　(f) 牧畜集装箱

(g) 兽皮集装箱　　(h) 挂衣集装箱

图 4-14　集装箱

4.5 装卸搬运技术与设备

4.5.1 装卸搬运概念

在同一地域范围内(如车站范围、工厂范围、仓库内部等)改变"物"的存放、支承状态的活动称为装卸,改变"物"的空间位置的活动称为搬运,两者全称装卸搬运。在特定时刻或特定场合,单称"装卸"或单称"搬运"也包含了"装卸搬运"的完整含义。在习惯使用中,物流领域(如铁路运输)常将装卸搬运这一整体活动称作"货物装卸";在生产领域中常将这一整体活动称作"物料搬运"。

装卸搬运具有附属性、伴生性、支持性、保障性、衔接性的特点。

4.5.2 装卸搬运技术的分类

1) 按设备对象分

可分为仓库装卸、铁路装卸、港口装卸、汽车装卸等。

① 仓库装卸配合出库、入库、维护保养等活动进行,并且以堆垛、上架、取货等操作为主。

② 铁路装卸是对火车车皮的装进及卸出,特点是一次作业就实现一车皮的装进或卸出,很少有像仓库装卸时出现的整装零卸或零装整卸的情况。

③ 港口装卸包括码头前沿的装船,也包括后方的支持性装卸,有的港口装卸还采用小船在码头与大船之间"过驳"的办法,因而其装卸的流程较为复杂,往往经过几次的装卸及搬运作业才能最后实现船与陆地之间货物过渡的目的。

④ 汽车装卸一般一次装卸批量不大,由于汽车的灵活性,可以减少或根本减去搬运活动,而直接、单纯利用装卸作业达到车与物流设施之间货物过渡的目的。

2) 按机械分

可分成使用吊车的"吊上吊下"方式,使用叉车的"叉上叉下"方式,使用半挂车或叉车的"滚上滚下"方式、"移上移下"方式及"散装散卸"方式等。

① "吊上吊下"方式。采用各种起重机械从货物上部起吊,依靠起吊装置的垂直移动实现装卸,并在吊车运行的范围内或回转的范围内实现搬运,或依靠搬运车辆实现搬运。由于吊起及放下属于垂直运动,这种装卸方式属垂直装卸。

② "叉上叉下"方式。采用叉车从货物底部托起货物,并依靠叉车的运动进行货物位移,搬运完全靠叉车本身,货物可不经中途落地直接放置到目的地。这种方式垂直运动不多,主要是水平运动,属于水平装卸方式。

③ "滚上滚下"方式。主要指港口装卸的一种水平装卸方式。利用叉车或半挂车、汽车承载货物,连同车辆一起开上船,到达目的地后再从船上开下,即"滚上滚下"方式。利用叉车的"滚上滚下"方式,在船上卸货后,叉车必须离船;利用半挂车、平车或汽车,则拖车将半挂车、平车拖拉至船上后,拖车开下船而载货车辆连同货物一起运到目的地,再原车开下或拖车上船拖拉半挂车、平车开下。

"滚上滚下"方式需要有专门的船舶,对码头也有特定的要求,这种专门的船舶称"滚装船"。

④ "移上移下"方式。是在两车之间(如火车及汽车)进行靠接,然后利用各种方式,不使货物垂直运动,而靠水平移动从一辆车上推移到另一辆车上,称"移上移下"方式。"移上移下"方式需要使两种车辆水平靠接,因此,需对站台或车辆货台进行改变,并配合移动工具才能实现这种装卸。

⑤ "散装散卸"方式。对散装物进行装卸。一般从装点到卸点,中间不再落地,这是集装卸与搬运于一体的装卸方式。

3) 按作业特点分

可分成连续装卸与间歇装卸两类。

① 连续装卸。主要是同种大批量散装或小件杂货通过连续输送机械,连续不断地进行作业,中间无停顿,货间无间隔。这一方式在装卸量较大、装卸对象固定、货物对象不易形成大包装的情况下适用。

② 间歇装卸。其具有较强的机动性,装卸地点可在较大范围内变动,主要适用于货流不固定的各种货物,尤其适用于包装货物、大件货物,散粒货物也可采取此种方式。

4) 按其他方式分

按被装物的主要运动形式可分为垂直装卸、水平装卸两种。

按装卸搬运对象可分为散装货物装卸、单件货物装卸、集装货物装卸。

因为装卸搬运是使货物产生垂直和水平方向上的位移,货物在移动过程中会受到各种外力作用,如振动、撞击、挤压等,容易使货物包装和货物本身受损,如损坏、变形、破碎、散失、流溢等,因此装卸搬运损失在物流费用中占有一定的比重。

4.5.3 装卸搬运技术的作用

1) 影响物流效率

物流效率主要表现为运输效率和仓储效率。在货物运输时,完成一次运输循环所需的时间中,在发运地的装车时间和目的地的卸车时间均占有不小的比重,特别是在短途运输中,装卸车时间所占比重更大,有时甚至超过运输工具运行时间。所以缩短装卸搬运时间,对加速车船和货物周转具有重要作用。在仓储活动中,装卸搬运效率对货物的收发速度和货物周转速度产生直接影响。

2) 影响物流安全

由于物流活动是物的实体的流动,在物流活动中确保劳动者、劳动手段和劳动对象的安全非常重要。装卸搬运特别是装卸作业,货物要发生垂直位移,不安全因素比较多。实践表明物流活动中发生的各种货物破失事故、设备损坏事故、人身伤亡事故等,相当一部分是在装卸过程中发生的。特别是一些危险品,在装卸过程中如违反操作规程进行野蛮装卸,很容易造成燃烧、爆炸等重大事故。

3) 影响物流成本

装卸搬运是劳动力借助劳动手段作用于劳动对象的生产活动。为了进行此项活动,必须配备足够的装卸搬运人员和装卸搬运设备。由于装卸搬运作业量较大,往往是货物运量和库存量的若干倍,所以所需装卸搬运人员和设备数量亦比较大,即要有较多的活动和物化劳动的投入。这些劳动消耗都要记入物流成本,因此如能减少用于装卸搬运的劳动消耗,就可以降低物流成本。

4.5.4 装卸搬运的原则

1）尽量不进行装卸

前面已经讲过，装卸作业本身并不产生价值。但是，如果进行不适当的装卸作业，就可能造成商品的破损，或使商品受到污染。因此，尽量排除无意义的作业是必要的。尽量减少装卸次数，以及尽可能地缩短搬运距离等，所起的作用也是很大的。因为装卸作业不仅要花费人力和物力，增加费用，还会使流通速度放慢。如果多增加一次装卸，费用也就相应地增加一次，同时还增加了商品污损、破坏、丢失、消耗的机会。因此，装卸作业的经济原则就是"不进行装卸"。所以，应当考虑如何才能减少装卸次数、缩短移动商品的距离等。

2）装卸的连续性

这是指两处以上的装卸作业要配合好。进行装卸作业时，为了不使连续的各种作业中途停顿，并能协调地进行，整理其作业流程是很必要的。因此，进行"流程分析"，即对商品的流动进行分析，使经常相关的作业配合在一起，也是很有必要的。如把商品装到汽车或铁路货车上，或把商品送往仓库进行保管时，应当考虑合理取卸，或出库的方便。所以在进行某一次的装卸作业，或某一个装卸动作时，有必要考虑下一步的装卸并有计划地进行。要使一系列的装卸作业顺利地进行，作业动作的顺序、作业动作的组合或装卸机械的选择及运用都是很重要的。

3）减轻人力装卸

就是把人的体力劳动改为机械化劳动。在不得已的情况下，非依靠人力不可时，也尽可能缩短搬运距离。关于"减轻人力装卸"问题，主要是在减轻体力劳动、缩短劳动时间、防止成本上升、保证劳动安全卫生等方面推进省力化、自动化。

物流过程中，常须将暂时存放的物品再次搬运。从便于经常发生的搬运作业考虑，物品的堆放方法是很重要的，这种便于移动的程度，被称之为"搬运灵活性"。衡量商品堆存形态的"搬运灵活性"，用灵活性指数表示。一般将灵活性指数分为五个等级，即：散堆于地面上为0级；装入箱内为1级；装在货盘或垫板上为2级；装在车台上为3级；装在输送带上为4级。

4）商品整理

就是把商品汇集成一定单位数量，然后再进行装卸，既可避免损坏、消耗、丢失，又容易查点数量，而且最大的优点在于使装卸、搬运的单位加大，使机械装卸成为可能，以及使装卸、搬运的灵活性更好等。这种方式是把商品装在托盘、集装箱和搬运器具中原封不动地装卸、搬运，再进行输送、保管。

5）物流整体

在整个物流过程中，要从运输、储存、保管、包装与装卸的关系来考虑。装卸要适合运输、储存保管的规模，即装卸要起着支持并提高运输、储存保管能力、效率的作用，而不是起阻碍的作用。对于商品的包装来说也是一样，过去是以装卸为前提进行的包装，要运进许多不必要的包装材料；采用集合包装，不仅可以减少包装材料，同时也省去了许多无效的运输。

装卸搬运作业应采取一些合理化的措施，有效防止和消除无效作业，提高灵活性，实现省力化，提高机械化，推广组合化。

4.5.5 装卸搬运技术的作业形式

1) 按作业场所分

① 车间装卸搬运。指在车间内部工序间进行的各种装卸搬运活动。
② 站台装卸搬运。指在企业车间或仓库外的站台上进行的各种装卸搬运活动。
③ 仓库装卸搬运。指在仓库、堆场、物流中心等处的装卸搬运活动。

2) 按作业方式分

(1) 吊装吊卸法(垂直装卸法)

主要是使用各种起重机械,以改变货物的铅垂方向的位置为主要特征的方法,这种方法应用面最广。

(2) 滚装滚卸法(水平装卸法)

主要是以改变货物水平方向的位置为主要特征的方法。

3) 按作业对象分

(1) 单件作业法

主要是指单件、逐件装卸搬运的方法,这是以人力作业为主的作业方法。人力装卸搬运长、大、笨重的货物会增加危险性,危险货物依旧采用传统的单件作业法。

(2) 集装作业法

主要是指对煤炭、矿石、粮食、化肥等块、粒、粉状物资,采用重力法(通过筒仓、溜槽、隧洞等方法)、倾翻法(铁路的翻车机)、机械法(抓、舀等)、气力输送法(用风机在管道内形成气流、利用压差来输送)等方法进行装卸。

4.5.6 装卸搬运技术的主要设备

1) 起重设备

起重设备是指用于搬运或移动重物的机电设备。起重设备按结构不同可分为轻小型起重设备、升降机、起重机和架空单轨系统等几类,如图 4-15 所示。

(a) 起重机　　　　　　　　　　(b) 架空单轨系统

图 4-15　起重设备

轻小型起重设备主要包括起重滑车、吊具、千斤顶、手动葫芦、电动葫芦和普通绞车,大多体积小、重量轻、使用方便。除电动葫芦和绞车外,绝大多数用人力驱动,适用于工作不繁重的场合。它们可以单独使用,有的也可作为起重机的起升机构。有些轻小型起重设备的起重能力很大,如液压千斤顶的起重量已达 750 t。

升降机主要作垂直或近于垂直的升降运动,具有固定的升降路线,包括电梯、升降台、矿井提升机和料斗升降机等。

起重机是在一定范围内垂直提升并水平搬运重物的多动作起重设备。

架空单轨系统具有刚性吊挂轨道所形成的线路,起重小车沿着这些复合线路运行,能把物料运输到厂房各部分,也可扩展到厂房的外部。这种系统主要用在铸型车间、喷漆车间、装配车间、仓库和屠宰场等处的流水生产线中。它还可和悬挂梁式起重机组合使用,以扩大服务范围。它的特点是:能充分利用厂房的空间,通过很多支线把物料运送到各个作业地点,并可扩展到厂房外部,在相隔较远的建筑物之间搬运物料,起重量一般在 15 t 以下。架空单轨系统由固定轨道、岔道和起重小车 3 个部分组成。

2) 叉车

叉车是搬运装卸的重要设备,在本章已经有过详细介绍,这里不再赘述。

4.6 运输设施技术与设备

4.6.1 运输的概念

首先来明确一下物流与运输的关系。运输只是物流的一个组成部分,物流与运输存在差异。物流运输技术主要包括运输设施和运输作业两大类,前者属于运输硬技术,后者属于运输软技术。运输硬技术主要包括运输基础设施,如公路、铁路、海运等基础设施的完善;运输软技术则包括方法、物流技术、物流人员素养等。常见的物流运输有联合运输、集装运输、中转运输等运输方式。

4.6.2 几种重要的运输设施及设备

1) 铁路——火车

铁路运输是使用铁路列车运送客货的一种运输方式。铁路运输主要承担长距离、大运量的货运,是在干线运输中起主力运输作用的运输形式。

铁路车辆是铁路用以运输旅客、货物的运载工具。铁路车辆按照用途可分为铁路客车和铁路货车两大类。铁路车辆由于不同的目的、用途及运用条件,形成了许多类型,但其构造基本相同,大体均由六部分构成:车体、车底架、行走部、车钩缓冲装置、制动装置、车辆内部设备。

2) 公路——汽车

公路运输是综合运输系统中最机动灵活的一种主要运输方式,突出的特点是直达运输、中转少、便利、迅速、适应性强,其他运输方式都有所不及,在整个交通运输中占有极其重要的地位。汽车性能参数包括整车装备质量(kg),即汽车完全装备好的质量,包括润滑油、燃料、随车工具、备胎等所有装置的质量;最大总质量(kg),即汽车满载时的总质量;最大装载质量(kg),即汽车允许装载的最多货物的质量;最大轴载质量(kg),即汽车单轴所承载的最大总质量,与道路通过性有关。

现行国标(GB/T 3730.1—2001)将汽车分为乘用车和商用车。乘用车(不超过9座)分为普通乘用车、活顶乘用车、高级乘用车、小型乘用车、敞篷车、仓背乘用车、旅行车、多用途乘用车、短头乘用车、越野乘用车、专用乘用车等11类。商用车分为客车、货车和半挂牵引车等3类。客车细分为小型客车、城市客车、长途客车、旅游客车、铰接客车、无轨客车、越野客车、专用客车。货车细分为普通货车、多用途货车、全挂牵引车、越野货车、专用作业车、专用货车。

3)水路——船舶

水路运输是利用船舶、排筏和其他浮运工具,在江、河、湖泊、人工水道以及海洋上运送旅客和货物的一种运输方式。它是我国综合运输体系中的重要组成部分,并且日益显示出它的巨大作用。

水路运输按其航行的区域,大体上可分为远洋运输、沿海运输和内河运输三种形式。远洋运输通常是指除沿海运输以外所有的海上运输;沿海运输是指利用船舶在我国沿海区域各地的运输;内河运输是指使用船舶在江湖河川等天然或人工水道的运输。

船舶是由许多部分构成的,按各部分的作用和用途,可综合归纳为船体、船舶动力装置、船舶电气等三大部分。按用途可将船舶分为客轮、货船、货客船等。客轮是旅客输送用船;货船是货物输送用船,如油船、散货船、集装箱船等;货客船一般是兼货物输送与旅客输送用船。

4)航空——飞机

航空运输是使用飞机或其他航空器进行运输的一种形式。航空运输的单位成本很高,主要适合运载的货物有两类:一类是价值高、运费承担能力很强的货物;另一类是紧急需要的物资。

飞机,是指由动力装置产生前进的推力或拉力,由机身的固定机翼产生升力,在大气层内飞行的重于空气的航空器。它是固定翼航空器的一种,也是最常见的一种。大多数飞机由五个主要部分组成:机翼、机身、尾翼、起落装置和动力装置。

如图4-16所示为几种重要的运输设施及设备。

(a) 火车　　　　　　　　(b) 汽车

(c) 船舶　　　　　　　　(d) 飞机

图4-16　几种重要的运输设施及设备

5）管道

管道运输是利用管道输送气体、液体、粉状固体的一种运输方式。它通过一定的压力差来完成商品（多为液、气体货物）运输。管道运输是一种相对特殊的运输方式，载货容器为干管，原动机为泵（热）站，这些设备总是固定在特定的空间内，不像其他运输工具那样凭借自身的移动带着货物发生位移。因此，可以将泵（热）站视为运输工具，也可以将干管视为运输工具。东西横贯9个省区的西气东输管道是目前国内距离最长、管径最大、耐压最强、自动化控制程度最高的管道。

管道运输运量大，占地少，建设周期短、费用低，运输安全可靠、连续性强且无公害、耗能少、成本低、效益好，但是也存在灵活性差、建设成本高、运输对象有限等缺点。管道适用于单向、定点、量大的流体状货物的运输，也可在管道中利用容器包装运送固态货物。

对于煤、天然沥青、沙、木屑、浆料等货种通常采用浆液运输，即把散状或粉状物料与液体或气体混合后沿管道运输；另一种方案则是用密封容器装散状物料放在管道的液体中，或用专用载货容器车装散状物料置于管道气流中，靠压力差的作用运送物料。

4.6.3 几种重要的运输作业方式

1）联合运输

联合运输是指一次委托，由两家以上运输企业或用两种以上运输方式共同将某一批物品运送到目的地的运输方式。它实行一次托运、一次收费、一票到底、全程负责。具体方式有公铁联运、公水联运、公航联运及公公联运等。

2）直达运输

直达运输是指物品由发运地到接受地，中途不需要换装和在储存场所停滞的一种运输方式。

3）中转运输

中转运输是指物品由生产地运达最终地，中途经过一次以上落地并换装的一种运输方式。

4）甩挂运输

甩挂运输是指用牵引车拖带挂车至目的地，将挂车甩下后，换上新的挂车运往另一个目的地的运输方式。

5）集装运输

集装运输是指使用集装器具或利用捆扎方法，把裸装物品、散粒物品、体积较小的成件物品，组合成为一定规格的集装单元进行的运输。

6）整车运输

整车运输是指托运人一次托运货物量在3 t以上的货物运输。

7）零担运输

零担运输是指托运人一次托运货物量不足3 t的货物运输。

8）集装箱运输

集装箱运输是指以集装箱为单元进行货物运输的一种货运方式。

9）复合一贯制运输

复合一贯制运输是吸取铁路、公路、水路、航空等所有运输方式的长处，把它们有机地复合起来,实行多环节、多区段、多工具相互衔接进行商品运输的一种方式。它具有3个优点:①手续简便;②实现门到门的服务;③运费低廉。

10) 国际多式联运

国际多式联运是在集装箱运输的基础上产生和发展起来的,是指按照多式联运合同,以至少两种不同的运输方式,由多式联运经营人将货物从一国境内的接管地点运至另一国境内指定交付地点的货物运输。这种运输方式具有4个优点:①责任统一;②手续简便;③降低运营成本;④加速货运周转。

11) 国际货运代理

国际货运代理是指国际货运代理组织接受进出口货物收货人、发货人的委托,以委托人或自己的名义,为委托人办理国际货物运输及相关业务,并收取劳务报酬的经济活动。

4.6.4 运输设施技术及选用

关于运输货物的装载技术,《铁路货物装载加固规则》规定,装车后货物总重心的投影应位于货车纵、横中心线的交点上。特殊情况下必须偏离时,横向偏离量不得超过100 mm;纵向偏离时,每个车辆转向架所承受的货物重量不得超过货车容许载重量的1/2,且两转向架承受重量之差不得大于10 t。

货物容许载重量 $P_{容}$,特殊情况下可以多装的载重量 $P_{特}$(即由于货物包装、防护物重量影响货物净重,或机械装载不易计算件数的货物可以多装但不可以超过货物标记重量的2%),货物增载量 $P_{增}$(某些车型不允许增载)与货车标记载重量 $P_{标}$ 的关系如下:

$$P_{容}=P_{标}+P_{特}+P_{增}$$

除运输货物的装载技术外,物流运输还需要应用网络分析技术、物流线路规划技术、运输方式组合技术、物流运输信息技术等。多种技术的配合使用将起到优化运输的作用,对于物流运输意义深远。

4.7 流通加工技术与设备

4.7.1 概念

《中华人民共和国国家标准物流术语》(GB/T 18354—2006)指出,流通加工是指物品在从生产地到使用地的过程中,根据需要施加包装、分割、计量、分拣、刷标志、拴标签、组装等简单作业的总称。

流通加工是为了提高物流速度和物品的利用率,在物品进入流通领域后,按客户的要求进行的加工活动。即在物品从生产者向消费者流动的过程中,为了促进销售、维护商品质量和提高物流效率,对物品进行一定程度的加工。流通加工通过改变或完善流通对象的形态来实现"桥梁和纽带"的作用。因此流通加工是流通中的一种特殊形式。随着经济增长,国民收入增多,消费者的需求出现多样化,促使在流通领域开展流通加工。目前,在世界许多国家和地区的物流中心或仓库经营中都大量存在流通加工业务,在日本、美国等物流发达国家则更为普遍。

4.7.2 流通加工的原则

流通加工是物流系统中的重要环节,为满足不同目的,一般遵循以下原则:
① 适应多样化需要。
② 方便消费、省力。
③ 保护产品。
④ 弥补生产加工不足。
⑤ 促进销售。
⑥ 提高加工效率。
⑦ 提高物流效率。
⑧ 促进生产—流通一体化。
⑨ 方便实施配送。

4.7.3 流通加工过程中的主要设备

从流通加工的任务上看,流通加工大多是对物品进行较为简单的多规格、多用户、小批量的初级加工,其中大部分需要借助机械加工设备,而且流通领域物品的种类繁多,主要有食品、生产资料和消费资料等,因此流通加工的设备类型也很多,主要包括:

1) 灌装机械

在本章前一部分已经给大家介绍了不少关于包装的设备,比如充填机,大家已经有了一定的认识,现在我们来给大家介绍另外一种包装机械,即主要用于流通加工领域的灌装机械。

灌装机械类型很多,但其结构主要都是由包装容器的供送装置、灌装物料供送装置、灌装阀等三部分组成。常见的灌装机械有:膏状灌装机、液体灌装机、颗粒灌装机。

2) 贴标机械

贴标机械,是以黏合剂把纸或金属箔标签粘贴在规定的包装容器上的设备。贴标机械是现代包装不可缺少的组成部分。目前我国生产贴标机械的种类正在逐步增加,技术水平也有了很大的提高,已从手动、半自动贴标的落后局面,转向自动化高速贴标机械占据市场的格局。贴标机械分类如下:

按照不同的粘胶涂布方式,可以分为不干胶贴标机、糨糊贴标机(上糊贴标机、胶水贴标机)和热熔胶贴标机几类;按照自动化程度分,可分为全自动、自动、半自动和手动贴标机几类;按实现不同的贴标功能分,可分为平面贴标机、侧面贴标机和圆周贴标机等。

常见的贴标机械主要有:不干胶贴标机、套标机、圆瓶贴标机、啤酒贴标机、半自动贴标机、全自动贴标机、贴标签机、自动粘贴标签机、热熔胶贴标机。这些产品可完成平面粘贴、包装物的单面或多面粘贴、柱面粘贴、局部覆盖或全覆盖圆筒粘贴、凹陷及边角部位粘贴等等。

3) 其他流通加工机械

流通加工机械种类很多,除了上面所讲的包装机械外,根据流通加工的对象不同,还可以分为金属材料流通加工机械、混凝土流通加工机械、木材流通加工机械、玻璃流通加工机械等。

混凝土流通加工机械包括混凝土搅拌楼(站)、混凝土搅拌输送车、混凝土输送泵车等;玻璃流通加工机械包括玻璃自动切割机、翻转式玻璃切割机、靠模切割机、水平式夹层玻璃自动切割机等;金属材料流通加工机械包括摆式剪板机、多用途剪板机、多条板料剪板机、圆盘剪板机、振动剪板机等;木材流通加工机械包括带锯机、框锯机、圆锯机、板锯机等。

如图 4-17 所示为部分流通加工机械。

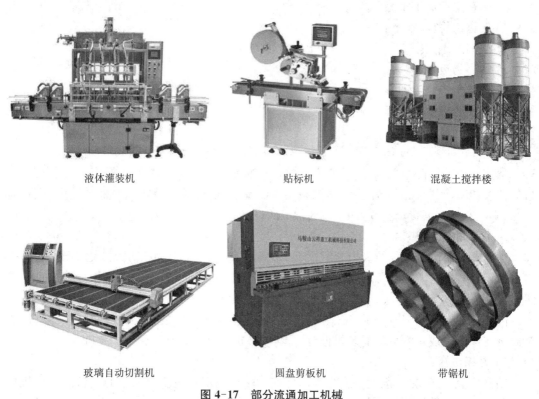

图 4-17　部分流通加工机械

4.8　物流技术和设备的历史变迁与经济意义

4.8.1　物流技术和设备的概况

物流技术和设备的历史变迁经历了一个较长的过程。自 20 世纪 70 年代末以来,我国物流设备有了较快的发展,各种物流运输设备数量迅速增长,技术性能日趋现代化,集装箱运输得到了快速发展。随着计算机网络技术在物流活动中的应用,先进的物流设备系统不断涌现,我国已具备开发研制大型装卸设备和自动化物流系统的能力。总体而言,我国物流设备的发展现状体现在以下几个方面:

① 物流设备总体数量迅速增加。近年来,我国物流产业发展很快,受到各级政府的极大重视,在这种背景下,物流设备的总体数量迅速增加,如运输设备、仓储设备、配送设备、包装设备、搬运装卸设备(如叉车、起重机等)、物流信息设备等。

② 物流设备的自动化水平和信息化程度得到了一定的提高。以往我国的物流设备基本上是以人工操作或半机械化为主,工作效率较低。但是,近年来,物流设备在其自动化水平和信息化程度上有了一定的提高,工作效率得到了较大的提升。

③ 基本形成了物流设备生产、销售和消费系统。以前,经常发生有物流设备需求,但很难找到相应生产企业;或有物流设备生产却因销售系统不完善、需求不足,导致物流设备生产无法持续完成的现象。目前,物流设备生产、销售、消费的系统已经基本形成,国内拥有一批专业的物流设备生产厂家、专业的物流设备销售公司和一批物流设备的消费群体,使得物流设备能够在生产、销售、消费的系统中逐步得到改进和发展。

④ 物流设备在物流的各个环节都得到了一定的应用。目前,无论是在生产企业的生产、仓储、流通过程的运输、配送,物流中心的包装加工、搬运装卸中,物流设备都得到了一定的应用。

⑤ 专业化的新型物流设备和新技术物流设备不断涌现。随着物流各环节分工的不断细化,以满足顾客需要为宗旨的物流服务需求不断增加,新型的物流设备和新技术物流设备不断涌现。这些设备多是专门为某一物流环节的物流作业,或某一专门商品、某一专门顾客提供的设备,其专业化程度很高。

以物流分拣为例,曾经物流分拣只能依靠人工进行,为了追求分拣效率,快递人员劳动强度很大,分拣也十分粗放,"暴力分拣"普遍,如分拣人员随意坐在快件上,甚至躺在上面休息;装运过程中,快件不论是普通件还是易碎件都随意装车等等。新设备实现自动化分拣后,分拣处理流水线可以快速投送包裹。区别于以往的"暴力分拣",一件件包裹从货车上卸货后,不落地就直接送上流水线。在进口处的两台全方位扫描仪能自动扫描货物上的投递信息,无论快递送到何地,也无论包裹是哪个面朝外,都能自动扫描,并且实时录入信息库。每个包裹自动录入发送地址后,传送带就会自动控制,通过翻转功能,无须人工操作,就可以自动分类到相应的投送区域。

4.8.2 我国物流设备发展趋势

随着现代物流的发展,物流设备作为其物质基础表现出以下几方面的发展趋势:

1) 大型化和高速化

大型化指设备的容量、规模、能力越来越大。大型化是实现物流规模效应的基本手段。一是弥补自身速度很难提高的缺陷而逐渐大型化,包括海运、铁路运输、公路运输。这些运输方式的大型化基本满足了基础性物流需求量大、连续、平稳的特点。二是航空货机的大型化。正在研制的货机最大可载 300 t,一次可装载 30 个 40 英尺(12.2 m)的标准箱,比现在的货机运输能力(包括载重量和载箱量)高出 50%~100%。

高速化指设备的运转速度、运行速度、识别速度、运算速度大大加快。提高运输速度一直是各种运输方式努力的方向,主要体现在对"常速"极限的突破。

2) 实用化和轻型化

由于仓储物流设备是在通用的场合使用,工作并不繁重。因此,好用、易维护、易操作,具有耐久性、无故障性和良好的经济性,以及较高的安全性、可靠性和环保性是对这类设备的基本要求。这类设备批量较大、用途广,考虑综合效益,可降低外形高度,简化结构,降低造价,同时也可减少设备的运行成本。

3）专用化和通用化

随着物流发展的多样性，物流设备的品种越来越多且不断更新。物流活动的系统性、一致性、经济性、机动性、快速化，要求一些设备向专门化方向发展，另一些设备向通用化、标准化方向发展。

物流设备专门化是提高物流效率的基础，主要体现在两个方面，一是物流设备专门化，二是物流方式专门化。物流设备专门化是以物流工具为主体的物流对象专门化，如从客货混载到客货分载，出现了专门运输客货物的飞机、轮船、汽车以及专用车辆等设备和设施。物流方式专门化中比较典型的是海运，几乎在世界范围内放弃了客运，主要从事货运。管道运输也是为输送特殊货物而发展起来的一种专用运输方式。通用化主要以集装箱运输的发展为代表。国外研制的公路、铁路两用车辆与机车，可直接实现公路铁路运输方式的转换；公路运输用大型集装箱拖车可运载海运、空运、铁运的所有尺寸的集装箱；还有客货两用飞机、水空两用飞机及正在研究的载客管道运输等。通用化的运输工具为物流系统供应链保持高效率运行提供了基本保证。通用化设备还可以实现物流作业的快速转换，可极大提高物流作业效率。

4）自动化和智能化

将机械技术和电子技术相结合，把先进的微电子技术、电力电子技术、光缆技术、液压技术、模糊控制技术应用到机械的驱动和控制系统中，实现物流设备的自动化和智能化将是今后的发展方向。例如，大型高效起重机的新一代电气控制装置将发展为全自动数字化控制系统，可使起重机具有更高的柔性，以提高单机综合自动化水平。自动化仓库中的送取货小车、智能式搬运车、公路运输智能交通系统的开发和应用已引起各国的广泛重视。此外，卫星通信技术及计算机、网络等多项高新技术结合起来的物流车辆管理技术正在广泛被应用。

5）成套化和系统化

只有当组成物流系统的设备成套匹配时，物流系统才是最有效、最经济的。在物流设备单机自动化的基础上，通过计算机把各种物流设备组成一个集成系统，通过中央控制室的控制，与物流系统协调配合，形成不同机种的最佳匹配和组合，能够取长补短，发挥最佳效用。为此，成套化和系统化物流设备具有广阔的发展前景，以后将重点发展的有工厂生产搬运自动化系统、货物配送集散系统、集装箱装卸搬运系统、货物自动分拣与搬运系统等。

4.8.3 物流技术和设备发展的经济意义及前景

从1958年第一台叉车下线，中国物流技术装备业开始了从无到有的艰难起步，进入产业形成时期。这一阶段中国物流装备发展缓慢，经过近20年的发展，在20世纪70年代才出现第一座自动化立体库，但并未进入批量生产和大规模应用阶段。直到1995年前后，中国物流技术装备业才真正起步，进入形成期与成长期之间的过渡阶段，产业发展曲线出现拐点，开始进入成长期的起步阶段。到2002年前后，中国物流装备制造业的基础逐步完善，产业供应链开始形成。2008年金融海啸后，物流技术与装备业面临经济危机的冲击。整个物流技术装备行业受全球金融危机影响，出口增长受到抑制；同时受到国内市场低迷的影响，2008年中国物流装备业增速有所下降。

2011年1～11月份，我国固定资产投资完成269 452亿元，同比增长24.5%，增速略高于2010年，其中与物流装备市场密切相关的通用设备制造业投资增长31%，交通运输设备制造业投资增长27.6%,新开工项目总投资增长24%。投资的快速增长拉动了企业物流工程建设项目的进展,促进了物流技术与装备的需求。2011年宏观经济对中国物流技术装备业的影响最直接的体现就是经济快速增长带来的旺盛的市场需求。此外,中国经济结构的转型与产业升级,人工成本的大幅上升,也促使传统依靠人工的物流作业向机械化、自动化方向发展,拉动了物流技术装备业的市场需求。

"十三五"时期,随着全球制造业向中国的转移、物流热的兴起,物流装备的巨大市场需求被激活,中国物流装备业逐步进入了快速发展阶段,目前仍处于这个阶段。市场需求出现快速的超常规增长,多年来增长速度超过30%,远远高于国民经济发展速度。

中国物流装备的产业供应链已经形成,并逐步完善,其主要特征是行业的专业分工明确,原材料或零部件供应渠道完善,生产制造技术成熟,工业基础成熟,部分零部件及产品实现了标准化,产品质量获得了市场认可,具备了很快形成大批量生产规模的条件。

在巨大市场需求的拉动下以及完备的产业供应链保障下,近几年中国物流技术装备制造业发展很快,产量突飞猛进。市场需求的不断扩大也引起了资本的关注,很多相关企业纷纷进入这一领域。此外,国际上众多物流装备企业也都看好中国市场潜力及工业基础,纷纷进入国内市场。

中国市场上物流装备的生产能力飞速增长,市场竞争开始逐步加剧,同时在建并即将形成规模的潜在生产能力巨大。尽管业内一些专家担忧产能过剩问题,但我们相信,在"一带一路"规划实施带动的大环境下,物流装备业的发展前景是乐观的。

众所周知,一个产业的发展一般遵循S形曲线的寿命周期规律,历经形成初期的起步阶段、快速发展的成长阶段、平稳发展的成熟阶段和衰退阶段。根据这一规律,目前将是中国物流装备企业崛起的时代,是物流装备企业升级换代进入规模经济的时代,是中国物流装备企业进军国际市场、打造中国品牌的时代,更是中国物流装备企业在全球崛起的时代。如果企业能审时度势,抓住巨大商机,将可以很快跻身世界物流装备著名企业的行列之中。

课后练习

1. 简述包装技术与设备的作用。
2. 简述运输设施技术与设备分类。
3. 简述流通加工技术与设备特点。
4. 简述物流信息技术与设备的分类。
5. 阐述物流技术和设备的历史变迁与经济意义。

5 物流工具和工装的选择与利用

学习目标

1. 掌握包装工具和工装的概念。
2. 掌握仓储工具和工装。
3. 掌握集装单元化工具和工装。
4. 掌握装卸搬运工具和工装。
5. 掌握运输工具和工装。
6. 掌握流通加工用工具和工装。
7. 了解物流工具和工装的历史变迁与经济意义。

案例导读·木制板材包装箱的改进

由于木制包装箱存在许多不足,于是研发人员对木制板材包装箱进行了改进。改进之前木制包装箱存在的问题较多,主要有:①从制造、包装到发货,多次吊运易破坏;②产品装箱过程中板材易折边,板材表面易擦划伤;③装箱不满,多箱上垛后易压坏产品;④毛料制造,外观质量粗糙;⑤由于国家对木材限伐,资源紧缺,制造成本逐年增高。研发人员经过调查和可行性试验,决定制造铁托盘包装箱。

改进后同规格木箱与铁托盘箱功能对比:

① 包装量:木箱 500 kg;铁托盘箱 1 500 kg。

② 包装方式:因箱体结构限制,木箱装铝板是翻扔式垛放,木板易折边,表面易擦划伤;铁托盘箱装铝板是一片片摆放,易保证产品包装质量。

③ 外观质量:木制包装箱木板不刨光,箱体外观粗糙;而铁托盘箱箱体及包装铁护角经除锈后喷银粉,绳索吊装和打钢带处喷红色标记,式样美观大方。

改进后所收到的效果:

① 降低成本,提高经济效益。

② 保证产品质量,方便用户使用。铁托盘箱结构设计合理,吊装运输不破损;多箱上垛成一体,不压坏产品表面,产品表面不易擦划伤;产品包装规范,箱体外形美观。因此铁托盘箱投入使用后得到用户的肯定。

③ 节约木材。

5.1 包装工具和工装

工具、工装与设备的区别：工具是进行生产劳动时所使用的器具；工装即工艺装备，是产品制造过程中所用的各种工具的总称；而设备是机械、动力及非标准制造的能独立服务于生产的机器。前两者一般不具备动力装置，而后者一般具有动力装置。本章将讲述不同物流过程中用到的工具和工装。

5.1.1 包装工具和工装的概念与作用

1）包装工具和工装的概念

包装工具和工装就是指完成全部或部分包装过程的工具和工艺装备。包装过程包括成型、重托、裹包、封口等主要工序，以及清洗、干燥、杀菌、粘贴等前后包装工序，也包括贴标签、计量等辅助工序。

2）包装工具和工装的作用

（1）可大大提高劳动生产率

利用工具和工装进行包装比纯手工包装快得多，如包装中的打孔工序，纯手工打孔可能一分钟只能打十几个，而利用工具一分钟则可以打数百个，效率提高了数十倍。

（2）能有效地保证包装质量

利用工具和工装进行包装可根据包装物品的要求，按照需要的形态、大小，得到规格一致的包装物，而纯手工包装是无法保证的。

（3）可降低工作难度

纯手工包装很多时候是有难度的，如钢板打孔，钢板的硬度大使得纯手工打孔难度很大，利用工具和工装给钢板打孔则很轻松。

5.1.2 常见的包装工具和工装

1）包装箱

包装箱采用的标准是 GB/T 7284—2016 框架木箱国标起草单位，根据被运输或装载的物品特性，采用国家标准保护的一种包装，如图 5-1 所示。

按材质包装箱可分为以下几种：

（1）木质包装箱

用木材、竹材制成的包装容器。木质包装箱作为一种常用的运输包装容器，由于具有外观漂亮、坚固、结实耐用、内销出口都可用、取材方便、容易制作、重量轻、强度高、耐久性好、防潮、有一定的弹性、价格比较便宜等诸多优点，在很多领域被广泛应用。

木质包装箱　　瓦楞纸包装箱

图 5-1　包装箱

（2）免熏蒸包装箱

用复合材料制成的免熏蒸包装箱也称运输免熏蒸包装箱，它主要是为了便于运输装卸和仓储,一般用木箱和瓦楞实木托盘,也有采用锡桶或白铁桶的。免熏蒸包装箱也称零售免熏蒸包装箱和销售免熏蒸包装箱,它既能保护品质,又有一定的观赏价值,便于宣传、陈列、展销,而且携带方便。

(3) 瓦楞纸包装箱

瓦楞纸包装箱是经过模切、压痕、钉箱或粘箱制成,是一种应用最广的包装制品。半个多世纪以来,瓦楞纸包装箱以其优越的使用性能和良好的加工性能逐渐取代了木箱等运输包装容器,成为运输包装的主力军。它除了保护商品、便于仓储和运输之外,还起到美化商品、宣传商品的作用。瓦楞纸包装箱属于绿色环保产品,利于环保,利于装卸运输。

(4) 强塑安全箱

强塑安全箱是用专用工程塑料经过特殊工艺制成的包装容器。

2) 手动打孔机

手动打孔机是根据杠杆原理设计的,利用手动方式带动打孔机执行机构上下移动与下模配合从而完成打孔。

手动打孔机的分类:

(1) 按规格分:①手动重型打孔机;②手动轻型打孔机。

(2) 按孔数分:①单孔手动打孔机;②多孔手动打孔机。

(3) 按孔型分:①圆孔手动打孔机;②锯齿孔手动打孔机;③异形孔手动打孔机。

3) 手动打包机

手动打包机又称手提打包机、手动捆扎机,是一种常用的打包机械,如图 5-2 所示。其工作原理是用打包带缠绕打包物以后,手动操作打包机,收紧打包带,完成捆扎工作。手动打包机目的就是使产品携带方便,应用于需装载较重物品或不易用粘胶带封口的各种纸箱和强塑箱的封口。手动打包机分很多种,可以按打包带区分,如手动 PP 带打包机、手动塑钢带打包机、手动钢带打包机;也可以按是否用打包扣,分为免扣手动打包机和用扣手动打包机。

图 5-2 手动打包机

4) 料斗

料斗是安装在成型机上供料用的漏斗形容器,在包装设备中广泛使用。料斗有许多种类,在包装方面常见的有:储料斗、落料斗和给料斗。其中,储料斗、落料斗在毛重式充填机、净重式充填机等充填机和灌装机中常见。

5.2 仓储工具和工装

5.2.1 仓储工具和工装的概念和作用

1) 仓储工具和工装的概念

仓储工具和工装是指仓储工作中使用的工具和工装,是能够满足储藏和保管物品需要的工艺装置和工具。

2）仓储工具和工装的作用

① 用于商品的出入库、库内堆码以及翻垛作业。这类设备对改进仓储管理、减轻劳动强度、提高收发货效率具有重要作用。

② 用于保护仓储商品质量。

③ 用于消防安全。

5.2.2 常见的仓储工具与工装

1）苫垫用具

苫垫用具起遮挡雨水和隔潮、通风等作用。包括：苫布（油布、塑料布等）、苫席、枕木、石条等。

2）货橱

货橱即存放货物的封闭式格架，主要用于存放比较贵重的或需要特别养护的货品。

3）货架

货架是指用支架、隔板或托架组成的立体的储存货物的设施。货架的基本功能是既能够有效地保护货物，又能够提高仓库空间的利用率。货架是仓库现代化和提高效率的重要工具，随着经济的快速发展，外资企业大量涌进我国长江三角洲、珠江三角洲一带，不仅带动了当地经济的发展，而且也带来新的管理理念和管理技术。目前企业的仓储库房货架种类越来越趋向于自动化、智能化。

（1）货架的作用与功能

货架在现代物流活动中，起着相当重要的作用，货架的作用及功能有如下几方面：

① 货架是一种架式结构物，可充分利用仓库空间，提高库容利用率，扩大仓库储存能力。

② 存取方便，便于清点及计量，可做到先进先出，能预定储放物品位置，便于管理。

③ 存入货架中的货物，物资损耗小，可保证物资本身的完整功能，减少货物的损失。

④ 可以采取防潮、防尘、防盗、防破坏等措施，保证甚至提高物资存储质量。

⑤ 新型仓储货架的结构及功能有利于实现仓库的机械化及自动化管理。

（2）货架的分类

货架的种类很多，根据不同的划分方式，可以分成不同的类型。

① 按货架的发展不同可分为传统式货架和新型货架。传统式货架包括层架、层格式货架、抽屉式货架、橱柜式货架、U形架、悬臂架、栅架、鞍架、气罐钢筒架、轮胎专用货架等；新型货架包括旋转式货架、移动式货架、装配式货架、调节式货架、托盘货架、进车式货架、高层货架、阁楼式货架、重力式货架、屏挂式货架等。

② 按货架的适用性不同可分为通用货架、专用货架。

③ 按货架的制造材料不同可分为钢货架、钢筋混凝土货架、钢与钢筋混凝土混合式货架、木制货架、钢木合制货架等。

④ 按货架的封闭程度不同可分为敞开式货架、半封闭式货架、封闭式货架等。

⑤ 按货架结构特点不同可分为层架、层格架、橱架、抽屉架、悬臂架、三角架、栅型架等。

⑥ 按货架可移动性不同可分为固定式货架、移动式货架、旋转式货架、组合货架、可调式货架、流动储存货架等。

⑦按货架的载货方式可分为悬臂式货架、橱柜式货架、棚板式货架。

⑧按货架的构造不同可分为组合可拆卸式货架、固定式货架。其中,固定式货架又可分为单元式货架、一般式货架、流动式货架和贯通式货架。

⑨按货架高度可分为低层货架,高度在 5 m 以下;中层货架,高度在 5~15 m;高层货架,高度在 15 m 以上。

⑩按货架重量可分为重型货架,每层货架载重量在 500 kg 以上;中型货架,每层货架载重量在 150~500 kg;轻型货架,每层货架载重量在 150 kg 以下。

(3) 常用货架

① 重力式货架

重力式货架又叫自重力货架,属于重型货架,是由托盘式货架演变而来的,适用于少品种、大批量同类货物的存储,空间利用率极高。重力式货架深度及层数可按需要而定。其工作原理是利用存储货物的自身重力,使货物在有一定高度差的通道上从高处向低处运动,从而完成货物的进出库和储存作业。这种货架较多地应用于拣选系统中,位于滑道出库端的第一个货物单元被取走之后,在它后面的各货物单位便在重力作用下依次向出库端移动一个货位。

重力式货架的特点有:

货物由高的一端存入,滑至低端,从低端取出。货物滑动过程中,滑道上设置有阻尼器,使货物滑行速度保持在安全范围内。滑道出货一端设置有分离器,搬运机械可顺利取出第一板位置的货物。

货架存储密度高,且具有柔性配合功能。适用于以托盘为载体的存储作业,货物堆栈整齐,为大件重物的存储提供了较好的解决方案,仓储空间利用率在 75% 以上,而且只需要一个进出货通道。

重力式货架非常环保,全部采用无动力形式,无能耗,噪音低,安全可靠,可满负荷运作。

重力式货架的组与组之间没有作业通道,从而增加了 60% 的空间利用率,提高了仓储的容积率;托盘操作遵循先进先出的原则;自动储存回转;储存和拣选两个动作的分开大大提高输出量;由于是自重力使货物滑动,而且没有操作通道,所以也减少了运输路线和叉车的数量。

② 托盘式货架

托盘式货架是用来存放装有货物的托盘的货架。托盘式货架一般用钢材或钢筋混凝土制成,沿仓库的宽度方向分成若干排,其间有一条巷道,供堆垛起重机、叉车或其他搬运机械运行。每排货架沿仓库纵长方向分为若干列,在垂直方向又分为若干层,从而形成大量货格,便于用托盘存储货物。这种形式的货架适用于储存品种数量适中、批量一般的货物。

托盘式货架的优点:每一块托盘均能单独存入或移动,而不需移动其他托盘;可适应各种类型的货物,横梁高度可根据需要进行调整;配套设备最简单,成本也最低,能快速安装及拆卸,并能最大限度地利用空间。

托盘式货架主要适用于整托盘出入库或手工拣选的工作形式,但是这种货架的储存密度较低,需要较多通道。

③ 悬臂式货架

悬臂式货架又称树枝型货架,由中间立柱向单侧或双侧伸出悬臂而成。悬臂可以是固定的,也可以是可调节的。为了防止储存材料出现破损,常常在货架上加木质衬垫或橡胶衬垫。悬臂式货架为边开式货架的一种,可以在货架两边存放货物,但不便于机械化作业,存取货物作业强度大,一般适用于存放长物料、环型物料、板材、管材及不规则货物。悬臂式货架具有结构稳定、载重能力好、空间利用率高等特点。

④ 驶入式货架

驶入式货架又称贯通式货架,采用钢制结构,钢柱上一定位置有向外伸出的水平凸出构件,当托盘送入时,凸出的构件将托盘底部的两个边托住,使托盘本身起架子横梁作用。当架上没有放托盘货物的时候,货架正面便成了无横梁状态,这时就形成了若干通道,可方便地出入叉车等作业车辆。

⑤ 抽屉式货架

抽屉式货架又称模具货架,主要用于存放各种模具物品。其顶部可配置移动葫芦车(手拉或电动),抽屉底部设有滚轮轨道,承载后依然能用很小的力自如地拉动,附加定位保险装置,安全可靠。根据承载能力可分为轻量型、重量型两种。

抽屉式货架的优点有:

a. 模具货架安全可靠。附加定位装置,使用安全可靠。

b. 操作轻便。采用轴承组合,滑动平稳,并附有独立吊模装置。

c. 结构简单。由多种组合部件组装而成,便于运输、安装和拆卸。

d. 节约场地。占地面积仅为 1.8 m^2,可存放几十套中型模具,有效节省空间,便于模具的保养和管理。

⑥ 阁楼式货架

阁楼式货架系统是在已有的工作场地或货架上建一个中间阁楼,以增加存储空间。可做二至三层阁楼,存取一些轻泡及中小件货物,适于多品种大批量或多品种小批量货物,人工存取货物。货物通常由叉车、液压升降台或货梯送至二、三层,再由轻型小车或液压托盘车送至某一位置。阁楼货架可以提升货架高度,充分利用仓储高度,更好地扩大仓储空间,而且适合储存多种类型物品。

⑦ 移动货架

移动货架是指在货架底部安装有运行车轮,可在地面上运行的货架,分为敞开式移动货架和封闭式移动货架。敞开式移动货架其传动机构设于货架底座内,操作盘设于货架端部,外形简洁,操作方便。货架的前后设有安全分线开关,一遇障碍物整个货架立即停止移动。封闭式移动货架在不需要存取货物时,各货架移动到一起后,可全部封闭,并可全部锁住。在各货架接口处装有橡皮封口,也称为封闭式货架。

⑧ 垂直旋转式货架

垂直旋转式货架类似垂直提升机,在两端悬挂有成排的货格,货架可正转,也可以反转。垂直旋转式货架属于拣选型货架,占地空间小,存放的品种最多可达 1 200 种。货架货格中的小格可以拆除,这样可以灵活地存储各种尺寸的货物。在货架的正面及背面均设置拣选台面,可以方便地安排出入库作业。在旋转控制上用开关按钮即可轻松地操作,也可利用计算机操作控制,形成联动系统,将指令要求的货层经最短的路程送至要求的位置。

⑨ 整体水平旋转式货架

这种货架由多排货架连接,每排货架又有多层货格,货架作整体水平式旋转,每旋转一次,便有一排货架到达拣货面,即可对这一排进行拣货。这种货架每排可放置同种物品,也可以一排货架不同货格放置互相配套的物品,一次拣选可在一排上将相关的物品捡出。这种货架还可做成小型分货式货架,每排不同的货格放置同种货物,旋转到拣选面后,将货物按各用户分货要求分放到指定货位。整体水平旋转式货架主要是拣选型,也可以看成是拣选分货一体化货架。

⑩ 多层水平旋转式货架

多层水平旋转式货架的最佳长度为 10~20 m,高度为 2~3.5 m,单元货位载重为 200~250 kg,每分钟回转 20~30 m。

多层水平旋转式货架是一种拣选型货架,这种货架各层可以独立旋转,每层都有各自的轨道,用计算机操作时,可以同时执行多个命令,使各层货物从近到远,有序地到达拣选地点,拣选效率很高。这种货架主要用于出入库频率高、多品种拣选的仓库中。

常用货架类型如图 5-3 所示。

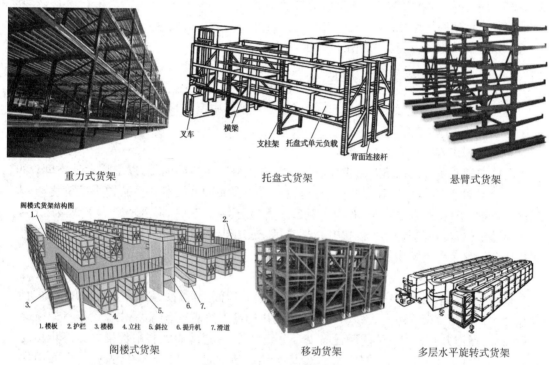

图 5-3 常用货架类型

4)计量工具和工装

(1) 计量工具和工装的概念

对于仓储管理来说,保证进出库货物准确是非常重要的,因此,计量工具和工装是必不可少的。计量工具和工装指能用以直接或间接测出被测对象量值的工具和工装。

(2) 计量工具和工装的分类

计量工具和工装根据计量方式可分为:重量计量工具和工装,包括电子称、磅秤、吊秤、轨道衡、地上衡等;流体容积计量工具和工装,包括流量计等;长度计量工具和工装;个数计量工具和工装等。

（3）常见的计量工具和工装

① 电子秤

电子秤属于衡器的一种,是用于测定物体质量的工具。电子秤主要由承重系统、传力转换系统和示值系统等三部分组成。电子秤有如下特点:可实现远距离操作;数字显示直观、减小人为误差;实现自动化控制;准确度和分辨率高;称量范围广;体积小;反应快,效率高。其特有功能有:扣重、预扣重、归零、累计、警示等。

② 磅秤

秤的一种,通常由秤体、传感器和仪表等三部分构成。固定的底座上有承重的托盘或金属板,也称台秤。其种类有很多,可分为针秤、勾秤、厘戥、分金戥、盘秤等等。针秤通常有勾,用来勾东西,它之所以叫针秤是因为秤上有一指针来作为平衡指标,当砣与所秤的东西平衡时,指针就会指在正中间。磅秤一般不用于大型称重和精细称重,适用于中小型称重。

③ 轨道秤

轨道秤是称量铁路货车载重的衡器。可分为静态轨道衡、动态轨道衡和轻型轨道衡,也可分为机械式和电子式。

④ 地上衡和地中衡

地上衡是一种磅秤,一般放置在地面即可工作,也可以根据用户的需要,浅基坑安装。地中衡则是一种地下磅秤,是将磅秤的台面安装在车辆行驶的路面上,对驶过的车辆进行迅速称重。地上衡和地中衡都包括机械式和电子式两类。

⑤ 电子吊秤

电子吊秤是对处于悬吊状态下的被称物品进行在线称重的计量器具,由传感器、秤架、称重显现掌握器等三个部分组成。电子吊秤产品种类繁多,按照读数的方式可分为无线数传式、直视式;按传感器的类型可分为电阻式和电容式;按传力的钩头形式可分为钩头悬挂式和钩头式;按供电方式可分为有线电源的有线吊秤和电池电源的无线吊秤;按使用方式还可分为吊车秤、单轨吊秤和手提吊秤;根据应用场合又可分为防热吊秤、防磁吊秤等。

⑥ 电子皮带秤

电子皮带秤,由秤架、测速传感器、高精度测重传感器、电子皮带秤控制显示仪表等组成,能对固体物料进行连续动态计量。电子皮带秤秤架结构简单,无辅助传力机构,影响称量准确度的因素少;安装于秤架方梁之间,不占用空间高度,安装方便;采用全密封处理,防潮、防腐性能好。

5）灭火器

（1）灭火器的分类

灭火器是人们用来扑灭各种初期火灾的有效灭火器材。灭火器的种类很多,按其移动方式可分为手提式灭火器、背负式灭火器和推车式灭火器;按驱动灭火剂的动力来源可分为储气瓶式灭火器、储压式灭火器、化学反应式灭火器;按所充装的灭火剂则又可分为泡沫灭火器、干粉灭火器、卤代烷灭火器、二氧化碳灭火器、清水灭火器等。灭火器的选用必须根据燃烧物质的特点,若选错灭火器,可能导致物品损坏更严重,甚至火情更严重。

（2）常见灭火器

① 二氧化碳灭火器

二氧化碳灭火器的灭火原理是:在常压下,液态的二氧化碳会立即汽化,因而,灭火时,二氧化碳气体可以排除空气而包围在燃烧物体的表面或分布于较密闭的空间中,降低可燃物周围或防护空间内的氧浓度,产生窒息作用而灭火。另外,二氧化碳从储存容器中喷出时,会由液体迅速汽化成气体,并从周围吸收部分热量,起到冷却的作用。

二氧化碳灭火器有流动性好、喷射率高、不腐蚀容器和不易变质等优良性能,可用于扑灭图书、档案、贵重设备、精密仪器、600 伏以下电气设备及油类的初起火灾。其适用于扑救 B 类火灾(如煤油、柴油、原油、甲醇、乙醇、沥青、石蜡等火灾)、C 类火灾(如煤气、天然气、甲烷、乙烷、丙烷、氢气等火灾)和 E 类火灾(物体带电燃烧的火灾)。

② 干粉灭火器

干粉灭火器是利用二氧化碳气体或氮气气体作动力,将筒内的干粉喷出灭火。干粉是一种干燥的、易于流动的微细固体粉末,由能灭火的基料和防潮剂、流动促进剂、结块防止剂等添加剂组成。干粉灭火器可扑灭一般火灾,扑救石油、有机溶剂等易燃液体、可燃气体和电气设备的初期火灾。

③ 卤代烷灭火器

卤代烷灭火器内充装的灭火剂是卤代烷灭火剂,灭火效率高。卤代烷灭火剂具有高挥发性,可通过各种渠道不断向大气层释放,大多数积聚在对流层;又因为性能稳定(寿命可达 70~120 年),可长期积聚在对流层,阻止地球上的红外线散失,引起温室效应;此外,还会在紫外线照射下生成自由基,这些自由基会与臭氧发生连锁反应,破坏地球的臭氧层。因此卤代烷灭火器对环境有害。

④ 水型灭火器和泡沫灭火器

水型灭火器和泡沫灭火器其构造原理基本一样。水型灭火剂装的是清水,或混有各种添加剂的水,以增强灭火效力。泡沫灭火器有化学和机械两种。化学泡沫灭火器是一种利用化学反应的灭火器,它由装有碳酸氢钠水溶液和少量泡沫添加剂(外药)的灭火器筒体,与装有硫酸铝水溶液(内药)的内胆组成。机械泡沫灭火器是将泡沫液和水的混合液装在灭火器筒体内,再充装进一定压力的氮气(贮压式),或另外装有一定量二氧化碳的贮气瓶。

6) 周转箱

(1) 周转箱的基本概念

周转箱也称物流箱,能耐酸碱、耐油污,无毒无味,可用于盛放食品等;清洁方便,零件周转便捷,堆放整齐,便于管理。其合理的设计,优良的品质,适用于工厂物流中的运输、配送、储存、流通加工等环节。周转箱可与多种物流容器和工位器具配合,用于各类仓库、生产现场等多种场合。在物流管理越来越被广大企业重视的今天,周转箱的使用完成了物流容器的通用化、一体化管理,成为生产及流通企业进行现代化物流管理的必备品。

(2) 周转箱的分类

根据用途可分为防静电周转箱、导电周转箱和零部件防静电周转箱。

根据性能可分为可堆式防静电周转箱、可插式防静电周转箱、折叠式防静电周转箱和中空板防静电周转箱。

7) 置物架

置物架是采用底板及支柱组合而成的放置杂物的架子,多由条形支架支撑,加以底板作承托。置物架的层高可以调节,并可任意组合、延伸;具有结构独特、灵活多变、用途广泛、受力极大、装卸简便等特点。

8）登高车

登高车是仓储物流中使用的一种登高作业设备,作用类似于登高扶梯,可方便人员站在车平台上实现存取货物等作业行为。登高车结构稳固、移动便捷、使用安全,能大大提高工作效率和扩大操作空间。

9）仓储笼

仓储笼又叫仓库笼、蝴蝶笼,是仓储运输中很重要的一类物流容器,具有存放物品容量固定、堆放整洁、存放一目了然、便于库存清点等优点,同时也提高了仓储空间的有效利用率。仓储笼不用时还可以折叠存放,节省仓库空间。

10）零件盒

零件盒适用于存放各种零件,方便对零件的管理。零件盒自重轻,使用寿命长。可分为背挂式、组立式、储存式。

11）固定式登车桥

固定式登车桥是与仓储月台一体的装卸辅助工具,其高度可根据货车车厢的高度调节,方便叉车驶入车厢。采用进口液压泵站,两侧设有防轧裙板,工作更加安全;工作效率高,全液压驱动,操作方便,运行可靠;唇板与平台采用整长轴连接,强度高、可靠性好。

几种常用的工具与工装如图5-4所示。

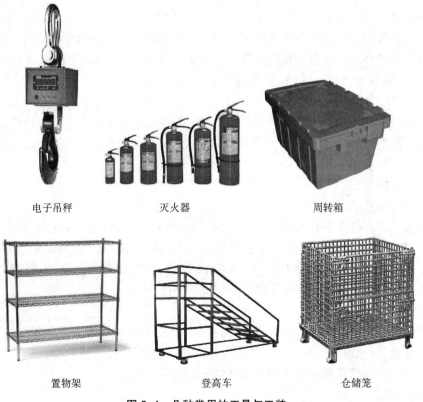

电子吊秤　　　　灭火器　　　　周转箱

置物架　　　　登高车　　　　仓储笼

图5-4　几种常用的工具与工装

5.3 集装单元化工具和工装

5.3.1 集装单元化工具和工装的概念与作用

1）集装单元化工具和工装的概念

集装单元化工具和工装是指用集装单元化的形式进行储存、运输作业的物流装备,主要包括托盘、滑板、集装袋等。

2）集装单元化工具和工装的作用

① 提高整个系统的作业效率。
② 节省费用,降低成本。
③ 有利于组织联运,实现物流作业的统一化,提高物流管理水平。
④ 保证物流质量。
⑤ 提高搬运灵活性,加速货物周转。

5.3.2 常见的集装单元化工具和工装

1）托盘

(1) 托盘的概念与作用

托盘是用于集装、堆放、搬运和运输的放置作为单元负荷的货物和制品的水平平台装置。托盘作为物流运作过程中重要的装卸、储存和运输设备,与叉车配套使用,在现代物流中发挥着巨大的作用。托盘给现代物流业带来的效益主要体现在:可以实现物品包装的单元化、规范化和标准化,保护物品,方便物流和商流。

(2) 托盘的分类

托盘按其结构不同可分为普通托盘和专用托盘。其中普通托盘包括平托盘、箱式托盘、柱式托盘、轮式托盘和划片托盘;专用托盘包括航空托盘、平板玻璃集装托盘、油桶专用托盘、货架式托盘、轮胎专用托盘。

(3) 常见托盘

① 平托盘

平托盘几乎是托盘的代名词,只要一提托盘,一般就是指平托盘,因为平托盘使用范围最广、利用数量最大、通用性最好。平托盘按台面类型可分成单面型、单面使用型、双面使用型、翼型;按叉车叉入方式可分为单向叉入型、双向叉入型、四向叉入型;按制作材料可分为木制平托盘、钢制平托盘、塑料制平托盘和胶板制平托盘。

② 柱式托盘

柱式托盘分为固定式和可卸式两种,其基本结构是托盘的 4 个角有钢制立柱,柱子上端可用横梁连接,形成框架。柱式托盘的主要作用,一是利用立柱支撑重物,往高处叠放;二是可防止托盘上放置的货物在运输和装卸过程中发生塌垛现象。

③ 箱式托盘

箱式托盘是四面有侧板的托盘,有的箱体上有顶板,有的没有顶板。箱式托盘有固定式、折叠式、可卸下式三种。四周栏板有板式、栅式和网式。四周栏板为栅栏式的箱式托盘也称笼式托盘或仓库笼。箱式托盘防护能力强,可防止塌垛和货损,可装载异型的、不能稳定堆码的货物,应用范围广。

④ 轮式托盘

轮式托盘与柱式托盘和箱式托盘相比,多了下部的小型轮子。因而,轮式托盘具有能短距离移动、自行搬运和采用滚上滚下式的装卸等优势,用途广泛,适用性强。

⑤ 航空托盘

航空托盘是航空货物或行李运送用的托盘,一般由铝合金制造,为适应各种飞机货舱及舱门的限制,一般制成平托盘。托盘上所载物品以网状覆罩固定。

⑥ 油桶专用托盘

油桶专用托盘是专门存放、装运标准油桶的异型平托盘。其双面均有波形沟槽或侧板,以稳定油桶,防止滚落。优点是可多层堆码,提高仓储和运输能力。

如图 5-5 所示为几种典型的托盘。

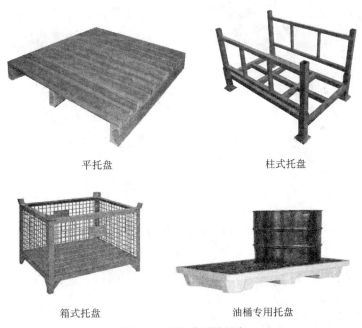

图 5-5 几种典型的托盘

2)集装袋、集装网、塑料编织袋

集装袋又称柔性集装袋、吨装袋、太空袋等,是集装单元器具的一种,配以起重机或叉车,就可以实现集装单元化运输。集装袋具有容积大、重量轻、便于装卸等特点,主要装的是块状、粒状或粉状物品,内容物的物理密度和松散程度对整体结果的影响也有明显不同。集装袋有多种分类方式,按袋子形状可分为圆筒形和方形;按装卸方式可分为顶部吊装、底部吊装、侧面吊装、铲车式、托盘式等;按制袋方法可分为用黏合剂黏合和缝制;按制袋材料可分为涂胶布、树脂加工布、交织布、复合材料等;按卸料口可分为有卸料口和无卸料口;按使用次数可分为一次性使用和多次使用。

集装网是使用高强纤维材料制成的集装器具,它的装运方式与集装袋相似。集装网主要用于装运包装货物和无包装的块状货物,每个集装网经常一次装运 500~1 500 kg,在装卸中采取吊装方式。它比集装袋更轻,因而运输中的无效运输更小,其价格也较低,节省集装费用。集装网的主要缺点是对货物的防护能力差,因而应用范围有较大限制。

塑料编织袋按主要材料构成分为聚丙烯袋、聚乙烯袋;按缝制方法分为缝底袋、缝边袋。目前广泛运用于肥料、化工产品等物品的集装上。

3) 半挂车

(1) 半挂车的基本概念

半挂车是车轴置于车辆重心(当车辆均匀受载时)后面,并且装有可将水平和垂直力传递到牵引车的联结装置的挂车。半挂车一般是三轴半挂车,可分为 11 m 仓栏、13 m 仓栏、低平板半挂车等许多种类。它是通过牵引销与半挂车头相连接的一种重型交通运输工具,如图 5-6 所示。

自卸式半挂车　　　　　　　　罐式半挂车

图 5-6　半挂车

(2) 常见的半挂车

① 自卸式半挂车

自卸式半挂车适用于煤炭、矿石、建筑物料等散装零散货物的运输。车厢采用侧翻和后翻自卸方式,可有效地提高装卸机运输散装零散货物的运输效率。车架和车厢纵梁均采用优质锰板焊接而成,货箱有簸箕和矩形两种。其具有强度高、举升力强、刚度大、韧性好,承载能力强,不发生永久变形的特点。

② 集装箱式半挂车

集装箱式半挂车即载货部位为集装箱结构的半挂车。主要用于船舶、港口、航线、公路、中转站、桥梁、隧道、多式联运相配套的物流系统。专门用于各种集装箱的运输,能长期、反复使用,具有足够的强度;使用集装箱转运货物,可直接在发货人的仓库装货,运到收货人的仓库卸货,中途更换车、船时,无须将货物从箱内取出换装;可以进行快速装卸,并可从一种运输工具直接方便地换装到另一种运输工具;便于货物的装满和卸空,满足客户的个性化需求。

③ 罐式半挂车

罐式半挂车即载货部位为罐式结构的半挂车。主要用于运输液体、散装物料和散装水泥等。罐式半挂车分为油罐车、混凝土搅拌车、粉粒物料和散装水泥车、供水车等。其罐体通过三维设计,采用先进的加工工艺制造而成,底盘采用各种生产厂商的专用底盘,技术先进,性能可靠。其优点有装卸运输效率高,保证货品质量,有利于运输安全,减轻劳动强度,改善装卸条件,节约包装材料、节省劳动力,降低运输成本等。

4）滑板

滑板又称薄板托盘或滑片，是托盘的一种变形体，常在货物运输和周转过程中使用。其结构只是一片无支撑的薄板，可使叉车的钢叉沿滑板滑动插入板底，在不损毁其他货物的情况下，将滑板连同滑板上的货物一起进行装卸操作。滑板和托盘相比，由于减少了一面盘面和纵梁、垫块，所以无效操作更少。

5.4 装卸搬运工具和工装

5.4.1 装卸搬运工具和工装的概念和作用

1）装卸搬运工具和工装的概念

装卸搬运工具和工装是指用来搬移、升降、装卸和短距离输送物料或货物的工具装备。它不仅可用于辅助完成船舶与车辆货物的装卸，而且还可用于辅助完成库场货物的堆码、拆垛、运输以及舱内、车内、库内货物的起重输送和搬运。

2）装卸搬运工具和工装的作用

① 改善劳动条件，提高装卸效率。广泛运用装卸搬运工具和工装，可节约劳动力，减轻装卸工人的劳动强度，提高装卸搬运效率。

② 缩短作业时间。

③ 提高装卸质量，保证货物的完整和运输安全。

④ 降低装卸搬运作业成本。装卸搬运工具和工装的运用，势必会提高装卸搬运作业的效率，而效率提高使每吨货物摊到的作业费用相应减少，从而使作业成本降低。

⑤ 充分利用货位，加速货位周转，减少货物堆码的场地面积。采用机械作业，堆码高度大，装卸搬运速度快，可以及时腾空货位，因此，可以减少场地占用面积。

5.4.2 常见的装卸搬运工具和工装

1）起重设备的取物装置

（1）起重设备的取物装置概念

取物装置即吊具，是起重设备直接提取货物的部件，在装卸、装载、安装等作业过程中依靠它来抓取货物。取物装置必须安全可靠，尽量满足装卸物品快、自重小、占用人力少、构造简单、成本低等要求，如图5-7所示为起重设备常用的取物设备。

叠片式吊钩　　吊钩组　　双钩　　抓斗　　吸盘

图5-7 起重设备常用的取物设备

(2) 起重设备常用的取物设备

① 吊钩

吊钩是起重设备最常使用的取物装置,常借助滑轮组等部件悬挂在起升结构的钢丝绳上。吊钩常与动滑轮组合成吊钩组使用。一个吊钩组主要由吊钩、吊钩螺母、推力轴承、吊钩横梁、滑轮、滑轮轴以及拉板等零件组成。

吊钩种类较多,一般包括:卸扣、吊环、圆环、梨形环、长吊环、组合吊环、S钩、鼻吊钩、美式吊钩、羊角吊钩、眼形滑钩、带保险卡吊环螺钉、链条卸扣等。

吊钩按形状可分为单钩和双钩;按制造方法可分为锻造吊钩和叠片式吊钩。

单钩是最常用的一种吊钩,其制造简单、使用方便,但受力情况不好,大多用在起重量为80 t以下的工作场合;起重量大时常采用受力对称的双钩。

叠片式吊钩由数片切割成形的钢板铆接而成,个别板材出现裂纹时整个吊钩不会损坏,安全性较好,但自重较大,大多用在大起重量或吊运钢水盛桶的起重机上。

② 抓斗

抓斗是用以抓取泥沙及各种散装货物、能启闭的斗,由机械或电动控制,是一种主要靠左右两个组合斗或多个颚板的开合来抓取和卸出散装物料的吊具。由多个颚板组成的抓斗也叫抓爪。

抓斗的种类很多,按形状可分为贝形抓斗和橘瓣抓斗,前者由两个完整的铲斗组成,后者由三个或三个以上的颚板组成;按驱动方式可分为液压式抓斗和机械式抓斗两大类;按照抓取货物不同可分为散粮抓斗、煤炭抓斗、矿石抓斗、木材抓斗等;按照操纵抓斗的原理不同,可分为单绳抓斗、双绳抓斗和电动抓斗。

③ 电磁吸盘

电磁吸盘是靠电磁力自行吸取导磁物品的取物装置。它通过使内部线圈通电产生磁力,经过导磁面板,将接触在面板表面的工件紧紧吸住;通过线圈断电、磁力消失实现退磁,取下工件。利用电磁吸盘来装卸钢钉、生铁、废铁等铁磁性货物,可避免繁重的体力劳动,达到很高的生产效率。

④ 起重无泵真空吸盘

起重无泵真空吸盘借助货物自身重力使吸盘产生真空,把表面光滑的货物吸住,随起升机构升降。它不需要动力源,具有结构简单、无噪声等优点。

2) 起重机常用索具

(1) 钢丝绳

钢丝绳是由多根钢丝捻成股,再以绳芯为中心,由一定数量股捻绕成螺旋状的绳。在物料搬运机械中,供提升、牵引、拉紧和承载之用。钢丝绳强度高、自重轻、工作平稳、不易骤然整根折断,安全可靠。

(2) 麻绳

麻绳是取各种麻类植物的纤维捻绕成的绳索,具有质地柔韧、轻便、易于捆绑、结扣和解脱方便等优点,但其强度较低,一般麻绳的强度只有相同直径钢丝绳的10%左右,而且易磨损、腐烂、霉变。因此,麻绳在起重作业中主要用于重量较轻的重物的捆绑。麻绳种类有很多,按其原料的不同可分为白棕绳、混合麻绳和线麻绳。

(3) 化学纤维绳

化学纤维绳俗称尼龙绳或合成纤维绳。它具有质轻、柔软、耐腐蚀、强度及弹性比麻绳好的优点;其缺点是不耐热,使用中忌火、忌高温。在起重和吊运作业中常用的化学纤维绳有尼龙绳、涤纶绳、维尼纶绳和丙纶绳。

3)**货叉**

货叉是叉车属具,相当于挂装在叉车上的机械手,使叉车成为一种多用途、高效率的物料搬运工具,能对几乎任何可以想象到的搬运对象进行叉、夹、推、拉、侧移和旋转等作业,从而提高物流效率、降低生产成本、避免产品破损、节省仓储空间。货叉分为普通货叉和特殊货叉,其中特殊货叉包括荷货叉、防爆货叉、罩型货叉、折叠型货叉、套筒型货叉、货叉加长器、鼓筒型货叉、木质用货叉、方型货叉等。

4)**手推车**

手推车是以人力推、拉的搬运车辆,它是一切车辆的始祖。虽然物料搬运技术不断发展,但手推车仍作为不可缺少的搬运工具而沿用至今。手推车在生产和生活中获得广泛应用是因为它造价低廉、维护简单、操作方便、自重轻,能在不便使用机动车辆的地方工作,在短距离搬运较轻的物品时十分方便。

手推车种类很多,按照车轮数量多少可分为独轮手推车、两轮手推车、三轮手推车和四轮手推车;按照架层数可分为单层、双层和多层手推车;还可按输送货物的种类、形状等分为不同种类。

5)**手动液压升降平台车**

手动液压升降平台车是采用手压或脚踏为动力,通过液压驱动使载重平台作升降运动的手推平台车。手动液压升降平台车可使操作者轻松快捷地装载或卸载搬运箱内的零件,无须操作者起身、弯腰或伸手够,只需通过一个脚踏的液压缸起升作业台面,即可方便轻巧地拿取货物。平台下降控制为旋钮或扳手控制,额定装载量分别有 300 kg、350 kg、500 kg、800 kg、1 000 kg 五种,最高升高度有 880 mm、1 300 mm、1 400 mm、1 500 mm 等。踏动踏脚杆操纵油泵,即可使工作台面平稳上升。操纵控制旋钮或向上提升扳手,可使工作台面平稳下降。车架底部配有万向轮,可向任意方向旋转,操作灵活简便。

6)**手动液压托盘搬运车**

手动液压托盘搬运车是利用人力推拉运行的简易式轻巧型搬运设备,是物料搬运中不可缺少的辅助工具。手动液压托盘搬运车在使用时将其承载的货叉插入托盘孔内,由人力驱动液压系统来实现托盘货物的起升和下降,并由人力拉动完成搬运作业。它是托盘运输工具中最简便、最有效、最常见的装卸搬运工具。

7)**手动液压堆高车**

手动液压堆高车是利用人力推拉运行的简易式叉车。手动液压堆高车是一种无污染,无动力的装卸产品,具有结构紧凑、运输灵活、操作简单、回转半径小等特点。它适用于工厂、车间、仓库、车站、码头等处的货物搬运与堆垛。

8)**集装箱吊具**

集装箱吊具是集装箱装卸转运的大型专用机具,是通过其端部横梁四角的旋锁与集装箱的角配件连接,由司机操作控制旋锁的开闭,进行集装箱装卸作业。集装箱吊具适用于货运仓储、水运港口和码头,是起重设备重要的辅助机具。集装箱吊具是专用设备,具有可靠性高、运行平稳、作业效率高等特点。

集装箱吊具可分为固定式吊具和伸缩式吊具,其中固定式吊具包括直接吊装式吊具、吊梁式吊具、主从式吊具、子母式吊具和双吊式吊具。

如图 5-8 所示为几种典型的搬运工具。

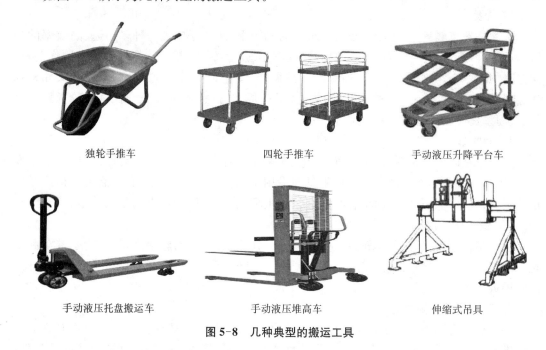

图 5-8　几种典型的搬运工具

5.5　流通加工用工具和工装

5.5.1　流通加工用工具和工装概念

流通加工用工具和工装是指在流通加工过程中所使用到的工具装备。其主要是用来辅助流通加工中各项作业的完成，以提高流通加工的质量及效率，满足客户的需要，为客户提供更好的服务。

5.5.2　常见的流通加工用工具

1）剪板机刀片

剪板机刀片主要应用于钣金加工行业，用于剪切各种板料，属于长形刀片，材料可选用碳钢、合金钢、锋钢、镶锋钢、进口材质。剪板机刀片也叫剪刀、剪板机刀、剪板刀，按照剪板机种类可分为脚踏剪板机刀片、机械电动剪板机刀片、液压剪板机刀片。

在使用剪板机刀片时需要注意：试剪时，板厚不同时必须调对不同刀片间隙，若不调对相应的刀片间隙，则影响刀片耐用度；操作时刀片如有杂音，应停车检查。剪板机刀片只有保养良好才能使其寿命长久。

2）灌装阀

灌装阀是精准定量控制流量的开关型阀门，广泛应用于食品、包装、石化、冶金、喷漆、车辆、印染等机械上，常见于流通加工中的灌装机上。其采用轻巧设计，外观精美，结构紧凑，性能优良。灌装阀以其灌装速度快、方便灵活、精准稳定著称。灌装阀的主要操作有瓶阀对中、充气等压、灌装回气、关阀泄压等。灌装阀的清洗过程比较复杂,包括清水洗、碱洗、酸洗、消毒等。

如图 5-9 所示为几种典型的流通加工用工具。

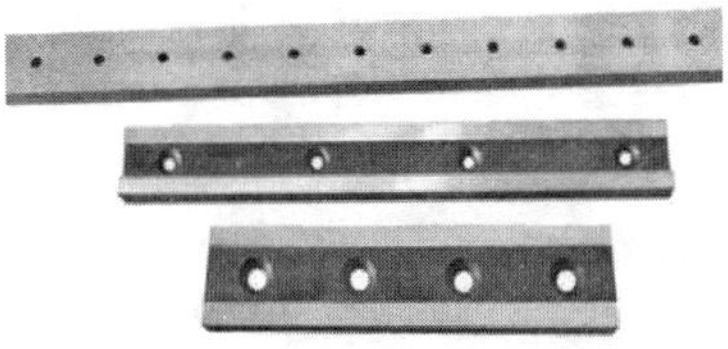

剪板机刀片 　　　　　　　　　灌装阀

图 5-9　几种典型的流通加工用工具

3）传送带

传送带材料为优质棉纱,用重型织带机织造。传送带出现在许多流通加工设备中,比如说分拣机、填充机械。传送带的优点是重量较轻,无毒无臭,广泛应用于轻工、食品等行业中,可传送原料、半制品和成品。橡胶传送带分普通型和强力型。普通型是用棉帆布作基层,外涂橡胶,带宽范围为 300～1 400 mm。强力型以高强化纤帆布为基层,外涂优质橡胶,产品结构与普通型相同。主要特点是强力高、弹性大、耐磨、耐冲击、耐老化、成槽性好、运输量大,广泛用于大型工矿运输线。塑料传送带用高强化纤织成的多层带坯作为承受载荷主体,用黏合剂进行预处理,然后涂覆热塑性聚氯乙烯树脂,涂层与带坯牢固地黏结成一体。这种传送带耐磨、耐腐蚀,不容易脱层开裂,可传送一般矿产原料、化工产品和含油物件。

传送带一般按有无牵引件来进行分类,即具有牵引件的传送带设备和没有牵引件的传送带设备。有牵引件的传送带设备种类繁多,主要有净重式充填机、分拣机、带式输送机、板式输送机等;没有牵引件的传送带设备常见的有辊子输送机、螺旋输送机等。

5.6　物流工具和工装的历史变迁与经济意义

5.6.1　物流工具和工装的历史变迁

在中国古代,物流工具和工装就已出现。由于它们的问世,纯手工时代开始转变为半手工时代。聪明的中国古代先民为了生活的方便,发明了如今称为"物流工具和工装"的物品,譬如牛车、马车中牛和马拉的车体。中国近代,物流工具和工装得到巨大的发展,半手工工具发展迅速,半手工的物流工具和工装的运用普遍性极高,半自动物流工具和工装也逐渐兴起。新中国成立后,中国经济开始恢复发展,带动着物流工具和工装的发展。20 世纪七八十年代，物流工具和工装的自动化程度不断提升，到目前为止物流工具和工装已被广泛使用，其自动化程度也达到了很高的水平。

我国物流工具和工装的发展趋势：规模加大、分工更细、集中分销、专业化、绿色化等。而具体的物流工具和工装的发展则根据类型不同有所不同：存储工具与工装和运输工具大型化和高速化；包装工具与工装和加工工具与工装方便实用化；行业整体的自动化和智能化，基于行业标准的流水线一体化系统也将被研发使用。一些基础物流工具和工装，如托盘的市场需求量将会趋于稳定，关于它们的改进主要是在本身材料、形状上进行改善；而新型工具和工装的需求量将会经过一个优胜劣汰的观望过程之后逐渐增加，成为企业新的支撑产品。由此，通过合资、合作、兼并等整合措施，建立现代物流行业规范，打破现有各种市场条块分割的制约，已然成为发展我国物流设备工具工装行业的基本途径。由于工具仍需要人力配合，未来工具的地位会降低，使用程度也会降低，而工装的地位则会升高，使用程度也会升高，工装的性能也将大大改善。

5.6.2 物流工具和工装的经济意义

1) 提高物流作业效率，节约成本

提高物流作业效率和节约成本是大部分工具和工装带来的经济意义。比如在装卸搬运过程中，手推车一次性搬运的货物比人力搬运的可以多几倍，从而单位时间效率就提高了许多，人力需求也减少了，进而人力成本和时间成本都大大降低了。

2) 保证物流过程中的货物质量和服务质量

依靠人力，保证不了装卸质量，容易发生货物损坏或偏载，甚至危及行车安全，特别是当货物体积大且笨重时。而采用工具装卸搬运，如采用手动液压托盘搬运车装卸搬运货物，则可避免这种情况的发生。

3) 充分利用物流过程中的空间，提高空间利用率

在物流过程中，运输、储存货物都需要大量空间。因此空间对于物流来说是个非常重要的因素。充分利用物流过程中的空间也是设计和改良许多工具和工装时非常注重的一个重要思想。例如，货架作为一种架式结构物，能够充分利用仓库空间，提高库容利用率，扩大仓库储存能力。

4) 节约人力并改善工作环境及劳动条件

由于工具和工装具有一定高效性和便利性等，利用工具和工装可改善工作环境及劳动条件，主要体现在大量减少人的工作量，并降低工作难度等。比如，利用电磁吸盘来装卸钢钉、生铁、废铁等铁磁性货物，可避免搬运铁磁性类、重量级高的货物的体力劳动，降低工作难度，达到很高的生产效率。

课后练习

1. 简述包装工具和工装的概念。
2. 分析集装单元化工具和工装的效率。
3. 简述装卸搬运工具和工装的特点。
4. 简述物流工具和工装的历史变迁与经济意义。

6 物流信息系统和技术构成与应用

> **学习目标**
> 1. 掌握物流信息概念。
> 2. 掌握物流信息系统的构成。
> 3. 了解物流信息平台建设。
> 4. 了解物流信息技术的应用。
> 5. 了解物流信息的历史变迁与经济意义。

案例导读·沃尔玛

随着经济全球化和信息技术网络化趋势的增强,为了适应发展、促进整个经济企业资源的合理配置,实现较高的经济效益和企业效益,降低其运行成本,提高运行效率,各个企业都对信息技术的应用非常重视。

近年来,零售业的飞速发展及其所带来的经济效应引起了众多企业的关注,特别是零售之王沃尔玛获得的巨大成功。沃尔玛之所以成功,很大程度上是因为它至少提前10年(较竞争对手)将尖端科技和物流系统进行了巧妙搭配。

早在20世纪70年代,沃尔玛就开始使用计算机进行管理;20世纪80年代初,购买了商业卫星,实现了全球联网;20世纪90年代,采用了全球领先的卫星定位系统(GPS),控制公司的物流,提高配送效率,以速度和质量赢得用户的满意度和忠诚度。1985年沃尔玛建立了EDI,即电子数据交换系统,进行无纸化作业,所有信息全部在电脑上运作。1986年沃尔玛又建立了QR,即快速反应机制,快速拉动市场需求。2004年,作为全球最大的零售商,沃尔玛公司要求其前100家供应商,在2005年1月之前向其配送中心发送货盘和包装箱时使用无线射频识别(RFID)技术,2006年1月前在单件商品中投入使用。

思考一下,我国企业应如何发展物流信息系统和技术?

6.1 物流信息概述

6.1.1 物流信息的概念

信息是能反映事物内在本质的外在表现,如图像、声音、文件、语言等,它是事物内容、形式和发展变化的反映。物流信息是指与物流活动(商品包装、商品运输、商品储存、商品装卸等)有关的一切信息。物流信息是一个涉及面相当广泛、内容相当丰富的概念。在2021年12月1日起实施的国家标准——《物流术语》(GB/T 18354—2021)中,将物流信息的定义描述为:"物流信息是反映物流各种活动内容的知识、资料、图像、数据、文件的总称。"

从物流信息来源看,一部分直接来自物流活动本身,另一部分则来自商品交易活动和市场。因而,物流信息的定义可以从狭义和广义两个方面来讲。

1) 狭义的物流信息

狭义的物流信息是指直接产生于物流活动的信息,如在运输、保管、包装、装卸、流通加工等活动中产生的信息。在物流活动管理与决策中,如运输工具的选择、运输路线的确定、每次运送批量的确定、在途货物的跟踪、仓库存储的有效利用、最佳库存数量的确定、订单管理、顾客服务水平的提高等,都需要详细和准确的物流信息。因为物流信息对运输管理、库存管理、订单管理、仓库作业管理等物流活动具有支持、保证的功用。

2) 广义的物流信息

广义的物流信息不仅指与物流活动有关的信息,而且还包括与其他流通活动有关的信息,如商品交易信息和市场信息等。商品交易信息是指与买卖双方的交易过程有关的信息,如销售和购买信息、订货和接受订货信息、发出货款和收到货款信息等。市场信息是指与市场活动有关的信息,如消费者的需求信息、竞争者或竞争性商品的信息、与销售促进活动有关的信息、交通通信等基础设施信息。在现代经营管理活动中,物流信息与商品交易信息、市场信息相互交叉、融合,有着密切的联系。

例如,零售商根据对消费者需求的预测以及库存状况制订订货计划,向批发商或直接向生产商发出订货信息。批发商在接到零售商的订货信息后,在确认现有库存水平能满足订单要求的基础上,向物流部门发出发货配送信息;如果发现现有库存不能满足订单要求,则马上组织生产,再按订单上的数量和时间要求向物流部门发出发货配送信息。由于物流信息与商品交易信息和市场信息相互交融、密切联系,所以广义上的物流信息还包括对物流活动有用的,来自商品交易活动,甚至生产活动的信息。

广义的物流信息不仅能连接、整合从生产厂家经批发商和零售商最后到消费者的整个供应链,而且在应用现代信息技术(如EDI、EOS、POS、互联网、电子商务等)的基础上能实现整个供应链活动的效率优化。具体地说,就是利用物流信息对供应链各个企业的计划、协调、顾客服务和控制活动进行更有效的管理。总之,物流信息不仅对物流活动具有支持、保证的功能,而且具有连接、整合整个供应链和使整个供应链活动效率化的功能。

6.1.2 物流信息的分类

1) 按不同物流功能分类

按信息产生和作用所涉及的不同功能领域分类,物流信息包括仓储信息、运输信息、加工信息、包装信息、装卸信息等。对于某个功能领域还可以进行进一步细化,例如,仓储信息可分为入库信息、出库信息、库存信息、搬运信息等。

2) 按信息环节分类

根据信息产生和作用的环节,物流信息可分为输入物流活动的信息和物流活动产生的信息。

3）按信息的作用层次分类

根据信息作用的层次，物流信息可分为基础信息、作业信息、协调控制信息和决策支持信息。基础信息是物流活动的基础，是最初的信息源，如物品基本信息、货位基本信息等。作业信息是物流作业过程中发生的信息，信息的波动性大，具有动态性，如库存信息、到货信息等。协调控制信息主要是指物流活动的调度信息和计划信息。决策支持信息是指能对物流计划、决策、战略产生影响或有关的统计信息、宏观信息等，如科技、产品、法律等方面的信息。

4）按信息加工程度的不同分类

按信息加工程度的不同，物流信息可以分为原始信息和加工信息。原始信息是指未加工的信息，是信息工作的基础，也是最有权威性的凭证性信息。加工信息是对原始信息进行各种方式和各个层次处理后的信息，这种信息是原始信息的提炼、简化和综合，利用各种分析工作在海量数据中发现潜在的、有用的信息和知识。

6.1.3 物流信息的特点

物流信息除了具有信息的一般属性，还具有自己的一些特点，主要如下：

1）广泛性

物流是一个大范围内的活动，物流信息源也分布于一个大范围内，信息源点多、信息量大，涉及从生产到消费、从国民经济到财政信贷各个方面。物流信息来源的广泛性决定了它的影响也是广泛的，涉及国民经济各个部门、物流活动各个环节等。

2）联系性

物流活动是多环节、多因素、多角色共同参与的活动，目的就是实现产品从产地到消费地的顺利移动。因此在该活动中所产生的各种物流信息必然存在十分密切的联系，如生产信息、运输信息、储存信息、装卸信息间是相互关联、相互影响的。这种相互联系的特性是保证物流各子系统、供应链各个环节以及物流内部系统与外部系统相互协调运作的重要因素。

3）多样性

物流信息种类繁多，从其作用的范围来看，物流系统内部各个环节有不同种类的信息，如流转信息、作业信息、控制信息、管理信息等，物流系统外也存在各种不同种类的信息，如市场信息、政策信息、区域信息等；从其稳定程度来看，有固定信息、流动信息与偶然信息等；从其加工程度来看，有原始信息与加工信息等；从其发生时间来看，又有滞后信息、实时信息和预测信息等。在进行物流系统的研究时，应根据不同种类的信息进行分类收集和整理。

4）动态性

多品种、小批量、多频度的配送技术与 POS、EOS、EDI 数据收集技术的不断应用使得各种物流作业频繁发生，加快了物流信息的价值衰减速度，要求物流信息的不断更新。物流信息的及时收集、快速响应、动态处理已成为主宰现代物流经营活动的关键。

5）复杂性

物流信息的广泛性、联系性、多样性和动态性带来了物流信息的复杂性。在物流活动中，必须对不同来源、不同种类、不同时间和相互联系的物流信息进行反复研究和处理，才能得到有实际应用价值的信息去指导物流活动，这是一个非常复杂的过程。

6.1.4 物流信息的作用

物流信息在物流活动中具有十分重要的作用,通过物流信息的收集、传递、存储、处理、输出等过程,成为决策依据,对整个物流活动起指挥、协调、支持和保障作用,其主要作用有:

1) 沟通联系的作用

物流系统是由多个行业、部门以及众多企业群体构成的经济大系统,系统内部正是通过各种指令、计划、文件、数据、报表、凭证、广告、商情等物流信息,建立起各种纵向和横向的联系,沟通生产厂、批发商、零售商、物流服务商和消费者,以满足各方的需要。因此,物流信息是沟通物流活动各环节之间联系的桥梁。

2) 引导和协调的作用

物流信息随着物资、货币及物流当事人的行为等信息载体进入物流供应链中,同时信息的反馈也随着信息载体传递给供应链上的各个环节,依靠物流信息及其反馈可以引导供应链结构的变动和物流布局的优化;协调物资结构,使供需之间平衡;协调人、财、物等物流资源的配置,促进物流资源的整合和合理使用等。

3) 管理控制的作用

通过移动通信、计算机信息网、电子数据交换(EDI)、全球定位系统(GPS)等技术实现物流活动的电子化,如货物实时跟踪、车辆实时跟踪、库存自动补货等。用信息化代替传统的手工作业,实现物流运行、服务质量和成本等的管理控制。

4) 缩短物流管道的作用

为了应对需求波动,在物流供应链的不同节点上通常设置有库存,包括中间库存和最终库存,如零部件、在制品、制成品的库存等,这些库存增加了供应链的长度,提高了供应链成本。但是,如果能够实时地掌握供应链上不同节点的信息,如知道在供应管道中,什么时候、什么地方、多少数量的货物可以到达目的地,那么就可以发现供应链上的过多库存并进行缩减,从而缩短物流链,提高物流服务水平。

5) 辅助决策分析的作用

物流信息是制订决策方案的重要基础和关键依据,物流管理决策过程的本身就是对物流信息进行深加工的过程,是对物流活动的发展变化规律性认识的过程。物流信息可以协助物流管理者鉴别、评估经比较物流战略和策略后的可选方案,如车辆调度、库存管理、设施选址、资源选择、流程设计以及有关作业比较和安排的成本—收益分析等均是在物流信息的帮助下才能做出的科学决策。

6) 支持战略计划的作用

作为决策分析的延伸,物流战略计划涉及物流活动的长期发展方向和经营方针的制订,如企业战略联盟的形成、以利润为基础的顾客服务分析以及能力和机会的开发和提炼,作为一种更加抽象、松散的决策,它是对物流信息进一步提炼和开发的结果。

7) 价值增值的作用

物流信息本身是有价值的,而在物流领域中,流通信息在实现其使用价值的同时,其自身的价值又呈现增长的趋势,即物流信息本身具有增值特征。另一方面,物流信息是影响物流的重要因素,它把物流的各个要素以及有关因素有机地组合并联结起来,以形成现实的生产力和创造出更高的社会生产力。同时,在社会化大生产条件下,生产过程日益复杂,物流诸要素都渗透着知识形态的信息,信息真正起着影响生产力的现实作用。企业只有有效地利用物流信息,投入生产和经营活动后,才能使生产力中的劳动者、劳动手段和劳动对象最佳结合,产生功效放大效应,使经济效益出现增值。物流系统的优化,各个物流环节的优化所采取的办法、措施,如选用合适设备、设计最合理路线、决定最佳库存储备等,都要切合系统实际,即都要依靠准确反映实际的物流信息;否则,任何行动都不免带有盲目性。所以,物流信息对提高经济效益也起着非常重要的作用。

同时,物流的首要目的就是要为顾客提供满意的服务;次要目的就是要实现物流总成本的最低化,也就是要消除物流活动各个环节中的浪费,通过顺畅高效的物流系统实现物流作业的成本最优化。

6.2 物流信息系统的构成

6.2.1 物流信息系统的概念与特点

1) 物流信息系统的概念

物流信息系统是使用系统的观念、思想及方法建立起来的,它是指由人员、设备和程序组成的、为物流管理者执行计划、实施、控制等职能提供信息的交互系统,它与物流作业系统一样是物流系统的子系统。所谓物流信息系统,实际上是物流管理软件和信息网络结合的产物,小到一个具体的物流管理软件,大到利用覆盖全球的互联网将所有相关的合作伙伴、供应链成员连接在一起提供物流信息服务的系统,都称为物流信息系统。对一个企业而言,物流信息系统不是独立存在的,而是企业信息系统的一部分,或者说是其中的子系统,即使对一个专门从事物流服务的企业也是如此。例如,一个企业的 ERP 系统,物流管理信息系统就是其中一个子系统。简而言之,物流信息系统是对信息进行收集、整理、分析、储存及服务于物流活动的信息系统。它将软件和硬件结合在一起,对物流活动进行管理、控制和衡量。其中硬件部分包括计算机输入和输出设备、网络设备和储存媒体等;软件部分包括用于处理交易、管理控制、决策分析和制订战略计划的系统和应用程序。

2) 物流信息系统的特点

物流信息系统具有集成化、模块化、实时化、网络化和智能化等主要特点。随着社会经济的发展和科学的进步,物流信息系统正在向信息分类的集成化、系统功能的模块化、信息采集的实时化、信息传输的网络化、信息处理的智能化等方向发展。

(1) 集成化。集成化指物流信息系统将业务逻辑上相互关联的部分连接在一起,为企业物流活动中的集成化信息处理工作提供基础。在系统开发过程中,数据库、系统结构以及功能的设计等都应该遵循统一的标准、规模和规程(即集成化),以避免出现"信息孤岛"现象。

(2) 模块化。模块化指把物流信息系统划分为各个功能模块的子系统,各子系统通过统一的标准为其进行功能模块开发,然后再集成、组合起来使用,这样就能既满足物流企业的不同管理部门的需要,也保证了各个子系统的使用和访问权限。

(3) 实时化。实时化是指借助编码技术、自动识别技术、GPS 技术、GIS 技术等现代物流技术,对物流活动进行准确实时的信息采集,并采用先进的计算机与通信技术,实时地进行数据处理和传送物流信息;通过 Internet/Intranet 的应用将供应商、分销商和客户按业务关系连接起来,使整个物流信息系统能够即时地掌握和分享属于供应商、分销商或客户的信息。

(4) 网络化。网络化即通过 Internet 将分散在不同地理位置的物流分支机构、供应商、客户等连接起来,形成一个复杂但有密切联系的信息网络,从而通过物流信息系统这个联系方式实时地了解各地物流的运作情况。物流信息中心将对各地传来的物流信息进行汇总、分类以及综合分析,并通过网络把结果反馈传达下来,以指导、协调、综合各个地区的业务工作。

(5) 智能化。智能化物流信息现在虽然尚缺乏十分成功的案例,但物流信息系统正在往这个发展方向努力。比如在物流企业决策支持系统中的知识子系统,它就负责搜集、存储和智能化处理在决策过程中所需要的物流领域知识、专家的决策知识和经验知识。

6.2.2 物流信息系统的组成、构成要素与构成原则

1) 物流信息系统的组成

物流信息系统本身也是一个系统,它具有系统的一般特性。信息系统是一个企业或组织的内部神经系统,具有整体效应;目的性表现在信息系统的最终目标是为管理决策提供信息支持;信息系统是可以进行分解的,把整个组织的信息系统分解成若干个子系统,而各个子系统又可以划分为若干个模块,这表现出了系统的层次性;系统的各个组成部分之间又有着各种各样的联系,体现出其相关性;由于信息系统最终是为管理和决策服务的,而管理和决策要依赖于企业或组织内部各方面的变化、依赖于外部环境的变化情况,环境发生了变化必然导致信息系统的变化,因此,一个良好的信息系统应具有良好的环境适应性。

在物流信息系统的设计中,可采用"自上而下"的原则将系统分解为若干个子系统,对这些子系统再逐步进行分解和优化,使其结构清晰、功能明确和易于实现。简单来说,物流信息系统一般由以下子系统组成,各子系统均有自己特有的功能:

(1) 管理子系统:提供与具体业务无关的、系统所需的功能。
(2) 采购子系统:提供原材料采购信息的功能。
(3) 仓储管理子系统:使用仓储管理子系统管理储存业务的收发、分拣、摆放、补货、配送等,同时仓储管理子系统可以进行库存分析与财务系统集成。
(4) 库存子系统:提供库存管理信息的功能。
(5) 生产子系统:提供生产产品信息的功能。
(6) 销售子系统:提供产品销售信息的功能。
(7) 配送子系统:根据商品的配送类型分类后,再按照商品重量与体积等各因素拟订派车计划、体积装载计划以及配送行程计划等作业系统的功能。
(8) 运输子系统:提供产品运输信息的功能。
(9) 财务子系统:提供财务管理信息的功能。
(10) 决策支持子系统:使物流信息系统达到一个更高的层次。

以上只是物流信息系统功能的框架式划分,而相当重要的各子系统之间的相互关系并没有标识出来。例如,库存子系统就和采购子系统及生产子系统具有密切的关系。在物流信息系统结构中,应确定子系统间的信息流与数据接口(包括通信协议与数据标准定义),满足子系统间实现数据交换的通信需求。

2）物流信息系统的构成要素

根据系统的观点，构成物流企业信息系统的主要构成要素有硬件、软件、数据库和数据仓库、相关人员以及企业管理制度与规范等，物流信息系统将这些结合在一起，对物流活动进行管理、控制和衡量。

（1）硬件。包括计算机、必要的通信设施等，例如计算机主机、外存、打印机、服务器、通信电缆、通信设施。它是物流信息系统的物理设备、硬件资源，是实现物流信息系统的基础，它构成了系统运行的硬件平台。

（2）软件。在物流信息系统中，软件一般包括系统软件、实用软件和应用软件。系统软件是指那些管理和支持计算机资源及其信息处理活动的程序，这些程序是计算机硬件和应用程序之间重要的软件接口。系统软件主要有操作系统、网络操作系统等。实用软件主要有数据库管理系统、计算机语言、各种开发工具、浏览器等，主要用于开发应用软件、管理数据资源、实现通信等。应用软件指为了满足用户处理信息的需求，具有特定功能的程序。对于物流信息系统而言，它是为了企业进行相关的物流管理活动而开发的程序。应用软件一般面向的是具体问题，不同的企业有不同的物流活动，因此其物流应用软件，甚至物流信息系统也是千差万别的。

（3）数据库与数据仓库。数据库和数据仓库用来存放与应用相关的数据，是实现辅助企业管理和支持决策的数据基础。随着国际互联网的深入应用以及计算机安全技术、网络技术、通信技术等发展，以及市场专业化分工与协作的深入，企业和企业之间数据交换趋势日益增强，企业许多物流信息来源于外部。因此企业数据库的设计将面临采取集中、部分集中或分布式管理的选择。同时，随着物流信息系统应用的深入，采用数据挖掘技术的数据仓库也应运而生。

（4）相关人员。无论是物流信息系统的开发、运行还是维护，都离不开相关人员的参与。这些人员既有专业人员、终端用户，还有管理人员、业务人员等，不同的人员在物流信息系统开发、运行和维护中起着不同的作用。对于企业而言，不仅要考虑开发、选择合适的物流信息系统，还要注意对员工计算机系统使用能力的培养。

（5）企业的管理思想、制度和规范。企业决策者和管理者的管理思想和理念决定物流信息系统的结构；同时管理制度与规范，如组织机构、部门职责、业务规范和流程、岗位制度等，是物流信息系统开发成型和运行的管理基础和保障，它是构造物流信息系统模型的主要参考依据，制约着系统硬件平台的结构、系统计算模式、应用软件的功能。

3）物流信息系统的构成原则

为了保证物流信息系统的成功开发，在物流信息系统开发中应遵循一定的原则，主要包括：

（1）完整性。物流信息系统是由各子系统组成的整体，具有系统的整体性特征。在手工方式下，由于处理手段的限制，信息处理采用各职能部门分别收集和保存信息、分散处理信息的形式。计算机化的物流信息系统必须从系统总体出发，克服手工信息分散处理的弊病，各子系统的功能要尽可能规范，数据采集要统一，语义描述要一致，信息资源要共享，保证各子系统协调一致地工作，避免信息的大量重复，实现系统的整体优化。

（2）相关性。组成物流信息系统的各子系统各有其独立功能，同时又相互联系、相互作用，通过信息流把它们的功能联系起来，某一子系统发生了变化，其他子系统也要相应地进行调整和改变。因此,在物流信息系统开发中,不能不考虑系统的相关性,即不能不考虑其他子系统而孤立地设计某一子系统。

(3) 适应性。物流信息系统应对外界条件的变化有较强的适应能力。不能适应环境变化的系统是没有生命力的。由于物流信息系统是一个很复杂的系统工程,故要求系统的结构具有较好的灵活性和可塑性。这样,当组织管理模式或计算机软硬件等发生变化时,系统才能够容易地进行修改、扩充等。

(4) 可靠性。只有可靠的系统才能得到用户的信任。因此在设计系统时,要保证系统软硬件设备的稳定性;要保证数据采集的质量;要有有效的数据校验功能;要有一套系统的安全措施。只有这样,系统的可靠性才能得到充分保证。系统的可靠性是检验系统成败的主要指标之一。

(5) 经济性。经济性是衡量系统值不值得开发的重要依据。开发过程中,应尽可能节省开支和缩短开发周期。新系统投入运行后,应尽快回收投资,以提高系统的经济效益和社会效益。

6.2.3 物流信息系统的基本功能与功能层次

1) 物流信息系统的基本功能

物流信息系统是物流系统的神经中枢,它作为整个物流系统的指挥和控制系统,可以分为多种子系统或者多种基本功能。通常,可以将其基本功能归纳为以下几个方面:

(1) 数据收集。物流数据的收集首先是将数据通过收集子系统从系统内部或者外部收集到预处理系统中,并整理成为系统要求的格式和形式,然后再通过输入子系统输入到物流信息系统中。这一过程是其他功能发挥作用的前提和基础,如果一开始收集和输入的信息不完全或不正确,在接下来的过程中得到的结果就可能与实际情况完全相左,这将会导致严重的后果。因此,在衡量一个信息系统的性能时,应注意它收集数据的完善性、准确性,以及校验能力和预防抵抗破坏能力等。

(2) 信息存储。物流数据经过收集和输入阶段后,在其得到处理之前,必须在系统中存储下来。即使在处理之后,若信息还有利用价值,也要将其保存下来,以供以后使用。物流信息系统的存储功能就是要保证已得到的物流信息能够不丢失、不走样、不外泄、整理得当、随时可用。无论哪一种物流信息系统,在涉及信息的存储问题时,都要考虑到存储量、信息格式、存储方式、使用方式、存储时间、安全保密等问题。如果这些问题没有得到妥善的解决,信息系统是不可能投入使用的。

(3) 信息传输。物流信息在物流系统中,一定要准确、及时地传输到各个职能环节,否则信息就会失去其使用价值。这就需要物流信息系统具有克服空间障碍的功能。物流信息系统在实际运行前,必须充分考虑所要传递的信息种类、数量、频率、可靠性要求等因素。只有这些因素符合物流系统的实际需要时,物流信息系统才是有实际使用价值的。

(4) 信息处理。物流信息系统的最根本目的就是要将输入的数据加工处理成物流系统所需要的物流信息。数据和信息是有所不同的,数据是得到信息的基础,但数据往往不能直接利用;而信息是从数据加工得到的,它可以直接利用。只有得到了具有实际使用价值的物流信息,物流信息系统的功能才算发挥出来。

(5) 信息输出。信息输出是物流信息系统的最后一项功能,也只有在实现了这个功能后,物流信息系统的任务才算完成。信息输出必须采用便于人或计算机理解的形式,在输出形式上力求易读易懂,直观醒目。

这五项功能是物流信息系统的基本功能,缺一不可。而且,只有五个过程都没有出错,最后得到的物流信息才具有实际使用价值,否则会造成严重的后果。

2)物流信息系统的功能层次

物流信息系统从本质上讲是把各种物流活动与某个一体化过程连接在一起的通道。一体化过程应建立在四个功能层次上:即交易系统、管理控制、决策分析以及制订战略计划。

第一层次是交易系统,包括记录订货内容、安排存货任务、作业程序选择、装船、运输、配送、发货、开发票以及客户查询等。交易系统的特征是:格式规则化、通信交互化、交易批量化以及作业程序化。结构上的各种过程和大批量的交易相结合主要强调了信息系统的效率。物流信息管理系统管理控制、决策分析以及战略计划制订的强化都需要以强大的交易系统作为基础。

第二层次是管理控制,要求把主要精力集中在功能衡量和报告上。功能衡量对于提供有关服务水平和资源利用等的管理反馈来说是必要的,因此,管理控制涉及评价过去的功能和鉴别各种可选方案。当物流信息系统有必要报告过去的物流系统功能时,物流信息系统是否能够在其处理的过程中鉴别出异常情况也是重要的。

第三层次是决策分析,主要把精力集中在决策应用上,协助管理人员鉴别、评估和比较物流战略和策略上的可选方案。决策分析与管理控制不同的是,决策分析的主要精力集中在评估未来策略上的可选方案,并且它需要相对的灵活性,以便作范围很广的选择。因此,使用者需要通过学习更多的专业知识和培训获取利用它的能力。既然决策分析的应用要比交易应用少,那么物流信息系统的决策分析更多地趋向于强调有效(Effectiveness),而不是强调效率(Efficiency)。

最后一个层次是制订战略计划,主要精力集中在信息支持上,以期开发和提炼物流战略。这类决策往往是决策分析层次的延伸,但是通常更加抽象、松散,并且注重长期战略。

如图6-1所示为物流信息系统的功能层次。

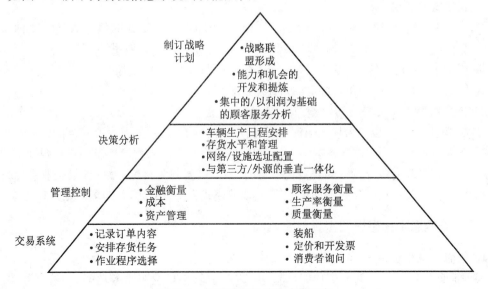

图6-1 物流信息系统的功能层次

6.3 物流信息平台建设

6.3.1 物流信息平台的概念和分类

1）物流信息平台的概念

一般认为，凡是能够支持或者进行物流服务供需信息的交互或交换的网站，均可视为物流信息平台。比如一个物流公司设计了一个信息交换系统，使得其用户和公司可以保持便捷的联系，那么这个系统就具备了物流信息平台的性质。一个专业的物流信息服务网站就是一个典型的物流信息平台，比如中国物通网。

2）物流信息平台的分类

根据不同的分类标准，物流信息平台有不同的分类办法。

（1）以服务区域而言，可以分为地方性的物流信息平台和全国性的物流信息平台。比如：长江物流网、宁波物流信息网很明显属于地方性的物流信息平台；中国物通网因其用户遍布全国各地，是当前知名的全国性物流信息平台。

（2）以网站运营方的性质而言，可以分为主体自身运营的物流信息平台和第三方物流信息平台。其中主体自身运营的物流信息平台往往以提高主体的工作效率为目标；而第三方物流信息平台则专为物流供需方提供信息服务，其运营方一般不涉及物流服务的具体运作。

6.3.2 物流信息平台的形态特征

物流信息平台主要有封闭式的平台系统和公共物流信息门户两种主要形态。由于两个形态之间并不冲突，因此大多企业用户可以同时使用两种形态提供的服务。封闭式平台系统产生于不同组织内部，其投资取决于其所依附的线下实体，因此具有很强的个性化特征，并拥有稳定的收入来源。而公共物流信息门户则具有更高的开放性，为组织服务，收入来源具有多样化特征。

1）封闭式的平台系统

封闭式平台须依附于线下实体，为组织内或组织间提供封闭式的信息服务。此种模式的主要代表有：电子口岸系统、物流原物监管系统、贸易集散地交易系统。封闭式平台系统拥有特定的公共用户群体，为专一目标服务，不同的平台系统之间不存在市场竞争的情况。封闭式平台系统模式稳定，并有特定的目标服务群体。

2）公共物流信息门户

公共物流信息门户以平台模式出现，属于门户类的物流信息平台，具有较高的开放性。同时，在服务范围上更趋向多样化，提高更大范围的信息交互。公共物流信息门户有两种不同的价值趋向：一种是政府主导投资的公益性信息门户，不以盈利为目标；另一种是企业主导投资的盈利性信息门户，存在明显的市场化竞争，其商业模式将持续变化，并向多样化方向发展。

6.3.3 物流信息平台建设的步骤与原则

1）物流信息平台建设的步骤

根据信息平台应具备的五类功能，即数据交换功能、信息发布服务功能、会员服务功能、在线交易功能、智能配送功能,按照分步实施、循序渐进的原则,先建设近期功能(数据交换功能、信息发布服务功能、会员服务功能、在线交易功能)项目,再建设远期功能(智能配送、GPS 货物跟踪等功能)项目。这些项目涉及现代物流宽带网络系统、物流业务信息系统、现代物流中心内部管理信息服务系统及商务信息系统。

(1) 数据交换功能板块。信息平台核心功能,指电子单证的翻译、转换和通信,包括网上报关、报检、许可证申请、结算、缴税、退税、客户与商家的业务往来等与信息平台连接的用户间的信息交换。在这个板块,所有需要传递数据的单位都与信息平台相连,要传递的单证信息先传递到信息平台,再由信息平台根据电子数据中的接收方转发到相应单位,接收单位将收到的电子单证信息经转换后送到内部系统处理。

(2) 信息发布服务功能板块。包括水、陆、航空、多式联运价格体系、新闻和公告、电子政务指南、货源程序和运力、航班航期、空车配载、铁路车次、适箱货源、政策法规等。在这个板块应建立内部管理信息服务系统,组建局域网并通过 DDN 或拨号方式与信息中心联网,同时在物流服务现场端配备工作站,实行计算机全程管理,及时发布、搜集、下载有关信息。

(3) 会员服务功能板块。主要包括会员单证管理、会员的货物状态和位置跟踪、交易跟踪、交易统计、会员资信评估等内容。在这个板块中要建设接口系统,接入合作伙伴信息、客户信息及业务管理系统,实行订单管理、物流查询及物流信息反馈。

(4) 在线交易功能板块。交易系统为供方和需方提供一个虚拟交易市场,三方可发布和查询供需信息,对感兴趣的信息可进一步洽谈。在这个板块,要建立商务信息系统。以电子数据处理、互联网络、数据交换和资金汇总技术为基础,集信息交流、商谈、订货、发货、运输、报关、保险、商检、动植检和银行结算为一体,加速业务开展,并规范整个商贸业务的发生、发展和结算过程。

(5) 智能配送功能板块。一是建设 GPS 货物跟踪系统,使用户能随时随地通过电话或互联网查询自己货物的状态和位置,并可动态提供最佳路线;二是建设与结算支付相关的金融、保险、税务运行系统,以真正实现一体化的网上交易;三是建设 EDI 及互联网系统。EDI 专线方式业务费用很大,大部分中小企业无力承担,但如果将 EDI 的应用移植到互联网上,则会大幅度降低费用。因此,通过互联网也能获得 EDI 服务。

2) 物流信息平台建设的原则

(1) 扩展性原则。平台的扩展性包括空间和时间两个方面的意义。空间扩展性是指平台能够实现不同地理位置上范围的扩展。物流系统设施(如仓库)在空间上的设计范围很大,因此,物流信息平台必须适应物流设施的地域变化。时间上的扩展性是指平台应随着用户需求、技术进步、企业构架的变化而变化,系统能够方便地对各功能模块进行改造、增加,以适应新的变化。

(2) 先进性原则。由于当前计算机硬件技术发展迅速,物流信息平台在技术上应该是先进的,能够在若干年内满足企业的信息处理要求而不致落后。这就要求在操作系统、数据库、网络平台等方面尽量采用当前主流并具有良好发展前途的产品,在系统的设计开发过程中充分考虑到系统将来的升级和功能扩充需要。

(3) 开放性原则。由于物流信息涉及的范围比较广泛,平台必须与数量众多、性质不同的各种相关领域的其他系统衔接,因此,物流信息平台与其他系统的接口设计非常重要,须保证与物流信息相关的各信息系统能互联互通。

（4）安全性原则。安全性不仅是物流系统本身的需要，也是物流信息平台服务电子商务职能的必然要求。这是因为，物流信息平台是现代电子商务系统的重要子系统，为保证电子商务的顺利进行，物流信息平台也必须具有高度的安全性。

（5）易用性和易维护性原则。系统的易用性主要是指软件有友好的用户界面，操作简单方便，符合用户行业的作业流程特点。系统信息应当尽量使用用户熟悉的术语来表示，针对用户在使用过程中出现的各种问题，系统应该提供一定的在线帮助，最大限度地缩短用户对系统的熟悉过程，方便用户的使用。

（6）可靠性原则。引起信息平台失效的原因主要有以下几个方面：输入异常、硬件失效、软件失效。物流信息平台在设计过程中应该考虑尽量避免上述失效的发生，或者当失效发生时，平台应该对其做出妥善处理，提供紧急的应对手段。

（7）标准性原则。平台必须支持各种开放的标准，系统软件（操作系统、数据库管理系统、开发工具、应用开发平台等）和硬件（工作站、服务器、网络等）符合当前主流的计算机软硬件标准、国家标准和行业标准。

6.4 物流信息技术的应用

6.4.1 物流信息技术的概念与主要类别

1）物流信息技术的概念

物流信息技术（logistics information technology）是现代信息技术在物流各个作业环节中的综合应用，是现代物流区别于传统物流的根本标志，也是物流技术中发展最快的领域，尤其是计算机网络技术的广泛应用使物流信息技术达到了较高的应用水平。物流信息技术的发展也改变了企业应用供应链管理获得竞争优势的方式，成功的企业通过应用信息技术来支持它的经营战略并选择它的经营业务。

2）物流信息技术的主要类别

运用于物流各环节中的信息技术，根据物流的功能以及特点，物流信息技术包括条形码技术、射频识别（RFID）技术、电子数据交换（EDI）技术、全球定位系统（GPS）技术、地理信息系统（GIS）技术等。

6.4.2 物流信息技术的组成结构

1）条形码技术

（1）条形码的概念

条形码（barcode）是将宽度不等的多个黑条和空白，按照一定的编码规则排列，用以表达一组信息的图形标识符。常见的条形码是由反射率相差很大的黑条（简称条）和白条（简称空）排成的平行线图案。条形码可以标出物品的生产国、制造厂家、商品名称、生产日期、图书分类号、邮件起止地点、类别、日期等许多信息，因而在商品流通、图书管理、邮政管理、银行系统等许多领域都得到广泛的应用。

通用商品条形码一般由前缀部分、制造厂商代码、商品代码和校验码组成。商品条形码中的前缀码是用来标识国家或地区的代码，赋码权属于国际物品编码协会，如00～09代表美国、加拿大，45、49 代表日本，69 代表中国大陆，471 代表中国台湾地区，489 代表中国香港特区。制造厂商代码的赋权属于各个国家或地区的物品编码组织，中国由国家物品编码中心赋予制造厂商代码。商品代码是用来标识商品的代码，赋码权由产品生产企业自己行使。商品条形码最后用 1 位校验码来校验商品条形码中左起第 1～12 位数字代码的正确性。商品条形码是指由一组规则排列的条、空及其对应字符组成的标识，用以表示一定的商品信息的符号。其中条为深色、空为浅色，用于条形码识读设备的扫描识读。其对应字符由一组阿拉伯数字组成，供人们直接识读或通过键盘向计算机输入数据使用。这一组条空和相应的字符所表示的信息是相同的。

(2) 条形码的分类

目前世界上常用的码制有 EAN 码、UPC 码、交叉 25 码、库德巴码、39 码、128 码、93 码、49 码等，而商品上最常使用的就是 EAN 码。

① 按码制分类

a. UPC 码

1973 年，美国率先在国内的商业系统中应用 UPC 码，之后加拿大也在商业系统中采用 UPC 码。UPC 码是一种长度固定的连续型数字式码制，其字符集为数字 0～9。它采用四种元素宽度，每个条或空是 1、2、3 或 4 倍单位元素宽度。UPC 码有两种类型，即 UPC—A 码和 UPC—E 码。

b. EAN 码

1977 年，欧洲经济共同体各国按照 UPC 码的标准制定了欧洲物品编码——EAN 码，与 UPC 码兼容，而且两者具有相同的符号体系。EAN 码的字符编号结构与 UPC 码相同，也是长度固定的、连续型的数字式码制，其字符集是数字 0～9。它同样采用四种元素宽度，每个条或空是 1、2、3 或 4 倍单位元素宽度。EAN 码有两种类型，即 EAN—13 码和 EAN—8 码。

c. 交叉 25 码

交叉 25 码是一种长度可变的连续型自校验数字式码制，其字符集为数字 0～9。采用两种元素宽度，每个条和空是宽或窄元素。编码字符个数为偶数，所有奇数位置上的数据以条编码，偶数位置上的数据以空编码。如果为奇数个数据编码，则在数据前补一位 0，以使数据为偶数个数位。

d. 39 码

39 码是第一个字母数字式码制，1974 年由 Internet 公司推出。它是长度可比的离散型自校验字母数字式码制。其字符集为数字 0～9, 26 个大写字母和 6 个特殊字符(－、。、Space、/、%、￥)，共 43 个字符。每个字符由 9 个元素组成，其中有 5 个条(2 个宽条，3 个窄条)和 4 个空(1 个宽空，3 个窄空)，是一种离散码。

e. 库德巴码

库德巴码(Code Bar)出现于 1972 年，是一种长度可变的连续型自校验数字式码制。其字符集为数字 0～9 和 6 个特殊字符(－、:、/、。、＋、￥)，共 16 个字符。常用于仓库、血库和航空快递包裹中。

f. 128 码

128 码出现于 1981 年，是一种长度可变的连续型自校验数字式码制。它采用四种元素宽度，每个字符有 3 个条和 3 个空，共 11 个单元元素宽度，又称(11,3)码。它有 106 个不同条形码字符,每个条形码字符有三种含义不同的字符集,分别为 A、B、C。它使用这 3 个交替的字符集可将 128 个 ASCII 码编码。

g. 93 码

93 码是一种长度可变的连续型字母数字式码制。其字符集为数字 0~9,26 个大写字母和 7 个特殊字符(- 、。、Space、/、+、%、¥)以及 4 个控制字符。每个字符有 3 个条和 3 个空,共 9 个元素宽度。

h. 49 码

49 码是一种多行的连续型、长度可变的字母数字式码制,出现于 1987 年,主要用于小物品标签上的符号。其采用多种元素宽度,字符集为数字 0~9,26 个大写字母和 7 个特殊字符(- 、。、Space、%、/、+、¥)、3 个功能键(F1、F2、F3)和 3 个变换字符,共 49 个字符。

i. 其他码制

除上述码外,还有其他的码制,例如 25 码出现于 1977 年,主要用于电子元器件标签;矩阵 25 码是 11 码的变形;Nixdorf 码已被 EAN 码所取代;Plessey 码出现于 1971 年 5 月,主要用于图书馆等。

② 按维数分类

a. 普通的一维条码

普通的一维条码自问世以来,很快得到了普及并广泛应用。但是由于一维条码的信息容量很小,如商品上的条码仅能容 13 位的阿拉伯数字,更多的描述商品的信息只能依赖数据库的支持,离开了预先建立的数据库,这种条码就变成了无源之水、无本之木,因而条码的应用范围受到了一定的限制,如图 6-2 所示为一维条码。

图 6-2 一维条码

b. 二维条码

除具有普通条码的优点外,二维条码还具有信息容量大、可靠性高、保密防伪性强、易于制作、成本低等优点。美国 Symbol 公司于 1991 年正式推出名为 PDF417 的二维条码,简称为 PDF417 条码,即"便携式数据文件"。PDF417 条码是一种高密度、高信息含量的便携式数据文件,是实现证件及卡片等大容量、高可靠性信息自动存储、携带并可用机器自动识读的理想手段,如图 6-3 所示为二维条码。

图 6-3 二维条码

普通的一维条码与二维条码其对比如表 6-1 所示。

表 6-1 一维条码与二维条码的对比

名称 特点	一维条码	二维条码
显示内容	英文、数字、简单符号	英文、中文、数字、符号、图形
信息密度	低	高
贮存数据量	小	大
保密性	不高	高,可加密
访问数据库	需要	不需要
用途	标识物品,带载流转信息	描述物品,携带信息
识读速度	快	慢
识读设备成本	低	高

c. 多维条码

进入 20 世纪 80 年代以来,人们围绕如何提高条形码符号的信息密度,进行了研究工作。多维条码和集装箱条码成为研究展开与应用的方向。信息密度是描述条形码符号的一个重要参数,即单位长度中可能编写的字母个数,通常记作:字母个数/cm。影响信息密度的主要因素是条、空结构和窄元系的宽度。128 码和 93 码就是人们为提高密度而进行的成功的尝试。128 码 1981 年被推荐应用;而 93 码于 1982 年投入使用。这两种码的符号密度均比 39 码高将近 30%。随着条形码技术的发展和条形码的种类不断增加,条形码的标准化显得愈来愈重要。同时,一些行业也开始建立行业标准,以适应发展的需要。此后,戴维·阿利尔又研制出 49 码,这是一种非传统的条形码符号,它比以往的条形码符号具有更高的密度。特德·威廉姆斯于 1988 年推出 16K 码,该码的结构类似于 49 码,是一种比较新型的码制,适用于激光系统。

（3）条形码的应用

在物流供应链管理方面，从产品的生产到成品下线、销售、运输、仓储、零售等各个环节，都可以应用条形码技术以进行方便、快捷的管理。条形码技术把产品生命期中各阶段发生的信息连接在一起，使企业在激烈的市场竞争中处于有利地位。条码化可以保证数据的准确性，条码设备使用既方便又快捷。

① 生产管理。在生产中可以应用产品识别码监控生产，采集产品测试数据和生产质量检验数据，进行产品完工检查，建立产品识别码和产品档案，从而有序地安排生产计划，监控生产流程及流向，提高产品下线合格率。

② 销售信息系统（POS）。在商品上贴条码就能快速、准确地利用计算机进行销售和配送管理。其过程为，对销售商品进行结算时，通过光电扫描读取信息并将其输入计算机，然后输进收款机，收款后开出收据，同时通过计算机处理，掌握进、销、存的数据。

③ 仓库业务管理。包括出库、入库、盘库、月盘库、移库，不同业务以各自的方式进行，完成仓库的进、销、存管理。

④ 根据货物的品名、型号、规格、产地、牌名、包装等划分货物品种，并且分配唯一的编码，也就是"货号"。分货号管理货物库存和管理货号的单件集合，并且应用于仓库管理的各种操作。

⑤ 仓库库位管理，即对存货空间的管理。仓库分为若干个库房，库房是仓库中独立和封闭的存货空间，库房内空间细划为库位，细分能够更加明确定义存货空间。在产品入库时将库位条码号与产品条码号一一对应，在出库时按照库位货物的库存时间可以实现先进先出或批次管理。

⑥ 进行货物单件管理。条码技术不光可以按品种管理货物的库存，而且还可以管理货物库存的具体每一单件。采用产品标志条记录单件产品所经过的状态，就可以实现对单件产品的跟踪管理，更加准确地完成仓库出入库操作。一般仓库管理只能完成仓库运输差错处理（根据人机交互输入信息），而条码仓库管理不仅可以直接处理实际运输差错，同时能够根据采集的单件信息及时发现出入库的货物单件差错（如入库重号、出库无货），并且提供差错处理。

⑦ 分货、拣选系统。在配送和仓库出货时，采用分货、拣选方式，需要快速处理大量的货物，利用条码技术便可自动进行分货拣选，并实现有关的管理。其过程为：一个配送中心接到若干个配送订货要求，将若干订货汇总，每一品种汇总成批后，按批发出所在条码的拣货标签，拣货人员到库中将标签贴于每件商品上并取出，用自动分拣机分拣，分拣机始端的扫描器对处于运动状态分货机上的货物进行扫描，一方面确认所拣出货物是否正确，另一方面识读条码上的用户标记，指令商品在确定的分支分流，到达各用户的配送货位，完成分货拣选。

⑧ 市场销售链管理。为了占领市场、扩大销售，企业根据各地销售情况的不同，制订了不同的产品批发价格，并规定只能在当地销售。但是，有些违规的批发商以较低的地域价格取得产品后，在地域价格高的地方低价倾销，扰乱了市场。由于缺乏真实、可靠、快速的事实数据，企业对之也无能为力。为保证产品销售链政策的有效实施与监督，必须能够跟踪批发商销售的产品品种或产品单件信息。通过在销售、配送过程中采集产品的单品条码信息，就可根据产品单件标志条码记录产品销售过程，完成产品销售链跟踪。

⑨ 市场供应链管理。这是目前使用最多、见效最快的应用,在销售管理中有两种方式可以采集数据,一种是每一环节从产品上撕下一个条码,拿回来后进行扫描;另一种是采用数据采集器即时扫描记录。不论用哪一种方式,都可记录哪一种产品在什么时间,哪一个部门,卖给了什么人,是谁卖的,完成哪一份订单或合同。有了这些基本信息,可以很方便地进行分析和统计。

⑩ 售后服务的管理。售后服务直接影响到一个企业的形象和销售,需要很大的投入,既要好的服务,又要节约投资,这是一个矛盾,要想很好地解决,就要有正确及时的数据作为保证。

2) RFID 技术

(1) RFID 的概念

RFID(Radio Frequency Identification,射频识别)是一种非接触式的自动识别技术,它通过射频信号自动识别目标对象来获取相关数据。其识别工作无须人工干预,可工作于各种恶劣环境。

(2) RFID 的分类

① RFID 按应用频率的不同分为低频(LF)、高频(HF)、超高频(UHF)、微波(MW),相对应的代表性频率分别为:低频 125 kHz 以下、高频 13.54 MHz、超高频 850 MHz～910 MHz、微波 2.4 GHz。

② RFID 按照能源的供给方式分为无源 RFID、有源 RFID。无源 RFID 读写距离近,价格低;有源 RFID 可以提供更远的读写距离,但是需要电池供电,成本要更高一些,适用于远距离读写的应用场合。

(3) RFID 的工作原理

RFID 技术的基本工作原理并不复杂:标签进入磁场后,接收解读器发出的射频信号,凭借感应电流所获得的能量发送出存储在芯片中的产品信息(Passive Tag,无源标签或被动标签),或者主动发送某一频率的信号(Active Tag,有源标签或主动标签);解读器读取信息并解码后,送至中央信息系统进行有关数据处理。

一套完整的 RFID 系统,是由阅读器(Reader)与电子标签(TAG)也就是所谓的应答器(transponder)及应用软件系统三个部分所组成。其工作原理是 Reader 发射一特定频率的无线电波给 Transponder,用以驱动 Transponder 电路将内部的数据送出,此时 Reader 便依序接收解读数据,传送给应用程序做相应的处理。

以 RFID 卡片阅读器及电子标签之间的通信及能量感应方式来看大致上可以分成,感应耦合(Inductive Coupling)及后向散射耦合(Back scatter Coupling)两种,一般低频的 RFID 大多采用第一种方式,而较高频大多采用第二种方式。

阅读器根据使用的结构和技术不同可以是读或读/写装置,是 RFID 系统信息控制和处理中心。阅读器通常由耦合模块、收发模块、控制模块和接口单元组成。阅读器和应答器之间一般采用半双工通信方式进行信息交换,同时阅读器通过耦合给无源应答器提供能量和时序。在实际应用中,可进一步通过 Ethernet 或 WLAN 等实现对物体识别信息的采集、处理及远程传送等管理功能。应答器是 RFID 系统的信息载体,目前应答器大多是由耦合原件(线圈、微带天线等)和微芯片组成无源单元。

(4) RFID 的应用

短距离射频识别产品不怕油渍、灰尘污染等恶劣的环境,可在这样的环境中替代条码,例如用在工厂的流水线上跟踪物体。长距离射频识别产品多用于交通上,识别距离可达几十米,如自动收费或识别车辆身份等。

① 在零售业中,条形码技术的运用使得数以万计的商品的种类、价格、产地、批次、货架、库存、销售等各环节被管理得井然有序。

② 采用车辆自动识别技术,使得路桥、停车场等收费场所避免了车辆排队通关现象,减少了时间浪费,从而极大地提高了交通运输效率及交通运输设施的通行能力。

③ 在自动化的生产流水线上,整个产品生产流程的各个环节均被置于严密的监控和管理之下。

④ 在粉尘、污染、寒冷、炎热等恶劣环境中,远距离射频识别技术的运用改善了卡车司机必须下车办理手续的不便。

⑤ 在公交车的运行管理中,自动识别系统准确地记录着车辆在沿线各站点的到发站时刻,为车辆调度及全程运行管理提供实时可靠的信息。

⑥ 在设备管理中,RFID 自动识别系统可以将设备的具体位置与 RFID 读取器做绑定,当设备移动出指定读取器的位置时,记录其过程。

RFID 电子标签的技术应用非常广泛,据物联网智库统计,目前典型应用有:移动支付、动物晶片、门禁控制、航空包裹识别、文档追踪管理、包裹追踪识别、畜牧业、后勤管理、移动商务、产品防伪、运动计时、票证管理、汽车晶片防盗器、停车场管制、生产线自动化、物料管理等等。

3)EDI 技术

(1) EDI 的概念

EDI 是 Electronic Data Interchange 的缩写,即电子数据交换。EDI 不是用户之间简单的数据交换,EDI 用户需要按照国际通用的消息格式发送信息,接收方也需要按国际统一规定的语法规则,对消息进行处理,并引起其他相关系统的 EDI 综合处理。整个过程是自动完成的,无须人工干预,减少了差错,提高了效率。

EDI 系统由通信模块、格式转换模式、联系模块、消息生成和处理模块等 4 个基本功能模块组成。

(2) EDI 的主要优点

① 降低了纸张文件的消耗。

② 减少了许多重复劳动,提高了工作效率。

③ 使得贸易双方能够以更迅速、有效的方式进行贸易,大大简化了订货过程或存货过程,使双方能及时充分地利用各自的人力和物力资源。

④ 可以改善贸易双方的关系,厂商可以准确地估计日后商品的需求量,货运代理商可以简化大量的出口文书工作,商业用户可以提高存货的效率,提高他们的竞争能力。

由于 EDI 的使用可以完全代替传统的纸张文件的交换,因此,有人称它为"无纸贸易"或"电子贸易"。

(3) EDI 的应用

① EDI 用于金融、保险和商检。可以实现对外经贸的快速循环和可靠的支付,降低银行间转账所需的时间,增加可用资金的比例,加快资金的流动,简化手续,降低作业成本。

② EDI 用于外贸、通关和报关。EDI 用于外贸业,可提高用户的竞争能力。EDI 用于通关和报关,可加速货物通关,提高对外服务能力,减轻海关业务的压力,防止人为弊端,实现货物通关自动化和国际贸易的无纸化。

③ EDI 用于税务。税务部门可利用 EDI 开发电子报税系统,实现纳税申报的自动化,即方便快捷、又节省人力物力。

④ EDI 用于制造业、运输业和仓储业。制造业利用 EDI 能充分理解并满足客户的需要,制订出供应计划,达到降低库存、加快资金流动的目的。运输业采用 EDI 能实现货运单证的电子数据传输,充分利用运输设备、仓位,为客户提供高层次和快捷的服务。仓储业可加速货物的提取及周转,减缓仓储空间紧张的矛盾,从而提高利用率。

(4) EDI 的作用

① EDI 标准保证了计算机网络自动传送和计算机自动处理文件及数据得以实现。

② EDI 标准也保证了网络传输全程实现审计跟踪,这样大大提高了商业文件传送的透明度和可靠性。

所谓的审计跟踪,指的是报文在交换过程中,系统自动对报文的接收时间、报文大小、收件人、投递时间和收件人读取时间等均作详细的记录和存档,以便该报文发生差错或丢失时,可应要求重构和重发,在发生纠纷时提供举证服务。

③ 标准化的 EDI 格式转换保证了不同国家、不同地区、不同企业的各种商业文件(如单证、回执、载货清单、验收通知、出口许可证、原产地证等)得以无障碍地电子化交换,促进了国际贸易的发展。

(5) EDI 的工作步骤

① 买方标明要购买的货物的名称、规格、数量、价格、时间等,这些数据被输入采购应用系统,该系统的翻译软件制作出相应的 EDI 电子订单,这份电子订单将被传递到卖方。

② 卖方的计算机接到订单后,EDI 软件把订单翻译成卖方的格式,同时自动生成一份表明订单已经收到的功能性回执。这份电子回执被传递到买方。

③ 卖方也许还会产生并传递一份接收订单通知给买方,表示供货的可能性。

④ 买方的计算机收到卖方的功能性回执及接收订单通知后,翻译软件将它们翻译成买方的格式,这时订单被更新了一次。

⑤ 买方根据订单的数据,产生一份电子的"了解情况"文件,并传递给卖方。

⑥ 卖方的计算机收到买方的"了解情况"文件,把它翻译成卖方的格式,并核查进展情况。

4) GPS 技术

(1) GPS 的概念

GPS 即全球定位系统(Global Positioning System)。简单地说,这是一个由覆盖全球的 24 颗卫星组成的卫星系统。这个系统可以保证在任意时刻,地球上任意一点都可以同时观测到 4 颗卫星,以保证卫星可以采集到该观测点的经纬度和高度,以便实现导航、定位、授时等功能。这项技术可以用来引导飞机、船舶、车辆以及个人,安全、准确地沿着选定的路线,准时到达目的地。GPS 定位技术具有高精度、高效率和低成本的优点,使其在各类大地测量控制网的加强改造和建立以及在公路工程测量和大型构造物的变形测量中得到了较为广泛的应用。

(2) GPS 的组成

① 空间部分

GPS 系统空间部分由 24 颗工作卫星和 4 颗备用卫星组成。它们分布在 6 个等间距的轨道平面上,轨道面相对赤道的夹角为 55 度,每个轨道面上有 4 颗工作卫星,卫星的轨道接近圆形,轨道高度为 2.018 36 万 km,周期约 12 h。在一般情况下,用户能同时观测到 6～8 颗卫星。GPS 卫星可连续向用户播发用于进行导航定位的测距信号和导航电文,并接收来自地面监控系统的各种信息和命令以维持正常运转。

② 地面监控部分

地面监控部分包括四个监控站、一个上行注入站和一个主控站。其主要功能是:跟踪 GPS 卫星,确定卫星的运行轨道及卫星钟改正数,进行预报后再按规定格式编制成导航电文,并通过注入站送往卫星。地面监控系统还能通过注入站向卫星发布各种指令,调整卫星的轨道及时钟读数,修复故障或启用备用件等。

③ 用户部分

用户部分由用户及 GPS 接收机等仪器设备组成。GPS 接收机测定从接收机至 GPS 卫星的距离,用户可根据卫星星历所给出的观测瞬间卫星在空间的位置等信息,根据距离交会原理求出自己的三维位置、三维运动速度和钟差等参数。目前,美国正致力于进一步改善整个系统的功能,如通过卫星间的相互跟踪来确定卫星轨道,以减少对地面监控系统的依赖程度,增强系统的自主性。

(3) GPS 技术的应用

① 用于汽车自定位,跟踪调度

利用 GPS 的计算机管理信息系统,可以通过 GPS 和计算机网络实时收集公路汽车所运货物的动态信息,可实现汽车、货物追踪管理,并及时地进行汽车的调度管理。据丰田汽车公司的统计和预测,日本车载导航系统的市场在 1995—2000 年平均每年增长 35% 以上,全世界在车辆导航上的投资将平均每年增长 60.8%。因此,车辆导航将成为未来全球卫星定位系统应用的主要领域之一。我国已有数十家公司在开发和销售车载导航系统。

② 用于铁路运输管理

我国铁路开发的基于 GPS 的计算机管理信息系统,可以通过 GPS 和计算机网络实时收集全路列车、机车、车辆、集装箱及所运货物的动态信息,可实现列车、货物追踪管理。只要知道货车的车种、车型、车号,就可以立即从近 10 万 km 的铁路网上流动着的几十万辆货车中找到该货车,还能得知这辆货车现在何处运行或停在何处,以及所有的车载货物发货信息。铁路部门运用这项技术可大大提高其路网及其运营的透明度,为货主提供更高质量的服务。

③ 用于物流配送

GPS 系统的建立给导航和定位技术带来了巨大的变化,它从根本上解决了人类在地球上的导航和定位问题,可以满足不同用户的需要。目前,GPS 技术备受人们关注,其中一个重要的原因是 GPS 的诸多功能在物流领域的运用已被证明是卓有成效的,尤其是在货物配送领域中。由于货物配送过程是实物的空间位置转移过程,所以对可能涉及的货物的运输、仓储、装卸、送递等处理环节有很大影响,对各个环节的问题如运输路线的选择、仓库位置的选择、仓库的容量设置、合理的装卸策略、运输车辆的调度和投递路线的选择都可以通过运用GPS进行有效的管理和决策分析,这无疑将有助于配送企业有效地利用现有资源、降低消耗、提高效率。

④ 用于军事物流

全球卫星定位系统首先是因为军事目的而建立的,在军事物流中,如后勤装备的保障等方面,应用相当普遍。尤其是在美国,其在世界各地驻扎的大量军队无论是在战时还是在平时都对后勤补给有着很高的需求,在战争中,如果不依赖GPS,美军的后勤补给就会变得混乱不堪。

随着GPS的发展,人们越来越意识到它的重大作用及广阔的应用领域。除军事应用外,GPS已应用于航天、航空、航海、气象、测量、勘探、建筑、市政、规划、土地、农业、交通、水利、电力、环保、银行、公安、消防、森林防火、抗洪抢险等诸多领域,其应用的形式也多种多样。GPS的优越性能越来越引起各行各业的兴趣,正如专家所预言的那样,GPS将改变许多行业的经营方式,它是继计算机革命之后的又一场革命。

5）GIS技术

GIS(Geographical Information System,地理信息系统)是多种学科交叉的产物,它以地理空间数据为基础,采用地理模型分析方法,适时地提供多种空间的和动态的地理信息,是一种为地理研究和地理决策服务的计算机技术系统。其基本功能是将表格型数据(无论它来自数据库、电子表格文件或直接在程序中输入)转换为地理图形显示,然后对显示结果浏览、操作和分析。其显示范围可以从洲际地图到非常详细的街区地图,显示对象包括人口、销售情况、运输线路和其他内容。

近年来GIS得到了广泛的关注和迅猛发展。从技术和应用的角度,GIS是解决空间问题的工具、方法和技术；从学科的角度,GIS是在地理学、地图学、测量学和计算机科学等学科基础上发展起来的一门学科,具有独立的学科体系；从功能的角度,GIS具有空间数据的获取、存储、显示、编辑、处理、分析、输出和应用等功能；从系统学的角度,GIS具有一定结构和功能,是一个完整的系统。它是一门综合性学科,结合地理学与地图学以及遥感和计算机科学,已经广泛地应用在不同的领域,是用于输入、存储、查询、分析和显示地理数据的计算机系统,随着GIS的发展,有称GIS为"地理信息科学"(Geographic Information Science),近年来,也有称GIS为"地理信息服务"(Geographic Information Service)。可见其对物流运输等方面有着很大的影响。

6）网络数据库技术

网络数据库是指把数据库技术引入到计算机网络系统中,借助网络技术将存储于数据库中的大量信息及时发布出去；而计算机网络借助成熟的数据库技术对网络中的各种数据进行有效管理,并实现用户与网络中的数据库进行实时动态数据交互。

网络数据库目前在Internet上有大量的应用,从最初的网站留言簿、自由论坛等到今天的远程教育和复杂的电子商务等,这些系统几乎是采用网络数据库这种方式来实现的。网络数据库系统的组成元素为:客户端、服务器端、连接客户端及服务器端的网络。这些元素是网络数据库系统的基础。

使用网络数据库的最大优势是用户无须在自己的客户端安装任何与所需存取或操作数据库系统对应的客户端软件,只需要通过Web浏览器便可完成对数据库数据的常用操作。这种方式的优点是用户不必再去学习复杂的数据库知识和数据库软件的使用,只需要掌握基本的网络操作,如填写、提交表单等就可以通过任何一台连接到 Internet 的计算机访问数据库。

7)管理软件

物流管理软件包括运输管理系统(TMS)、仓储管理系统(WMS)、货代管理系统(FMS)、供应链管理系统(SCMS)等。

6.4.3 物流信息技术的应用现状

现代物流信息技术是现代信息技术在物流各个作业环节中的综合应用,是现代物流区别于传统物流的根本标志,也是物流技术中发展最快的领域,尤其是计算机网络技术的广泛应用使物流信息技术达到了较高的应用水平。物流信息技术主要包括:自动识别技术(条码与射频技术)、电子数据交换技术(EDI)、全球定位系统(GPS)、地理信息系统(GIS)等。在连锁超市中尤其体现出现代物流信息技术的重要性,主要应用有条码技术、射频技术、电子数据交换技术等,其中条码技术较为突出。

条码技术在我国已广泛应用于商品流通销售、工业自动化控制以及办公自动化等诸多领域。它的出现在提高人们工作效率的同时更实现了数据信息的收集与互动,它在商业上的应用潜力(商品条码)一直是企业及国家关心的首要问题。商品条码即在流通领域中用于标识商品的全球通用条码,是中国物品编码中心推广的全球统一标识系统的核心内容,作为全球统一的编码和标识标准,它可以在全球范围内实现对任一种商品或服务的标准化识别。条码已成为国际贸易和电子商务的最基础的技术手段,可以说没有条码技术的广泛应用,我国的商品不可能参与国际大流通。

目前,我国申请使用商品条码的企业已逾百万家,超过千万种产品包装上印有商品条码,使用条码技术进行自动销售结算的超市有上万家,条码及自动识别技术产业在我国初具规模。它的普及大大提高了供应链的效率,而在这些硬件系统日趋完善的同时如何更好地利用这一信息化智慧为企业服务,就成为在竞争中立于不败之地的关键,优化集约的运用以获取更大投资回报成为企业发展的首要考虑,其潜质仍待挖掘。

智能超市是融合射频识别技术、计算机通信网络、数据库管理技术于一体的现代化超市,具有运转效率高、风险成本低、管理科学先进、服务品质优良等优点。智能超市最大的特点是采用射频识别技术,不需人工对每件商品条码进行扫描,这样可以节约大量的人力和物力,提高效率,避免超市出口排长长的队伍。由于射频信号能够穿透衣服等障碍物,这样还可以防止超市商品被盗。超市的每件商品都贴上电子标签,标签内存储的信息包括商品的编码、价格等。当标签进入读写器的识别范围内,标签马上就能被激活,商品所有的信息都能被读写器获取,然后显示给顾客和工作人员。读写器内部采用防碰撞算法,能同时识别多个标签,并且无遗漏。基于 RFID 的智能超市不但安全,而且快捷,具有广阔的市场前景。大型的智能超市,是由多个下属分店、连锁总部、配送中心等机构组成,其总部、分店、配送中心往往处于一个城市中不同的地理位置,它们各自的局域网服务器需通过 Internet 方式实现远程连接。智能超市信息管理系统采用分布式数据库结构,即一级数据服务器设在总部,二级数据服务器设在各分店,所有服务器在整体上构成一个分布式数据库系统。智能超市每个分店由支付系统、进货系统、无线手持终端系统、管理系统等组成,四个系统由计算机网络连接起来。支付系统、进货系统、无线手持终端的核心设备同为 RFID 读写器,区别在于支付系统是从数据库中删除商品记录,进货系统是向数据库中添加商品记录,而无线手持终端供顾客和工作人员使用。

在传统超市管理方法中,致命的弱点就是信息反馈不及时,管理者在进行经营决策时,往往不能及时得到经营状况的信息,决策很大程度上依赖主观经验。为得到某些信息,不得不停业盘点,既造成人力、物力的浪费,又影响了正常的商业经营活动,给超市造成重大的损失,因此,传统的商业发展转变为如今的电子商务是必然的。电子数据交换作为集现代计算机技术和远程通信技术于一体的高科技产物,已经成为经济交往中必不可少的手段与工具,被应用到经济的各个领域。为竞争经济领域的主动权,企业界和商业界都积极采用 EDI 来改善生产和流通领域的环境,以获得最佳的经济效益。从国外 EDI 的产生及发展来看,连锁零售超市对电子数据交换(EDI)的需求是促使电子数据交换(EDI)产生和迅速发展的一个主要推动力。目前,EDI 在国外连锁零售业得到了广泛应用,美国的全美零售业联盟(NRF)、澳大利亚的 ColesMyer 和英国的 Tesco,主要应用电子数据交换(EDI)与其供货商传送商业文件,如订单和发票。连锁超市正面临激烈的竞争,迫切需要通过缩短库存周转时间、降低库存成本、优化供应链管理来增强竞争力。传统订货模式主要存在以下几方面的问题:每天均产生大量订单;需要公司许多采购员处理与供应商之间的信息交流;供应商会对订单的反应速度需要一至两天(从收到订单交货开始);由于信息失误,供应商会对订单产生误解,并增加采购成本;造成商品脱销、库存增加。采用电子数据交换(EDI)后,商场与供应商之间可以通过电子数据交换(EDI)来进行订单、发票等商业单据的交换,至少可以在以下几个方面给商场带来收益:所有订单自动发给供货商,不需人为干预;订单不需要再输出为纸面格式;错误率几乎为零;供货商可以及时了解订单的执行情况、产品的销售和库存情况,增强商场竞争力。

越来越多的企业在超市配送中使用 GPS。GPS 车辆监控系统可以提高配送中心的信息化程度,优化管理运作机制,提高管理效率,优化企业资源配置;降低企业成本,提高服务水平;GPS 车辆监控系统使管理更科学、更合理、更透明、更轻松高效;提升企业形象,提高市场竞争力;GPS 车辆监控系统为现代物流管理提供了强大有效的工具,是现代化物流发展的必然趋势。随着经济全球化进程的加快和现代物流对经济发展的重要性日益增强,GPS 全球定位系统逐步为人所认识。我国的物流产业正处于一个高速发展的时期,未来的市场竞争给我国传统的物流企业带来了很大的机遇,同时也存在着前所未有的挑战。只有最大限度地满足客户对物流服务的需求,同时最大限度地降低运输和管理成本,才能获得客户的信任,获得利润。因此,传统物流企业只有及时更新观念,与时俱进,充分利用现代化的物流信息技术手段,才能更快更好地实现经营目标。GPS 车辆定位监控系统对物流业最大的贡献之一就是实现了物流运输过程的透明化。通过结合先进的 GPRS 高速数据处理科技和 GIS 地理信息处理系统自主开发的人性化网上查车系统,客户可以做到真正实时了解司机和货物在运输途中的情况,推算出到达目的地所需要花费的时间,解决了传统物流中存在的"货物一发出,什么都不知"的弊端。同时目前的 GPS 具有相当强的防盗反劫功能。当遭遇劫匪时,司机只需按下报警开关,中心会及时进入出警状态;同时司机还可以通过手机对车辆进行断油断电处理,迫使劫犯放弃抢劫计划,保证了人身及财产的安全。另外,GPS 的超速统计功能,可以大大加强驾驶员的行车安全性,最大可能减少车辆因超速而引发的交通事故和爆胎率,从而做到安全快捷地将货物运送到指定地点。

6.5 物流信息发展的经济意义

从信息技术发展方面,对物流产业应该有这么几个方面的认识,在物流产业发展这个领域当中,所应用的现代信息技术的种类和应用范围是非常大的,主要的信息种类可以归结为信息采集类的技术,如条码、射频等;还有信息传输方面的技术,早期的就是 EDI,近期的有互联网;另外还有大量的管理软件。

首先,现代信息技术发展对物流观念和物流产业的形成是一个非常重要的前提条件。众所周知,物流观念实际上是一个不断丰富和演绎的过程,传统的物流活动早已实际存在。但是传统的物流活动被分散在不同的经济部门,或者是一个企业内部不同的职能部门来进行的。在这个从生产到消费的整个过程中,物流活动被分解为若干个阶段和环节来进行,而且由于没有信息技术的支持,物流信息本身也被分散在不同的环节和不同的职能部门之中。在这样的条件下,物流活动的运行方式实际上是一种被动的方式,也就是说,通过生产商产生需求信息之后,再要求物流供应商来完成。物流与信息之间的交流与共享,由于技术的障碍,是非常缓慢的,而且是滞后于许多管理活动的。所以在这样的情况下,特别是 20 世纪 50 年代以前,很多经济学家都把物流领域看作是一个黑暗的经济大陆,因为没有充分的信息,没有透明的信息,很难对这个领域中的管理活动及其效率进行把握。针对这样一种情况,从 50 年代到 70 年代,发达国家的企业就围绕自己的生产经营活动特别是商品的采购和产品的销售,开始注重和强化对物流活动的科学管理,围绕这些环节形成了相应的物流信息管理系统。就环节来讲,它的物流效率得到了提高。到了 90 年代以后,随着计算机、互联网等很多信息技术的群体性突破,而且这些技术广泛应用到企业管理特别是物流管理活动中之后,物流活动发生了很多根本性的变化。首先,这些采集技术、传播技术还有处理技术的广泛应用,使得物流信息不再局限于某一个物流环节,在整个物流供应链上,所有的企业、所有的管理者,都能够很透明地看到这些信息,同时根据这些进行必要的管理、协调和组织工作。这个时候,信息的共享超越了企业的边界,超越了一个企业内部不同职能的边界,信息资源的共享使得物流活动可以与原有的生产过程或者商品销售过程分离开来,成为一种独立的经济活动。进入 90 年代以后,大量的第三方物流企业的出现,实际上是与这种现代信息技术的广泛应用结合在一起的。大量的信息技术的应用是促成物流活动从原有的生产销售活动中分离出来作为一个新的分工领域出现的一个前提条件或者说技术前提条件。这是我们在研究过程中得出的一个结论。从这个角度来看,过去的物流观念实际上是一个企业内部的管理观念,到现在它作为一个新的分工领域出现以后,物流观念已经不再仅仅是一个企业内部的管理观念,而是成为一个产业的观念或者一种新型的现代的观念。这一点是非常重要的,因为在国内很多专家的研究中还存在着把物流简单地停留在一个企业内部的管理层次上的认识,这显然是有一定的局限性的。

其次,现代信息技术对整个物流活动或物流产业的运行方式也产生了很大的影响。从过去的观点来看,物流活动实际上是生产者生产出一个产品以后,要求物流供应商或者其他的服务部门按照他的要求经过几个中间环节最后送到消费者手中。按照西方许多市场专家的观点,它是以一种推式的方法来运行,也就是在产品生产出来以后再进入流通过程到达消费者手中。而从现在来看,实际上包括中国在内的世界范围的经济,是一种市场竞争性的经济,商品生产和销售活动不再是围绕生产者来进行,而是围绕着消费者进行。也就是说,每一个用户,每一个消费者,其所产生的需求通过市场信息系统共享以后传达到生产者和流通者手中,后者则要围绕着市场的信息来组织自己的经营活动。在这样一个情况下,首先表现为物流活动从一个被动的载体转化为一个主动的载体,生产商和物流提供者要根据市场的物流信息来合理地安排库存,合理地调配资源,来保证市场的供应。所以,从这个运行的方式上,首先表现在被动的市场信息的接受者转变成为经济活动整个流通过程的组织者,从一个被动的状态转变为一个主动的状态。第二个特征是在广泛应用信息技术以后,由于有了完全的信息,以及信息的透明和共享以后,过去的物流活动从一个局部的环节变成了整个供应链上的系统化的活动,从过去分散的活动变成了一种系统化的或者如某些专家认为的全程化的活动。

再次,过去我们始终认为物流活动是一个黑暗的大陆,这种黑暗恰恰是由于我们没法充分掌握很多信息,所以对于这种黑暗,大家没法把握其内在的合理的要求,没法提高它的效率。而通过现代信息技术特别是整个供应链所有参与者共享信息,采用这种共享机制以后,实际上使得整个物流从生产者到最终消费者的过程变成了一个透明的管道。所有的参与者,都能够根据充分的信息来合理地进行分工和市场定位,来进行规范化的运作。物流运行的透明化、信息化和主动化是信息技术发达以后物流运行的主要特征。这是相对于传统的物流活动而言。物流组织就是早期的第三方物流企业。还有一种是以网络通信技术为基础的物流流程的一体化组织,就是大家很关注的供应链的管理者。所以,物流组织的发展也是一个逐步演进的过程。物流技术的发展对整个物流组织的发展和创新的影响也是非常明显的。

最后,信息技术发展对物流产业市场竞争格局的影响。在传统的物流活动中,物流竞争的主体是工商企业,因为如果物流活动仍然停留在物流企业内部的某一个环节或者部门内的时候,那么提高物流的效率,提高物流的管理水平,这种相互竞争的主体就是各工商企业,这是在比较传统的意义上的。随着现代信息技术的发展和新的物流组织的出现,物流的竞争开始转到物流企业之间,特别是第三方物流企业之间、第四方物流企业之间。物流企业之间的竞争代替了原来工商企业之间在物流环节上的竞争,这是从竞争的主体上来看的。从竞争的范围上来看,过去传统的物流活动往往是表现在仓储、运输或者包装环节这样一些单独的环节上,工商企业往往非常关注这些单一环节的管理水平和管理效率的提高。

课后练习

1. 简述物流信息概念。
2. 描述物流信息系统的构成。
3. 物流信息平台建设的意义有哪些?
4. 物流信息技术的分类有哪些?
5. 阐述物流信息的历史变迁与经济意义。

7 物流服务与成本经济学分析

> **学习目标**
>
> 1. 掌握物流服务与成本经济学的概念。
> 2. 应用物流服务的指标响应及分析。
> 3. 掌握物流成本的构成与控制。
> 4. 掌握物流服务与成本的经济博弈。
> 5. 应用物流服务与成本选择研究。
> 6. 了解物流服务的发展趋势。

案例导读·标致雪铁龙公司

法国标致雪铁龙公司(PSA集团)十分重视售后物流服务。该公司开展的一份调查研究表明,在对购买的轿车不满意,但是对其提供的零部件售后服务满意的情况下,100个顾客中大约仍然会有45个顾客保持对该轿车品牌的忠诚度。这充分说明了售后服务的重要性。

PSA每年大约生产200万辆轿车,其中有60%用于出口;每年20亿美元的销售收入中大约有10%来自零部件的销售。随着整车销售市场竞争的日益加剧,越来越多的参与者挤入售后服务领域中去,PSA更是依赖售后服务体系效率的提高来确保其市场份额。PSA在法国的经销商当天下午4点以前发出零部件订单,在次日上午9点之前基本都可以得到满足。PSA的零部件订单满足率(满足的订单/发出的订单)维持在96.1%的水平,对于紧急订单而言该水平可达到97.6%。1997年PSA通过了ISO9002认证,加强了其质量控制水平。此举使得PSA与1993年的水平相比,其订单出错率减少了50%,平均送货时间比以前减少了将近一半,有95%的订单在5天内完成。在过去几年中,PSA的紧急订单处理满足率一直保持在99%的水平。通过对物流服务水平和产品质量的不断改进与提高,一定程度上,PSA得以弥补或者可以缓和客户服务水平上升带来的成本上涨效应。

在全球范围内,PSA只在法国设有两个零部件物流中心仓库。位于Vesoul的仓库用于存储标致、雪铁龙两个系列车型的零部件,面向法国、欧洲和海外市场。而位于Melun的仓库只存储雪铁龙系列产品的零部件,面向法国和海外市场。与这两个物流中心库相匹配的是遍布全球的24个物流分中心,其中有一半是直接受控于PSA设于当地的子公司或分支机构。

PSA希望能够将维修的复杂性、订单的优先级别和配送频率综合进行考虑,不断改进以进一步提升其售后物流的效率。在此基础上,PSA采用了一套被称为"2-3-4"的内部管理系统,2表示订单分为常规类和紧急类,3表示将运输时间在几个小时到5天内划分为3个等级,4表示将配送频率在2次/天和1次/周之间划分4个水平。

经过多年的运作,PSA将其售后物流运作成本削减了15%,同时将存储于仓库中的零部件价值减少了20%,一定程度上提高了总体利润。这一案例足以体现物流服务在物流行业中的重要性。

7.1 概述

随着物流的第一利润源泉(降低人工和材料的成本)和第二利润源泉(扩大市场销售)扩展达到一定的限度,第三利润源泉(服务物流)应运而生。物流服务水平成为衡量物流系统为客户创造时间和空间效应能力的尺度。物流服务水平决定了企业能否留住现有客户及吸引新客户,直接影响着企业所占市场份额和物流总成本,并最终影响其赢利能力。在没有较大的技术进步的情况下,物流企业很难做到既提高物流服务水平,又降低企业物流系统成本。那么,这一章我们将进一步了解物流服务、物流成本及它们之间的关系与选择。

7.1.1 物流服务

物流的本质是服务,它本身并不创造商品的形质效用,而是产生空间效用和时间效用。

从物流的角度看,物流服务是所有物流活动或供应链过程的产物。在当前的每一个行业,从计算机、服装到汽车,消费者都有广泛而多样化的选择余地,任何公司都承受不起触怒其客户的代价。企业提供的物流服务水平,直接影响到它的市场份额、物流总成本,并且最终影响其整体利润。

显而易见,成功地吸引和留住客户是公司获取利润的关键。然而,据估计,一般公司的客户流失率在10%~30%。如果客户流失率降低5%,则利润率就有可能显著地增长。因此,在企业物流系统中,物流服务是至关重要的环节。

1) 物流服务的定义

物流服务的定义因组织而异,供应商和他们的客户对物流服务定义的理解可能不同,从广义上说,物流服务可以衡量物流系统为某种商品或服务创造时间或空间效用的好坏,它包括诸如减轻库存审核、订货的工作量,以及售后服务的行为。

在这里我们给出的定义是,物流服务是指对供应链中的商品在企业和供应商/顾客之间移动时,与每笔交易相关的资金和信息移动相关的业务流程进行管理。

2) 物流服务的本质

物流服务的本质是满足客户的需求,具体包括以下三个方面:

(1) 有客户需要的商品(保证有货)。

(2) 可以在客户需要的时间内送达(保证送到)。

(3) 达到客户要求的质量(保证质量)。

3) 物流服务的特点

(1) 无形性。

商品是一种有某种具体特性和用途的物品,是由某种材料制成的,具有一定的重量、体积、颜色、形状和轮廓的实物;而物流服务主要表现在活动形式,不物化在任何耐久的对象或出售的物品之中,不能离开消费者独立存在,顾客在购买服务之前,无法看见、听见、触摸、嗅闻物流服务。物流服务之后,客户并未获得服务的物质所有权,只是获得一种消费经历。

(2) 不可储存性

物流服务容易消失,不可储存。物流企业在为客户服务之后,服务就立即消失。因此,购买劣质服务的客户通常无货可退,无法要求企业退款,而且企业也不可能像产品生产者那样,将淡季生产的产品储存起来在旺季时出售,而必须保持足够的生产能力,以便随时为客户服务。如果某个时期市场需求量低,物流企业的服务能力就无法得到充分利用;而在市场需求量超过服务能力时,物流企业就无法接待一部分客户,从而丧失一部分营业收入。当然,尽管物流服务容易消失,但物流企业可反复利用其服务设施。因此,要保持持久的业务量,物流企业最好的方法是保持现有的老客户。

(3) 差异性

差异性是指物流服务的构成成分及其质量水平经常变化,很难统一界定。物流企业提供的服务不可能完全相同,由于人类个性的存在,同一位第一线的员工提供的服务也不可能始终如一。与产品生产相比较,物流企业往往不易制订和执行服务质量标准,不易保证服务质量。物流企业可以在工作手册中明确规定员工在某种服务场合的行为标准,但管理人员却很难预料有各种不同经历、性格特点、工作态度的员工在这一服务场合的实际行为方式。而且服务质量不仅与员工的服务态度和服务能力有关,也和客户有关,同样的服务对一部分客户是优质服务,对另一部分客户却可能是劣质服务。

(4) 不可分离性

有形产品可在生产和消费之间的一段时间内存在,并可作为产品在这段时间内流通;而物流服务却与之不同,它具有不可分离性的特征,即物流服务的执行过程与消费过程同时进行,也就是说企业员工提供物流服务于顾客时,也正是客户消费服务的时刻,二者在时间上不可分离。物流服务本身不是一个具体的物品,而是一系列的活动或者说是过程,所以物流服务的过程也就是客户对服务的消费过程。正因为物流服务的不可分离性,不需像产品一样要经过分销渠道才能送到客户手中,物流企业往往将服务过程、消费场所融为一体,客户必须到服务场所,才能接受服务,或物流企业必须将服务送到顾客手中,因此各个物流服务网点只能为某一个地区的消费者服务。所以物流网络的建设是物流企业管理人员必须做好的一项重要工作。

(5) 从属性

企业的物流需求是伴随商流的发生而发生,是以商流为基础的。所以物流服务必须从属于企业物流系统,表现在流通货物的种类、流通时间、流通方式、提货配送方式是由企业选择决定,流通业只是按照企业的需求站在被动的地位来提供物流服务。

(6) 移动性和分散性

物流服务是以分布广泛、大多数时候不固定的客户为对象,所以具有移动性和分散性的特性。这使产业局部的供需不平衡,也给经营管理带来一定的难度。

(7) 较强的需求波动性

物流服务是以数量多而又不固定的客户为对象,他们的需求在方式上和数量上是多变的,有较强的波动性,容易造成供需失衡,成为在经营上劳动效率低、费用高的重要原因。

(8) 可替代性

一般企业可能具有运输、保管等自营物流的能力,使得物流服务从供给力方面来看有可替代性。这种自营物流的普遍性,使物流经营者从量和质上调整物流服务的供给力变得相当困难。

7.1.2 物流成本

1) 物流成本的概念

成本是企业为生产商品或提供服务等所耗费的物化劳动和活劳动中必要劳动价值的货币表现,是商品价值的重要组成部分。

根据我国国家标准《企业物流成本构成与计算》(GB/T 20523—2006),物流成本是物流活动中所消耗的物化劳动和活劳动的货币表现。即产品在包装、运输、储存、装卸搬运、流通加工、物流信息、物流管理等过程中所耗费的人力、物力和财力的总称,以及与存货有关的资金占用成本、存货风险成本和存货保险成本。

物流成本有广义和狭义之分。所谓狭义的物流成本,是指在物流过程中企业为客户提供有关的物流服务,所要占用和耗费一定的活劳动和物化劳动中必要的劳动价值的货币表现,是物流服务价值的重要组成部分(物流是物质资料从供给者到需求者的物理性运动,主要是创造时间价值和场所价值,有时也创造一定附加价值的活动)。

所谓广义的物流成本,包括狭义的物流成本与客户服务成本。物流活动是企业追求客户满意、提高客户服务水平的关键因素和重要保障。客户服务是连接和统一所有物流管理活动的重要方面。物流系统的每一个组成部分都会对顾客在适当的时间、适当的地点、以适当的条件收到适当的产品造成影响。现实中常有企业因为物流服务水平低,造成客户不满意,而失去现有客户与潜在客户。这种情况所带来的损失,就是客户服务成本。本章所指的"物流成本"一词为其狭义概念。

2) 物流成本的特点

企业要加强物流成本管理,就必须明确在当今企业活动中物流成本的特点。

物流成本与其他成本比较,有许多不同之处,但最突出的只有两点:物流冰山现象和物流效益背反现象。

(1) 物流冰山现象

"物流冰山说"是对物流费用的一种形象的比喻,体现了物流成本的隐蔽性。

"物流冰山说"是日本早稻田大学教授、权威的物流成本研究学者西泽修先生于1970年首先提出来的。他潜心研究物流成本时发现,现行的财务会计制度和会计核算方法都不可能掌握物流费用的实际情况,因而人们对物流费用的了解是一片空白,甚至有很大的虚假性,他把这种情况比作"物流冰山"。冰山的特点是大部分沉在水面以下,我们看不到的部分才是它庞大的身躯,我们看到的不过是它的一小部分,如图7-1所示。

"物流冰山说"其含义是说人们对物流费用的总体内容并不掌握,提起物流费用大家只看到露出海水上面的冰山的一角,而潜藏在海水里的更大部分的冰山却看不见,海水中的冰山才是物流费用的主体部分。一般情况下,企业会计科目中,只把支付给外部运输、仓库企业的费用列入成本,实际这些费用在整个物流费用中确实犹如冰山的一角。因为物流基础设施建设费和企业利用自己的车辆运输、利用自己的库房保管货物、由自己的工人进行包装

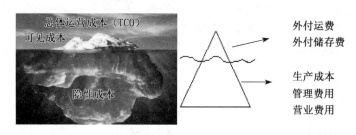

图 7-1 物流冰山说

和装卸等等费用都没列入物流费用科目内。一般来说,企业向外部支付的物流费用是很小的一部分,真正的大头是企业内部发生的物流费。

"物流冰山说"成立的原因有以下几条:

① 物流成本的计算范围太大。其包括:原材料物流、工厂内物流、从工厂到仓库和配送中心的物流、从配送中心到商店的物流等。这么大的范围,涉及的单位非常多,牵涉的面也很广,很容易漏掉其中的某一部分,计算哪部分、漏掉哪部分都会造成物流费用的大小相距甚远。

② 运输、保管、包装、装卸以及信息管理等各个物流环节中,以哪几个环节作为物流成本的计算对象不统一。只计运输和保管费用而不计其他费用,与运输、保管、装卸、包装以及信息管理等费用全部计算,两者的费用结果差别相当大。

③ 选择哪几种费用列入物流成本中不统一。比如,向外部支付的运输费、保管费、装卸费等费用一般都容易列入物流成本,可是企业内部发生的物流费用,如与物流相关的人工费、物流设施建设费、设备购置费,以及折旧费、维修费、电费、燃料费等是否也列入物流成本中,没有明确的规定,执行的弹性比较大。

(2) 效益背反现象

效益背反现象是物流成本的另一个特点,即某些项目成本的消减,可能引起其他项目成本的增加。效益背反是物流领域中很普遍的现象,是这一领域中内部矛盾的反映和表现。效益背反指的是物流的若干功能要素之间存在着损益的矛盾,即某一个功能要素的优化和利益发生的同时,必然会存在另一个或另几个功能要素的利益损失,反之也如此。

这是一种此涨彼消、此盈彼亏的现象,虽然在许多领域中这种现象是普遍存在的,但在物流领域中,这个问题似乎尤其严重。这是因为物流系统的各项活动之间是相互联系和相互制约的,其中一些活动的变化会影响其他活动相应地发生变化。

在企业物流系统中,与成本相关的效益背反有着非常广泛的表现。最典型的有物流成本与物流服务水平之间的关系和各物流功能之间的关系。例如包装问题,在产品销售市场和销售价格皆不变的前提下,假定其他成本因素也不变,那么包装方面每少花一分钱,这一分钱就必然转到收益上来,包装越省,利润则越高。但是,一旦商品进入流通之后,如果节省的包装降低了产品的防护效果,造成了大量损失,就会造成储存、装卸、运输功能要素的工作劣化和效益大减。显然,包装活动的效益是以其他的损失为代价的,我国流通领域每年因包装不善出现的上百亿的商品损失,就是这种效益背反现象的表现。

(3) 物流成本削减的乘法效应

如物流成本有一定程度下降,就可增加相应的收益。如果将下降成本的一部分用于降低售价,则提高了市场竞争力,这样,物流成本的下降会产生连带效益。这个理论类似于物理学中的杠杆原理,物流成本的下降通过一定的支点,可以使效果成倍增长。

物流成本是以物流活动的整体为对象,是经济活动基础性的、可供共同使用的基本数据。因此,它是进行物流管理、推进物流合理化的基础。

(4) 物流成本的部分不可控性

各企业都存在此类被动接收的费用支出,如税收、利息等,企业无法控制。

(5) 物流成本的不一致性

物流成本的计算范围、计算方法,各企业均不相同,因此无法进行比较,也很难计算企业的平均物流成本。目前,还不存在物流成本计算方法和范围的行业标准。

3) 影响物流成本的因素

在对企业的物流成本实施有效的管理之前,全面地了解其影响因素将会使管理活动针对性增强,达到事半功倍的效果。

(1) 企业产品与物流成本

企业产品是企业的物流对象。因此,企业产品是影响物流成本的首要因素。不同企业的产品,在产品的种类、性质、体积、质量和物理化学性质方面都可能不同,这些对企业的物流活动如仓储、运输、物料搬运的成本问题均会产生不同的影响。

① 产品的种类与物流成本的关系

据统计,物流成本在化工产品和木材(包括家具)、纺织品、石化和塑料产品、橡胶产品、金属产品、食品和消费品这六种不同产品分类时占销售额的百分比中,食品和消费品占销售额的比重最大,达到了32.01%,其次是金属产品,所占比重也将近30%,最低的是化工产品和木材(包括家具),物流成本比重还不到15%。

② 产品密度对物流成本的影响

产品密度对物流成本也是有影响的,因为产品的密度是由它的重量和体积决定的,而产品的重量和体积会影响运输成本,仓储成本一般也是以重量或以体积作为计量单位来计算,所以产品密度对物流成本有直接的影响。两者之间的关系是产品密度增加,产品重量体积比增大,仓储和运输成本占销售价格的比重呈降低趋势。

③ 产品的价值对物流成本的影响

产品的价值不同,对物流成本的影响也存在差异。虽然运输成本和仓储成本一般是按重量和体积计算的,但价值高的产品的物流成本都相对比一般的产品高。如在国际物流中,海运费率的一条重要的原则是:高价值的商品的运费率要高于低价值的商品。因为运输成本和仓储成本都含有保险费,保险费是按照产品的价值比率来计算的,而且存储成本包含库存维持成本,这也是按产品价值的一定比率计算的,这些都增加了产品的物流成本。

④ 产品的特殊搬运对物流成本的影响

如利用特殊尺寸的搬运工具,或在搬运过程中需要加热或制冷等,这些都会增加物流成本。

⑤ 产品的风险性对物流成本的影响

产品的风险性是指产品本身存在的易燃性、易损性、易腐性和易于被盗等方面的特性。产品的风险性会对物流活动有特定的限制,从而引起物流成本的上升。如精密度高的产品,对保管和养护条件要求较高,这无疑对物流的各个环节如运输、搬运、仓储等,都提出了很高的要求而引起物流成本的增加。再如新鲜的水果、鲜花需要冷藏储存和运输,通常需要使用费用高昂的航空运输,以及价值高的产品在运输、仓储时的防盗措施也是必不可少的。

(2) 物流环节对物流成本的影响

物流环节的多少、经历时间的长短将直接影响物流成本的大小。有关资料显示,在物料形成产品的总生产时间中,真正的加工时间只有10%～20%,其余时间都消耗在物料的运输、等待中(如在库时间、设备调整准备时间)。所以,一般而言,对于物流环节,原则是中间环节尽可能减少,在中间环节停留的时间也要尽可能少,每次运输距离尽可能短,而运输速度尽可能提高。

(3) 物流服务对物流成本的影响

物流服务对企业物流成本也是有影响的。由于市场竞争的加剧,物流服务越来越成为企业创造持久竞争优势的有效手段,更好的物流服务会增加收入,但同时也会提高物流成本。例如,为改进顾客服务水平,通常使用溢价运输。这对总成本的影响是双方面的:运输成本曲线将向上移动反映更高的运输费用,库存费用曲线将向下移动以反映由于较低的临时库存而导致平均库存的减少。在一般情况下,这些成本变化后的净值是总成本的增加,但如果改进服务能增加收入,则这样的成本调整(增加)通常可视为是合理的。当然,决不能为提供更令人"满意"的服务而导致物流成本的急剧增加,尤其是其增加大于长期销售收入增长所创造的利润。

(4) 竞争因素对物流成本的影响

企业之间的竞争不仅包括产品价格的竞争,还包括顾客服务的竞争。顾客服务水平又直接决定了物流成本的多少。因此物流成本在很大程度上是由于竞争而不断发生变化的。

(5) 空间因素对物流成本的影响

空间因素是指物流系统中工厂或仓库相对市场或供货点的位置关系。若工厂距离市场太远,则必然增加运输费用,甚至还需在此市场中建立库存,这都将影响物流成本。

(6) 物流运作方式对物流成本的影响

企业物流运作方式分自营物流和外包物流两种。由于市场竞争的加剧,企业物流运作方式从最初的所有物流业务全部自营,逐渐发展为部分物流业务外包直至全部外包。其重要原因就是希望通过外包寻求企业物流成本的降低。

外包能降低企业物流成本,但这并不是一概而论的。对于大规模、物流设施较齐全,且物流运作已经较为成熟的企业,保持自营的方式更能充分利用企业的资源,提高企业的资金利用水平,减少物流成本。

(7) 核算方式对物流成本的影响

各企业不同的会计记账需要导致了对物流成本目前存在着很多不同的核算方式,从而使各企业的物流成本除了"量"的差异外,还存在着"质"的差异。我国尚未建立起企业物流的标准。在日本,虽然对物流成本的核算已经有了一套成型的标准,但该标准并不是只统一了一种标准,而是提供了三种不同类别的核算方式的标准,从不同角度对物流成本进行归集和对比,以指导和适应不同企业对于物流成本核算的要求。

当然,影响企业物流成本的因素除了以上几个方面外,还有一些其他因素,比如企业信息化的程度等等,以上几个因素是我们考察物流成本时要注意的重要方面。

7.2 物流服务的指标响应及分析

随着物流行业竞争的不断加剧,客户对物流服务的要求越来越高,物流企业要想在激烈的市场竞争中不断提高市场份额,必须为客户提供高质量的物流服务。物流客户服务水平决定了企业物流运作的战略决策,一旦企业确定了采取什么样的物流客户服务水平,那物流运作模式也随之确定。物流客户服务水平是看不见、摸不着的,但是可以用某些定量指标表示出来,而每个行业、每个企业的物流客户服务水平的侧重点是不一样的。

7.2.1 物流服务内容

1）传统的物流服务

（1）运输服务

无论是自营物流还是由第三方提供的物流服务,都必须将消费者的订货送到其指定的地点。第三方一般自己拥有或掌握有一定规模的运输工具,具有竞争优势的第三方物流经营者的物流设施不仅仅在一个点上,而是一个覆盖全国或一个大的区域的空间。因此,第三方物流服务提供商首先可能要为客户设计最合适的物流系统,选择满足客户需要的运输方式,然后具体组织网络内部的运输作业,在规定的时间内将客户的商品运抵目的地。除了在交货点交货需要客户配合外,整个运输过程,包括最后的室内配送都应由第三方物流经营者完成,以尽可能方便客户。

（2）储存服务

物流中心的主要设施之一就是仓库及附属设备。需要注意的是,物流服务提供商的目的不是要在物流中心的仓库中储存商品,而是要通过仓储保证物流服务业务的开展,同时尽可能降低库存占压的资金,减少储存成本。因此,提供社会化物流服务的公共型物流中心需要配备高效率的分拣、传送、储存、拣选设备,目的是尽量减少实物库存水平但不降低供货服务水平。

（3）装卸搬运服务

这是为了加快商品的流通速度必须具备的功能,无论是传统的商务活动还是电子商务活动,都必须具备一定的装卸搬运能力。物流服务提供商应该提供更加专业化的装载、卸载、提升、运送、码垛等装卸搬运机械,以提高装卸搬运效率,降低订货周期,减少作业对商品的破损。

（4）包装服务

物流包装作业的目的不是要改变商品的销售包装,而是通过对销售包装进行组合、拼配、加固,形成适于物流和配送的组合包装单元。

（5）流通加工服务

主要目的是方便生产或销售,专业化的物流中心常常与固定的制造商或分销商进行长期合作,为制造商或分销商完成一定的加工作业,比如贴标签、制作并粘贴条形码等。

（6）物流信息处理服务

现代物流系统的运作已经离不开计算机,因此将各个物流环节、各种物流作业的信息进行实时采集、分析、传递,并向货主提供各种作业明细信息及咨询信息,是相当重要的。

2）增值性的物流服务

以上是普通商务活动中典型的物流服务内容，电子商务的物流也应该具备这些功能。但除了传统的物流服务外，电子商务还需要增值性的物流服务。增值性的物流服务具体包括以下内容：

（1）增加便利性的服务

一切能够简化手续、简化操作的服务都属于增值性物流服务。在提供电子商务的物流服务时，推进一条龙门到门式服务、提供完备的操作或作业提示、免培训、免维护、省力化设计或安装、代办业务、一张面孔接待客户、24小时营业、自动订货、传递信息和转账、物流全过程追踪等是对电子商务销售有用的增值性服务。

（2）加快反应速度的服务

快速反应已经成为物流发展的动力之一。传统观点和做法将加快反应速度变成单纯对快速运输的一种要求，但在需求方对速度的要求越来越高的情况下，它也变成了一种约束。因此必须想其他的方法来提高速度。所以，另一种方法，也是具有重大推广价值的增值性物流服务方案，应该是优化电子商务系统的配送中心、物流中心网络，重新设计适合电子商务的流通渠道，以此来减少物流环节、简化物流过程，提高物流系统的快速反应性能。

（3）降低成本的服务

电子商务发展的前期，物流成本居高不下，有些企业可能会因为承受不了这种高成本而退出电子商务领域，或者是选择性地将电子商务的物流服务外包出去，这是很自然的事情。因此发展电子商务，一开始就应该寻找能够降低物流成本的方案。企业可以考虑的方案包括：采取物流共同化计划，同时如果具有一定的商务规模，比如，珠穆朗玛和亚马孙这些具有一定销售量的电子商务企业，可以通过采用比较适用但投资比较少的物流技术和设施设备；或推行物流管理技术，如运筹学中的管理技术、单品管理技术、条形码技术和信息技术等，提高物流的效率和效益，降低物流成本。

（4）延伸服务

延伸服务，向上可以延伸到市场调查与预测、采购及订单处理；向下可以延伸到配送、物流咨询、物流方案的选择与规划、库存控制决策建议、货款回收与结算、教育与培训、物流系统设计与规划方案的制作等。关于结算功能，物流的结算不仅仅是物流费用的结算，在从事代理、配送的情况下，物流服务商还要替货主向收货人结算贷款等。关于物流系统设计咨询功能，第三方物流服务商要充当电子商务经营者的物流专家，必须为电子商务经营者设计物流系统，代替它选择和评价运营商、仓储商及其他物流服务供应商。关于物流教育与培训功能，物流系统的运作需要电子商务经营者的支持和理解，通过向电子商务经营者提供培训服务，可以培养其对物流中心经营管理者的认同感，可以提高电子商务经营者的物流管理水平，可以将物流中心经营管理者的要求传达给电子商务经营者，也便于确立物流作业标准。

以上这些延伸服务最具有增值性，但也最难提供。能否提供此类增值性服务，现在已经成为衡量一个物流企业是否真正具有竞争力的标准。

7.2.2 物流服务的指标

1）物流服务的质量指标

对于物流服务的整体质量最新的较完整的定义来源于美国Tennessee大学2001年的研

究结果。通过对大型第三方物流企业和顾客的深入调查,他们最终总结出由顾客角度出发度量物流服务质量的9个指标:

(1) 人员沟通质量。人员沟通质量指负责沟通的物流企业服务人员是否能通过与顾客的良好接触提供个性化的服务。一般来说,服务人员相关知识丰富与否、是否体谅顾客处境、能否帮助顾客解决问题会影响顾客对物流服务质量的评价。这种评价形成于服务过程之中。因此,加强服务人员与顾客的沟通是提升物流服务质量的重要方面。

(2) 订单释放数量。订单释放数量与货物可用性概念相关。一般情况下,物流企业会按实际情况释放(减少)部分订单的订量(出于供货、存货或其他原因)。对于这一点,尽管很多顾客都有一定的心理准备,但是,不能按时完成顾客要求的订量会对顾客的满意度造成影响。

(3) 信息质量。指物流企业从顾客角度出发提供产品相关信息的多少,这些信息包含产品目录、产品特征等。如果有足够多的可用信息,顾客就容易做出较有效的决策,从而减少决策风险。

(4) 订购过程。指物流企业在接受顾客的订单、处理订购过程时的效率和成功率。调查表明,顾客认为订购过程中的有效性和程序及手续的简易性非常重要。

(5) 货品精确率。指实际配送的商品和订单描述的商品相一致的程度。货品精确率应包括货品种类、型号、规格准确及相应的数量正确。

(6) 货品完好程度。指货品在配送过程中受损坏的程度。如果有所损坏,那么物流企业应及时寻找原因并及时进行补救。

(7) 货品质量。这里指货品的使用质量,包括产品功能与消费者的需求相吻合的程度。货品精确率与运输程序(如货品数量、种类)有关,货品完好程度反映损坏程度及事后处理方式,货品质量则与产品生产过程有关。

(8) 误差处理。指订单执行出现错误后的处理。如果顾客收到错误的货品,或货品的质量有问题,都会向物流供应商追索更正,物流企业对这类错误的处理方式直接影响顾客对物流服务质量的评价。

(9) 时间性。指货品是否如期到达指定地点。它包括从顾客落订到订单完成的时间长度,受运输时间、误差处理时间及重置订单的时间等因素的影响。

以上这9个指标包括PDS的三个指标(PDS指Physical distribute service,即物流配送服务,衡量PDS的三个指标为:货物可用性、时间性和质量),也包括其他文献中的一些指标。其中的三个指标——货品精确率、货品完好程度、货品质量描述了订单完成的完整性,它们与其他6个指标共同建立了从顾客角度衡量物流服务质量的指标。

2) 物流企业服务质量评价指标

物流业有极强的服务性质,可以说,整个物流的质量目标就是其服务质量。服务质量因不同客户而要求各异,要掌握和了解用户的以下要求:商品狭义质量的保持程度;流通加工对商品质量的提高程度;商品数量的丰裕程度;相关服务(如信息提供、索赔及纠纷处理)的客户满意度,如图7-2所示。

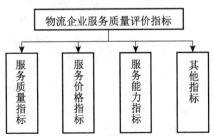

图7-2 物流企业服务质量评价指标

(1) 服务质量指标

主要包括准时率、准确率、货损率、事故赔付率、完整率、伤害性等方面。

(2) 服务价格指标

主要包括基本价格和批量折扣价格方面。

(3) 服务能力指标

主要包括专业性、沟通性、反应性、灵活性、透明性、可靠性和柔性化等方面。

(4) 其他指标

主要包括企业信誉、企业责任感、企业品牌效应、技术能力、企业规模、设施装备、物流人员水平等方面。

7.2.3 影响企业物流服务的因素

1) 交易前要素

交易前要素主要是为开展良好的客户服务创造适宜的环境。这部分要素直接影响客户对企业及产品或服务的初始印象，为物流企业稳定持久地开展客户服务活动打下坚实的基础。

交易前要素主要包括：

(1) 服务条例。客户服务条例以正式的文字来表示，其中包括：如何为客户提供满意的服务、客户服务标准、每个职员的责任和业务等。这些具体的条例可以增进客户对公司的信任。

(2) 客户服务组织结构。对于每个企业，根据实际情况，应有一个较完善的组织结构总体负责客户服务工作，明确各组织结构的职权范围，保障和促进各职能部门之间的沟通与协作，以求最大限度地实现客户服务的优质化，提高客户的满意度。

(3) 物流系统的应急服务。为了使客户得到满意的服务，在缺货、自然灾害、劳力紧张等突发事件出现时，必须有应急措施来保证物流系统正常高效运作。

(4) 增值服务。增值服务是为了巩固与客户合作关系，向客户提供管理咨询服务及培训活动等。

2) 交易中要素

交易中要素主要包括：

(1) 缺货频率。

(2) 提货时间。

(3) 订、发货周期的稳定性。

(4) 特殊货物的运送。

(5) 订货便利性。

3) 交易后要素

交易后要素即售后服务，是物流客户服务中非常重要却也最容易被忽略的要素。交易后要素内容主要有：安装、保修、更换、提供零配件。

产品跟踪是指及时从市场上回收存在隐患的产品，防止客户因产品或服务问题而投诉。

物流企业要有一个准确的在线信息系统处理来自客户的信息，对待客户的抱怨，要有明确的规定，以便尽可能及时有效地处理，维护客户的忠诚度。

7.2.4 物流服务的作用

物流服务主要是围绕着客户所期待的商品、所期望的传递时间以及所期望的质量而展开的,在企业经营中有相当大的作用。特别是随着网络的发展,企业间的竞争已淡化了地域的限制,其竞争的中心是物流服务的竞争。

物流服务的作用主要表现在以下几个方面:

1) 提高销售收入

客户服务通常是物流企业的重要要素,它直接关系到物流企业的市场营销。通过物流活动提供时间与空间效用来满足客户需求,是物流企业功能的产出或最终产品。物流客户服务无论是面向生产的物流,还是面向市场的物流,其最终产品是提供某种满足物流客户需求的服务。

2) 提高客户满意程度

客户服务是由企业向购买其产品或服务的消费者提供的一系列活动。从现代市场营销观念的角度来看产品,对满足消费者需求来说,客户服务具有 3 个层次的含义,即核心产品、形式产品、延伸产品。

作为客户,其所关心的是购买的全部产品,即产品的实物和产品的附加价值。而物流的客户服务就是提供这些附加价值的重要活动,它对客户满意程度产生重要影响。良好的客户服务会提高产品的价值,提高客户的满意程度。因此,许多物流企业都将客户服务作为企业物流的一项重要功能。

3) 物流客户服务方式的选择对降低流通成本具有重要作用

低成本战略历来是企业竞争中的主要内容,而低成本的实现往往涉及商品生产、流通的全过程,除了生产原材料、零部件、人力成本等各种有形的影响因素外,物流客户服务方式等软性要素的选择对成本也具有相当大的影响力。

4) 创造超越单个企业的供应链价值

物流服务作为一种特有的服务方式,以商品为媒介,将供应商、厂商、批发商及零售商有机地组成一个从生产到消费的全过程流动体系,推动了商品的顺利流动;另一方面,物流服务通过自身特有的系统设施(POS、EOS、VAN 等)不断将商品销售、库存等重要信息反馈给流通管道中的所有企业,并通过不断调整经营资源,使整个流通过程不断协调地应对市场变化,进而创造出一种超越流通管道内单个企业的供应链价值。

5) 留住客户

客户是企业利润的源泉。在现代市场经济下,客户及其需要是企业建立和发展的基础。如何更好地满足客户的需求,是企业成功的关键。过去,许多企业都将工作重点放在新客户开发上,而对如何留住现有客户研究较少。实际上留住客户的战略更为重要,因为老客户与公司利润率之间有着非常高的相关性,保留住老客户就可以保留住业务,同时摊销在客户销售以及广告中的成本都较低,特别是满意的老客户会提供业务中介。因此,"不能使老客户投向竞争对手"已成为企业的战略问题。

7.2.5 当前我国企业物流服务存在的问题及对策

当前我国企业物流服务尚存在一些问题,这必将影响企业的竞争优势。企业在管理物

流时,应该注意以下几个方面:

1) 有些企业对物流不够重视,只是把物流服务水平看作是一种销售手段而不做出明确的规定

在很多企业中,并没有专门的物流部门,物流只是在安排生产或销售计划时才会考虑;并且由于各个部门之间存在这样那样的矛盾,使得企业无法从一个系统和全局的高度来看待本企业的物流系统。随着批发商和零售商需求的升级,这种对待物流的态度将使企业无法应对他们的要求。目前,许多企业或由于销售情况不稳定,或由于没有存放货物的地方,或为了避免货物过时,都在努力削减库存。库存削减必然导致多批次、小批量配送,或多批次补充库存。所以说过度削减可能会使物流成本上升而不是下降。因此,企业必须建立新的物流服务机制,提出物流服务决策。

2) 许多企业还在用同一物流服务水平对待所有的顾客或商品

这样对顾客不进行区分的企业将失去很多重要客户的机会。正确的做法应该是把物流服务当作有限的经营资源,在决定分配时,要调查顾客的需求,根据对公司销售贡献的大小,将顾客分成不同层次,按顾客的不同层次,决定不同的服务方式和服务水平。

3) 物流部门应及时对物流服务进行评估

评估应该是贯穿物流活动始终的一项工作,要随时检查销售部门或顾客有没有索赔,有没有误配、晚配、事故或破损等。可以通过征求顾客意见的方法,来检查物流是否达到了既定的标准,成本的合理化程度如何,以及是否有更好的方法。

4) 物流服务水平应该根据市场形势、竞争对手状况、商品季节性等做出及时的调整

物流部门应尽量掌握较多的信息,使整个物流系统在与外界的互动中不断获得调整,而非闭门造车。

5) 企业应该从盈亏的角度看待和设计物流系统,而非从单个销售部门的角度来考虑物流系统

6) 应重视物流信息在物流服务中的重要性

整体的物流服务水平在不断变化,顾客对物流的要求也越来越高。今后,为顾客提供各种物流过程中的信息也是至关重要的。

7) 现代物流应把企业物流放在社会大物流的环境中去,企业应该认真考虑环保、节能、废物回收等社会问题

8) 物流服务水平的确定应作为企业的重要决策

物流服务作为社会系统的重要一环,越来越受到人们的重视。物流服务是顾客服务的重要因素,是与顾客进行谈判的条件之一。因此,物流服务水平的确定应作为企业的重要决策。

7.3 物流成本的构成与控制

7.3.1 物流成本的理解

物流成本包括物流各项活动的成本,如商品包装、运输、储存、装卸搬运、流通加工、配送、信息处理等方面的成本与费用,这些成本与费用之和构成了物流的总成本,也是物流系统的总投入。为了进行物流成本计算,首先应确定计算口径,即从哪个角度来计算物流成本。因此必须对物流成本的构成进行分析。

1) 物流成本的分类

总的来说物流成本包括社会物流成本、货主企业物流成本和物流企业物流成本。

(1) 社会物流成本。人们往往用物流成本占 GDP 的比重来衡量一个国家物流管理水平的高低,这种物流成本指的就是社会物流成本,是核算一个国家在一定时期内发生的物流总成本,是不同性质企业微观物流成本的总和。

(2) 货主企业物流成本。这里所说的货主企业主要是指商品流通企业和制造企业。总的来说,制造企业物流是物流业发展的原动力,而流通企业是连接制造业和最终用户的纽带,制造企业和商业流通企业是物流服务的需求主体。

(3) 物流企业物流成本。物流企业在运营过程中发生的各项费用,都可以看成是物流成本。因此,可以说物流企业的物流成本包括了物流企业的所有各项成本和费用。实际上,从另一个角度看,当货主企业把物流业务外包给物流企业运营时,物流企业发生的各项支出就构成了它的物流成本,而物流企业向货主企业的收费(包括物流企业的成本费用、税金以及一定的利润)就构成了货主企业的物流成本。

2) 物流成本的种类

物流成本一般有以下几种分类:

(1) 一般分类:直接成本或运营成本、间接成本。

(2) 按物流功能范围分类:运输成本、流通加工成本、配送成本、包装成本、装卸与搬运成本、仓储成本。

(3) 按物流活动范围分类:供应物流费、企业内物流费、销售物流费、回收物流费、废弃物物流费。

本章主要讨论的是企业物流成本的构成,而企业物流成本又可分为制造企业的物流成本和流通企业的物流成本。

本节中所指的物流成本是微观物流成本,具体指制造企业物流成本。流通企业的物流成本和制造企业的物流成本相比少于生产物流成本项。

7.3.2 物流成本的构成

根据国家标准《企业物流成本构成与计算》(GB/T 20523—2006),物流成本的构成包括物流成本项目构成、物流成本范围构成和物流成本支付形态构成,如图 7-3 所示。

1) 物流成本项目构成

按成本项目划分,物流成本由物流功能成本和存货相关成本构成。

(1) 物流功能成本

① 运输成本。一定时期内,企业为完成货物运输业务而发生的全部费用,包括从事货物运输业务的人员费用、车辆(包括其他运输工具)的燃料费、折旧费、维修保养费、租赁费、养路费、过路费、年检费、事故损失费、相关税金等。

② 仓储成本。一定时期内,企业为完成货物储存业务而发生的全部费用,包括仓储业务人员费用、仓储设施的折旧费、维修保养费、水电费、燃料与动力消耗等。

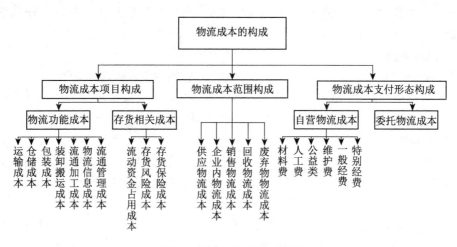

图 7-3 物流成本的构成结构

③ 包装成本。一定时期内,企业为完成货物包装业务而发生的全部费用,包括包装业务人员费用,包装材料消耗,包装设施折旧费、维修保养费、包装技术设计、实施费用及包装标记的设计、印刷等辅助费用。

④ 装卸搬运成本。一定时期内,企业为完成装卸搬运业务而发生的全部费用,包括装卸搬运业务人员费用,装卸搬运设施折旧费、维修保养费、燃料与动力消耗等。

⑤ 流通加工成本。一定时期内,企业为完成货物流通加工业务而发生的全部费用,包括流通加工人员费用,流通加工材料消耗,加工设施折旧费、维修保养费、燃料与动力消耗等。

⑥ 物流信息成本。一定时期内,企业为采集、传输、处理物流信息而发生的全部费用,指与订货处理、储存管理、客户服务有关的费用,具体包括物流信息人员费用,软硬件折旧费、维护保养费,通信费等。

⑦ 流通管理成本。一定时期内,企业物流管理部门及物流作业现场所发生的管理费用,具体包括管理人员费用、差旅费、办公费、会议费等。

(2) 存货相关成本

① 流动资金占用成本。一定时期内,企业在物流活动过程中负债融资所发生的利息支出(显性成本)和占用内部资金所发生的机会成本(隐性成本)。

② 存货风险成本。一定时期内,企业在物流活动过程中所发生的物品跌价、损耗、毁损、盘亏等损失。

③ 存货保险成本。一定时期内,企业支付的与存货相关的财产保险费及因购进和销售物品应交纳的资金支出。

2) 物流成本范围构成

按物流成本产生的范围划分,物流成本包括:

(1) 供应物流成本。指经过采购活动,将企业所需原材料(生产资料)从供应者的仓库运回企业仓库为止的物流过程中所发生的物流费用。

(2) 企业内物流成本。指从原材料进入企业仓库开始,经过出库、制造形成产品及产品进入成品库,直到产品从成品库出库为止的物流过程中所发生的物流费用。

(3) 销售物流成本。指为了进行销售,产品从成品仓库运动开始,经过流通环节的加工制造,直到运输至中间商的仓库或消费者手中的物流活动过程中所发生的物流费用。

(4) 回收物流成本。指退货、返修物品和周转使用的包装容器等从需方返回供应方的物流活动过程中所发生的物流费用。

(5) 废弃物流成本。指将经济活动中失去原有使用价值的物品,根据实际需要进行收集、分类、加工、包装、搬运、储存等环节,并分送到专门处理场所的物流活动过程中所发生的物流费用。

3) 物流成本支付形态构成

按物流成本支付形态划分,物流总成本由自营物流成本和委托物流成本构成。具体内容如表 7-1 所示。

表 7-1 物流成本支付形态构成

成本支付形态		内容说明
自营物流成本	材料费	由物资资材费、燃料费、消耗性工具、低值易耗品摊销及其他物料消耗等费用组成
	人工费	包括工资、福利、奖金、津贴、补贴、住房公积金、医药费、劳务保护费以及职工教育培训费和其他一切用于职工的费用等
	公益费	指给公益事业所提供的公益服务支付的费用,包括绿化费、公益资金费等
	维护费	指土地、建筑物及各类物流设施设备的折旧费、维护维修费、租赁费、保险费、房产税、车船使用税等
	一般经费	指办公费、差旅费、交通费、会议费、书报资料费、文具费、邮电费、通信费、水电费、煤气费、零星购进开支、城市建设税、能源建设税及其他税款,还包括物流事故处理及其他杂费
	特别经费	指存货资金占用费、物品损耗费、存货保险费、企业内利息费等
委托物流成本		企业向外部物流机构所支付的费用,包括向企业外支付的包装费、运费、保管费、出入库手续费、装卸费等

在物流成本中,还应包括其他企业支付的物流费,比如商品购进采用送货制时包含在购买价格中的运费和商品销售采用提货制时因顾客自己取货而扣除的运费。在这种情况下,虽然实际上企业内并未发生物流活动,但是发生了物流费用,这笔费用也应该作为物流成本而计算在内。所以,我们称这些费用为其他物流支付费用。

7.3.3 物流成本的控制

成本控制,是企业在成本形成过程中为了使各项生产费用不超出目标成本而进行的控制。它是企业成本管理的重要手段之一。成本的可控性在于成本发生出于人为,因而就整个企业来说一切成本都是可以控制的。

物流成本控制是企业在物流活动中依据物流成本标准,对实际发生的物流成本进行严格的审核,发现浪费,进而采取不断降低物流成本的措施,实现预定的物流成本目标。进行物流成本控制,应根据物流成本的特性和类别,在物流成本的形成过程中,对其事先进行规划,事中进行指导、限制和监督,事后进行分析评价,总结经验教训,不断采取改新措施,使企业的物流成本不断降低。

1）物流成本控制的原则

（1）真实性原则

要求企业在物流成本计算中,资料来源完整可靠,各项数据准确真实,分配方法合理科学,计算符合规范,保证物流成本数据能真实反映企业在生产经营过程中物流作业的耗费水平。

（2）可比性原则

要求企业物流成本的内容、范围明确、固定,计算口径一致,以保证企业物流成本计算内容的可比性,便于企业进行不同时期物流成本的对比分析。

（3）及时性原则

要求企业物流成本计算按惯例要求和有关规定,按成本报告期、物流成本耗费时间,及时准确地计算出企业当期物流实际成本。

（4）反馈性原则

要求企业物流成本计算,要便于划分物流责任中心,分解物流成本责任,做到使各物流作业者既能明确自己所承担的责任,又能对自己所负责任履行情况及时得到信息反馈,以便随时检查并及时采取措施,调整它们的经营活动。

计算物流成本时,还要坚持从实际出发,逐步完善的原则,即企业的物流成本必须结合企业的具体情况,如企业的性质、规模、生产经营、管理人员业务素质、物流重点及水平等,确定不同的核算制度,做到有步骤分阶段进行。

2）物流成本控制的方法

物流系统中各子系统的最优并不等于、也不能代替整个物流系统最优,要获得物流系统最优,就要以物流系统的目标来协调所有子系统的活动。物流系统目标和经济性的体现就是物流总成本最低。所以,只有把所有相关的物流成本放到同一场所,用"物流总成本"这一尺度来计算,从综合效益衡量比较总的损益、得失、优劣、好坏,才能做出正确的物流经营决策。

（1）目标成本法

① 事前控制

对企业的物流作业链条进行物流作业的分析,以尽量减少无效和低效作业,并且确定哪些物流作业是公司内部必不可少的。

② 事中控制

首先在建立总物流成本目标的情况下,将成本目标层层分解,并且建立相应的奖惩制度来对其进行有效的监督。其次在保证整体最优情况下,对确定了的物流过程各个单项活动采取局部有效控制进行管理,以降低这些活动的物流成本,提高它们的运行效率。

③ 事后控制

将控制结果与事前制定的目标对比,分析差异,采取方法以改正之。如果在采取了以上措施后,成效显著,那么企业应将在这次活动中的好经验作为制度保留下来,并决定不定期地采取以上各步骤,以期不断降低企业物流成本。

（2）物流标杆管理

物流标杆管理就是通过不断地将企业物流管理水平与居于物流管理领先地位的企业相比较,以获得帮助企业改善物流经营绩效的信息。与最有名望的物流企业的物流成本进行比较,分析这些企业物流成本优势的形成原因,在此基础上建立可持续发展的物流成本目标及成本改进的最优策略。

物流标杆管理的本质是一种面向实践与过程的物流成本管理方式,其基本思想就是物流系统优化、不断完善物流成本控制手段以持续降低物流成本。物流标杆管理可以突破企业的职能分工界限和企业性质与行业局限,它重视实际经验,强调具体的环节、界面和流程。同时物流标杆管理也是一种直接的、中断式的渐进管理方法,其思想就是物流业务、流程、环节都可以解剖、分解和细化。企业可以根据需要去寻找降低整体物流成本的最佳实践或者优秀部分来进行标杆比较,或者先学习部分优秀物流作业方法再学习整体,或者先从整体把握方向再从部分具体分步实施。

物流标杆管理是一种有目标的学习过程,通过学习企业重新思考和设计经营模式,借鉴先进的成本管理模式和理念,再进行本企业化改造,创造出适合自己的物流管理模式,这实际上就是一个模仿和创新的过程。通过物流标杆管理企业能够明确物流服务及流程方面的最高标准,然后进行必要的改进来达到这些标准。因此物流标杆管理是一种摆脱传统封闭式物流成本管理方法的有效工具。

我国加入世贸组织后,企业面临着越来越巨大的竞争压力,迫切需要降低成本获取竞争优势。现代物流成本管理研究的发展,给企业利用物流成本管理以有效降低成本带来了契机。企业引入物流成本管理的根本目的在于降低物流成本。

3) 物流成本控制的意义

(1) 增加国家资金积累

积累是社会扩大再生产的基础,企业承担着上缴国家利税的责任,物流成本的降低,可大幅度降低企业的生产成本,从而提高企业利税水平,增加国家资金积累。

(2) 为社会节省大量的物质财富

工业企业生产的产品必须通过流通环节,才能从生产地流向消费地。加强物流成本控制,可以降低物品在运输、装卸、仓储等物流环节的损耗。这不但可节约物流成本,而且还可为社会节约大量的物质财富。

(3) 有利于调整商品价格

物流成本是商品价格的重要组成部分之一,对于某些特殊商品如啤酒等运输量大、价值低的产品,其物流成本在整个商品价格中的比重则更为突出。物流成本的高低,对商品价格具有重大的影响。降低物流成本,就能降低它在商品价格中的比重,从而使商品价格下降,从而既减轻消费者的经济负担,又可增加产品销售。

(4) 有利于改进企业的物流管理,提高企业的竞争力

随着经济全球化和信息技术的迅速发展,整个市场竞争呈现出明显的国际化和一体化,企业面临日益激烈的市场竞争。企业物流管理水平的高低,将直接影响物流成本水平,进而影响产品成本。许多市场意识敏锐的企业,已经开始把物流作为提升企业核心竞争力的重要手段,积极地为控制物流活动成本做出努力。总之,对物流活动的成本进行控制,最终目的还在于降低物流成本。从宏观角度上看,降低物流成本对发展国民经济、提高人民生活水平具有重要意义;从微观角度上看,可以提高企业的物流管理水平,促进经济效益的增长。不论是在宏观还是微观上,要对物流活动的成本进行控制,企业是最好的落脚点。

7.3.4　物流成本在物流管理中的作用

(1) 通过对物流成本的设计,可以了解物流成本的大小和它在生产成本中所占的地位,

从而提高企业内部对物流重要性的认识,并且可以从物流成本的分布情况,发现物流活动中存在的问题。

(2) 根据物流成本的计算结果,指定物流计划,调整物流活动并评价物流活动效果,以便通过统一管理和系统优化降低物流费用。

(3) 根据物流成本计算结果,可以明确物流活动中不合理环节的责任者。

7.3.5 中国物流企业运营成本现状

由于受多种因素的影响,我国物流成本大大高于发达国家。据有关资料显示,我国物流企业运营成本在所统计的国家中最高,英国、美国、日本、新加坡物流成本占GDP的比例分别为10.1%、10.5%、11.4%、13.9%,而我国物流成本占GDP的比例则高达16.9%。

1) 物流库存、运输成本高

这主要是由于我国物流企业基础设施落后造成的。宏观上,国家财政对物流基础设施建设投资力度不够,物流基础设施大大低于世界平均水平,交通运输矛盾日益突出,物流产业一直缺乏现代运输及物流配送的网络技术系统;与发达国家相比,货运的空载率高达60%,仓储量则是美国的5倍;现行国家增值税税收政策不允许企业抵扣固定资产的进项税额,制约了物流企业固定资产更新需求,加大了物流企业税负;同时,物流基础建设布局不合理,54%分布在东部,30%分布在中部,16%分布在西部,这也是物流运输成本居高不下的原因。微观上,我国物流行业内部设施落后,大多数是20世纪六七十年代兴建或配置的,大部分已陈旧或老化,装卸搬运机构化水平低,难以适应经济形势发展的需要;多数企业是从计划经济时期国家调剂社会物资部门转型而来,只重视社会效益而忽视企业效益,自身扩大再生产资金严重不足,无法进行技术设备的更新和改造。物流企业基础设施落后,导致物流行业运输效率低下,企业运输和仓储现代化水平不高,专业操作程度低。目前,我国多数物流企业的购货、运输、制单主要由人工完成,货物流转周期长、库存量大、存货成本高。

2) 物流管理成本高

主要表现在两个方面。首先,管理水平落后。我国大部分物流企业的管理者素质较低,具有中专以上文化程度的仅占整个物流行业职工总数的7.5%,大大低于其他行业;不少管理者观念尚未彻底转变,不能及时适应市场需求,这是造成我国多数物流企业规模较小的主要原因。以仓储业为例,我国物流行业中仓储业大都始建于20世纪五六十年代,土地、仓库资源丰富,有长期从事物流业的基础和客户群;但仓库的平均吞吐次数仅为3~4次,利用率极低。其次,信息技术落后。我国传统物流经营模式是以仓储、运输、装卸、养护为重点,不重视对商品配送、流通加工、企业内部的信息化改造,物流技术的引进,物流信息的搜集、处理及发布。目前,大部分物流企业信息化水平低,信息加工和处理手段落后。物流环节成本居高不下,进一步加剧了该环节的高成本压力,降低了企业市场竞争力。

7.3.6 我国怎样降低物流成本

1) 加快设施建设,提高物流效率

国家应把物流作为扶持产业,多渠道筹集建设资金,加大对物流产业、物流基础设施的投资力度,增加对物流企业技术改造的资金投入;财政部门应根据当前企业实际运营能力,给以减免税优惠,减少企业遗留债务负担;在税收政策上,将交通也纳入增值税征收范围,对物流企业购进运输设备和设施实行进项税额抵扣等,降低物流企业物流成本;统一管理物流资源,合理布局物流网络,将物流企业纳入网络范围,合理运筹物流过程。而物流行业也应利用"入世"契机,吸引国外投资者向国内物流领域投资,加紧改造年代较久的物流仓储设施,重点发展现代仓储,保管、运输等各个环节实现电子化智能管理,降低企业物流成本,下大力气实现企业设备现代化。随着物流业的快速发展,越来越多的新技术和新设备被广泛用于物流业,如全球卫星定位系统(GPS)、互联网技术、条形码及识读技术、电子数据交换、射频识别技术、自控技术、机器人及高速灵活的运输工具等。这些技术的广泛使用,能够推动物流企业的反应快速化、操作规范化,有效地减少库存和交货不及时的现象,从而大大提高企业运营的效率和准确率。

2) 提高管理水平,加快物流企业人才建设

美国为促进物流产业的发展,在高等院校中专门开设物流专业,在部分高校还设有研究生课程和学位教育;同时,由美国物流协会组织全面开展物流在职教育,为物流产业培养了大批产业性人才。我国应尽快完善教育体系,建立我国物流专业学科体系和人才培养体系,建立多层次的物流人才教育培养体系,通过培训等途径提高现有物流管理人员的管理水平,同时对物流企业员工进行职业技术教育,加强素质教育,大力普及和宣传物流知识,培养符合我国国情的具有现代知识的专业人才和综合性物流管理人才,提高企业管理水平,降低物流成本。

3) 实现物流企业信息化

企业的信息化即要实现企业管理的信息化、企业运营的网络化。企业管理的信息化,其核心是对企业内部的管理特征进行不断的改革和优化,打破目前的部门独立、信息分散的管理状况。其关键是利用企业自己的 Intranet,将其内部各个部门连接起来,使原来各部门的信息资源成为全企业的共同资源;同时,企业内部的 Intranet 和 Internet 骨干网相连,加强与企业处于不同地点的分支机构的信息沟通,加大信息资源的共享和再利用,从而建立、健全企业内部的、统一的信息管理体系,极大地降低设备和人才的重复性投入,减少企业运营成本。企业运营的网络化,即通过 Intranet 或 Internet、电子数据交换(EDI)和计算机等方面技术完成诸如网上交易、网上结算、售后服务等;同时,网络化建设可以把同行业及不同行业的物流企业联系在一起,形成人才、设备、技术、信息共享的规模化格局;此外,物流企业在网络的作用下,可将生产商和客户联系起来,做到双向服务,在最短时间内完成国际、国内任何区域的物流业务,从而大大优化物流企业的运营过程。

7.4 物流服务与物流成本的关系与选择

7.4.1 物流服务与物流成本的关系分析

1) 物流成本部分地受物流服务的影响

物流成本中有随着服务水平提高而上升的部分,也有不受物流服务水平影响的部分,如果能在后者中实现成本降低额大于由于提高物流服务水平而使成本升高的部分,同样可以在提高服务水平的同时,抑制物流总成本的上升。

2) 基于成本的物流系统的重构

当由市场条件要求的物流服务水平高于现有物流系统所能达到的物流服务水平最高限

度时,要进行物流系统的重构。只有当物流总成本的增长不大于由物流服务水平的提高带来的业务利润增长时,这种物流系统的重构才是必要的。

3) 物流成本与物流服务之间存在"效益背反"的关系

一般来说,提高物流服务,物流成本即上升,成本与服务之间受"收获递减法则"的支配。如果物流服务处于低水平阶段,追加成本,物流服务即可上升。物流服务处于高水平时,成本增加而物流服务水平不能按比例相应地提高。与处于竞争状态的其他企业相比,在处于相当高的服务水平的情况下,想要超过竞争对手,提出并维持更高的服务标准就需要有更多的投入。所以一个企业在做出这种决定时必须慎重。

4) 物流成本与物流服务水平之间的非线性增长

物流服务水平与物流成本之间并非呈现简单的线性关系,如图 7-4 所示。在服务水平较低阶段,如果追加 X 单位的服务成本,服务质量将提高 y_1;而在服务水平较高阶段,同样追加 X 单位的成本,提高的服务质量则有 y_2,显然 $y_2 > y_1$。所以,无限度提高服务水平,会因为成本上升的速度加快,反而使服务效率没有多大变化,甚至下降。

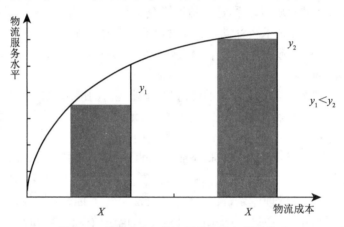

图 7-4 物流成本与物流服务水平之间的关系

5) 物流服务水平与成本关系的分析矩阵

图 7-5 表示的是物流服务水平与成本关系的分析矩阵,该分析矩阵提供了一些战略决策的指导。

图 7-5 物流服务水平与成本的关系

(1) 有待发展。这种类型的服务水平较低,但企业物流成本也较低。可以考虑在成本控制的基础上,提高服务质量。

(2) 危险考虑放弃。这种类型的物流服务水平较低,但企业物流成本较高。要分析造成这种情况的原因,如果无法有效地降低物流成本,可以考虑放弃提供此类物流服务。

(3) 改善成本管理。这种类型的物流服务水平较高,但企业物流成本也较高。可以考虑在对服务质量控制的基础上,改善物流管理水平,降低物流成本。

(4) 保持。这种类型的物流服务水平较高,而企业物流成本较低。在某些物流环节上,能够提供高服务水平低物流成本,这是企业物流方面核心竞争力所在,企业应在严格控制物流服务水平的同时进一步改善成本。

7.4.2 物流服务与物流成本的选择

1)物流服务与物流成本的选择分析

服务与成本的矛盾,用户总希望少付费用而满足自己所有的服务要求,而供应商则希望在高质量服务时能够得到高的效益回报。这两个矛盾逻辑上服从二律背反规律。一般来讲,高质量的商品一定是与较高的价格相关联,提高质量要求,价格随之上升;优质物流服务与物流成本相关联,提高物流服务水平,物流成本随之上升。既要充分考虑压价对服务质量的影响,同时还要充分考虑物流成本对价格的影响,否则,有可能导致服务水平的下降,最终损害用户和企业双方的整体利益。

物流服务中的问题及对策,只是把物流服务水平看作是一种销售竞争手段而不做出清晰的规定。批发商和零售商的要求必将升级,以致企业无法应付。现在,批发商或零售商或是由于销售情况不稳定,或是由于没有存放货物的地方,或是为了避免商品过时,都在极力减少库存。如果无节制地要求多批次、小批量配货,或进行多批次地库存补充,物流工作量将大大增加,物流成本必然提高。

降低物流成本必须在一定服务水平的前提下考虑,从这个意义上说,物流服务水平是降低物流成本的依据。从与物流服务的关系着眼考虑物流成本,一味强调降低成本是毫无意义的。应当在维持物流服务水平的前提下降低物流成本。

物流部门应定期对物流服务进行评估。检查销售部门或顾客有没有索赔,有没有晚配、事故、破损等等。通过征求顾客意见等办法了解服务水平是否已经达到标准;成本的合理化达到何种程度;是否有更合理的办法等等。

物流服务质量是物流服务效果的集中反映,可以用物流时间、物流费用、物流效率来衡量,其变化突出表现在减少物流时间、降低物流成本、提高物流效率等方面。

2)在既定的物流成本条件下实现物流服务水平最优化的分析

在企业外部成本一定的条件下,要实现物流服务水平的最优化,就要制订合理的客户服务战略。在制订客户服务战略时,首先要了解客户需求,对客户细分,对不同类型的客户确定相应的客户服务水平,如订货周期、运输方式、运输特殊要求、库存水平;同时根据企业自身的服务能力和市场变化不断调整策略。

(1) 确定客户服务理念

客户服务理念是指根据企业的能力和经营状况将为客户提供什么样的服务。客户服务的理念包括服务的使命和业务界定。客户服务业务界定的内容有:①企业所提供的服务是什么;②客户需要满足的需求是什么;③企业的客户目标是什么;④客户为什么选择本企业服务;⑤企业采取什么样的方式来满足客户的需求;⑥企业与竞争对手的区别是什么。

(2) 分析客户需求

对于企业而言,制订客户服务战略的前提是要确定客户需要什么样的服务以及哪些服务是客户最关注的;既要分析现实客户需求也要分析潜在客户需求,然后根据企业可以提供的服务水平,分析客户对于价格、运输方式等的接受程度。

(3) 分析物流企业客户竞争者的情况

竞争对手的客户服务水平和能力基本上可以反映出一个区域的物流市场客户服务的需

求和供应的水准。所以对竞争对手的客户服务情况进行调查分析,有助于企业采取适当的客户服务战略。分析竞争对手的客户服务情况可以从收集其相关的信息入手,分析其价格、业务量、营销手段等方面的情况,从而对该市场的客户服务需求和供应状况做出评估,以此评估结果作为本企业客户服务战略实施的参考。

（4）针对内外环境分析企业优势和劣势

① 潜在的内部优势。比如企业在物流人才、物流成本、物流技术、物流设备、物流规模、物流策略和顾客形象等方面的优势所在。

② 潜在的内部劣势。比如没有明确的物流政策;过时的物流设备;缺乏物流统一管理或较专业的物流人才;物流总成本明显高于主要竞争者等。

③ 潜在的外部机会。比如企业将进入新的细分市场;企业将扩大产品系列以满足消费者的潜在需求等。

④ 潜在的外部威胁。比如成本较低的国外物流服务商的介入;主要竞争对手物流的成本大幅度下降等。

（5）分析企业的核心竞争力

企业的核心竞争力是企业长期形成的、蕴含于企业内部、企业独具的、支撑企业可持续性竞争优势,并使企业长时间内在竞争环境中能取得主动的核心能力。核心竞争力的要素包括：核心技术能力、核心生产能力、战略决策能力、营销能力、组织协调能力以及企业文化和价值观等。

（6）确定适合企业客户服务的基本战略并选择适合企业的战略

物流企业在选择客户服务战略时还要考虑以下几方面因素：

① 物流客户服务政策。在对客户需求调查基础上制订的,具有明确的服务标准和实施程序,通过申明或沟通,使客户对企业提供的服务有明确的理解。

② 相应的组织结构。能保证客户服务政策顺利实施,职责明确,行政高效,能以最低的成本使物流系统提供最优的服务。

③ 系统的灵活性。所选择的客户服务战略在实施中对市场的变化应具有一定灵活性,能够适时做出调整。

④ 增值服务。能根据客户的需求提供个性化服务,是提高企业竞争力的重要手段。

⑤ 运送货物过程中的各种服务。主要有缺货评价标准、订货信息反馈能力、订货周期、加急处理、货物周转、系统准确性、订货便利性。

⑥ 客户要求提供的后续服务的各种要素。运输的质量保证、服务的跟踪、客户的索赔、投诉和退货、服务的替代等。

3）合理平衡供需两者的着手点

供应链也称需求链,即企业间为满足消费者的需求进行业务上的联合。其功能一般包括商品开发、调配、制造、发送、销售等环节;从使顾客满意的角度,还包括服务功能。同时供应链还是一条价值链。因为在对原材料进行加工、并经流通等行业将成品送到消费者手中的过程中,相关企业通过附加某种价值实行连锁。

供应链管理是在满足服务水平需要的同时,为了使得系统成本最小,而采用的把供应商、制造商、客户和消费者有效地结合成一体来生产商品,并把正确数量的商品在正确的时间配送到正确地点的一套方法。

从这个定义中可以看出：

（1）供应链管理的目标在于提高用户服务水平和降低总的交易成本，并且寻求这两个目标之间的平衡。

（2）供应链管理的出发点是系统最优，而不是单个企业利益最大化。

供应链管理的核心是合作与信任，从而大大改变了过去传统的、短视的，甚至是敌对的供方与买方的关系。

4）企业对物流成本与物流服务的选择

（1）服务与成本的大致关系

从图7-6中可以看出，随着企业物流服务水平的提高，相应的物流成本也会随之上升。企业物流经理需要在顾客服务水平、总物流成本及厂商的总利润之间进行权衡。不同服务水平下收入与成本之差就决定了利润曲线。因为利润曲线上有一个利润最大化点。所以在为客户规划物流系统的过程中，需要寻找这一理想的服务水平。该点一般在服务水平最低和最高的两个极端点之间。

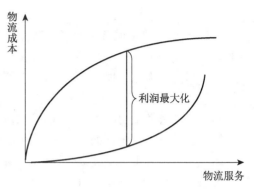

图7-6 企业对物流成本与物流服务的选择

（2）物流服务与物流成本之间的选择情况

一般来说，企业在应对物流服务与物流成本之间的关系时，有以下四种做法：

① 在物流服务不变的前提下考虑降低成本。不改变物流服务水平，通过改变物流系统来降低物流成本，这是一种尽量降低成本来维持一定服务水平的办法，即追求效益的办法。

② 增加物流成本来提高物流服务。这是许多企业的做法，是企业在特定顾客或其特定商品面临竞争时，所采取的具有战略意义的做法。

③ 在成本不变的前提下提高服务水平。这是一种积极的物流成本对策，在给定成本的条件下提高服务质量。这种追求效益的办法，也是一种有效利用物流成本性能的办法。

④ 用较低的物流成本，实现较高的物流服务。这是增加销售、增加效益，具有战略意义的办法。

通常情况下，在成本不变的前提下提高服务水平是企业追求的物流目标。

7.5 物流服务的发展趋势

传统运输、仓储企业向第三方物流企业转变的重要标志，是企业能否为客户提供一体化物流服务，是否拥有结成合作伙伴关系的核心客户。从目前情况看，我国大部分物流企业仍然主要在提供运输、仓储等功能性物流服务，通过比拼功能服务价格进行市场竞争。要改变这种状况，一个重要方面就是要超越传统物流服务模式，在服务理念、服务内容和服务方式上实现创新。首先，要认清一体化物流与功能性物流在服务性质、服务目标和客户关系上的本质区别，树立全新的服务理念；其次，要在运输、仓储、配送等功能性服务基础上不断创新服务内容，实现由物流基本服务向增值服务延伸，由物流功能服务向管理服务延伸，由实物流服务向信息流、资金流服务延伸，为客户提供差异化、个性化物流服务；同时，要根据客户需求，结合物流企业自身发展战略，与客户共同寻求最佳服务方式，实现从短期交易服务到长期合同服务，从完成客户指令到实行协同运作，从提供物流服务到进行物流合作。

7.5.1 服务理念的创新

我国的物流企业大都是从运输、仓储等功能性服务切入物流市场的。要发展一体化物流，首先要认清一体化物流与功能性物流在服务性质、服务目标和客户关系上的本质区别，树立全新的服务理念。

1) 一体化物流服务不是多个功能服务的简单组合，而是提供综合管理多个功能的解决方案

根据美国物流管理协会(CLM)的定义，一体化物流是运用综合、系统的观点将从原材料供应到产成品分发的整个供应链作为单一的流程，对构成供应链的所有功能进行统一管理，而不是分别对各个功能进行管理；第三方物流提供商(3PL)是为客户提供多个物流服务，最好是将这些服务一体化的企业。可以看出，现代物流企业以一体化物流服务为发展方向。一体化物流服务不是单纯提供运输、仓储、配送等多个功能性物流服务的组合，扮演物流参与者角色；而是需要将多个物流功能进行整合，对客户物流运作进行总体设计和管理，扮演的是物流责任人角色。

由于物流功能之间存在成本的交替损益，因此，一体化物流服务不是简单地就功能服务进行报价，而是要以降低客户物流总成本为目标制订解决方案，并根据优化的方案进行整体服务报价。美国物流专家 Bob Delaney 将物流定义为"管理移动和静止的库存"，认为真正的物流节省来自于通过库存管理和控制来降低库存水平。比如将美国平均销售库存期从1.37 个月降到 1.3 个月，就可以节省物流成本 250 亿美元。但功能性物流公司只专注于自己提供服务的运输、仓储等功能领域的成本降低，而不能从整个供应链的角度来"管理移动和静止的库存"。因此，他们只能得到有限的成本节省，且很难持续，而不能提供优化整个或大部分供应链的物流解决方案，最多只是提供次优方案。

所以，一体化物流服务的市场竞争，实际上是物流解决方案合理性的竞争。物流企业在开发一体化物流项目时，必须对目标客户的经营状况、物流运作以及竞争对手的情况等有透彻的了解，根据物流企业自身优势找出客户物流可以改进之处，为客户定制物流解决方案。而要做到这些，物流企业必须不断研究目标市场行业的物流特点和发展趋势，成为这些行业的物流服务专家。

2) 一体化物流项目，一方面不要简单地与客户或竞争对手比服务价格，而是要使客户全面了解物流服务所带来的价值

从 20 世纪 80 年代起，CLM 就一直在组织对企业物流绩效衡量和第三方物流价值的研究。根据最近的抽样调查，在过去两年里，第三方物流企业的客户物流成本平均下降11.8%，物流资产下降 24.6%，订货周期从 7.1 天下降到 3.9 天，库存总量下降 8.2%，说明第三方物流服务能从多方面提升客户价值。

实际上，货主企业的不同管理者对第三方物流价值的理解各不相同。运营总监(COO)做出将企业物流运作外包给第三方物流的决策，常常只是依据第三方物流更具效率的服务价格与企业现有运作更高的成本之间的差别优势；市场总监(CMO)则看重第三方物流在提升服务和送达现有和新增市场的能力，以便提高销售额，与客户建立更好的长期关系；财务总监(CFO)愿意看到设施、设备甚至库存等资产从企业财务平衡表上消失,释放资金用于更具生产性的活动,即刻和不断改进企业的资产回报;信息总监(CIO)则常常因能够利用第三方物流的系统与技术资源,避免自建系统不断升级带来成本的增加和麻烦。

总的来看,物流外包可以使企业将资源专注于核心竞争力,做更多自己擅长的,而将不擅长的交给第三方物流去做,使企业的物流总监(CLO)可以不必拥有资源而能够控制物流运作的结果,并得到"一站式"物流服务。因此,物流企业在开发一体化物流项目时,一方面,不要简单地与客户或竞争对手比服务价格,而是要使客户全面了解物流服务所带来的价值;另一方面,要由企业高层管理人员与客户的物流总监或更高层管理人员商讨物流合作问题,以便于在物流价值方面达成共识。

3)一体化物流服务的客户关系,不是此消彼长的价格博弈关系,而是双赢的合作伙伴关系

既然一体化物流服务是管理的服务,目标是全面提升客户价值,那么一体化物流服务的收益就不应仅仅来自功能性服务收费,而应该与客户分享物流合理化所产生的价值。因此,目前发达国家第三方物流服务一般不按功能服务定价收费,而是采用成本加成定价方法,即第三方物流提供商与客户达成协议,按物流成本的一定比例加价收费或收取一定的管理费。这样做的好处一是可以使第三方物流提供商减少对各功能服务分别报价的难度与风险;二是客户可以与第三方物流提供商一起来分析物流成本,从而对自己的物流成本了解更加清楚。

为了与客户及其供应链伙伴形成长期联盟关系,第三方物流提供商越来越重视数据管理与基于活动的成本管理,以提供及时、准确、全面、可操作的物流活动数据,用于客户物流系统的计划、调度、绩效衡量、成本计算和报价。第三方物流提供商常常与客户达成利益共享协议,以合理分享物流改进带来的效益。这一联盟还可以包括客户的供应链伙伴,即客户的上游供应商与下游客户都可以参与对物流的改进并分享由此带来的收益。

虽然我国现有的物流服务还没有摆脱传统的以运输费、仓储费为指标的结算方式,但物流企业在开发一体化物流项目时,仍应避免与客户纠缠于就功能性服务收费进行讨价还价。要从客户物流运作的不足点切入,与客户共商如何改进,使客户先认识到物流企业的服务能带来的好处,再商谈合理的服务价格。实际上,客户因为物流合理化而发展壮大,物流外包规模自然会相应扩大,双方合作的深度与广度也会随之增加,物流服务的收益和规模效益必然会提高。

7.5.2 服务内容的创新

物流企业要在一体化物流服务市场的激烈竞争中取得优势,就必须以客户为中心,充分发挥自身优势,在运输、仓储、配送等功能性服务基础上不断创新服务内容,为客户提供差异化、个性化物流服务。

1)由物流基本服务向增值服务延伸

传统物流服务是通过运输、仓储、配送等功能实现物品空间与时间转移,是许多物流服务商都能提供的基本服务,难以体现不同服务商之间的差异,也不容易提高服务收益。一体化物流服务则根据客户需求,在各项功能的基本服务基础上延伸出增值服务,以个性化的服务内容表现出与市场竞争者的差异性。

增值服务实际上是将企业物流外包的领域由非核心业务不断向核心业务延伸。一般来说,企业确定物流外包领域时,首先选择运输、仓储、配送等非核心业务,然后逐步延伸到订单处理、组配、采购等介于核心与非核心之间的业务,最后可能涉及售后支持等核心业务。随着与第三方物流合作关系的深入,企业会不断扩大外包范围,最终只专注于研究与开发、生产、销售等最核心的环节。

2) 由物流功能服务向管理服务延伸

一体化物流服务不是在客户的管理下完成多个物流功能,而是通过参与客户的物流管理,将各个物流功能有机衔接起来,实现高效的物流系统运作,帮助客户提高物流管理水平和控制能力,为采购、生产和销售提供有效支撑。因此,在开发一体化物流项目时,要在物流管理层面的服务内容上做文章,包括客户物流系统优化、物流业务流程再造、订单管理、库存管理、供应商协调、最终用户服务等,从而为客户提供一体化物流解决方案,实现对客户的"一站式"服务。

3) 由实物流服务向信息流、资金流服务延伸

物流管理的基础是物流信息,是用信息流来控制实物流;物流合理化的一个重要途径,就是"用信息替代库存"。因此,一体化物流服务必须在提供实物流服务的同时,提供信息流服务,否则还是物流功能承担者,而不是物流管理者。物流信息服务包括预先发货通知、送达签收反馈、订单跟踪查询、库存状态查询、货物在途跟踪、运行绩效(KPI)监测、管理报告等内容。USCO 物流公司为 SUN 提供服务器维修零配件物流信息平台,使 SUN 及其 50 多个供应链伙伴实时共享订单、送货和库存信息,取得消除中间环节、降低库存、缩短交货期、提高客户服务水平的效果,被称之为第三方信息提供商(3PI)。

近年来,国外领先的第三方物流提供商在客户的财务、库存、技术和数据管理方面承担越来越大的责任,从而在客户供应链管理中发挥战略性作用。

7.5.3 服务方式的创新

与传统物流单一的功能性交易服务方式相比,一体化物流在服务方式上更具灵活性、长期性和交互性。根据美国佐治亚理工大学(Georgiatech)的调查,美国第三方物流合作 30%采用风险共担与利益共享方式,21%采用成本共担方式,21%采用营业收入共享方式,19%采用相互参股方式,9%采用合资方式。因此,在开发一体化物流项目时,要根据客户需求,结合物流企业发展战略,与客户共同寻求最佳服务方式,实现服务方式的创新。

1) 从短期交易服务到长期合同服务

功能性物流服务通常采用与客户"一单一结"的交易服务方式,物流企业与客户之间是短期的买卖关系。而一体化物流服务提供商与客户之间建立的是长期合作关系,需要与客户签订一定期限的服务合同,因而第三方物流又称为合同物流(Contract Logistics)。

物流合同是第三方物流合作的基础,物流企业要特别重视与客户一起详细制订合同内容,包括服务性质、期限和范围,建立 KPI,确定服务方式等。合同谈判中一些关键问题如 KPI 基准、服务费率、问题解决机制、保险与责任等,要有明确约定,否则容易引起纠纷,甚至断送双方的合作。

第三方物流提供商寻求的是与客户长期合作,因而合同的签订只是合作的开始,要特别注意客户关系的维护,不断深化与客户的合作。USCO 总裁 Robert Auray 认为,第三方物流提供商与客户的合作要经历一个从战术配合到战略交互的发展过程,包括:①满足客户需求。合作开始时,物流服务商要做到对客户的服务要求具有良好的响应性,使客户感到容易合作,并保持客户服务质量。②超出客户期望值。随着合作的深入,物流服务商要加强与客户的沟通,增强服务的主动性,特别要提高信息系统能力,努力使物流服务超出客户的期望值。③参与和满足客户需求。在熟悉客户物流运作后,物流服务商应主动了解客户新的物流需求,参与发掘客户物流改进机会,实现从战术配合向战略交互的转变。④赢得客户信任。物流服务商努力与客户共同创造价值,最终赢得客户信任,双方建立起长期战略合作伙伴关系。

2)从完成客户指令到实行协同运作

传统物流是作业层面的功能性服务,通常只需要单纯地按照客户指令完成服务功能。而一体化物流服务由于要参与客户的物流管理,运作与客户共同制订的物流解决方案,因而物流企业需要自始至终与客户建立有效的沟通渠道,按照项目管理模式协同完成物流运作。

Georgiatech 的调查显示,客户不满意第三方物流的主要原因是服务商不能兑现服务与技术承诺,不能实现成本降低目标和缺少战略改进。人们一般把这些不足归结于合作伙伴的选择过程,但实际上,更多情况下问题出在没有管理好项目的实施。因此,在签订合同后,双方在互信的基础上,协同完成项目的实施至关重要。双方要各自设立项目经理,并在相关功能上配备相应人员;物流企业要详细了解客户的销售、财务、IT、人力资源、制造和采购等各个部门的需求,与客户共同制订详细的实施方案;双方实施小组要共同拟定绩效衡量指标以及奖惩办法,商讨项目运作细节,特别是对例外情况的处理。在项目正式运行前,还应进行试运行,以发现和解决存在的问题。

为保障项目的顺利运行,物流企业应当建立与客户双方物流人员联合办公制度,或成立由双方物流人员联合组成的运作团队,以及时处理日常运作中的问题。为了保证物流服务的质量,双方应共同商定绩效监测与评估制度,使合作关系透明化,通常应保持运作层每天的交流、管理层每月的绩效评估以及不定期的检查与年度评估。

3)从提供物流服务到进行物流合作

传统物流企业一般是基于自己的仓储设施、运输设备等资产向客户提供功能性服务;而第三方物流提供商主要是基于自己的专业技能、信息技术等为客户提供管理服务,因而常常会根据客户的需求和双方的战略意图,探讨在物流资产、资金和技术方面与客户进行合作,以取得双赢的效果。

(1)系统接管客户物流资产。如果客户在某地区已有车辆、设施、员工等物流资产,而物流企业在该地区又需要建立物流系统,则可以全盘买进客户的物流资产,接管并拥有客户的物流系统甚至接受客户的员工。接管后,物流系统可以在为该客户服务的同时为其他客户服务,通过资源共享以改进利用率并分担管理成本。如东方海外物流公司系统接管旺旺集团在杭州的仓库,将其改造为东方海外华东区域物流中心。

(2)与客户签订物流管理合同。与希望自己拥有物流设施(资产)的客户签订物流管理合同,在为客户服务的同时,利用其物流系统为其他客户服务,以提高利用率并分担管理成本。这种方式在商业企业的物流服务中比较常见,如和黄天百物流为北京物美商城提供的物流管理服务。

(3)与客户合资成立物流公司。第三方物流提供商对具有战略意义的目标行业,常常会根据客户需要,与客户建立合资物流公司。既使客户保留物流设施的部分产权,并在物流作业中保持参与,以加强对物流过程的有效控制;又注入了第三方物流的资本和专业技能,使第三方物流提供商在目标行业的物流服务市场竞争中处于有利地位。

总之,物流企业要在激烈的市场竞争中脱颖而出,必须通过不断地服务创新来引导和满足客户需求,在目标市场中提供区别于竞争对手的差异性服务。而要做到这一点,必须完整理解一体化物流服务的内涵,采用现代物流技术和信息技术增强服务能力,建立具有丰富物流服务经验的管理团队,努力与客户结成战略合作伙伴关系。

课后练习

1. 简述物流服务的作用,分析提高物流服务的重要性。
2. 根据本章内容分析企业控制物流成本的意义。
3. 查找资料谈一谈物流成本的发展趋势。

8 物流业的安全、风险防范与规避

> **学习目标**
> 1. 掌握物流业的安全、风险防范与规避的概念。
> 2. 掌握物流安全、风险的识别。
> 3. 了解物流安全、风险的规避方法与措施。
> 4. 了解我国应对物流安全、风险存在的问题。
> 5. 了解国际物流安全、风险的新发展。

案例导读·天津塘沽爆炸案

2015年8月12日23:30左右,位于天津滨海新区塘沽开发区的天津东疆保税港区瑞海国际物流有限公司所属危险品仓库发生爆炸。

截至2015年9月11日下午3点,天津港"8·12"爆炸共发现遇难者总人数升至165人,仍有8人失联。其中公安消防人员24人,天津港消防人员75人,民警11人,其他人员55人。

根据爆炸现场瑞海国际物流有限公司官网信息,其涉及仓储的危险品有第二、三、四、五、六、八、九类,包括压缩液化气体、易燃固体、液体及氧化剂和有机过氧化物等。此类危险品属于特殊化学货物,这种化学品燃烧产生的火焰不能用水直接扑灭,只能通过用沙土覆盖隔绝燃烧环境,救援难度很大。此次爆炸事故造成的破坏,大多并非来自直接爆炸,而是由冲击波引发的玻璃、碎片等造成的二次伤害。初次爆炸引发了一连串后续爆炸,波及现场周边的大量房屋、建筑和车辆,并且造成较大人员伤亡,当地医院人满为患。

按照国家规定,危险品仓库应选在空旷地区、处于下风口,距离周围公共建筑物、交通干线至少1 km。此次发生爆炸的危险品仓库明显违规,1 km范围内就有万科海港城和启航嘉园两个小区、沿海高速高架桥以及开发区五大街到八大街,周边还有两家医院、滨海国际中心、多个居民小区、泰达足球场等。

8.1 概论

8.1.1 物流安全

物流中的"物"储存与流动的空间路线和过程可能形成导致事故发生的原因:人的不安

全行为、物的不安全状态和环境。

物流的整体功能是通过物流各个环节的有机结合来实现的,物流整体的安全离不开每个功能活动的安全。因此,物流活动的安全首先应建立在物流各个功能活动和各个环节的安全基础之上,通过系统化、集成化管理最终实现物流系统的安全。例如:原材料、半成品和成品等物料在企业物流系统中,偶尔会被突如其来的各种事故打断,不仅降低生产率,严重的还会造成伤亡事故。

有的人仅把安全视为常识,而不是学问,不作为科学的研究对象。随着工业生产和科学技术的发展,人们逐渐认识到,物流工程在有效地使企业降低成本、提高效益和竞争力的同时,其过程也存在着危险、危害因素,也曾发生过事故。因此,作为物流的经营管理者和操作者,掌握必要的现代职业安全技术管理知识,对于物流系统顺利进行是当务之急的大事。

8.1.2 物流风险

通俗地讲,风险就是发生不幸事件的概率。换句话说,风险是指一个事件产生我们所不希望的后果的可能性。风险由风险因素、风险事故和风险损失等要素组成。换句话说,是在某一个特定时间段里,人们所期望达到的目标与实际出现的结果之间产生的距离即为风险。风险有两种定义:一种定义强调了风险表现为不确定性;而另一种定义则强调风险表现为损失的不确定性。若风险表现为不确定性,说明风险只能表现出损失,没有从风险中获利的可能性,属于狭义风险。而若是风险表现为损失的不确定性,说明风险产生的结果可能带来损失、获利或是无损失也无获利,属于广义风险。

8.2 物流安全及安全技术

物流安全包括:①装卸搬运安全;②仓储安全;③物流运输安全;④包装安全;⑤信息系统安全;⑥危险品物流安全。

8.2.1 装卸搬运安全

1) 物料装卸搬运常见事故

在装卸搬运过程中,常见事故主要有以下几种。

(1) 设备伤害。各种装卸设备作业(包括安装、检修、试验)中发生的挤压、坠落、物体打击、倾覆等。在生产安全事故中,机械设备对人体伤害的事故占据很大的比例。

(2) 扭伤。人工搬运、提举重物造成的扭伤。

(3) 砸伤。人力搬运物料或工件时,由于搬运方式不当或注意不够,多人配合不协调或用力不当造成物体坠落。

(4) 坍塌。物料堆垛不当,过高而不稳定或因其他原因而塌落。

(5) 爆炸。装卸搬运易燃易爆化学危险货物时违反规定引起爆炸。

(6) 中毒。接触有毒物质引起职业病或职业中毒。

(7) 其他伤害。如触电、灼烫等。

2) 物料装卸搬运常见事故原因分析

造成物流系统中装卸搬运事故的原因可归为人为、机械、管理三方面的因素,按事故原因分类的原则可分为直接原因和间接原因两类。

(1) 直接原因

直接原因是在时间上最接近事故发生的原因,又称为一次原因,它可分为三类。

① 物的原因,是指设备不良所引起的,也称为物的不安全状态。所谓物的不安全状态是使事故能发生的不安全的物体条件或物质条件。

② 环境原因,指由于环境不良所引起的。

③ 人的原因,是指由人的不安全行为而引起的。所谓人的不安全行为是指违反安全规则和安全操作原则,使事故有可能或有机会发生的行为。

(2) 间接原因

间接原因是导致事故直接原因(既不安全状态、不安全行为产生和存在)的原因,可分为以下五类。

① 技术的原因,包括:主要装置、机械的设计,机械装置的布置,工厂地面、室内照明以及通风、机械工具的设计和保养,危险场所的防护设备及报警设备,防护用具的维护和配置等所存在的技术缺陷。

② 教育的原因,包括:与安全有关的知识和经验不足,对作业过程中的危险性及其安全运行方法无知、轻视、不理解、训练不足、没有经验等。

③ 身体的原因,包括:身体有缺陷或由于睡眠不足而疲劳、酗酒大醉等。

④ 精神的原因,包括:怠慢、反抗、不满等不良态度,焦躁、紧张、恐怖、不和等精神状况,偏狭、固执等性格缺陷。

⑤ 管理的原因,包括:企业主要领导人对安全的责任心不强,作业标准不明确,缺乏保养检查制度,劳动组织不合理等。

在两种原因(直接原因和间接原因)中,因人的不安全行为引起事故的情况较多,是造成伤害事故的主要原因。

3) 货物装卸搬运作业安全

(1) 做好装卸现场的组织工作。装卸现场的作业场地、进出口通道、作业线长度、人机配置等布局设计合理,能使现有的和潜在的装卸能力充分发挥或发掘出来,避免由于组织管理工作不当,造成装配现场拥挤、阻塞、紊乱的现象,确保装卸工作能够安全顺利地进行。

做好装卸组织工作,通常可采用三条途径:其一是设计科学合理的装卸作业工艺;其二是采用自带的装卸机械设备;其三是加强对人力、设备、工艺的组织。

(2) 搬运装卸人员应严格遵守安全操作规程,正确使用搬运装卸机械、工索具,避免货损和人员伤亡事故。

(3) 进行搬运装卸工作时,要轻装轻卸,堆码整齐,捆扎牢固,衬垫合理,避免货物移动或翻倾,防止混杂、撒漏、破损。

(4) 严格遵守货物配装规则,严禁有毒、易污染物品与食品混装,危险货物与普通货物混装。

(5) 危险货物的搬运装卸工作人员应根据危险货物的具体情况穿戴胶服、防毒面具、手套、胶靴、披风帽等防护用品,保护人身安全。

(6) 搬运装卸人员应对车厢进行清扫,发现车辆、容器、设备不适合装备要求,应立即通知承运人或托运人。

(7) 搬运装卸过程中,发现货物包装破损,搬运装卸人员应及时通知托运人或承运人,并做好记录。

(8) 搬运装卸危险货物时,严格按《汽车危险货物运输、装卸作业规程》(JT 618—2004)进行作业。

(9) 搬运装卸作业完成后,货物需绑扎苫盖篷布的,搬运装卸人员必须将篷布苫盖绑扎严密、牢固;由承、托运人或委托站场经营人、搬运装卸人员编制有关清单,做好交接记录,并按有关规定施加封志和外贴有关标志。

(10) 承、托双方应履行交接手续,包装货物采取件交件收;集装箱及其他施封的货物凭封志交接;散装货物原则上要磅交磅收或采用承托双方协商的交接方式交接。交接后双方应在有关单证上签字。

(11) 货物在搬运装卸中,承运人应当认真核对装车的货物名称、重量、件数是否与运单上记载相符,包装是否完好。包装轻度破损,托运人坚持要装车起运的,应征得承运人的同意,承托双方需做好记录并签章后,方可运输,由此而产生的损失由托运人负责。

8.2.2 仓储安全

1) 仓库安全管理目标

仓库安全管理目标的内容因仓库的性质、安全设施的先进程度、作业条件的不同而异,一般包括以下几个方面:①重大事故次数、急性中毒事故等;②死亡人数指标;③伤害频率或伤害严重率;④事故造成的经济损失,如工作日损失天数、工伤治疗费、死亡抚恤费等;⑤作业点尘毒达标率;⑥劳动安全卫生措施计划完成率、隐患整改率、设施完好率;⑦全员安全教育率、特种人员作业培训率。

2) 仓库安全管理规范与制度

安全管理规范和制度是保证仓库安全管理目标实现的重要保证,是对仓库的工作人员的行为进行强制性管理的一种手段。不同仓库的安全管理规范和制度不同,一般包括如下内容:

(1) 仓库中商品的品名、数量、规格、种类等,仓库管理人员必须严格保密。

(2) 建立和健全仓库消防、保卫、保密、安全操作、安全教育等规章制度,设专人负责。

(3) 建立和健全各项安全制度相应的执行、监督机制,组织日常检查、定期检查、节假日重点检查等,真正把安全工作落到实处。

(4) 必须建立一支安全消防队伍,设专职或兼职消防人员,仓库必须有专职领导负责消防工作;消防设备指定专人管理。

(5) 严格管理各种火种、火源、电源和水源等,严禁各种火种及易燃品带入仓库。

(6) 建立仓库警卫值班和干部值班制度,重要的仓库、危险品仓库必须配备武装警察人员。

(7) 仓库中装卸、搬运、堆垛及各种机械设备使用时,必须严格遵守安全操作规范,防止各种事故发生。

3) 安全管理目标实现的保证措施

(1) 安全教育措施,包括教育的内容、时间安排、参加人员规模、宣传教育场地等。

(2) 安全检查措施,包括检查内容、时间安排、责任人、检查结果的处理等。

(3) 危险因素的控制和整改措施,对危险技术和安全点要采取有效的技术和管理措施进行控制和整改,制订整改期限和完成率。

(4) 安全评比措施,定期组织安全评比,评出先进班组。

(5) 安全控制点的管理措施,制度无漏洞、检查无差错、设备无故障、人员无违章。

8.2.3 物流运输安全

1) 企业物流运输现状

随着企业生产经营不断发展,产量逐年增加,一些企业物流制定了安全管理制度,有效地促进了企业物流运输中的安全管理工作。但由于很多企业内的物流安全管理机构还不够完善,安全管理人员不足,责任和措施未完全落实,尤其少数员工对安全操作不够重视,因此厂内物流运输安全存在着很多问题。据报载,近年来,全国各地企业物流运输中重大事故频频发生,伤亡人数较多,给国家和人民财产造成了重大的经济损失,给企业生产经营的发展带来了不良的影响。因此抓好企业物流运输安全管理,已成为企业刻不容缓的大事。随着企业的发展壮大,尤其是现代化机械设备的大量使用,企业物流运输安全管理遇到了一系列的新问题。

目前企业物流运输安全管理基础工作开展还不广泛,如不能把事故指标降下来,既影响企业发展,又给社会带来负担。

2) 加强企业物流运输安全管理的目的和意义

安全为了运输,运输必须安全。在企业物流运输中必须保证人身安全,同时也要保证货物的安全,准时准点送到用户手中。安全运输是保证运输质量的基本要求,加强企业运输安全管理的目的在于:

(1) 提高企业的经济效益。

(2) 提高司机安全意识,减少事故的人为因素。

(3) 掌握车辆动态,配合有关部门组织运力。

(4) 为生产部门、供应部门和运输部门提供有关情况。

(5) 对车辆进行定期维修,及时发现隐患,以确保其经常处于良好的技术状态,延长使用寿命。

3) 企业内物流运输出现事故的主要原因

从大部分企业以往的案例来看,一般造成企业内物流运输伤害事故的主要原因有以下方面:

(1) 车辆安全状况不良,车辆性能差、可靠性低、机械故障以及设施不良等均会危害人体。有关人员对企业内物流运输安全技术状况的好坏缺乏足够的重视,对车辆的检查不经常、不严格,即使发现问题也不及时解决,经常凑合使用,带病运作,结果往往其转向、制动、灯光等部位机件突然失灵,导致事故的发生。

(2) 驾驶员的安全技术素质差,不按规章行车、精力不集中、判断错误、措施不力、酒后开车、客货混用、病车上路、技术不熟练、思想麻痹等;而企业方面又监管不力,极不重视企业内物流运输的安全技术培训,尤其长期不组织安全教育,因此一些员工常常麻痹大意,违章操作,突然遇到情况就手忙脚乱,措施不力而造成不应发生的事故。

(3) 安全管理制度和操作规程不健全,考核不严。

4) 企业应对物流运输安全管理的基本措施

安全管理工作要为转换经营机制、实现企业生产经营目标保驾护航。为了加强企业内物流的安全管理,建立良好的生产秩序,保证运输生产的顺利进行,须采取以下措施:

(1) 建立健全车辆安全管理机构,设置专职管理人员,把安全质量指标纳入岗位责任制,具体分解到岗位、人员和车辆,严格考核,确保安全质量目标的实现。

(2) 认真宣传贯彻并执行党和国家有关安全的方针、政策和法规,认真执行企业内运输管理制度。结合企业生产工艺流程、物料性质和运量大小,按照要求进行运输。

(3) 制定企业区间行车规则,物料摆放、物料装卸、车辆维修保养及安全操作规程,做到有章可循,按章办事。

(4) 抓好预防、防患于未然。对事故的预防必须采用宣传教育的手段去实现。

(5) 抓好机动车辆驾驶员的分类管理,根据其年龄结构、文化素质、操作熟练程度,以及性格特征的不同进行分类,对其中有安全隐患的驾驶员采取相应的监督措施,重点管理。

(6) 抓好机动车辆的安全性评价检查,找出隐患,提出整改措施,不断提高车辆的安全技术性能。做好车辆的日常维护和保养工作,使车辆经常保持良好的技术状态,确保行车安全。

(7) 加强安全考核力度,做到安全与经济挂钩。奖励安全标兵,处罚违章操作个人,经常采取简报形式,宣传安全行车先进单位和个人。

(8) 在做好预防事故发生的同时,以事故苗头和事故做到三不放过,即事故原因分析不放过,事故责任人未受到教育不放过,没有切实可靠的改进措施不放过。

(9) 合理安排运输任务,注意驾驶员劳逸结合,改善劳动条件。

8.2.4 包装安全

1) 包装与物流作业安全

(1) 仓库堆垛对包装强度的要求。为了减少商品在仓库内的保管费用,仓库内的商品往往堆垛得很高,以减少它们的占地面积,提高仓库面积的利用率。因此,要使得被压在底层的货物,不至于被上层货物压坏或变形,货物包装需要足够的强度。包装的强度受到温度与湿度、材质变化、动负荷等的影响。设计和生产货物包装材料时还要掌握好各个仓库的具体堆垛高度。

(2) 包装结构与堆垛稳定性的关系。在仓库里,需要相关的经验和技术,才能使堆垛很高的商品保持稳定,防止发生坍塌现象。为了保证堆垛的稳定性,包装就要有合理的结构和强度。

事实证明,堆垛状态不同,货物的坍塌损失程度也各不相同。堆垛得很高的货物,如果在若干层货物之间加一层隔板(托盘),坍塌损失就会小一些。

2) 堆垛稳定性对于包装结构的要求

(1) 设计包装结构时,要使荷重均匀地分布在底面上。

(2) 在容器的上表面不应有突起物和起鼓现象,与上面所堆垛的容器呈平面接触。

(3) 如果商品本身就有偏重,就应在容器的外表面制作明显标志。

(4) 要明确表示堆垛的方向。

(5) 在选择包装材料和进行包装结构设计时,要使容器具有能承受高层堆垛的强度。

3) 环境对包装的影响

包装的规格在很大程度上会受到仓库位置和环境的影响,因此,在研究包装规格时,一定要充分了解仓库的实际情况,例如:

(1) 仓库位置的影响。
(2) 仓库规模与设备对包装形态的影响。
(3) 装卸作业对包装结构的影响。
(4) 湿度对于包装容器强度的影响。
(5) 在仓库内混合存放不同类别商品的影响。

4）包装与运输安全

(1) 运输安全对包装的基本要求

① 坚固性。

② 包装材料、技术应适用所装货物的性质。

③ 包装尺寸与运输工具相适应。

④ 包装完整、箱面标志清楚。

⑤ 在运输过程中，运输工具类型、距离长短、道路情况、运输方式等都对包装有着不同要求和影响。

(2) 震动冲击对包装的影响

货物受到震动冲击，这是物流作业环节共同存在的问题。仓储作业、装卸作业、搬运作业、运输作业都会对包装件造成震动冲击。为了使货物能够承受物流过程中受到的震动冲击，应对包装进行缓冲设计：

① 充分掌握货物的特性，特别是掌握货物能承受的允许冲击强度。

② 运输包装能否满足要求，需要通过试验、鉴定与检查。货物运输包装试验首先是测试货物包装后的耐挤压强度、耐震动冲击强度、耐垂直跌落和水平碰撞冲击强度等，以检查运输包装对货物的物理性保护程度；其次，通过实验可以预测在流通环境中可能发生的各种破损程度，以作为货物运输包装在选用材料、包装方式及运输条件时的参考条件。

5）包装与搬运安全

(1) 搬运作业造成包装破损的因素

① 产品强度不够。

② 包装强度不合理。

③ 野蛮装卸。

④ 单位时间装卸作业量过大。

⑤ 货物的体积与质量过大。

⑥ 搬运工的熟练程度不够。

⑦ 包装方式不便于搬运。

⑧ 搬运工对产品包装不重视。

⑨ 搬运工协作不够。

⑩ 发生意外情况。

(2) 搬运对货物包装的要求

① 根据搬运条件、环境和工人的实际操作情况制定包装方案。

② 搬运工作使产品受到损伤的概率是很高的，其原因多数是由于搬运工人的失误和包装方式不合理。因此，尽量采用机械作业，取消人力搬运，提高搬运安全。

8.2.5 信息系统安全

1）物流信息系统安全的类型

物流信息系统的安全实际上包括了以下4个方面：

(1) 信息安全。信息安全是指保护信息资源，使其免遭偶然的和有意的泄露、删改、破坏和处理能力的丧失。

(2) 计算机安全。计算机安全是指确保计算机处于稳定的状态，使计算机的数据和程序文件不致被非法访问、获取和修改。

(3) 网络安全。网络安全是指采取一系列措施确保网络的正常运行。信息网络的安全措施，有操作系统的安全设置，防火墙技术、防木马、防病毒技术，数据的安全存储、备份和恢复等。

(4) 通信安全。通信安全是指确保信息在网络传输中的完整性和保密性。

2）影响物流信息系统安全的因素

造成信息系统和信息网络不安全的原因主要有以下几方面：

(1) 计算机黑客。计算机黑客是人们对那些利用所掌握的技术未经授权而进入计算机信息网，以获取个人利益、故意捣乱或寻求刺激为目的的人的总称。目前，世界上有大约几十万个黑客网站，攻击的方法和手段有几千种。黑客可分为政治性黑客、技术性黑客和牟利性黑客等三种。无论是哪一种黑客，其对信息系统的破坏都是不可忽视的。

(2) 软硬件的"漏洞"。1999年，保加利亚软件测试专家发现Microsoft公司某浏览器产品存在安全漏洞，它可以使网络管理人员轻而易举地入侵访问者的计算机文件，Microsoft也承认了这一缺陷。另外，发达国家对信息安全高级产品的封锁也使软、硬件产品的漏洞变得更为明显。

(3) 管理的欠缺。管理的欠缺主要还是在于缺乏安全管理的观念，没有从管理制度、人员和技术上建立相应的安全防范机制。

(4) 计算机商业间谍。信息化浪潮使得越来越多的公司、银行、企业等经济实体加入了上网的行列，它们把越来越多的秘密信息保存在计算机上，其中包括经营战略计划、销售数据甚至秘密的信件、备忘录等。这些信息对竞争对手来说是非常珍贵的。计算机商业间谍可以通过各种手段直接进入企业的计算机获得这些信息。

3）物流信息系统面临的安全威胁类型

物流信息系统面临的安全威胁主要有四种。

(1) 对信息系统硬件的攻击。这类威胁和攻击针对的是计算机本身和外部设备乃至网络和通信线路，如各种自然灾害、人为破坏、操作失误、设备故障、电磁干扰、被盗以及各种不同类型的不安全因素所导致的物资财产损失和数据资料损失等。主要表现在对计算机的硬件系统、计算机的外围设备、信息网络的线路等的攻击。

(2) 对信息的攻击。这类威胁和攻击涉及企业和个人的机密、重要及敏感性信息，主要表现在信息泄露和信息破坏。信息泄露是指偶然地或故意地截取目标信息系统的信息。信息破坏是指由于偶然事故或人为破坏而使信息系统中的信息被修改、删除、添加、伪造及非法复制。

(3) 计算机病毒。计算机病毒是通过运行来干扰或破坏信息系统正常工作的一段程序。病毒破坏经常导致企业物流信息系统不能正常运行甚至瘫痪，直接影响了正常的物流运作和结算往来，危害极大。

（4）计算机犯罪。计算机犯罪是指针对和利用物流信息系统，通过非法操作或以其他手段进行破坏、窃取、危害国家、社会和他人利益的不法行为。

4）应用的安全策略

（1）安装杀毒软件。杀毒软件不仅能查杀一些著名的病毒，还能查杀大量木马和后门程序，但需要经常运行程序升级病毒库。

（2）安装防火墙。防火墙能侦听外界对本机所采取的攻击，及早提醒用户采取防范措施，如可以开启 WindowsXP 系统自带的 Internet 连接防火墙。

（3）安装系统补丁。经常访问 Microsoft 和一些安全站点，下载最新的 Pack 和漏洞补丁，以保障系统的安全。

（4）停止不必要的服务。服务组件安装得越多，用户可以享受的服务功能就越多。但是用户平时使用到的服务组件毕竟有限，而那些很少用到的组件除占用不少系统资源引起系统不稳定外，还为黑客的远程入侵提供了多种途径。因此尽量屏蔽那些暂时不需要的服务组件。具体的操作方法如下，打开"计算机管理"/"服务"，停止需要屏蔽的服务，同时将"启动类型"设置为"手动"或"已禁用"。

5）网络的安全策略

（1）关闭不必要的端口。关闭端口意味着减少功能，在安全和功能之间需要进行平衡决策。如果服务器安装在防火墙的后面，风险相对较少。不管服务器在防火墙的前面还是后面，都需要经常扫描系统已开放的端口，确定系统开放的哪些服务可能引起黑客入侵。在系统目录中的/system32/drivers/etc/services 文件中有常见端口和服务的对照表。关闭端口的操作方法如下，打开"本地连接"选择"属性"，然后依次打开"internet 协议（TCP/IP）/属性/高级/选项/TCP/IP 筛选/属性"，打开"TCP/IP 筛选"，添加需要的端口即可。

（2）设置安全记录的访问权限。安全记录在默认情况下是没有保护的，应把它设置成只有 Administrators 和系统账户才有权访问。

（3）使用 Web 格式的电子邮件系统。有些邮件危害性很大，一旦植入计算机，就有可能造成系统的瘫痪。所以尽量不要使用 Outlook、Foxmail 等客户端邮件系统接收邮件，也不要查看陌生人邮件中的附件。

6）系统的备份

备份是保护系统文件和重要数据的一种安全策略，通过制作原始文件、数据的复制，就可以在原始数据丢失或遭到破坏时，利用备份恢复原始数据，保证系统的正常运行。

① 准备。要备份的系统应该是稳定没有错误并且已经安装必要的软件和硬件。

② 备份。为保险起见，关闭其他正在运行的程序，然后运行 Ghost 程序，随后进入类似于 DOS 的界面，选择要备份的分区，按"确定"即可。

7）数据的备份

数据备份是指对数据库的完整备份，包括所有的数据以及数据库对象。备份数据库的过程就是首先将事务日志写到磁盘上，然后根据事务创建相同的数据库和数据库对象以及复制数据的过程。

8）设置防火墙

常见的防火墙工具有以下几种：

(1) 天网个人版防火墙。
(2) Norton 个人防火墙。
(3) 木马杀手(The Cleaner)。
(4) 挡住黑客的魔爪,BlackICE。
(5) 反黑高手,LockDown 2000。
(6) 斩断伸向电脑的黑手,Lockdown。
(7) ZoneAlarm。

8.2.6 危险品物流安全

1) 危险品物流安全背景

近年来,随着石油工业、化学工业、核能源工业等产业的快速发展,作为能源、原材料和消费品使用的危险品的流通量越来越大,流通范围越来越广。因此,危险品物流的需求量也越来越大,拥有了广泛的市场;危险品物流作为一种特殊的专业物流,也得到了较快的发展。但是,危险品物流存在着巨大的安全风险。一片矗立的危险品储液罐,如同一座座"火药库";一个装满危险品的运输车辆,就如同一个移动的"隐形炸弹"。在危险品物流作业过程中,稍有不慎,就会造成巨大的危害。近几年,在危险品物流过程中多次发生安全事故,给国家和人民的生命财产造成了巨大的损失。据分析,发生危险品物流安全事故最主要的原因,就在于很多危险品物流企业和危险品作业人员,特别是一些刚刚进入危险品物流领域的企业和作业人员,不能够深刻认识危险品物流的风险特性,不能够全面掌握危险品物流安全作业的特殊要求和科学方法,把危险品混同于普通物品,风险意识淡薄,不能按照有关危险品物流方面的法律法规和技术标准组织危险品物流生产,造成安全事故频频发生。

2) 危险品物流安全概念

危险品是指"具有爆炸、易燃、毒害、感染、腐蚀、放射性等危险特性,在运输、储存、生产、经营、使用和处置中,容易造成人身伤亡、财产损毁或环境污染而需要特别防护的物质和物品",如图 8-1 所示为危险品标识。

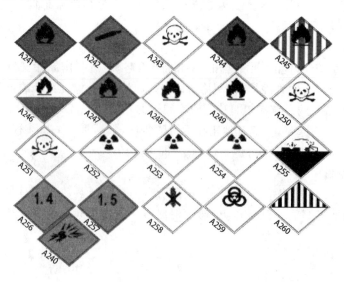

图 8-1 危险品标识

危险品作为一种特殊的物流对象，它不同于普通货物的本质在于其具有的风险特性。目前常用的危险品大约有300～400种，而每一种危险品都有着不同的风险特性。在物流作业过程中，首先必须深入了解所处理的具体危险品的风险特性，才能有针对性地对其进行科学的安全防护。要全面掌握危险品的风险特性，一般要着重了解其以下几个方面的特性：

（1）物理特性。主要了解其物理状态（固体、液体和气体）以及各种状态变化的外界条件——温度、压力、干湿度等，这是物流过程中必须控制的技术条件。

（2）化学特性。它是决定危险品风险特性的最主要的内在因素。主要了解物质的易燃性、氧化性、腐蚀性、毒性、放射性以及发生化学性状反应和变化的外界条件，如图8-2所示为危险品操作标识。

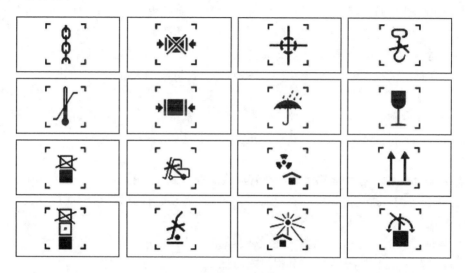

图8-2 危险品操作标识

（3）风险级别。在《危险货物品名表》（GB 12268—2012）中，对于需要包装的危险品按其具有的危险程度划分为三种包装类别，分别表示其风险级别，其中第Ⅰ类为具有高度危险性的物品，第Ⅱ类为具有中等危险性的物品，第Ⅲ类是具有轻度危险性的物品。在物流作业中应明确物品所属的危险级别，按规定进行相应级别的包装并标明相应的包装标志，按其危险程度实施相应的防护措施。

（4）危险特性的类别。国家标准《危险货物分类和品名编号》（GB 6944—2012）把危险品的危险性划分为9大类，共20个项别，这是确定危险品风险性质的主要依据。在物流过程中必须首先明确危险品所属的类别，然后根据各类危险品的特性和储运要求组织物流作业，并制订相应的防护和救援措施。另外，大多数危险品都具有多重危险性质，例如有些易燃固体物质，其主要危险特性是"易燃"，同时它还可能具有"毒害"和"腐蚀"等次要危险性，但国家标准在分类时是以其主要危险特性进行归类的。因此，在实际物流作业中，既要注意其主要危险特性，还要注意其次要危险特性，防范其多种危害发生。

（5）风险后果。对于各类危险品，一旦外部条件控制不当，就会导致危险事故发生，造成不同程度的风险后果。例如，"易燃"物品会引起火灾等直接后果；"感染性"物质（如医疗废弃物）会导致人或动物感染疾病等隐性后果；"毒害性"物品会造成人畜中毒和环境污染后果等等。在制订事故救援预案和组织事故救援时，必须预先充分掌握其可能产生的风险后果,以便采取科学合理的措施予以防范。

3) 危险品物流过程中的安全风险因素

危险品自身所具有的理化性质是安全风险的内在条件,但是,危险品物流过程中是否会发生危险事故,还是取决于外部风险因素的影响和对物流各个作业环节风险因素的控制力度。危险品物流的货物受理、包装、储存、运输、装卸搬运等各个环节中都存在着一定的风险因素,其中包装是物流安全的基础,运输和装卸搬运是动态的作业环节,安全风险较大,以下着重对这三个环节进行分析。

(1) 危险品运输过程的安全风险因素

单纯的运输过程就是指运输工具承载危险品在运输线路上运行的过程,这个过程是危险品安全风险最大的过程。据分析表明,在危险品运输过程中所发生的事故占事故总数的40%以上。危险品运输过程中风险度高的主要原因有以下几方面:

① 运输工具在运输过程中发生交通事故的频率较高,在交通事故中造成危险品泄漏、撒落、挥发,或直接发生爆炸、火灾及环境污染,是引发危险品灾害最主要的原因。

② 每一种运输方式都是一个复杂的系统,其运输过程是开放性的生产过程。以公路危险品运输系统为例,就是由人、车、路、环境等多种要素组成的复杂系统,车辆安全运输的干扰因素多而杂,而且不容易掌控,风险变量多,常常会因一些突发的原因导致危险品事故发生。

③ 危险品运输过程是运输工具承载着危险品在线路上运行的过程,作为一个流动的危险物,在整个运输过程中其风险具有全程性、全时性和动态性,风险影响面广、线长,实时监控难度大。

④ 运输工具的运行作业,主要是由驾驶操作人员独立进行的,在危急时刻其安全完全掌握在操作者一人手中,安全约束和保障能力低。

强化危险品运输过程管理,确保运输安全。运输是物流的中心环节,危险品运输安全是保障物流全过程安全的关键,必须严格遵守国家有关危险品运输的法律法规和标准,按相关要求组织运输。以汽车运输危险品为例,应特别注意从以下几方面强化运输安全管理:

① 必须按规定选用符合营运车辆综合性能要求的危险品专用运输车辆,而且车辆技术状况必须达到一级。不能使用报废的、自行改装的和技术状况不良的车辆。要根据企业规模配备专门车辆管理人员或部门,负责车辆日常技术管理;要严格执行车辆定期检测和强制二级维护制度,不拖保漏保;要加强车辆和设备日常安全检查,严格实行每日出车前检查、运行中检查和收车后检查的"三检"制度,由车辆管理人员协同驾驶人员对车辆转向机构、制动系统、罐车容器和阀门等关键安全部位实施认真检查,确保车辆不带"病"上路和运行。

② 危险品运输必须选用驾驶技术良好的、具有从事危险品作业资格证书的驾驶员,并且要按规定配备具有从事危险品作业资格证书的随车押运人员,从装车、运行到卸车全过程负责对危险品进行监督。严禁随车搭乘其他无关人员。

③ 运输危险品的车辆应当配置行车记录仪和消防器材,必须悬挂规定的标志灯和标志牌,必须随车携带"道路运输危险品安全卡"。

④ 车辆运行要严格遵守交通规则,平稳行驶,严禁超速和强行超车,尽量避免紧急制动和急转弯。要尽量选择熟悉的、路况良好的路线行驶,通过市区时必须按规定的路线行驶,禁止进入居民区和风景名胜区等区域。运输爆炸品、剧毒和放射性危险品,必须事先报经当

地公安部门批准,按规定路线、时间和速度行驶。运输途中要经常检查危险品情况,发现有被盗、丢失、散落等情况时,必须立即报告当地公安部门进行处理。

⑤ 中途停车和夜间停车住宿,必须停放在安全可靠的地带,并安排专人看守车辆和货物,严禁在居民区、风景名胜区等区域停车。

(2) 危险品包装的安全风险因素

一般情况下,包装是物流过程的起始环节。危险品的包装除了具有一般商品包装的作用以外,主要是利用一定的包装材料、容器和技术对危险品施加特别保护措施,以保证其在物流过程中完好无损、安全可靠。因此,危险品包装对于保障整个物流过程的安全具有至关重要的意义。

危险品包装环节存在的风险因素主要有:

① 包装材料的选用不符合被包装物的性质和要求,例如其材质、强度等不符合要求就会造成包装材料在物流过程中腐蚀、破损,导致危险物品泄漏、受潮、受光或被其他物质污染而发生反应等危害。

② 包装容器强度或硬度等机械性能不符合要求,不能起到防止危险品受压、振动、碰撞、摩擦等保护作用;有的压力容器不能承受规定的压力而发生破裂;有的气体、液体容器破裂,造成危险品泄漏等。

③ 包装件的规格、重量和形式不符合物流安全作业要求,例如单件重量过重、体积过大、形状不规则等,对危险品的装卸搬运、储存和运输都会带来风险。

④ 危险品包装必须按规定设置表明货物危险性质的包装标志和提示装卸、储存、运输等安全注意事项的包装储运图示标志,如果标志遗漏、设置不清或不牢固而脱落,都会增加危险品的辨识、安全作业和事故抢救的风险。

(3) 危险品装卸搬运过程的安全风险因素

装卸搬运是危险品生产、销售、运输、储存等过程中频繁进行的作业,作业量较大,安全风险也较大。其一,装卸搬运是个动态过程,危险品不断发生状态改变,处于一种不稳定的环境条件,外部影响因素较多,而且需要人或装卸机械设备直接与货物接触,如果操作不当就会造成危险品破损、挤压、振动、跌落、泄漏、散失或直接导致危险事故发生。其二,危险品装卸搬运作业,对其后续的运输和储存安全影响极大。如果管理不善或操作不当,将不同性质的危险品混装混存,车辆装载不平衡或固定不牢靠,货物堆垛不稳固造成危险品塌垛、包装破损等等,这些不正确的装载作业都会埋下很多安全隐患,存在极大的安全风险。

加强装卸作业现场管理,保障装卸作业安全。危险品装卸搬运主要是在装车、卸车和储存管理等过程中进行的作业,作业环境一般较复杂。因此必须加强装卸作业现场管理,一方面保证装卸搬运作业过程的安全,另一方面保证车辆装载安全,进而保证车辆运输的安全。为此,必须注意做好以下几点:

① 危险品物流企业必须按规定配备持有从事危险品作业资格证书的装卸管理人员,必须由他们进行危险品装卸作业现场指挥和管理。

② 危险品装卸作业现场必须设有可靠的安全保障设施与设备,装卸作业人员必须配有齐全的劳保用品。要保证装卸作业现场通风良好,避免火源;车辆必须熄火,可靠停车;车辆与货垛之间、车辆与车辆之间要留有足够的安全距离,确保作业现场安全。

③ 必须根据危险品的不同特性采用适宜的装卸方法,要轻装轻卸,谨慎操作,减小撞击

和振动,货物堆码要做到上轻下重、整齐、稳固。

④ 装车前,装卸管理人员必须依据有关规定对车辆、货物进行严格检查,确认车辆技术状况良好并且清理干净、货物有关手续完备、类别和数量正确、包装完好无损、车辆与所装运的危险品相匹配,然后再指挥装车。

⑤ 必须按规定配载装车,不允许将理化性质不同和消防方法不同的危险品同车混装,严禁超限、超载;车辆装载要平衡,并根据货物的性质,采取相应的防震、防水、防暴晒、防静电等措施进行保护。装完后要将货物紧固、封严。

4) 危险品储存仓库要求

依据国家标准《建筑设计防火规范》(GB 50016—2014)的规定,按照仓库储存物品的火灾危险性通常将仓库分为甲、乙、丙、丁、戊五类。其中前三类属于储存易燃、可燃物品仓库。危险品仓库要求:

① 存放数量有限量,堆高有限度。

② 货物堆放要保持"五距",即墙距、垛距、梁距、柱距和灯距,一般规定货垛与梁、柱距离不少于 0.3 m,物品与墙、灯的距离不少于 0.5 m,垛距不少于 1 m,超量储存可能发生倒塌造成危险,而且在发生事故时不利于抢救和疏散。

③ 危险仓不宜与其他用途的房屋毗连,也不得将危险化学品的储存场所设在地下室或半地下室内。

④ 危险仓内应设置良好通风条件和隔热、降温、防潮、防汛、防雷等设施,配置防爆灯管和悬挂式自动灭火装置。

⑤ 危险仓的窗下部离地面不得低于 1.8 m,地面采用易冲洗的不燃烧地面。

⑥ 危险仓内须安装洗手盆一个,以便工作人员受污染时能马上得到清洗。

⑦ 危险仓四周应加围栏,围栏距仓库外墙间距 1.2 m,危险仓门口应加斜度,仓库内地面比外面高 0.2 m。

⑧ 仓内面积 5 m^2 左右,高度为 2.5 m 左右。

5) 完善现代物流管理方式,提升抵抗风险能力

我国危险品物流起步较晚,大多数危险品物流企业是由危险品生产企业的自备运输和传统的运输企业转型发展起来的,无论在企业组织结构、经营理念和管理方式上,都还不够完善,在很大程度上沿袭着传统运输的经营思想和管理方式,现代物流管理的理念与运作方式没有真正得到实现。很多企业经营状况不良,服务水平不高,危险品物流技术装备水平较差,安全风险抵抗能力较弱。危险品物流企业应当切实加强现代物流管理理论与方法的应用,完善危险品物流的管理与运作方式。一方面可以通过对危险品销售、采购、运输、储存和配送等环节实行一体化管理,实现各个环节的有机联系,减少环节冲突与摩擦,便于实现危险品物流全过程的统一安全管理,减少安全隐患,并提高危险品的流通效率;另一方面,实行物流一体化运作与管理,有利于物流企业整合资源,增强企业的经济实力和经营规模,有利于实现危险品物流规模化、专业化,有利于先进技术与装备的应用,从而提高危险品物流的安全性和效率;再一方面,通过采用先进的物流管理技术,例如物流虚拟技术,可以在更广泛的区域,对危险品的货源、用户、运输工具等资源进行整合,既可顺利地实现危险品的流通,满足用户的需求,又可减少危险品在道路上的实体流动,从而大大减少事故发生,提高其物流安全性,并大大降低危险品的物流成本。

8.3 物流风险及物流保险

8.3.1 物流风险

现代物流风险主要包括以下三个方面：

(1) 与托运人之间可能产生的风险

① 货物灭损带来的赔偿风险——对物流安全性的挑战

包括货物的灭失和损害。可能发生的环节主要有运输、仓储、装卸搬运和配送环节。发生的原因可能有客观因素，也可能有主观因素。客观因素主要有不可抗力、火灾、运输工具出险等，主观因素主要有野蛮装卸、偷盗等。

② 延时配送带来的责任风险——对物流及时性的挑战

物流企业延时配送往往导致客户索赔。从实践中看，客户索赔的依据大多是物流服务协议。也就是说，此时第三方物流企业承担的是违约赔偿责任。

③ 错发错运带来的责任风险——对物流准确性的挑战

有些时候，物流企业因种种原因导致分拨路径发生错误，致使货物错发错运，由此给客户带来损失。一般而言，错发错运往往是由于手工制单字迹模糊、信息系统程序出错、操作人员马虎等原因造成的，由此给客户带来的损失属于法律上的侵权责任。但同时，物流服务协议中往往还约定有"准确配送条款"，因此客户也可以依据该条款的约定提出索赔。此时便存在侵权责任和违约责任的竞合，我国民法典规定当事人得享有提起侵权责任之诉或违约责任之诉的选择权。

(2) 与分包商之间可能产生的风险

① 传递性风险

传递性风险是指第三方物流企业能否通过分包协议把全部风险有效传递给分包商的风险。例如，第三方物流企业与客户签订的协议规定赔偿责任限额为每件 500 元，但第三方物流企业与分包商签订的协议却规定赔偿责任限额为每件 100 元，差额部分则由第三方物流企业承担。在这里，第三方物流企业对分包环节造成的货损并没有过错，但依据合同不得不承担差额部分的赔偿责任。由于目前铁路、民航、邮政等公用企业对赔偿责任限额普遍规定较低，因此第三方物流企业选择由公用企业部门分包时将面临着不能有效传递风险的情况。

② 诈骗风险

资质差的分包商，尤其是一些缺乏诚实信用的个体运输业者配载货物后，有时会发生因诈骗而致货物失踪的风险。

(3) 与社会公众之间可能产生的责任风险

① 环境污染风险

第三方物流活动中的环境污染主要表现为交通拥堵、机动车排放尾气、噪声等。根据环境保护法，污染者需要对不特定的社会公众承担相应的法律责任。

② 交通肇事风险

运输司机在运输货物的过程中发生交通肇事，属于履行职务的行为，其民事责任应该由其所属的物流企业承担。

③ 危险品泄漏风险

危险品物流有泄漏的风险,随时会给社会公众的生命财产安全带来威胁,这一点值得从事危险品物流的企业警惕。

8.3.2 物流保险

物流保险本身就是一个综合性极强的概念,从宏观上来讲,物流保险就是一切与物流活动相关联的保险,把这一概念与物流概念相结合,即可得出物流保险的概念:物流保险,即物品从供应地向接受地的实体流动过程中,对财产、货物运输、机器损坏、车辆及其他运输工具安全、人身安全保证、雇员忠诚保证等等一系列与物流活动发生关联的保险内容,其中还包括可预见的和不可预见的自然灾害。

目前物流业广泛应用的保险险种主要是财产保险和货物运输保险。据了解,这两种险只能对物流的部分环节进行承保,无法适应当前整个物流市场的需求。比如在与货主的合同中,大都规定了很多承运人的赔偿责任,但在出现有关情况造成货物丢失、毁损时,保险公司一般只是就货物本身进行赔付,物流公司时常会受到较大数额的所谓经济损失的追讨。另外,物流公司还肩负着保证按时送达的责任,而实际上,因为意外因素延误运输时间的现象并不少见,这种情况并不在货物运输保险赔付条款之内,也只能由物流公司自己负责赔偿等。随着我国社会主义生产力的提高,物流保险中也将充实进去越来越多的内容,只有站在全局的角度考虑问题,才有可能照顾到物流活动中的方方面面,最大限度地减少货物流通过程中的损失。

在物流作业过程中,只要涉及货物作业、监管的运作环节都有可能涉及货物保险问题。一般保险最受重视的环节有仓储作业、空运、海运、陆路运输作业阶段。很多情况下港口作业过程的保险是作为运输保险的一部分投保的。海运过程中的险种分基本险和附加险,基本险又分平安险、水渍险和一切险三种。陆路运输过程中的险种主要有陆运险和陆运一切险两种。航空运输过程中的保险分为航空运输险和航空运输一切险两种。

1) 物流保险标的及保险责任

近年来,国内物流业的发展掀起高潮。物流货运保险综合了传统货运保险和财产保险的责任,承保物流货物在运输、储存、加工包装、配送过程中由于自然灾害或意外事故造成的损失和相关费用。物流货物保险可以为客户提供全面、无缝式的保险保障,同时还能最大限度地简化客户的投保手续,方便客户。下面简单介绍物流货运保险的保险标的及保险责任。

(1) 保险标的

凡以物流方式流动的货物均可作为保险合同的保险标的。

下列物流货物在事先申报并经保险人认可并明确保险价值后,可以作为特约保险标的:

① 金银、珠宝、钻石、玉器、贵重金属。

② 古玩、古币、古书、古画。

③ 艺术作品、邮票。

下列物流货物不在保险标的范围之内:

① 枪支弹药、爆炸物品。

② 现钞、有价证券、票据、文件、档案、账册、图纸。

(2) 保险责任

在保险期间内,若保险标的在物流运输、装卸、搬运过程中由于下列原因造成损失,保险人依照保险合同的约定负保险责任:

① 火灾、爆炸。

② 自然灾害,保险合同所称自然灾害是指雷击、暴风、暴雨、洪水、暴雪、冰雹、沙尘暴、冰凌、泥石流、崖崩、突发性滑坡、火山爆发、地面突然塌陷、地震、海啸及其他人力不可抗拒的破坏力强大的自然现象。

③ 运输工具发生碰撞、出轨、倾覆、坠落、搁浅、触礁、沉没,或隧道、桥梁、码头坍塌。

④ 碰撞、挤压导致包装破裂或容器损坏。

⑤ 符合安全运输规定而遭受雨淋。

⑥ 装卸人员违反操作规程进行装卸、搬运。

⑦ 共同海损的牺牲、分摊和救助。

在保险期间内,若保险标的在物流储存、流通加工、包装过程中由于自然灾害或意外事故造成损失的,保险人依照合同的约定负责赔偿。

保险合同所称意外事故是指外来的不可预料的以及被保险人无法控制并造成物质损失的突发性事件。

下列损失和费用,保险人也依照合同的约定负保险责任:

① 保险事故发生时,为抢救保险标的或防止灾害蔓延,采取必要的、合理的措施而造成保险标的的损失。

② 保险事故发生后,被保险人为防止或减少保险标的的损失所支付的必要的、合理的施救费用。

③ 经保险人书面同意的,被保险人为查明和确定保险事故的性质、原因和保险标的的损失程度所支付的必要的、合理的费用。

保险公司在货损或货物灭失时行使代位求偿权。在物流保险法律关系中,物流合同的一方与保险人订立保险合同。在非保险合同双方当事人的原因造成货损或货物灭失的情况下,保险人先向货物利益方进行赔偿,而后取得货物利益方的地位,有权向责任人追偿。此时应注意以下几个问题。首先,在事前确定货物利益方没有私自放弃任何有关损坏货物的任何权利,这是为确保保险人理赔后权利能够得到充分弥补。其次,保险人理赔后,应当取得代位求偿及诉讼的一切相关证据,并应取得货物利益方的配合。再次,注意财产保全与证据保全。物流保险合同往往标的较大,必要时需要行使财产保全以确保保险人的利益。最后,物流法律关系错综复杂,专业性很强,所以在事前与事后法律咨询上要选择物流、海事方面的专业律师。

(3) 办理保险索赔程序

在发生货损或货物灭失,办理保险索赔时,需要经过以下程序:由索赔人向保险公司提供保险单或保险凭证正本、运输契约、发票、装箱单、向承运人等第三者责任方请求补偿的函电或其他单证、被保险人已经履行应办的追偿手续等文件、由国外保险代理人或由国外第三者公证机构出具的检验报告、海事报告(海事造成的货物损失,一般均由保险公司赔付,船方不承担责任)、货损货差证明、索赔清单等。被保险人在办妥有关手续,交付单据后,等待保险公司审定责任,决定是否予以赔付,如何赔付。如保险公司决定赔偿,则最后由保险公司向被保险人支付款项。

2) 物流保险存在的两大误区

随着物流活动的发展,第三方物流企业在办理自身责任保险的同时,往往也越来越多地为相应的货物所有权人代办具体的货物保险。这两种形态由于分属不同的保险类型,因而往往会给人们带来误区。

(1) 误区一:用代收委托人的保险费投保物流责任险

第三方物流企业向委托人收取的保险费属于代收性质,其必须按照合同的约定履行代为投保物流货物保险的义务。然而,很多第三方物流企业认为,投保与否以及投保哪个险种完全是自己的事情。为节省保费,他们往往只投保物流责任保险一个类型。这些企业忽视了一个重要的问题:在责任保险情况下,对于不可抗力等原因导致的货物损失,保险公司是不负赔偿责任的。此时,货物所有权人面临的货损风险加大。

(2) 误区二:第三方物流企业应承担全部货损责任

按照法理,当发生除第三方物流企业责任以外的自然灾害、意外事故、外来风险等不可抗力事件导致货物损失,被保险人应该向保险公司索赔。只有发生了因第三方物流企业的责任导致的货物损失时,被保险人才可以选择向第三方物流企业索赔。但实践中发生货损时,很多第三方物流企业往往抱着息事宁人的心态,对损失的原因不加区分,直接向委托方理赔,白白造成了损失。

8.4 我国应对物流风险及安全问题

随着经济全球化进程的不断推进,物流在社会经济运行中的重要地位日益凸显,已成为各个国家促进经济增长、节约经济成本的重要来源。然而,本就起步较晚的我国物流行业,在激烈的国际化竞争中没有任何优势可言。究其原因,我国物流法律法规体系存在的诸多问题是不可回避的。本节详细剖析我国物流法律法规的现状,在借鉴他国先进立法理念的基础上,提出若干完善我国物流法律法规体系的建议。构建完善的物流法律法规体系,才能为物流业的蓬勃发展保驾护航。

实现物品从供应地向接收地实体流通的物流活动,在现代社会经济发展过程中起着举足轻重的作用,一个前景无限的新兴行业正蓬勃发展着。信息革命和电子商务的兴起,加快了世界经济一体化进程,促进了世界经济的发展,使物流行业也得到了极大的发展。我国加入世界贸易组织后,国际贸易和跨国经营都面临新的机遇和挑战。物流活动也正朝着国际化的方向前进,同时也预示着中国的物流业将危机重重。中国物流市场规模可观,竞争激烈,国外先进的物流企业对中国市场虎视眈眈。

随着我国物流基础设施规模的不断完善和扩大,以及物流技术装备水平的逐步提高,各类物流企业正快速成长。纵观我国物流企业的整体水平和发展现状,与全球现代物流发展还存在较大差距,而我国物流法律法规的滞后和缺陷,成为我国物流业发展的根本阻碍之一。因此,完整我国物流法律法规体系,对增强物流业竞争实力,构建有序物流竞争环境,节省经济资源,提高整体经济发展水平有深远的意义。

8.4.1 我国物流法律法规体系的现状

我国现行的有关物流的法律法规,基本上可以填补物流领域的法律空白,一定程度上维持目前物流行业的正常运转,但是,要想满足国际全球化环境下物流业快速发展的需求,还有很大的进步空间。我国物流法制建设存在着诸多问题,主要表现在以下几个方面。

1) 我国物流业缺乏系统、和谐的物流法律法规

我国现行调整物流行业的法律规范散见于法律法规、规章和国际条约、国际惯例以及各种技术规范中,涉及物流活动的不同环节,如采购、运输、仓储、配送、装卸搬运和流通加工等。而这些法律法规又是在不同时期、由不同部门针对不同问题制定和颁布的,因此,造成我国物流法律体系呈现出无序无章的局面,迫切需要专门系统的物流法律制度的出现。

2) 物流市场缺乏协调的管理机制和管理机构

物流法规体系的杂乱无章,导致物流市场管制过程中冲突不断出现。在中国行政执法领域,经常会出现独立操作、部门分割、地方封锁等有碍社会和谐的行为。没有统一协调的物流业专门工作机构,再完善的物流法制建设都等于纸上谈兵。

3) 诸多领域物流法律规范层次较低,效力不高

我国直接具有操作性的物流法律法规多数由各部委和省级政府制定,在形式上表现为"办法""条例""规定",这些行政法规和规章层次较低,法律效力不高,缺乏普遍适用性,在守法、执法、司法过程中只能作为参照性依据,因此缺乏可操作性,难以严格规范物流主体的物流行为。

4) 我国物流立法缺乏与时俱进

我国现在是WTO的成员国,经济发展的机遇空前,物流业也不例外。但是我国的物流业面临更多的是挑战,中国物流法律法规体系中存在的问题变得更加突出。我国现行的大部分物流法律制度还比较落后,难以适应市场经济、全球化经济环境下的物流发展。滞后的物流法律体系亟待跟上时代的步伐,适应经济环境的变化,与时俱进。

8.4.2 完善我国物流法律法规体系的若干建议

物流法制建设的完善势在必行,我国必须加快脚步建立健全适应客观经济环境的物流法律法规体系,增强国家总体经济实力。

1) 明确政府在物流业发展过程中的作用

政府应当对物流业的发展前景有着足够的重视,不断加强物流基础设施的建设,提高我国物流技术水平,合理规划物流宏观市场。在国家大政方针方面,应当重点针对物流业明确可行性、科学性的发展目标,制定物流发展的纲领性文件,规划物流业发展方向,为物流业的稳定发展指明道路。日本物流产业的繁荣景象正是由于其政府在现代物流业发展中扮演了基础设施建设者、产业政策引导者以及市场秩序维护者三大角色。鉴于此,我国政府理应为物流企业的发展提供松紧适当的宏观环境。

2) 整理现有物流法律法规,提高物流法律制度的法律效力

我国物流相关法律法规的无序状态亟待改变,才能为物流产业的发展提供有序的环境。物流活动环节众多,没有一部法律可以把它们全部囊括其中。根据我国的实际情况,借鉴他国的物流立法,同样也没有必要把所有的物流法律条文全部整合在一部所谓的《物流法》中,而是根据物流法调整法律关系的不同,构建不同类别、不同层次、相互协调的物流法律体系。因此,我国物流法律体系的框架可以分为以下几个方面:首先是物流主体法律制度,明确物流企业的性质和主体资格,物流企业进入和退出的相关规定。这一方面的法律规定切记不要严格限制物流企业的准入,而是要适应经济发展的需要适当放松,给物流企业创造宽松的竞争环境。其次是物流行为法律制度,明确物流行为主体在物流活动中的权利义务关系。现代物流活动存在供应链,主要包括采购、运输、装卸搬运、分拣、流通加工、包装以及配送等。通过制定具体的物流活动环节的行为规范,减少物流活动中的各种纠纷,提高物流的各种效力,创造更高的经济效益。最后是调整国家行政机关与物流活动当事人之间关系的宏观调控法律制度,包括政府对物流市场的宏观调控以及政府对物流经营主体的监管,同时在行政层面上还要制定与物流行业相关的技术性法律制度。

现代物流是高度综合、集成的物流系统,相应的物流法律法规体系也必须呈现专业性和系统化。因此在物流立法过程中要注重体系的协调性和逻辑性,同时可以通过法律修订、司法解释等途径缓解法律体系内的冲突和混乱。

3) 组建集中统一的物流执法部门

物流在经济发展中的重要作用日益凸显,我国应尽快组建统一协调的物流专门工作机构,集中管理物流活动各个环节。日本目前也没有专职物流管理部门,由通产省、运输省管理主要的物流环节,特别是运输省,不仅负责主要运输方式各项工作的管理,还承担了现代物流政策制定等方面的管理。根据我国的实践,物流活动频繁,市场规模巨大,国家在设立专门的物流管理部门之前,可以委任某个部门或某些部门负责主要物流环节的管理工作。

4) 构建与时俱进的物流法律法规体系

面对我国相对滞后的物流立法,必须尽快制定、更新完善与国际接轨的物流法律制度,剔除与市场经济相违背的法律条文。自从我国加入WTO之后,市场的开放程度加大,由于国际上倡导自由化、公平化的竞争,物流行业也同时迎来真正的发展高峰期。市场竞争加剧,降低物流成本已成为竞争的重要筹码,同时物流已从传统物流向现代物流转变,一系列客观环境的变化,使得我国物流法律制度的改革势在必行。我们必须制定出既符合我国特点,又与国际接轨的现代物流法律体系,不断壮大我国物流企业,提高物流行业的经济效益。

在日益激烈的国际竞争环境下,提高经济利润,降低生产成本是所有企业追求的首要目标,而物流已经被人们誉为"第三利润源泉"。作为第三产业的主要支柱,国家已经将物流产业纳入战略发展目标,而构建完善的物流法律法规体系是实现物流业发展目标的根本基础。因此,我们必须深刻检讨我国物流法律制度存在的缺陷,立足实践,吸取他国成功经验,多管齐下,力争早日建立健全国际化的现代物流法律法规体系。

8.5 国际物流常见风险、规避风险的新发展

8.5.1 国际物流常见风险研究

国际物流常见风险包括国内风险和国际风险。

(1) 国内风险

包括①货物遗失或丢失;②海关没收查验;③国内转运风险。

(2) 国际风险

包括①货物上航班及装船后查验;②转运途中风险;③货物遗失损坏;④清关风险。

8.5.2 规避风险的新发展

面对诸多不确定因素,对跨国物流公司来说,全球物流管理要发展,而不能倒退回传统的物流管理。

1)提高全球物流管理的信息分析能力,增加对不确定因素的预防性

全球物流管理的信息化水平应不断提高,一般来说,信息手段越健全,信息反馈越充分,信息处理能力越强,物流管理所面临的风险就越小。

2)制订多种物流方案,确保全球供应链畅通

跨国物流公司必须从全球视角出发,制订总体应急行动计划规避风险,使全球物流管理有能力应付不时发生的各种不确定因素的挑战,在各种自然灾害和国际事件突发时,能够迅速改变业务模式以适应所发生的变化,并针对新情况采取应对措施。

我们应该看到,对于那些拥有快速、可靠的送货服务的船运公司和具备良好供应链管理的货运公司,凭借它们在海运、航空和陆路交通方面的雄厚实力,诸多不确定因素除了带给它们更大的挑战外,同时也为它们带来了更多的商业机会,为其全球物流管理提供了支持力量。

3)发展现代物流技术,加快全球物流管理新进展

简单地讲,全球物流管理强调的是全球物流系统成本的最小化,即如何在最短的时间内,以最有效率、最省成本的方式将货物送达正确的目的地。因此,现代物流技术的发展以及供应链网络的重新设计都应有助于全球物流管理中风险的规避。

课后练习

1. 物流安全包括什么?
2. 物流风险包括哪些方面?
3. 危险品物流企业如何提高抵抗风险的能力?
4. 国际物流中有哪些常见的风险?
5. 如何有效地规避国际物流风险?

9 物流标准化与法规体系建设

学习目标

1. 掌握物流标准与法规体系的概念。
2. 掌握物流标准化的构成。
3. 掌握物流法规体系的构成。
4. 了解物流国际标准体系与法规。
5. 了解我国物流标准体系与法规存在的问题与对策。

案例导读·新加坡托盘标准化

托盘标准化是物流行业标准化的重点之一,是提高行业供应链效应的重要方法。发达国家和地区都有标准化的托盘,我国却有多个不同规格。这需要整个行业共同努力来扭转这种局面。

GLS是新加坡的一家物流配送公司,负责配送某连锁平价商场。GLS希望通过建立良好的库存结构,理顺订单管理流程,增加商品的配送速度来提高公司的运作效率。

GLS通过生产率提高的结果来说服更多的供应商采用标准化托盘运货,当所有的或大部分的供应商采用标准化托盘时,GLS内部的生存率和运作效率就得到了提升。

通过托盘标准化工作,GLS不需把产品重新堆放在标准的托盘上,因此人力成本和时间可以节省下来,大约节省了20%的人力成本(绝对数为每年24 000美元)。托盘数的减少(从20 800个减到16 240个)直接带来了租赁成本的下降。2020年一年,租赁成本节约了67 540美元,占到总节约成本的23%。

标准化简化了流程,增加了商业机会,提高了效率。生产率的提高带来了更好的消费者服务。由此可见,物流标准化工作对整个物流行业是多么的重要。

9.1 物流标准化与法规体系的概述

9.1.1 物流标准化的概述

1) 物流标准化的定义

物流标准化是指以物流系统为对象,围绕运输、储存、装卸、包装以及物流信息处理等物流活动制定、发布和实施有关技术和工作方面的标准,并按照技术标准和工作标准的配合性要求,统一整个物流系统的标准工程。

2) 物流标准化的定义

物流标准化是指在运输、配送、包装、装卸、保管、流通加工、资源回收及信息管理等环节中,对重复性事物和概念通过制定、发布和实施各类标准,达到协调统一,以获得最佳秩序和社会效益。

3) 物流标准化的含义

(1) 从物流系统的整体出发,制定其各子系统的设施、设备、专用工具等的技术标准,以及业务工作标准。

(2) 研究各子系统技术标准和业务工作标准的配合性,按配合性要求,统一整个物流系统的标准。

(3) 研究物流系统与其他相关系统的配合性,谋求物流大系统的标准统一。

以上三个方面是分别从不同的物流层次上考虑使物流实现标准化。要实现物流系统与其他相关系统的沟通和交流,在物流系统和其他系统之间建立通用的标准,首先要在物流系统内部建立物流系统自身的标准,而整个物流系统标准的建立又必然包括物流各个子系统的标准。因此,物流要实现最终的标准化必然要实现以上三个方面的标准化。

9.1.2 物流标准化的主要特点

1) 物流标准化系统属于二次系统,或称后标准化系统

这是由于物流及物流管理思想诞生较晚,组成物流大系统的各个分系统,过去在没有归入物流系统之前,早已分别实现了本系统的标准化,并且经多年的应用,不断发展和巩固,已很难改变。在推行物流标准化时,必须以此为依据,个别情况下固然可将有关旧标准化体系推翻,按物流系统所提出的要求重建新的标准化系统,但通常还是在各个分系统标准化基础上建立物流标准化系统,这就必然从适应及协调角度建立新的物流标准化系统,而不可能全部创新。

2) 物流标准化要求体现科学性、民主性和经济性

这是标准的"三性"原则,由于物流标准化的特殊性,必须非常突出地体现"三性"原则,才能搞好这一标准化。科学性的要求,是要体现现代科技成果,以科学实验为基础,在物流中则还要求与物流的现代化(包括现代技术及管理)相适应,要求能将现代科技成果联结成物流大系统。否则,尽管各种具体的硬技术标准化水平颇高,十分先进,但如果不能与系统协调,单项技术再高也是空的,甚至还起相反作用。民主性指标准的制订,采用协商一致的办法,广泛考虑各种现实条件,广泛听取意见,使标准更具权威,易于贯彻执行。经济性是标准化主要目的之一,也是标准生命力如何的决定因素。物流过程不像深加工那样引起产品的大幅度增值,即使通过流通加工等方式,增值也是有限的。所以,物流费用多开支一分,就要影响到一分效益。但是,物流过程又必须大量投入消耗,如果不注重标准的经济性,片面强调反映现代科技水平,片面顺从物流习惯及现状,引起物流成本的增加,自然会使标准失去生命力。

3) 具有较强的国际性

改革开放以来的事实表明,对外贸易和交流对我国经济发展的促进作用越来越大,而所有的对外贸易又最终靠国际物流来完成。因此,我国的物流标准化从运输工具、包装、装卸搬运工具、流通加工等都要与国际物流标准相一致，积极采用国际标准，完善国内标准体系，提高运输效率，缩短交货期限，保证物流质量。这样才有利于促进对外贸易，降低成本，增加外汇收入。

9.1.3 物流标准化的产生背景

随着物流技术的进步和市场竞争的需要，现代物流越来越强调对物流过程的系统化管理，以通过物流系统的优化降低物流成本。现代物流的系统化管理体现在以下两个方面：

（1）是对企业经营活动的商流、资金流、物流、信息流统一进行系统化管理，即物流的系统化不仅仅是对物流本身的管理，还是以企业经营管理为中心，追求企业价值最大化的综合一体化管理。

现代物流管理已经介入企业的生产经营管理活动，参与企业的采购、生产、销售战略的制订和实施，它既是企业管理的一个有机组成部分，又贯穿整个企业经营管理的全过程，这是跨管理范畴的物流系统化内涵。

（2）是社会物流资源的系统化管理。随着供应链管理模式的产生，物流的管理范围由企业内部向企业外部延伸扩展，将不同企业（包括生产企业、商业企业、物流企业）中的物流资源进行系统化管理，这是跨企业的社会物流资源的系统化管理，也是物流服务的社会化体现。例如在物流服务社会化的生产企业物流中，物流活动过程中的运输、仓储、包装、装卸、存货控制等环节交由外部的一个或若干个专业物流企业完成；而定单处理、顾客服务、需求预测、采购、分销网络、工厂和仓库选址、返回产品处理、售后服务、残次品处理等物流环节则还是由生产企业完成。生产企业围绕经营管理控制整体物流系统，实现企业内外物流资源的系统化管理。

要实现物流的系统化管理，保证物流系统的统一协调以及系统内各环节的有机联系，需要采取多种方法和手段，物流标准化是实现现代物流系统化管理的重要方法。

9.1.4 物流标准化的地位和作用

1）物流标准化是实现物流管理现代化的重要手段

物流系统从生产的原料供应，到生产出产品，经流通到消费，再到回收再生，是一个综合的大系统，分工越来越细，要求这个系统高度社会化。因此，要使整个物流系统形成一个统一的有机整体，从技术和管理的角度来看，物流标准化起着纽带作用。只要在物流系统的各个环节制定标准，并严格贯彻执行，就能实现整个物流系统的高度协调统一，提高系统的管理水平。经国务院批准发布的国家标准《全国工农业产品（商品、物资）分类与代码》（GB 7635—1987），使全国物品名称及其表示代码有了统一的依据。过去物品在生产领域和流通领域的名称和计算方法互不统一，此时有了统一的标准，有利于建立全国性的经济联系，为物流系统的信息交换提供必要条件。集装箱是提高物流效益的重要手段，它与运载车辆、船舶，甚至飞机都有关，也与装卸工具有关，还与被装运的物品规格大小有关，只有与它相关的机具相互配套，并制定相关标准，才能使集装箱发挥应有作用。

2）物流标准化是物资在流通中的质量保证

物流活动的重要任务是把工厂生产的合格产品保质保量并及时地送到用户手中。物流标准化对运输、包装、装卸、搬运、仓储、配送等各个子系统都制定了相应标准，形成了物流的

3）物流标准化是消除壁垒、促进国际贸易发展的重要保障

在国际贸易中，各国或地区标准不一致，已成为重要的技术壁垒，影响了一个国家的进口或出口。因此，必须在运输工具、包装、装卸器具、仓库、信息，甚至资金结算等方面采用国际标准，实现国际统一化，才能使国际贸易得到更快的发展。例如，集装箱的尺寸规格与国际上不一致，就会产生与国外的物流设施、设备、机具不配套的现象，使运输、装卸、仓储都发生困难，就会影响物资的出口。又如，"无纸张贸易"将商品销售与生产厂家之间的一系列活动的时空减小到最低限度，没有标准化作保证，则"无纸张贸易"是很难实现的。

4）物流标准化是降低物流成本、提高经济效益的有效途径

整个物流实行标准化以后可以实现"一站到用户"，可以加快运输、装卸搬运的速度，降低暂存费用，减少中间损失，提高工作效率，因而可获得直接的或间接的经济效益，否则就会造成经济损失。

5）物流标准化是我国物流企业进军国际物流市场的通行证

从目前情况看，物流的标准化建设是引导我国物流企业与国际物流接轨的最佳途径。物流标准化是全球物流企业提高国际竞争力的有力武器。我国物流企业在物流标准化方面仍十分落后，面临物流国际化的挑战，实现物流标准的国际化已成为我国物流企业开展国际竞争的必备资格和条件。

9.1.5 我国物流标准化发展状况分析

鉴于物流标准化的重要性，我国的物流标准化工作无论从组织管理、标准制定还是企业的推广应用上都得到了很大的发展。

1）成立了"全国物流标准化技术委员会"和"全国物流信息管理标准化技术委员会"

2003年，经过各有关部门的积极努力和多方协调，国家标准化管理委员会批准成立了"全国物流标准化技术委员会"和"全国物流信息管理标准化技术委员会"两个标准化技术委员会。

"全国物流信息管理标准化技术委员会"主要负责物流信息基础、物流信息系统、物流信息安全、物流信息管理、物流信息应用等领域的标准化工作，秘书处设在中国物品编码中心。"全国物流标准化技术委员会"主要负责物流信息以外的物流基础、物流技术、物流管理和物流服务等领域标准化工作，秘书处设在中国物流与采购联合会。这两个标准化技术委员会同时受国家标准化管理委员会的直接领导。自此，困扰我国物流标准化工作多年的没有统一的物流标准化问题终于解决，为在我国系统开展物流标准化工作奠定了组织基础。

2）物流标准化研究和标准制定方面成绩显著

国家标准化管理委员会、科技部及交通运输部等有关部委都对与现代物流技术相匹配的标准化工作十分重视，投入了大量财力、人力进行有关标准规范的研究与制定工作。

科技部支持的物流标准化项目"物流配送系统标准体系及关键标准"和"我国电子商务与现代物流标准体系及关键标准的研究与制定"取得了很大的成果，制定了我国的物流标准体系框架、电子商务标准体系框架及发展现代物流的关键标准。中国物品编码中心等单位通过科技部项目制定了《物流标准体系表》，给出了我国物流国家标准的体系框架，并进行了系统分析，针对当前与我国物流相关的国家标准的应用现状，提出了急需制定和推广的物流国家标准,对我国物流标准化有非常重要的推动作用。

针对当前我国物流设备、物流作业以及物流系统的建立等尚未规范化,非标准化的物流装备、设施、信息表示和信息交换仍然相当普遍,制定了《物流标准化总体规范》。该规范规定了物流相关术语及概念、物流设施与装备、物流作业流程、关键支撑技术、物流系统建设等内容,是物流系统建设的基础。

鉴于信息技术在物流现代化中的关键作用,2003年,物流信息标准化有了很大的进展,制定了《物流条码技术应用规范》。该规范分析了现有的在物流管理中运用到的条码码制的技术特点及适用范围,给出了在物流管理中对各物流信息、物流设施、物流作业进行管理时,条码码制、条码放置位置的选择以及条码印刷的质量要求等,以指导物流管理中条码技术的应用,提高物流管理效率,为物流信息的自动采集、物流系统的建设打下技术基础。

针对当前物流信息系统建设中,物流信息标识的非标准化现象,中国物品编码中心进行了"现代物流信息标识体系研究",系统地分析了我国物流供应链上的各作业环节及各环节存在的各级包装单元、用到的物流设施和产生的物流单证等,给出其分类与编码方案,并提出目前实现物流现代化急需制定的物流信息标识标准。内容包括:贸易单元编码、物流单元编码、物流信息属性编码、物流节点编码、物流设施与装备编码、物流单证编码、物流作业编码等。该研究充分体现现代物流一体化的特点,制定的标识体系能够实现物流供应链上物流数据的一致性,可提高物流信息在物流供应链上的透明度,为物流信息系统的建设打下技术基础。

3) 企业积极参与物流标准化

近年来,企业参与物流标准化的积极性比以前显著提高。

首先,企业积极参与标准的制定,如中储物流在线有限公司已经参与制定了《数码仓库应用系统规范》《物资银行》《物流仓储业务服务规范》等标准。

另外,企业在物流管理过程中积极采用物流标准,提高物流效率。如鉴于条码技术在物流管理过程的作用,国内企业在物流管理过程中积极推广条码技术的应用。

最后,企业对物流信息技术标准化的呼声显著提高。

9.1.6 我国物流标准化发展趋势

当前,随着国外公司大举进入国内市场,为掌握中国物流自身命运,我国的标准化建设必须抓紧时间,在作为WTO成员国的同时也应该在物流标准化方面有所作为。政府及相关团体在推动物流标准化方面的作用将加强,如国家标准化技术委员会、国家科学技术部、国家发展改革委员会等将加大对物流标准化的支持力度。物流的两个标准化技术委员会也将发挥积极的作用。这两个委员会将共同推出《中国物流标准体系》,并提出我国的物流标准化发展战略和规划。同时,企业在物流标准化方面的参与程度将会加强,作为国家物流标准化基础的我国企业将和科研机构相互协作,加强标准的研究和制定。

1) 建立我国的物流标准体系,标准是物流信息化的基础

在中国物品编码中心提出的《国家物流标准体系表》的基础上,两个物流标准化技术委员会正在制定的我国物流标准体系,分为国际标准、国家标准、行业标准和企业标准四个层次。物流标准体系对物流业已有的国内外的标准状况进行调查,掌握最全面的资料,再对收集到的资料进行分析和分类,而且还要针对物流业本身的特点,从标准的作用入手,指出发展现代物流需要标准化的方方面面,提出究竟哪些环节、哪些标准宜制定成国家标准,哪些宜制定成行业标准,哪些宜制定成企业标准、属于企业自身的管理行为,并给出物流相关行业的行业标准明细,同时也要探讨相关行业标准的协调和配合性问题。

该标准体系将参考欧美、日本等物流标准化发达国家的标准化经验,强化物流信息应用标准的研究,重视中小物流企业的信息化,突出物流信息国家标准体系,以标准为基础开发先进的物流信息系统,提高物流效率。

2) 新兴的信息技术标准化工作将成为重中之重

物流信息采集技术是实现物流自动化的关键,它解决了物流信息进入物流信息管理系统的瓶颈问题。目前,物流管理过程中应用到的自动识别技术主要有电子标签(EPC)技术和射频识别(RFID)技术。

EPC技术是一个非常先进的、综合性的、复杂的、全球性的、庞大的系统工程,它的应用可以引起物流过程的技术革命。EPC系统不仅涉及RFID技术,而且还涉及全球统一编码技术、网络技术、通信技术、全球数据一致的协调和管理、全球统一的实时管理机制等。它将物流信息放在一种新型的低成本的射频识别标签上,每个标签包含唯一的产品电子代码,可以对所有实体对象提供唯一有效的标识。利用计算机自动地对物品的位置及其状态进行管理,并将信息充分应用于物流过程中,详细掌握从企业流向消费者的每一件商品的动态和流通过程,这样可以在供应链上对具体产品进行跟踪。

3) 全球电子商务主数据标准化成为物流信息标准化的重点

进行物流数据的一致性研究,为电子商务打下技术基础,是物流信息标准化的重点。因为,随着电子技术、网络技术的发展,全球经济、全球贸易以及电子商务已成为新经济业态的发展趋势。贸易伙伴之间的主数据是商务系统中最基本最重要的信息,在不同的经济体系中,全球产品与服务主数据的共享和一致是提高电子商务效率和效益的关键。而电子商务与现代物流又是紧密联系的,针对当前影响现代物流建立与发展的物流数据一致性问题,急需展开这方面的标准化工作。

物流数据一致性标准的主要内容包括:全球统一的物流信息分类与编码体系、物流信息表示技术标准、物流业务模型优化标准、物流信息交换标准、现代物流信息维护与管理体系。

4) 物流基础标准、作业标准以及其他管理与服务标准也急需制定

首先是物流基础标准急需制定,具体指计量单位标准和模数尺寸标准。物流专业计量单位标准,是物流作业定量化的基础,目前我国还没有制定出统一的标准。它的制定要在国家的统一计量标准的基础上,考虑到许多专业的计量问题和与国际计量标准的接轨问题。物流基础模数尺寸标准是物流系统中各种设施建设和设备制造的尺寸依据,在此基础上可以确定集装箱基础模数尺寸,进而确定物流的模数体系。当前,我国物流系统中已有的标准主要来自各分系统的国家标准,而且现有标准多集中于技术方面,对于物流各分系统的作业标准涉及不多。作业标准主要是指对各项物流工作制定的统一要求和规范化规定,这方面的标准化也是物流标准化的重点。

9.1.7 物流法规概念

物流法规是指调整在物流活动中产生的以及与物流活动相关的社会关系的法律规范的

综合。物流活动涉及采购、运输、仓储、生产、流通加工配送和销售等环节,从法律层面调整物流活动,是物流发展的必然要素和必然结果。但是目前,我国对物流法律制度的系统研究还很少,根源在于物流业本身的诸多制约因素,如目前尚缺乏一个统一的物流技术和物流服务标准。这种状况为相应的法律建设带来的直接影响就是物流法律法规建设滞后。目前,所有与物流直接相关的法律规范,即物流法律规范,散见于各个部门法之中,尚未形成像"物流法"这样一个意味着所有物流法律规范有机结合而形成的一个独立的法律法规,而只能是一个基本的行业法律规范结合。

9.2 物流标准体系的构成

9.2.1 制定物流标准化的要求

1)简化

简化是指在一定范围内缩减物流标准化对象的类型数目,使之在一定时间内满足一般需要。如果对产品生产的多样化趋势不加限制地任其发展,就会出现多余、无用和低功能产品品种,造成社会资源和生产力的极大浪费。

2)统一化

统一化是指把同类事物的若干表现形式归并为一种或限定在一个范围内。统一化的目的是消除混乱。物流标准化要求对各种编码、符号、代号、标识、名称、单位、包装运输中机具的品种规格系列和使用特性等实现统一。

3)系列化

系列化是指按照用途和结构把同类型产品归并在一起,使产品品种典型化;又把同类型产品的主要参数、尺寸,按优先数理论合理分级,以协调同类产品和配套产品及包装之间的关系。系列化是使某一类产品的系统结构、功能标准化,形成最佳形式,是改善物流、促进物流技术发展最为明智而有效的方法。比如按 ISO 标准制造的集装箱系列,可广泛适用于各类货物,大大提高了运输能力,还为计算船舶载运量、港口码头吞吐量和公路与桥梁的载荷能力等提供了依据。

4)通用化

通用化是指在互相独立的系统中,选择与确定具有功能互换性或尺寸互换性的子系统或功能单元的标准化形式,互换性是通用化的前提。通用程度越高,对市场的适应性越强。

5)组合化

组合化是按照标准化原则,设计制造若干组通用性较强的单元,再根据需要进行合拼的标准化形式。对于物品编码系统和相应的计算机程序同样可通过组合化使之更加合理。

9.2.2 物流标准化方法

从世界范围来看,物流体系的标准化,各个国家都还处于初始阶段。在初始阶段,标准化的重点在于通过制定标准规格尺寸来实现全物流系统的贯通,取得提高物流效率的初步成果。这里介绍标准化的一些方法,主要是初步的规格化的方法及做法。

1)确定物流的基础模数尺寸

物流基础模数尺寸的作用和建筑模数尺寸的作用大体是相同的,其考虑的基点主要是简单化。基础模数尺寸一旦确定,设备的制造、设施的建设、物流系统中各环节的配合协调、物流系统与其他系统的配合就有所依据。目前国际标准化组织(ISO)中央秘书处及欧洲各国已基本认定600 mm×400 mm为基础模数尺寸,我国应当研究这个问题为以后的发展做好准备。

如何确定基础模数尺寸呢?这大体可说明如下:由于物流标准化系统较之其他标准化系统建立较晚,所以,确定基础模数尺寸主要考虑了目前对物流系统影响最大而又最难改变的事物,即输送设备,采取"逆推法",由输送设备的尺寸来推算最佳的基础模数尺寸。当然,在确定基础模数尺寸时也考虑到现在已通行的包装模数和已使用的集装设备,并从行为科学的角度研究了人及社会的影响。从其与人的关系看,基础模数尺寸是适合人体操作的高限尺寸。

2)确定物流模数

物流模数即集装基础模数尺寸。前面已提到,物流标准化的基点应建立在集装的基础上,所以,在基础模数尺寸之上,还要确定集装基础模数尺寸(即最小的集装尺寸)。

集装基础模数尺寸可以从600 mm×400 mm按倍数系列推导出来,也可以在满足600 mm×400 mm的基础模数的前提下,从卡车或大型集装箱的分割系列推导出来。日本在确定物流模数尺寸时,就是采用后一种方法,以卡车(早已大量生产并实现了标准化)的车厢宽度为确定物流模数的起点,推导出集装基础模数尺寸,如图9-1所示。

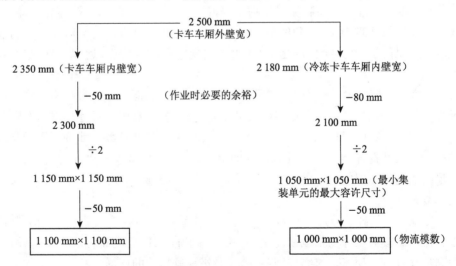

图9-1 用卡车车厢宽度为起点推导集装基础模数尺寸

3)以分割及组合的方法确定系列尺寸

物流模数作为物流系统各环节的标准化的核心,是形成系列化的基础。依据物流模数进一步确定有关系列的大小及尺寸,再从中选择全部或部分,确定为定型的生产制造尺寸,这就完成了某一环节的标准系列。根据物流模数可以推导出大量的系列尺寸。和其他领域不同,我国物流尚处于起步阶段,还没有形成为全国习惯接受的标准化体系,如图9-2所示。

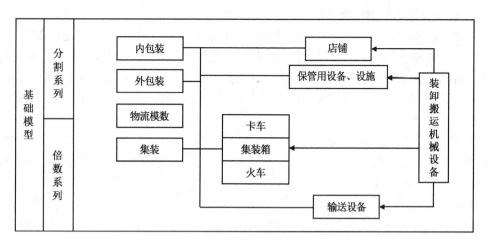

图 9-2　物流系列尺寸推导

9.2.3　物流标准化的种类

根据物流系统的构成要素及功能,物流标准化大致可以分为以下三类。

1）基础标准

基础标准是制定其他物流标准应遵循的、全国统一的标准,是指定物流标准必须遵循的技术基础与方法指南。这些标准主要有:

(1)基础编码标准。是对物流对象物编码,并且按物流过程的要求,转化成条形码。这是物流大系统能够实现衔接、配和的最基本的标准,也是采用信息技术对物流进行管理、组织、控制的技术标准。在这个标准之上,才可能实现电子信息传递、远程数据交换、统计、核算等物流活动。

(2)物流基础模数尺寸标准。基础模数尺寸指标是标准化的共同单位尺寸,或系统各标准尺寸的最小公约尺寸。在基础模数尺寸确定之后,各个具体的尺寸标准,都要以基础模数尺寸为依据,选取其整数倍数为规定的尺寸标准。由于基础模数尺寸确定了,只需在倍数系列进行标准尺寸选择便可作为其他尺寸的标准,这就大大减少了尺寸的复杂性。物流基础模数尺寸的确定不但要考虑国内物流系统,而且要考虑到与国际物流系统的衔接,具有一定难度和复杂性。

(3)物流建筑基础模数尺寸标准。主要是物流系统中各种建筑物所使用的基础模数,它是以物流基础模数尺寸为依据确定的,也可选择共同的模数尺寸。该尺寸是设计建筑物长、宽、高尺寸,门窗尺寸,建筑物柱间距、跨度及进深等尺寸的依据。

(4)集装模数尺寸标准。主要是在物流基础模数尺寸基础上,推导出的各种集装设备的基础尺寸,以此尺寸作为设计集装设备三向尺寸的依据。在物流系统中,由于集装是起贯穿作用的,集装尺寸必须与各环节物流设施、设备、机具相配合。因此,整个物流系统设计时往往以集装尺寸为核心,然后,在满足其他要求前提下决定各设计尺寸。因此,集装模数尺寸影响和决定着与其有关各环节的标准化。

(5)物流专业名词标准。为了使系统有效配合和统一,尤其在建立系统的情报信息网络之后,要求信息传递异常准确,这首先便要求专用语言及所代表的含义实现标准化,如果同一个指令,不同环节有不同的理解,这不仅会造成工作的混乱,而且容易出现大的损失。物流专业名词标准包括物流用语的统一化及定义的统一解释,还包括专业名词的统一编码。

(6) 物流单据、票证标准。物流单据、票证的标准化,可以实现信息的录入和采集,将管理工作规范化和标准化,也是应用计算机和通信网络进行数据交换和传递的基础标准。它可用于物流核算、统计的规范化,是建立系统情报网、对系统进行统一管理的重要前提条件,也是对系统进行宏观控制与微观监测的必备前提。

(7) 标识、图示和识别标准。物流中的物品、工具、机具是在不断运动中的,因此,识别和区分便十分重要。对于物流中的物流对象,需要有易于识别又易于区分的标识,有时需要自动识别,可以用复杂的条形码来代替用肉眼识别的标识。

(8) 专业计量单位标准。除国家公布的统一计量标准外,物流系统还有许多专业的计量问题,必须在国家及国际标准基础上,确定本身专门的标准。同时,由于物流的国际性很突出,专业计量标准还需考虑国际计量方式的不一致性,考虑国际习惯用法,不能完全以国家统一计量标准为唯一依据。

2) 分系技术标准

大的物流系统又分为许多子系统,子系统中也要制定一定的技术标准,主要有:

(1) 运输车船标准

对象是物流系统中从事物品空间位置转移的各种运输设备,如火车、货船、拖车、卡车、配送车辆等。包括从各种设备的有效衔接等角度制定的车箱、船舱尺寸标准,载重能力标准,运输环境条件标准等;以及从物流系统与社会关系角度出发,制定的噪音等级标准、废气排放标准等。

(2) 作业车辆标准

对象是物流设施内部使用的各种作业的车辆,如叉车、台车、手推车等。包括尺寸、运行方式、作业范围、作业重量、作业速度等方面的技术标准。

(3) 传输机具标准

包括水平、垂直输送的各种机械式、气动式起重机、提升机的尺寸、传输能力等技术标准。

(4) 仓库技术标准

包括仓库尺寸、建筑面积、有效面积、通道比例、单位储存能力、总吞吐能力、湿度等技术标准。

(5) 站台技术标准

包括站台高度、作业能力等技术标准。

(6) 包装、托盘、集装箱标准

指包装、托盘、集装系列尺寸标准、包装物强度标准、包装托盘与集装箱重量标准以及各种集装、包装材料、材质标准等。

(7) 货架、储罐标准

包括货架净空间、载重能力标准,以及储罐容积尺寸标准等。

3) 工作标准及作业规范

物流工作标准是对各项物流工作制定的统一要求和规范化制度,主要包括:各岗位的职责和权限范围;完成各项任务的程序和方法以及相关岗位的协调、信息传递方式,物流设施、建筑的检查验收规范；货车和配送车辆运行时刻表、运行速度限制以及异常情况的处理方法等。

物流作业标准是指在物流作业过程中的物流设备运行标准、作业程序、作业要求标准等，这是实现作业规范化、效率化以及保证作业质量的基础。

4）物流信息标准化

现代物流与传统物流的最大区别，就是现代物流有了计算机网络和信息技术的支撑，将原本分离的商流、物流、信息流和采购、运输、仓储、代理、配送等环节紧密联系起来，形成了一条完整的供应链。供应链管理就是对供应链中的物流、信息流、商流、资金流以及贸易伙伴关系等进行的计划、组织、协调和控制的过程。信息技术可使企业实现内部资源配置的优化，又可使供应链上的贸易伙伴实现物流信息的共享，从而对物流管理各环节进行实时跟踪、有效控制和全程管理，并最终实现一体化物流。

信息技术推动人类从工业社会过渡到信息社会。随着信息社会的到来，信息资源的开发、信息的生产处理和配置，已经成为世界经济增长最快的产业之一。与信息产业不可分割的信息技术标准化，尤其是作为信息处理基础的信息分类编码标准化工作，越来越受到人们的重视。物流信息分类编码标准化是信息分类标准化工作的一个专业领域和分支，其核心是将信息分类编码标准化技术应用到现代物流信息系统中，实现物流信息系统的自动数据采集和系统间数据交换与资源共享，促进物流活动的社会化、现代化和合理化。所谓信息分类编码就是对大量的信息进行合理分类，然后用代码加以表示。将信息分类编码以标准的形式发布，就构成了标准信息分类编码。人们通常借助代码进行手工方式或计算机方式的信息检索和查询，特别是在用计算机方式进行信息处理时，标准信息分类编码显得尤为重要。统一的信息分类编码是信息系统正常运转的前提。物流信息标准主要包括 EDI/XML 标准电子报文标准化、物流单元编码标准化、物流节点编码标准化、物流单证编码标准化、物流设施与物流编码标准化、物流作业编码标准化等。

9.3 物流法规体系的构成

9.3.1 与物流法规相关的表现形式

法律：由全国人大通过，以国家主席令的形式发布的法律文件。

法令或称行政法规：是指由国务院常务会议通过，以及以国务院令的形式发布的法律文件。

法规或称部门规章：由政府各行业主管部门制定，以部、委、局令的形式发布的法律文件。

国家标准：由国家质量技术管理部门组织制定、批准和发布。其中有一些强制标准属于国家的技术法规。其他标准虽不具有强制性，但因标准的某些文件由法律赋有强制力而具有技术法规的性质。

国际公约：由国际组织制定，各国加入成为缔约国。对我国企业和组织有约束力的是我国已正式加入的公约，我国未加入的公约对我国企业和组织在国际上的活动也有一定的影响。

国际惯例：国际惯例是指经过长期国际实践形成的习惯性规范。国际惯例由某些国际组织或商业团体制定，各方面可加以自由引用，自愿受其约束，属于非强制性规范。

国际标准：由国际组织制定，本身没有强制力（国际标准均为推荐性标准），但国际公约常将一些国际标准作为公约附件，从而使其对缔约国构成约束，如国际标准化委员会（ISO）、国际电工委员会（IEC）等制定的针对产品服务质量和技术要求的标准。

9.3.2 物流法规的等级

我国现行的物流法律、法规，从法律的效力等级上看，可以分为以下几个等级：

一是法律，如《中华人民共和国海商法》。

二是行政法规，如《中华人民共和国公路管理条例》《中华人民共和国航道管理条例》等。

三是部门规章，如《商业运输管理办法》《铁路货物运输规程》等。

9.3.3 建立适应市场经济体制的物流法律规范体系的方法

在对现有物流法律法规的调整中，要在认真清理、修订由于时空差异造成适用范围有误、规制内容过时而影响物流产业发展的相关法律法规的基础上，建立健全适应社会主义市场经济体制和现代物流产业发展的物流法律法规体系，以保证我国物流业在不断完善的法律环境中健康发展。因为，现代物流业的健康、持续发展离不开良好的市场法制环境，需要政府通过制定和实施完善的物流法律制度加以有效的干预。从我国目前的经济体制以及物流发展的实际来看，建立适应市场经济体制的物流法律规范体系主要从以下4个方面着手：

1）物流主体和市场准入法

指确立物流主体资格和市场准入方面的法律规范。应该明确从事物流经营活动的市场竞争主体的基本要求和基本资格；各类物流主体的设立条件与设立程序；进入物流市场的基本条件和"门槛"。这是保障物流业健康发展的前提和基础。如果使大量没有能力和资格从事物流服务的企业进入物流市场，必然会损害物流业的健康发展。

2）物流经营行为法

指物流主体从事物流活动的经营行为的法律规范。这类法律涉及运输、储存、装卸、搬运、包装、流通加工、配送、信息处理等诸多环节，也应该覆盖物流活动的全过程。主要是调整物流经营活动的基本规范，使整个物流过程在合法、有序、公平的条件下健康发展。

3）宏观调控法

指调整国家和物流主体之间，以及各个物流主体之间市场监督管理关系的法律规范。目的是为物流业的发展创造良好的宏观经济环境，制止垄断和不正当竞争，促进全国统一、高效、透明的物流市场形成。

4）物流标准法

指与国际技术和管理标准体系接轨的我国物流技术与管理标准法规。另外，如何用系统化思想和现代综合物流理念建立高度系统化的物流法律法规体系，促进我国物流以最佳的结构、最好的配合，充分发挥其系统功能和效率是物流立法中的重要课题。特别是要与国际惯例接轨，其系统化程度无论在深度还是广度上都具有更高的要求。为此，必须建立起政府相关部门之间的协调机制，由相关政府部门组成物流法律法规建设委员会，专门负责研究、清理和制定系统的物流法律法规体系。

重视物流政策的优势,快速促进物流产业的发展。从物流发达国家物流产业发展的经验来看,政府在促进物流产业的发展过程中,政府政策起到了至关重要的作用。从当前物流产业发展的趋势来看,可以预见到在将来一段时间内,我国物流业会保持一个较高的发展速度。我国经济发展不平衡的现状造成了适用统一标准的法律法规的难度和不合理性。考察物流发达国家及我国物流产业建设的经验,充分重视政府政策对物流业发展的促进作用,用好这一工具,对物流产业的发展将会起到立竿见影的作用,其针对性和适用性也会更强更科学。

9.3.4 物流法律规范体系的基本框架

针对我国法律的现状和问题,从我国物流业的实际情况出发,分析借鉴经济发达国家立法经验及市场经济法律体系构成,我国物流法律规范体系的基本框架应由以下几部分组成:物流基本法、物流宏观调控法、物流主体法、物流行为法及物流标准、绿色物流法法规和物流争议救济程序法律制度。

1)物流基本法

随着物流业的不断发展,对于日趋增多和复杂的物流法律问题,其处理方式和解决手段需要多方位、多层次,在建立一系列相关的法律时,必须先确定一个统一的综合性政策目标,这种综合性的政策目标在整体上转变为国家意志时即成为基本法。因此,制定《物流基本法》是物流业发展所必需的。《物流基本法》的内容至少应包括:立法宗旨、保护范围、基本原则、基本制度、物流主体的权利和义务、违反物流法的法律责任等。物流基本法的基本原则是贯穿于全部物流法规,指导和制约物流法适用活动的,是具有全局性和根本性意义的准则。具体包括统一性原则、可操作性原则、系统性原则和集约性原则。

(1)统一性原则。统一性原则要求立法机关在创设物流法律时应和谐统一,做到整个法律体系各项法律、法规之间的衔接和相互一致、相互协调。具体包含三个方面:①必须统一立法尺度,一切物流法律不能违宪,地方法规不能与国家法规相抵触;②各个物流法之间应该相互补充和相互配合,但又要防止重复;③应避免物流法律规范之间的矛盾,或同一类法律规范之间的矛盾。统一性原则的确立将逐渐改变我国物流立法不协调甚至相互抵触的局面。

(2)可操作性原则。可操作性原则即实际可具体运用的方便性,它关系物流活动的顺利开展,影响物流守法、执法的最终效果。物流活动包括众多行业、众多环节,把物流活动的各个环节有机衔接的最好途径就是建立统一的物流标准。因此,物流标准的建立是可操作性原则的具体体现。另外,物流法律规定要完善,对相同性质、不同轻重的违法行为做出较精确的责罚等,这些都能体现可操作性。

(3)系统性原则。如何用系统化思想和现代综合物流理念建立高度系统化的物流法律法规体系,促进我国物流以最佳的结构、最好的配合,充分发挥其系统功能和效率是物流立法中的重要课题。

(4)集约性原则。随着现代物流的发展,物流产业正在加强物流各环节的技术创新、技术引进和技术改造,提高物流的营运能力和技术水平,最大限度地降低物流的能耗和货损。物流基本法鼓励先进的技术应用,惩治有损先进技术的实施也是物流基本法的任务。

2)物流宏观调控法

物流宏观调控法指调整国家与物流主体之间以及各物流主体之间市场关系的法律规

范。由于物流系统的基础物质要素,尤其是公路、铁路、港口、物流中心等基础设施的建设关系到国家整体利益,必须由国家调控。因此,我国必须完善物流宏观调控法,我国的物流宏观调控法应包括物流财政法规、物流产业政策法规、物流固定资产投资法规、物流市场竞争法规、物流计划法规、物流监管法规等。

(1) 物流财政法规。在财政法规方面,要加强和完善政府运用税率、国家信贷、财政补贴等调控手段对物流产业的集约性、系统性引导,增强其综合调控能力。

(2) 物流产业政策法规。在物流产业政策法规上,国家通过对产业结构、产业组织形式和产业区域布局的规划和安排,达到对物流建设总体的合理布局。

(3) 物流固定资产投资法规。在固定资产投资法规方面,加强加快对主要道路的改造和江河的治理,特别是加大对一些中心城市道路建设的投资,建立便利、快捷的物流基础设施,改变由于物流基础设施落后带来的制约我国物流业发展的状况。

(4) 物流市场竞争法规。在市场竞争上,制定物流市场竞争法规以打破地区封锁、部门集团垄断,运用法律手段弥补市场机制的不足,维护市场竞争秩序的公平、公正、公开和统一。

(5) 物流计划法规。计划是宏观调控的重要手段,为了加强对经济运行的综合协调,政府应以市场区域或经济地理区域为基础,从整体上制定物流产业发展的战略规划,以达到我国物流业的合理化和物流整体效益的最优化,将有限的资金合理规划,权衡使用,投入一些亟须发展的领域,并利用计划改变目前我国物流业各部门互不协调、重复建设的现状。同时,充分利用大中城市的地区优势和经济实力,建立一些大型的物流中心和配送中心,形成一个比较完整的全国性物流网络,从而推动物流业向集团化、联合化、规模化方向发展。

(6) 物流监管法规。物流监管法规包括《产品责任法》《消费者权益保护法》《广告法》《计量法》等。物流监管法规使政府真正做到宏观引导、规制、监督,保证物流业符合既定目标的经济活动顺利开展,从而预防偏离目标行为的发生。

3) 物流主体法

物流主体法指确立物流主体资格、明确物流主体权利义务和物流产业进入与退出规制的法律规范。对物流主体进行调整的法规有《公司法》《破产法》《外商投资企业法》《外商投资国际货运代理企业审批管理法》《道路货物运输企业经营资质管理法》《商品代理配送行业管理若干规定》等。一个健康、有序的市场需要规范化的主体建设,需要建立一系列市场主体法规,为物流业发展提供保障,为各类企业提供公平、透明的市场竞争环境。物流主体法规建设的核心内容应从加强市场准入资格的规范入手。我国在物流主体法建设上,可从三方面进行:

(1) 明确界定物流企业概念。以国家标准《物流企业分类与评估指标》(GB/T 19680—2005)为依据,从法律角度合理界定物流的概念,明确界定什么样的企业才是物流企业,规定具备哪些物流功能的企业才能冠以"物流企业"名称,以保持名称与经营范围一致性。

(2) 健全物流市场准入制度。物流主体法还要对申请开办仓库租赁、中介运输服务等一般性的物流经营者进行市场准入限制,根据《物流企业分类与评估指标》《中华人民共和国公司法》《中华人民共和国外商投资企业法》及相关行业法规,制定统一的物流市场准入标准,把握好物流企业市场准入。此外,还必须建立有关从业人员、经营场地、经营能力、管理技术等方面的资格标准,限制不合格者进入物流市场。

(3) 协调各行业的物流准入法规。立法者应当站在一定高度，俯瞰物流业务全局，使各个物流准入法规和谐、统一，使类似物流供应链中的仓储在条块分割背景下被人为划为海运货物仓储、空运货物仓储、道路货物仓储的问题，不再重复发生。制定合理统一的市场准入标准，规范物流业从业资格条件，不仅对整顿当前物流市场中的混乱状态起到积极作用，而且还将为今后我国物流业面对激烈国际竞争打下良好基础。

4）物流行为法及物流标准

　　物流行为法指调整物流主体从事物流活动的法律规范，是各种物流交易行为惯例法律化的产物。物流行为主要包括运输、仓储、包装、装卸、流通加工以及信息服务行为。这些行为在法律上基本属于民事、商事行为性质，所以物流行为基本上可以用民法、商法规范调整。而涉及物流业各环节的特殊性问题，一般由各行业行政法规调整。

　　物流标准是指与国际技术和管理标准体系接轨的我国物流技术与管理标准。我国加入世贸组织后，物流业受到来自国外的物流公司的冲击，因此，我国的物流业必须全面与国际接轨，接纳最先进的思想，运用最科学的运作和管理方法，改造我们的物流企业，以提高竞争力。从我国的情况看，物流的标准建设是引导我国物流企业与国际物流接轨的最佳途径。目前发达国家已经建立起包括物流术语、物流基础设施和设备、物流信息、物流应用技术在内的一整套物流标准体系。我国在制定物流标准时既要参照发达国家的成功经验，还要从我国实际情况考虑，尽快做好两方面工作：首先，要加强物流术语、计量标准、技术标准、数据传输标准、物流作业和服务标准等基础标准的建设，构建一个与环保标准和贸易标准相吻合的、与国际物流通用标准相衔接的标准体系；其次，要加强标准化的协调和组织工作，对已经颁布的物流国家标准、行业标准，对通用性较强的物流设施和装备的标准进行适当的修订和完善，使各种相关标准协调一致，并形成系统的标准法规体系。

5）绿色物流法法规

　　我国在发展物流业的同时注意绿色物流问题，可以避免重走发达国家曾走过的先污染后治理的弯路。因此，随着绿色物流的推进，物流产业应合理引入事前预防制度、行为管制制度、影响与诱导制度和事后救济制度等这些环境法基本制度，重视循环经济法建设，制定符合物流行业特点的相关规则。

6）物流争议救济程序法律制度

　　物流争议救济程序法律制度既包括物流争议诉讼法律制度，如民事诉讼、刑事诉讼、行政诉讼法规，也包括物流争议仲裁法律规范，同时还包括物流活动特有的规定，如《道路交通事故处理办法》《海事特别程序规范》。物流法律体系基本框架应是开放和动态的，应根据实际情况适时地调整，通过物流法律体系不断完善，努力为建设统一开放、公平竞争、规范有序的现代物流市场体系创造一个良好的法律环境。

9.3.5　物流法规制度构成

1）运输法律制度

　　运输法律制度是物流法律制度最重要的组成部分。我国运输法律制度是按照不同运输方式进行立法的，包括公路、铁路、水路和民航等，其中水路又分为海商和内河水运。法律包括《中华人民共和国铁路法》《中华人民共和国民用航空法》《中华人民共和国海商法》；公路和内河水运没有专门的法律，调整其法律关系的是交通运输部的规章。

(1) 公路

在我国目前的物流基础设施中,公路的使用率很高,尤其是中短距离的物流配送几乎都要靠公路完成。由于现代物流要求速度快、效率高、机动灵活,而公路汽车运输正好满足这种要求,因此,目前无论大型国际物流服务企业还是小型物流企业都有自己的运输车队。

我国公路建设发展很快。高速公路从无到有,从少到多,已经形成全国性的网络。汽车也已经成为人们生活的一部分。公路货物运输的法律规范主要是国务院发布施行的《中华人民共和国道路运输条例》。该条例对货物运输的有关问题做了明确规定,是从事公路货物运输的基本法律规范。

(2) 铁路

铁路仍然是我国重要的交通工具,特别是中长距离、大量货物的运输仍然依靠铁路。

铁路运输法律规范相对比较健全。《中华人民共和国铁路法》对铁路运输的基本问题都有明确的规范。虽然条文相对粗略,但基本上涵盖了铁路运输的主要方面。除了法律以外,还有大量依据法律制定的规章,对调整铁路运输法律关系是有利的。

(3) 民航

民航法律制度完全与国际接轨。2018年修正的《中华人民共和国民用航空法》共有123条。物流企业通常不能直接充当民航企业,但民航企业可以办物流。另外大多数的航空运输是通过代理企业完成的。

(4) 海商

《中华人民共和国海商法》于1992年颁布,共278条,完全参照国际海运规则制定。运输用的术语、概念等都与国际相对应。

(5) 内河水运

内河水运法律规范主要是交通运输部规定的规章,既没有专门法律规定,也没有专门的法规,效力层次较低。交通运输部的水路货物运输规则是开展内河水运的基本规范。

(6) 联合运输

目前,尚无专门法律规定。铁路与水路联运有部门规章。其他方式运输没有法规。联运法律规范主要是一般运输的规范和民法典关于多式联运的原则性规定。

2) 信息法律制度

信息在物流过程中具有重要的作用。现代物流的发展,与信息技术息息相关,没有现代信息技术的运用就没有现代物流。我国针对信息技术的立法目前还严重不足。主要有:《中华人民共和国计算机信息网络国际联网管理暂行规定》《计算机信息网络国际联网安全保护管理办法》《中华人民共和国计算机信息系统安全保护条例》等。

信息立法的特点主要是对知识产权的保护,还可能涉及商业秘密保护以及电子商务等。电子商务立法是当前最复杂的一个问题,主要是要解决电子信息数据传递的法律效力。

3) 保险法律制度

在物流运输过程中,保险具有转移风险、化解危机的积极作用。我国保险法在财产保险方面的规定还是比较明确的。对物流法律体系来说,就是要求物流企业对货物损坏灭失的风险通过保险手段化解。

4) 合同法律制度

在物流的各个环节都存在合同。合同是联系物流过程的重要的法律行为,包括运输、仓储、包装、保管、搬运等。新颁布的《民法典》对运输合同、保管合同、仓储合同都有原则性的规定,而且从物流过程看,合同关系是平等主体之间的法律纽带。我们需要了解的主要是合同法律关系。

5) 物流组织管理法律制度

政府如何通过法律手段加强对物流组织的管理,提高效率,这是政府职能的一部分。政府管理物流,首要的是反不正当竞争,比如盗用商标,盗用物流企业的票据,损害对方的名誉,主要靠《反不正当竞争法》调整;其次是反对垄断,主要靠《反垄断法》调整。

9.4 国际物流标准体系和法规

9.4.1 国际物流标准化概念

国际物流标准化指的是以国际物流为一个大系统,制定系统内部设施、机械装备、专用工具等各个分系统的技术标准;一定系统内各分领域如包装、装卸、运输等方面的工作标准;以系统为出发点,研究各分系统与分领域中技术标准与工作标准的配合性;按配合性要求,统一整个国际物流系统的标准;研究国际物流系统与其他相关系统的配合性,进一步谋求国际物流大系统的标准统一。

9.4.2 国际物流标准化作用

1) 国际物流标准化是企业进入国际市场,促进全球贸易的保障

随着全球经济的发展,国际交往和对外贸易对各国经济发展的作用越来越重要,而所有的国际贸易又最终靠国际物流来完成,所以各个国家都很重视本国物流与国际物流的衔接,在本国物流管理发展初期就力求使本国物流标准与国际物流标准化体系一致。若不如此,不但会加大国际交往的技术难度,更重要的是在本来就很高的关税及运费基础上又会增加因标准化不统一所造成的效益损失,使外贸成本增加。同时,在运输、包装、装卸、仓储、信息,甚至资金结算等方面采用国际标准,实现国际物流标准统一化,能够打破各国或地区标准不统一的技术贸易壁垒,从而加速国际贸易的物流进程。

2) 国际物流标准化是降低物流成本,提高物流效益的有效措施

物流标准化可以为多式联运以及物流在生产、仓储、销售、消费等环节间的流动提供最有效的衔接方式和手段,可以使企业获得直接或间接的物流效益,如运输、装卸搬运的时间节约,中间环节的压缩以及所带来的货差货损的减少,仓储货物周转加快、库存降低、仓储时间缩短所带来的资金占用减少等。

3) 国际物流标准化是促进世界整体物流管理现代化的重要手段和必要条件

由于经济的不同步发展以及其他因素的影响,世界各国物流发展的水平并不一致。美国、欧洲、日本等一些国家和地区较早开始进行物流理论和实践的探索,物流发展水平相对较高。但从世界范围来看,物流体系的标准化在各个国家都还处于初始阶段。因此推行国际物流标准,不仅有利于世界各国贸易的发展,而且有利于新的物流技术、物流理念、物流管理方法等在世界各国、各行业的同步推广,同时能够快速推进世界各国整体物流管理现代化水平的发展。

9.4.3 当前形势下的国际物流标准化措施

世界各国物流标准化步伐不统一或者物流标准不统一,都将严重影响全球物流业的发展。尤其是在经济全球化的今天,全球生产、全球采购、全球营销等都成为企业战略发展的必要目标。为了建立高效率的物流体系,实现各国物流与国际物流的顺利接轨,增强本国物流业的国际竞争力,必须把物流标准化工作提到前所未有的高度上来,从战略的高度看待国际物流标准化工作,从根本上在国际范围内解决物流标准化的问题,推动世界物流业快速、健康的发展。

1) 政府部门高度重视物流标准化研究、制定和推广工作

一方面要在物流基础设施、物流技术、企业信息化水平等方面做好基础工作;另一方面,要加强对标准化工作的协调和组织,及时研究和制定物流相关标准,尽快形成一套能够引导和规范国内物流发展并与国际接轨的物流标准化体系,积极推广与应用国家颁布的各种与物流活动相关的国家和行业标准,加强《商品条码》《储运单元条码》《物流单元条码》等物流标准的宣传贯彻工作,增强企业执行、贯彻物流标准的自觉性。

2) 深化流通体制改革

由于我国物流管理存在着严重的条块分割现象,切断了物流系统的横向联系,不利于高效率的多式联运体系的运作和物流管理的协同工作,不利于物流标准化建设,所以必须深化流通体制改革。

(1) 成立大交通综合协调机构。我国陆路、水路、航空、邮政归属不同部门管理,严重阻碍了我国物流标准化建设,成立的交通运输部,打破了运输部门的横向割据和部门利益,按照统一标准统筹,调整基础设施,整合运输资源。

(2) 加快推进陆路、水路、航空、邮政等垄断行业改革。要放宽市场准入,形成多种经济形式并存的竞争格局,提高其市场竞争意识。

(3) 推进仓储管理体制改革。要弱化仓储部门管理,打破条块分割,使其成为自主经营、自负盈亏的经济实体。

3) 建立完善的物流信息服务系统

物流标准化的核心任务是为不同企业信息系统建立统一的信息平台,也就是借助计算机网络和通信等先进技术,将原本分离的采购、运输、仓储、代理、配送等物流环节,以及资金流、信息流、实物流等进行统一的协调控制,实现完整的供应链管理,将原属于不同行业部门、不同产业领域、运作体系相对独立的节点物流信息系统进行有效的整合,提高整个物流供应链的运作效率。要加强国际互联网的有效利用,加快信息基础设施建设,推进信息采集技术、信息传输技术及管理软件在物流领域的广泛应用,实现包括商品信息在内的物流信息交换协议标准化、条码化和信息采集自动化。引导企业利用先进的信息技术和物流技术,全面提高企业的信息管理水平,减少资源浪费,提高物流速度。

4) 制定物流基础设施标准规范

要形成整个物流体系的标准化,必须在物流系统的各主要环节,包括包装、运输、装卸搬运、储存中寻找一个基点。由于集装形式是未来物流的主导形式,所以集装系统是使物流过程连贯而建立标准化体系的基点。基于物流基础模数的物流设施的标准化是提高物流效率的基础,物流设施标准化的基础是物流基础模数尺寸,基础模数尺寸一旦确定,设备的制造、设施的建设、物流系统中各个环节的衔接、物流系统与其他系统的配合就有了依据。

5）物流标准化体系建设应与国际接轨

国际标准化组织和一些欧美国家为了促进国际物流的发展，制定和实施了一系列国际上公认和通用的物流标准。我国在促进和推动物流标准化体系建设过程中，应尽可能采用国际标准，这既能加快我国物流标准化的建设步伐，也不失为与国际物流标准保持协调一致的有效手段。

9.4.4　与物流有关的法规和国际公约

物流是一项跨行业、跨部门、跨地区、甚至跨越国界的系统工程，一般包括运输、仓储、包装、装卸搬运、配送、代理、咨询和其他服务等经济活动，涉及的环节非常广泛。物流的法律框架是由物流活动本身的内涵和外延决定的，规范物流的各种经济活动的法律、法规、法令、国家标准、国际公约和国际惯例也就包括多个方面。

1）与运输方式有关的法规与国际公约

（1）水路运输方式下适用的法律法规和国际公约。水路运输方式包括国际海上运输、沿海和内河运输，适用的国内法律、法规和国际公约有《中华人民共和国海商法》、《中华人民共和国海运条例及实施细则》、《水路货物运输规则》、《道路危险货物运输管理规定》、《集装箱运输管理规则》、《国际货物运输代理业管理规定实施细则》、《统一提单的若干法律规定的国际公约》（即《海牙规则》）、《修改统一提单的若干法律规则的国际公约》（即《海牙—维斯比规则》）、《联合国海上货物运输公约》（即《汉堡规则》）、《联合国国际货物多式联运公约》等。

（2）陆路运输方式下适用的法律法规和国际公约。陆路运输方式有铁路和公路运输，陆路运输对货物在大陆内的流通起着重要作用，铁路和公路运输又有自己的运行特点。公路运输方面国内法规有《中华人民共和国公路法》《汽车货物运输规则》《集装箱汽车运输规则》《道路危险货物运输管理规定》；国际公约有《国际公路货物运输合同公约》《国际公路车辆运输公约》。铁路运输方面国内法规有《中华人民共和国铁路法》《铁路货物运输管理规则》；国际公约有《国际铁路货物联运协定》《国际铁路货物运输公约》。

（3）航空运输方式下适用的法律法规和国际公约。航空货物运输方面国内法律法规有《中华人民共和国航空法》《中国民用航空货物国际运输规则》。国际航空货物运输适用的国际公约有《统一国际航空运输某些规则公约》《瓜达拉哈拉公约》。

（4）多式联运方式下适用的法律法规和国际公约。我国有关多式联运法律法规有《中华人民共和国海商法》第四章"海上货物运输"中对多式联运做出的规定，交通主管部门制定的《国际集装箱多式联运管理规则》；国际公约有《联合国国际货物多式联运公约》、国际商会制定的《联运单证统一规则》。

2）与货物销售有关的法规公约和惯例

（1）国内货物买卖主要受《中华人民共和国民法典》中对货物买卖合同的有关规定制约。

（2）对外贸易相关的法律和法规。有《中华人民共和国对外贸易法》《中华人民共和国进出口管理条例》《货物自动进出口许可证管理办法》《出口商品配额管理办法》《中华人民共和国反倾销条例》《中华人民共和国补贴条例》《出口产品反倾销应诉规定》《货物进口指定经营管理办法》《出口商品配额招标办法》《机电产品进口配额管理实施细节》《纺织品被动配额管理办法》《联合国国际货物销售合同公约》《国际贸易术语解释通则》。

(3) 与商品检验有关的法规和国际公约及惯例。有《中华人民共和国产品质量法》《中华人民共和国进出口商品检验法及实施细则》《中华人民共和国食品卫生法》《中华人民共和国进出境动植物检疫法》《中华人民共和国国境卫生检疫法》《中华人民共和国海关法》《国际海运危险货物规则》《跟单信用证统一惯例》《华沙—牛津规则》。

(4) 与货物保险有关的法律法规。有中国人民保险公司制定的与海洋货物运输保险、陆上货物运输保险、航空货物运输保险、邮包货物运输保险等有关的保险条款。国际法规有《联合国国际货物销售合同公约》和《国际贸易术语解释通则》下有关贸易合同、运输合同、仓储合同中与保险有关的条款。

3) 包装、仓储和配送有关的法律法规

(1) 货物包装有关的法律法规。货物的销售、运输、仓储方面的法律法规、国际公约和惯例中都有包装条款,我国对一般货物运输包装要求采用《一般货物运输包装通用技术条件》(GB/T 9174—2008)等,运输包装标识符合包装储运图标标识、运输包装收发货标识、辐射能敏感的感光材料图标标识的标准。对危险货物运输包装要符合国家强制性标准《危险货物运输包装通用技术条件》(GB 12463—1990),运输包装标识要符合危险货物包装标识和包装储运图标标识的标准。危险货物包装性能试验要采用运输包装件基本试验。我国对运输包装尺寸要求适用运输包装件尺寸界限。国际海运危险品对货物包装要求适用《国际海运危险货物规则》。

(2) 仓储保管和配送有关的法律法规和国际公约。有《中华人民共和国民法典》中有关仓储合同的规定,《保税货物的仓储适用关于简化和协调海关业务制度的国际公约》(即《京都公约》),《海关对保税仓库及所存货物的管理办法》,配送按我国国家标准《物流术语》(GB/T 18354—2021)的规定。

4) 与装卸和搬运有关的法律法规

(1) 港站港口装卸和搬运有关的法律法规。由于装卸搬运与运输仓储配送活动密切相关,也受《中华人民共和国民法典》《中华人民共和国海商法》《中华人民共和国航空法》《港口货物作业规则》《铁路货物运输管理规则》《汽车货物运输规则》《国内水路货物运输规则》《水路危险物运输规则》《危险化学品安全管理条例》等法规有关条款的约束。国际公约和国际惯例有《联合国国际贸易运输港站经营人赔偿责任公约》《国际海协劳工组织装箱准则》《联合国国际货物多式联运公约》。

(2) 铁路装卸和搬运有关的法律法规。有《中华人民共和国铁路法》中与货物作业有关的铁路装卸作业标准,以及《铁路货物运输管理规则》《铁路装卸作业安全技术管理规则》《集装箱在铁路上装卸和拴固规定》《铁路车站集装箱货运作业标准》。

(3) 公路装卸和搬运有关的法律法规。汽车运输的货物在场站进行搬运和装卸应按《汽车货物运输规则》《汽车危险货物运输装卸作业规程》进行。

5) 口岸法规及相关的国际公约

(1) 海关货物监管法规和国际公约。有《中华人民共和国海关法》《中华人民共和国进出口关税条例》《中华人民共和国海关进出口税则》《中华人民共和国海关对过境货物的监管办法》《中华人民共和国海关关于转关运输货物监管办法》《中华人民共和国海关对暂时进口货物监管办法》。国际公约有《货物暂准进口报关手册的海关公约》(即《ATA报关公约》)。

（2）卫生检疫法律及法规。我国有关卫生检疫法律及法规有《中华人民共和国国境卫生检疫法》《中华人民共和国国境卫生检疫法实施细则》《国境口岸食品卫生监督管理规定》《中华人民共和国食品卫生法》《中华人民共和国传染病防治法》《中华人民共和国海洋环境保护法》《中华人民共和国水污染防治法》《进出境集装箱检验检疫管理办法》。

（3）动植物检疫法律及法规。有《中华人民共和国进出境动植物检疫法》及《进出境动植物检疫法实施条例》《进出境装箱检验检疫管理办法》《进出境快件检验检疫管理办法》。

（4）进出口商品检验法律及法规。我国商品检验机构依法对进出口商品进行检验鉴定，主要的法律和法规有《中华人民共和国进出口商品检验法》及《商品检验法实施条例》《中华人民共和国食品卫生法》《中华人民共和国出口食品卫生管理办法》。

（5）口岸通关的国际公约。有《关于设立海关合作理事会的公约》、《协调商品名称和编码制度的国际公约》、《货物暂准进口报关手册的海关公约》、《伊斯坦布尔公约》、《关于货物实行国际转运或过境运输的海关公约》（即《ITI公约》）、《1972年集装箱关务公约》、《在国际公路车辆运输手册担保下进行国际货物运输的报关公约》（即《国际公路车辆运输规定》）、《关于预防调查和制止违反海关法犯罪行政互助的国际公约》、《关于简化和协调海关业务制度的国际公约》及《附约》（即《京都公约》）、《关于海关估价制度详细规定的国际公约》。

课后练习

1. 简述物流标准化与法规体系的概念。
2. 简述物流标准体系的构成。
3. 简述物流法规体系的构成。
4. 简述物流国际标准体系与法规。

10 物流企业与运行管理

> **学习目标**
> 1. 掌握物流企业概述。
> 2. 了解物流企业在国内、外发展的状况。
> 3. 掌握物流企业的运作模式。
> 4. 掌握物流企业的增值服务研究。
> 5. 了解物流企业的整合发展战略。

案例引导：中邮一体化物流服务打造品牌形成特色

基于供应链服务的"一体化合同物流"是现代物流领域的制高点，是体现物流供应商物流服务水平的标志性业务。它是根据客户个性化需求，定制从订单处理、运输、仓储、配送，到库存管理、流通加工、信息服务、退货处理、代收货款等端到端的一体化物流解决方案，是以个性化解决方案为特征的综合性合同物流服务，业务规模大、个性化需求突出，涉及客户供应链多个环节，全程实施项目管理等特点。

中邮物流自成立以来就将发展高端"一体化合同物流"业务作为经营工作的重点，将国内外一体化合同物流领域的领先企业作为自身奋斗的目标。中邮物流将一体化发展的重点放在高科技、快速消费品、汽车零配件、医药等行业。这些行业的产品和物流需求体现了"一多、两高、三小"的特点，即多批次，高时效、高附加值，小批量、小体积、小重量，符合邮政现有资源和网络的特点，有利于其优势的充分发挥，既可以确保项目运作的成功，又有利于形成"技术壁垒"。

在业务开发上，中邮物流以世界500强企业和国内行业领先企业为重点客户，与国际跨国物流企业同台竞技，积极参与高端物流市场竞争。中邮物流结合邮政特点，积极建立"总部—省—地"三级团队联动的营销模式，并形成一整套包括营销、方案策划、投标、试运营和全面运作等过程的业务开发和运营模式。以基础物流服务为突破口，逐步拓展业务范围和服务内容。中邮物流利用邮政网络覆盖城乡的优势，积极为客户提供具有比较优势的代收货款、网点投交、家居配送等服务，以此赢得客户信赖。除此之外，还充分利用中国邮政综合计算机网和金融网络，逐步建立起完善的物流信息系统和电子商务系统，为企业提供订单处理、网上支付、库存管理、在途跟踪，以及运行绩效监测、管理报告等综合性供应链管理与资金流相结合的一体化服务。

十几年来，中邮物流通过不断摸索和实践，已初步总结和形成为客户提供基于实物流、信息流和资金流的"三流合一"，具有邮政特色的供应链物流服务模式。其服务内容包括供应物流、销售物流、售后服务物流、逆向回收物流等一系列供应链服务,服务功能涵盖区域配送中心管理、供应商库存管理、运输配送、网点投交、代收货款、仓单质押、信息系统对接等多个环节。经过十几年的努力,中邮物流与国际知名物流企业"同台竞技",邮政物流的市场开发、项目运作能力和水平都有了较大提升,在商务沟通、流程设计、指标提升、信息化、财务结算等方面逐步与国际标准接轨。目前,中邮物流不仅拥有以世界500强企业和国内行业领先企业为主体的一大批核心客户群体,而且服务区域已经延伸到境外。

10.1 物流企业的概述

10.1.1 物流企业

1)物流企业的概念

根据国家标准《物流术语》(GB/T 18354—2021)的规定,物流企业是至少从事运输(含运输代理、货物快递)或仓储的一种经营业务,并能够按照客户物流需求对运输、储存、装卸、包装、流通加工、配送等基本功能进行组织和管理,具有与自身业务相适应的信息管理系统,实行独立核算、独立承担民事责任的经济组织。简而言之,物流企业就是从事物流活动的企业,是各种物流服务的提供商。而物流活动则是对物流的运输、储存、装卸、包装、流通加工、配送、信息处理等基本功能的实施与管理过程。换言之,物流企业指的是对物品的流向进行操作的企业,它是集物品仓储、运输等流程为一体,把货物从生产地送到用户手中的全过程集成服务的提供商。

物流企业并非简单地从事"物的流通"工作,其服务宗旨是:在恰当的时间、恰当的地点,将恰当数量和恰当质量的恰当物品,以恰当的方式送达恰当的顾客处,即7Rs的经营理念,这是物流企业经营的根本出发点。专业物流企业承担的服务功能通常有以下几项:需求预测、信息传递、物料搬运、订单处理、采购、包装、储存、运输、装卸、配送、回收利用、售后服务等。

物流企业的产生和发展与其他企业一样,也是随着商品交换日益频繁、社会分工日益细化而出现并发展的。电子商务时代,由于企业销售范围的扩大,企业和商业销售方式及最终消费者购买方式的转变,使得送货上门等业务成为极为重要的服务业务,促使了物流行业的兴起。物流行业即能完整提供物流机能服务,以及运输配送、仓储保管、分装包装、流通加工等以收取报偿的行业,主要包括仓储、运输、装卸搬运、配送、流通加工等企业。可见,物流企业是在生产的专业化程度不断提高的过程中,从商业中心分离出来的一个独立产业,是现代经济社会中一种非常流行的服务方式。它使得生产企业专心于生产品的调拨,而将产品的运输和仓储全权交给物流企业去完成。物流企业通过将工商企业外部交易内部化的过程,就可以大大降低工商企业在市场中的部分"交易费用",从而有利于提高工商企业的资源(人、财、物、时间、空间和信息等)配置效率和市场竞争实力。因而,物流企业的发展也是社会生产力和分工发展的必然产物,它的生产和发展是工商企业更快适应信息时代发展的客观需求。

正确理解物流企业概念,需要从以下几方面把握:

（1）物流企业是从事物流活动的组织。物流企业应该是独立于生产领域之外，专门从事物流活动的组织，而且要至少从事运输或仓储等一种与物流相关的业务。

（2）物流企业是具有法人资格的组织。物流企业是依法进行注册登记而且具有法人资格的组织。物流企业是自主经营、自负盈亏、自我发展、自我约束的企业组织。

（3）物流企业是提供物流以及相关服务的组织。现代物流企业除能够提供运输和仓储等传统物流服务外，一般还提供包装、装卸、配送和流通加工等服务，甚至还能提供结算、物流与供应链系统设计咨询、物流信息系统的集成、物流教育和培训等方面的服务。

由于近些年物流业快速发展，一些提供传统物流服务的企业，如交通运输和仓储服务企业开始将企业的名称改为带有"物流"的新名称。然而，并非所有的物流企业都可以提供综合性物流服务，需要物流服务使用者实施调研。

我国的物流企业主要来源于三个途径：一是由传统的运输、仓储、商贸企业转型而来的物流企业，以大中型国有企业为典型代表；二是按照现代物流理念新建的物流企业，主要是一些民营资本和股份资本；三是一些大型跨国公司投资建立的物流企业。

2）物流企业的基本条件

（1）专业化。专业化经营是指物流企业在海、陆、空、集装箱运输及多式联运、储存、分拨、配送、信息处理等方面拥有大量的经验丰富、业务娴熟的专业人才和高级管理人员，在整个物流市场运转规范、操作流畅。

（2）网络化。网络化经营是指物流企业在国内外各大城市、港口有自己的分支机构或可信赖的有相互代理关系的网点。网络化经营可以支持客户的供应、生产、销售物流的网络体系。

（3）规模化。规模化经营是指物流企业在人、财、物方面应具有相当的实力，是可以集船代、货代、航运、铁运、空运、汽运、仓储于一身的综合型物流企业。规模化经营可以获得经济规模效果。

（4）信息化。信息化经营是指物流企业能够依托互联网或企业内部网建立综合物流信息网络进行物流业务运作，能够通过多种信息技术提供充分的信息服务，物流业务能够以计算机之间的联网为基础进行物流活动监控和管理。

3）物流企业的运行要素

（1）物流设施。它是组织物流系统开动的重要条件，包括物流场站、物流中心、仓库、物流线路、公路、铁路、港口。

（2）物流装备。它是保证物流系统开动的重要条件，包括仓库货架、进出库设备、加工设备、运输设备、装卸机械等。

（3）物流工具。它是物流系统运行的物质条件，包括包装工具、维护工具、办公设备等。

（4）信息技术及网络。它是掌握和传递物流信息的手段，根据物流信息水平不同，包括通信设备及线路、传真设备、计算机及网络设备等。

（5）组织及管理。它是物流网络的必要组成，起着连接、调动、运筹、协调、指挥其他各要素以保障实现物流系统目的的作用。

10.1.2 物流企业的类型

物流企业的分类可以按照多种分类标准进行划分。在中国物流与采购联合会的大力支持下，由物流标准化技术委员会组织有关专家和企业共同起草的《物流企业分类与评估指

标》(GB/T 19680—2013)对物流企业类型做了如下描述:

1) 运输型物流企业

运输型物流企业应同时符合以下要求:

(1) 以从事运输业务为主,具备一定规模。

(2) 可为客户提供运输服务及其他增值服务。

(3) 自有一定数量的运输工具和设备。

(4) 具备信息服务功能,应用信息系统可对运输货物进行状态查询、监控。

2) 仓储型物流企业

仓储型物流企业应同时符合以下要求:

(1) 以从事仓储业务为主,具备一定规模。

(2) 可为客户提供分拨、配送、流通加工等服务,以及其他增值服务。

(3) 自有一定规模的仓储设施、设备,自有或租用必要的货物运输工具。

(4) 具备信息服务功能,应用信息系统可对仓储货物进行状态查询、监控。

3) 综合型物流企业

综合型物流企业应同时符合以下要求:

(1) 从事多种物流服务业务,可以为客户提供运输、仓储、货运代理、配送、流通加工、信息服务等多种物流服务,具备一定规模。

(2) 可为客户制定系统化的物流解决方案,可为客户提供综合物流服务及其他增值服务。

(3) 自有或租用必要的运输工具、仓储设施及相关设备。

(4) 具有一定市场覆盖面的货物集散、分拨、配送网络。

(5) 具备信息服务功能,应用信息系统可对物流服务全过程进行状态查询、监控。

《物流企业分类与评估指标》还对从 A 到 AAAAA 五种不同级别物流企业的评估给出具体详细的指标。五级物流企业评估标准及其实施使物流企业有了明确的界定标准,同时也使其物流服务功能、服务能力和水平更加透明化,有利于客户选择,降低了交易成本,有效地规范了物流市场秩序。

10.2 物流业在国内外发展状况

10.2.1 国外物流业发展情况及特点

1) 发展情况

随着物流内涵的不断扩展,物流管理手段、技术均在不断地改善和提高,缩短物流时间、节省物流费用、提高物流效率、促进物流组织合理化是经济发达国家物流发展的共同特征。为了实现物流对国民经济发展提供有效支持的目标,物流业较为发达的西方国家,在政府或社会力量的推动下,以现代化物流基础设施规模、质量的提高和第三方物流企业的发展为中心,使物流业发展水平不断提高。

2) 发展特点

(1) 政府普遍重视物流业的发展。各国特别是我国周边的国家和地区,均把发展物流业作为提高本国经济竞争力的重要措施来规划。

(2) 搭建信息平台。随着信息技术的不断发展,互联网和电子商务应用的广泛普及,大大降低了国际贸易和国际物流的运营成本,使国际物流得以长足发展。目前,国际物流的效率在很大程度上取决于新兴信息技术的应用程度,其发展趋势是建立智能化运输系统,将运输仓储电子化管理过程与网络财务支持系统、电子商务融为一体。目前对于现代物流业发展来说,物流信息平台的建设与物流基础设施的建设具有同等重要的地位。

(3) 完善配送中心,提高整体物流效率。在欧洲物流业发展过程中,配送中心具有相当重要的地位。其作用包括减少仓库建设和人工成本,增加存货透明度,加强物流的流程控制。在欧洲的物流配送中心,既有加工配送型,也有单纯储存配送型;既有专业产品如汽车配件、食品配送等,也有综合物流中心;既有物流与展览展销的结合,也有跨区域的综合集成空运、海运、铁路、公路的全球物流配送中心。配送中心一般都广泛采用各种高科技手段,如信息管理系统、电子数据监控系统、现代化立体仓库、条形码扫描等,同时还包括整套的供应链方案设计、港口电子网络化管理、仓库进出货自动化管理、卫星定位系统等。

(4) 推进物流系统的标准化。现货物流业对运输仓储资源进行高度的整合,所以标准化程度要求很高。如果各国没有统一的标准,国际物流水平很难提高。目前,美国、欧洲基本实现了物流工具和设施的统一标准,如托盘采用 1 000 mm×1 200 mm 标准、集装箱的几种统一规格及条码技术等,大大降低了系统运转难度。在物流信息交换技术方面,欧洲各国不仅实现企业内部的标准化,而且也实现了企业之间及欧洲统一市场的标准化,这就使各国之间的系统交流更简单、更具效率。

(5) 重视物流人才培养。发达国家的经验证明,发展现代物流业,关键是具备一支优秀的物流管理队伍。如美国已形成了较为合理的物流人才教育培训体系,建立了多层次的物流专业教育,许多著名的高等院校中设置了物流管理专业。在美国物流管理委员会的组织倡导下,全面开展物流在职教育,并建立了美国物流业的职业资格认证制度,如仓储工程师、配送工程师等,所有物流从业人员必须接受职业教育,经过考试获得资格后,才能从事有关的物流工作。

10.2.2 国内物流业发展现状及问题

1) 发展现状

(1) 物流基础设施和装备发展初具规模。经过多年发展,目前我国已经在交通运输、仓储设施、信息通信、货物包装与搬运等物流基础设施和装备方面取得了长足的发展,为物流业的发展奠定了必要的物质基础。在交通运输方面,我国以干线铁路、高速公路、枢纽机场、国际航运中心为重点,大力推进物流基础设施建设。在仓储设施方面,除运输部门的货运枢纽和场站等仓储设施外,我国商业、物资、外贸、粮食、军队等行业中的仓储设施相对集中。仓储设施近年来发展迅速,年投资规模呈现快速增长趋势。在信息通信方面,目前我国已拥有电信网络干线光缆,并已基本形成以光缆为主体,以数字微波和卫星通信为辅助手段的大容量数字干线传输网络。这就使 EDI、ERP、MRP、GPS 等一些围绕物流信息交流、管理和控制的技术得以应用。在包装与搬运设施方面,现代包装技术和机械化、自动化货物搬运技术在我国已有比较广泛的应用,在一定程度上改善了我国物流活动中货物运输的散乱状况和人背肩扛的落后搬运方式。

(2) 物流技术装备水平有所提高。由于近年来我国企业生产规模与水平的不断提高，生产设备与物流设备的更新与现代化需求旺盛，汽车、烟草、药品、家电等行业是物流技术装备的良好市场。为了适应市场需求，物流技术装备厂商也不断提高产品的技术水平并且开发出新产品。国外著名厂家也接连在中国设立办事处以及分公司，也有外国公司为了更深入地介入中国市场，和中国企业建立了密切的合作关系。由于外商企业更广泛地进入中国市场，提供了高性能的技术装备也刺激了中国企业的产品不断出现新品种，质量也不断提高。近年来华为公司、海尔公司以及许多高科技公司的高水平物流系统的建成，对企业的持续发展起到了坚强的保证作用。邮政、机场、连锁商业等配送中心和分拣设施的建设也有效地保证了该系统的高效率运行。物流技术装备水平的提高为我国物流现代化提供了良好的物质基础和技术支持。

(3) 第三方物流服务方兴未艾。企业目前的物流需求以物流运作为主，更强调物流总代理的形式，需要一体化的物流服务。与第一次、第二次调查研究结果相比，市内配送服务需求也越来越迫切。同时物流过程管理、物流决策、资料收取等信息服务越来越受到企业的重视。种种迹象表明，我国第三方物流市场方兴未艾。

2）存在问题

(1) 物流系统效率低，物流成本高。我国与发达国家在物流成本方面、周转速度方面以及产业化方面存在较大差距，服务水平和效率方面都比较低。

(2) 物流基础设施和技术装备水平低。虽然我国的物流基础设施和装备条件已有较大的发展和改善，但与社会经济以及物流业的发展要求相比、与发达国家相比，仍然有较大的差距，在相当程度上影响着我国物流效率的提高，不利于物流业的快速健康发展。我国各种物流基础设施的规划和建设缺乏必要的协调，因而物流基础设施的配套性、兼容性差，导致系统功能不强。各种运输方式之间、不同地区运输系统之间相互衔接的枢纽设施建设方面缺乏投入，对物流产业发展有重要影响的各种综合性货运枢纽、物流基地、物流中心建设发展缓慢。

(3) 标准化建设滞后。各种运输方式之间装备标准不统一，海运与铁路集装箱标准存在差异；物流器具标准不配套；产品包装标准与物流设施标准之间缺乏有效的衔接；信息系统之间缺乏接口标准，工商企业内部物流信息系统与第三方信息系统之间缺乏有效衔接，物流信息系统难以得到实际应用。

(4) 管理体制和机制方面的障碍。物流业涉及交通运输、经贸、外经贸、城市管理、公安、税务、海关、商品检验检疫等多个部门，这些部门的管理职能、管理方式和制度体系等存在较大不同，在对物流业实施管理的过程中，因管理之间的体制及机制性原因，造成物流业发展的许多困难。

(5) 专业化物流服务和经营管理水平有限。尽管我国已出现了一些专业化物流企业，但规模和实力都还比较小，物流服务水平和效率还比较低，只能简单地提供运输（送货）和仓储服务，而在流通加工、物流信息服务、库存管理、物流成本控制等物流增值服务方面，尤其在物流方案设计以及全程物流服务等更高层次的物流服务方面还没有全面展开。

(6) 物流研究相对落后和物流专业人才短缺。从事物流研究的大学和专业研究机构还很少，企业层面的研究和投入更微乎其微。

3）发展趋势

(1) 物流服务的内涵将继续拓展。物流服务的内涵由最初只解决运输问题，逐步将装卸、搬运、仓储、保管乃至报关、通关、保险、商检、卫检、动植检、中转、保税等业务统一进来。近年来由于信息技术的发展和比较成本优势的驱动，产品异地加工、装配、包装、标识、分拨、配送、销售、转让等增值服务，也逐渐被涵盖进来。

（2）物流服务过程继续延伸。物流服务过程经历了"港口—港口""门—门"和"货架—货架"等阶段后，由于生产企业"即时供货"和"零库存"的需要，物流业将生产以前的计划、供应也包括在自己的服务范围之内，使服务过程向前延伸；再加上消费后的废弃物处理和回收利用，使物流服务过程向消费后延伸。

（3）专业化物流服务不断壮大。发达国家非常重视发展"第三方物流业"，第三方物流企业不但能够提供物流作业服务，更重要的是能够为顾客提供全面解决方案。

（4）供应链管理开始盛行。欧美许多企业通过直接控制供应链，企业和社会经济效益显著。由于国际大型跨国企业集团正朝着全球采购、本地制造、全球分销的新型跨国公司方向发展，与此相对应，与国际跨国公司结成战略同盟关系的国际物流企业也正寻求开展"一票到底"的服务，以满足跨国公司全球化、优质化的物流需求。

（5）物流规模不断扩大。一是在港口、机场、车站等物流枢纽节点上建设规模巨大、设施齐全、功能完善的物流园区；二是物流企业通过兼并重组来扩大规模。

（6）不断采用先进的科学技术，形成以系统技术为核心，以信息技术、运输技术、配送技术、自动化仓储技术、库存控制技术、包装技术等专业技术为支撑的现代物流技术格局，今后的发展方向将包括无线互联网技术、卫星定位技术、智能运输系统及集成化技术等。

10.3　物流企业的运作模式研究

10.3.1　传统外包模式

传统外包模式是指物流企业独立承包一家或多家生产商或经销商的部分或全部物流业务。随着现代经济运行方式向全球化、专业化方向发展，企业往往会将自己的精力集中于主营业务上，而把与业务开展相关的物流业务外包给专业的物流企业。当前大多数物流企业是这种运营模式。

这种模式的特征在于：第一，物流企业以契约形式与客户形成长期合作关系，保证了自己稳定的业务量，避免了设备闲置；第二，以生产商或经销商为中心，物流企业几乎不需专门添置设备和进行业务训练，管理过程简单；第三，订单由产销双方完成，物流企业只完成承包服务，不介入企业的生产和销售计划；第四，生产企业、销售企业与物流企业之间缺少沟通的信息平台，会造成生产的盲目和运力的浪费或不足，以及库存结构的不合理。

10.3.2　战略联盟模式

战略联盟模式是指物流企业以契约形式结成战略联盟，实现内部信息共享和信息交流，相互间协作，形成物流网络系统。联盟可包括多家同地和异地的各类物流企业。理论上联盟规模越大，可获得的总体效益越大。目前我国的电子商务物流企业大多属于这种运营模式。

这种模式的特征在于：第一，联盟企业信息处理可以共同租用某信息经营商的信息平台，由信息经营商负责收集处理信息，也可连接联盟内部各成员的共享数据库实现信息共享和信息沟通；第二，联盟企业间实现了信息共享和信息交流，并以信息为指导制定运营计划，在联盟内部优化资源；第三，信息平台可作为交易系统，完成产销双方的订单和对物流服务的预定购买；第四，联盟内部各实体实行协作，某些票据联盟内部通用，可减少中间手续，提高效率，使得供应链衔接更顺畅；第五，联盟成员是合作伙伴关系，实行独立核算，彼此间服务租用，因此有时很难协调彼此的利益，在彼此利益不一致的情况下，要实现资源更大范围的优化就存在一定的局限。

10.3.3 综合物流模式

综合物流模式是指集仓储、运输、配送、信息处理和其他一些物流服务（如包装、装卸、流通加工等）为一体，提供综合性、一体化物流服务的运营模式。

这种模式的特征在于：第一，必须进行整体网络设计，即确定每一种设施的数量、地理位置、各自承担的工作，其中信息中心的系统设计和功能设计以及配送中心的选址流程设计是非常重要的问题。第二，综合物流模式的构建主要有三种方案，方案一是投资新建或改建自己原有设备，完善综合物流设施，组织执行综合物流各功能的业务部门，这种方案非常适合迫切需要转型的大型运输、仓储企业，可充分利用原有资源，凭借原有专项实力，有较强的竞争力；方案二是收购一些小的仓储、运输企业以及一部分生产、销售企业原有的自备车辆和仓库，对其进行整编改造；方案三就是原有的专项物流运营商以入股方式进行联合，这种方式初期投入资金少，组建周期短，联合后各单项物流运营商还是致力于自己的专项，业务熟悉利于发挥核心竞争力，参股方式可避免联盟模式中存在的利益矛盾，更利于协作。第三，必须根据自己的实际情况选择网络组织结构。主要有两种网络组织结构，一种是大物流中心加小配送网点的模式，另一种是连锁经营的模式。前者适合商家、用户比较集中的小地域，选取合适地点建立综合物流中心，在各用户集中区建立若干小配送点或营业部，采取统一集货、逐层配送的方式。后者是在业务涉及的主要城市建立连锁公司，负责对该城市和周围地区的物流业务，地区间各连锁店实行协作，该模式适合地域间或全国性物流，还可以兼容前一模式。

10.3.4 协同运作模式

协同运作模式是指为其他物流企业提供信息技术、管理技术、供应链策略和战略规划方案等，并与这些企业共同开发市场，但并不参与物流业务的具体实施，而是指导其他物流企业完成物流业务。

这种模式的特征在于：具有雄厚的物流配送实力和最优的解决方案，业务范围多集中在物流配送管理方面，针对性强，灵活性大。

10.3.5 方案集成模式

方案集成模式是指为物流需求者提供运作和管理整个供应链的解决方案，并利用其成员的资源、能力和技术进行整合和管理，为需求者提供全面、集成的供应链管理服务。这种模式通常由物流公司和客户成立合资或合伙公司，客户在公司中占主要份额，物流企业可集成多个服务供应商的资源，重点为一个主要客户服务。

这种模式的特点在于：第一，这种模式的运作一般是在同一行业范围内，供应商和加工制造商等成员处于供应链的上下游和相关的业务范围内，彼此间专业熟悉、业务联系紧密，有一定的依赖性；第二，物流企业以服务主要客户为主，带动其他成员企业的发展；第三，该模式的好处是服务对象及范围明确集中，客户的商业和技术秘密比较安全；第四，物流企业与客户的关系稳定、紧密而且具有长期性；第五，要求客户的业务量要足够大，使参与的服务商对所得到的收益较为满意，否则大多数服务商不愿把全部资源集中在一个客户上。

10.3.6 行业创新模式

行业创新模式是指借助自身资源、技术和能力的优势，为多个行业的客户提供供应链解决方案。它以整合供应链的职能为重点，以各个行业的特殊性为依据，领导整个行业供应链实现创新。

这种模式的特点在于：以核心物流企业为主导，联合其他物流企业，为多个行业客户提供运输、仓储、配送等全方位、高端的供应链解决方案。如美国卡特彼勒物流公司从起初的只负责总公司的货物运输，发展到后来为其他多个行业的客户提供供应链解决方案，包括戴姆勒-克莱斯勒公司、标致公司、爱立信公司等。

10.3.7 动态联盟模式

动态联盟模式是指一些相对独立的服务商（如咨询机构、供应商、制造商、分销商）和客户等，面对市场机会，通过信息技术相连接，在某个时期内结成供应链管理联盟。它的组成或解散主要取决于市场的机会存在与消失。

这种模式的特点在于：第一，联盟企业间在设计、供应、制造、分销等领域里分别为该联盟贡献出自己的核心能力，以实现利润共享和风险分担；第二，它们除了具有一般企业的特征外，还具有基于公共网络环境的全球化伙伴关系及企业合作特征、面向经营过程优化的组织特征、可再构与可变的特征等；第三，能以最快速度完成联盟的组织与建立，优势集成，抓住机遇，响应市场，赢得竞争。

10.4 物流企业的增值服务研究

近年来，我国物流企业的数量在逐年增长，虽然企业总数较多，但从网络、功能、管理、服务、业绩等方面综合评估，真正实力雄厚，且有竞争力的物流企业并不多。随着国内物流市场的日趋成熟和成品油价格上涨，物流企业的基本服务项目盈利空间日益缩小，几乎接近完全竞争状态，而增值物流服务却呈现出薄弱的状况。因此，物流企业应跨越单一基本的物流服务，因地制宜地发展适合客户需求的物流增值服务，这样不仅能够满足日益增长的客户需求，还能减少物流企业的运营成本，为企业带来新的利润空间。

10.4.1 增值服务的含义

增值服务就是指物流公司根据客户的需求，为客户提供的超出常规的服务，或者是采用超出常规服务的方法所提供的服务。创新、超常规、满足客户个性化需求是物流增值服务的本质特质。在市场经济环境下，以客户为核心的物流服务首先应当了解客户的需求。客户的需求有一个基本的要求,即基本的物流服务要求,基本服务是社会化物流企业能够向客户提供的最低限度和通常的服务。

物流基础服务是为满足客户需求所实施的一系列基本物流活动,包括运输、储存、装卸、搬运、包装、流通加工、配送、回收、信息处理等基本功能。而物流企业的增值服务是指在完成物流基本服务的基础上,根据客户需求提供的各种延伸业务活动,如表10-1所示。

表 10-1 为物流增值服务与基本服务相关因素的比较

项目	基础服务	增值服务
服务主要内容	仓储、运输为主的基础物流服务	以信息化为依托的仓储、运输延伸服务及其企业供应链的纵向一体化服务
服务导向	以自身企业服务能力为导向	以客户需求,帮助客户企业成长而自己发展壮大为导向
服务满意度	一般	较高
经营模式	粗放型,标准化服务	精益型,个性化服务
服务成本	一般	较高
服务收益	低附加值	高附加值
相互转化程度	难	一般
与客户企业的合作关系	较松散	较紧密
进入壁垒	低	高

10.4.2 我国物流企业增值服务的现状

我国物流企业增值服务目前的发展状况是,许多企业除了要求提供运输、仓储等传统基础服务外,还希望物流企业能够提供物流网络设计、库存管理、订货管理、订单管理、信息服务等高水准、系列化、全流程的一体化物流增值服务。而我国大多数物流企业只能简单地提供运输和仓储等单项或分段的物流服务,可以提供高质量物流增值服务的企业不多。据中国物流与采购联合会调查报告表明,我国物流企业还处于直接压缩物流作业成本的阶段,未能进行物流服务的创新并从物流增值服务中寻求利润。其原因主要是我国物流行业的进入门槛相对而言较低,企业"小、散、乱"的局面未得到根本改变,还陷在价格战的恶性循环中不能自拔。

1) 增值服务趋势

由于近年来成本的增加、利润的减少,我国的一些物流企业逐渐意识到增值服务的重要性,开始着力为客户提供个性化的增值服务,以中国物资储运总公司为代表的物流公司及仓储公司,已开始利用现代仓储物流管理技术采用"物资银行"的运作模式。在国外,物流增值服务已在整个物流行业全面展开,开始为客户提供一站式服务,从产品的采购到制造、仓储入库、外包装、配送等全部过程。因此中国的物流增值服务正处在发展的初级阶段,呈现出如下趋势:

(1) 物流环境因外部激烈的竞争而不断改变,很多物流服务的提供者都倾向于以较低的成本增强物流服务的功能。制造商和零售商都在持续不断地寻找能带来创新物流服务的提供商,以保证生产、仓储、运输和配送的成本都能降低。

(2) 客户现在需要更加柔性、敏捷的供应链。目前一个很明显的趋势,也是唯一能赢得客户并生存下去的一条重要准则,客户公司都倾向于能提供一站式服务,主要包括设计、运作和管理的物流服务提供商。这要求物流企业以更加复杂的解决方案作为后盾。

(3) 物流服务需求向优质化和全球化发展。随着消费多样化、生产柔性化、流通高效化时代的到来,社会和客户对物流服务的要求越来越高,物流服务的优质化是物流今后发展的重要趋势。物流服务的全球化是各国物流今后发展的另一重要趋势。目前美国许多大型制造部门正在朝着"扩展企业"的方向发展,其基本上包括了把全球供应链条上所有的服务商通过最新的计算机体系加以控制。

2) 目前我国可实现增值服务的四个领域

(1) 以顾客为核心的服务

以顾客为核心的增值服务是指由物流企业提供的、以满足买卖双方对于配送产品的要求为目的的各种可供选择的方式。

例如,美国 UPS 公司开发的独特服务系统,专门为批发商配送纳贝斯克食品公司的快餐食品,这种配送方式不同于传统的配送服务。这些增值活动的内容包括:处理顾客向制造商的订货,直接送货到商店或顾客家,以及按照零售商的需要及时地持续补充送货。这类专门化的增值服务可以被有效地用来支持新产品的引入,以及基于当地市场的季节性配送。

(2) 以促销为核心的服务

以促销为核心的增值服务是指为刺激销售而独特配置的销售点展销及其他各种服务。

销售点展销包含来自不同供应商的多种产品,组合成一个多结点的展销单元,以便于适合特定的零售商品。在许多情况下,以促销为核心的增值服务还包括对储备产品提供特别介绍、直接邮寄促销、销售点广告宣传和促销材料的物流支持等。

(3) 以制造为核心的服务

以制造为核心的增值服务是通过独特的产品分类和递送来支持制造活动的物流服务。

每一个客户进行生产的实际设施和制造装备是独特的,在理想状态下,配送和内向物流的材料和部件应进行顾客定制化。例如,有的厂商将外科手术的成套器按需要进行装配,以满足特定医师的独特要求。此外,有的仓储公司切割和安装各种长度和尺寸的软管以适合个别顾客所使用的不同规格的水泵。这些活动在物流系统中是由专业人员承担的。这些专业人员能够在客户的订单发生时对产品进行最后定型,利用的是物流的时间延迟。

(4) 以时间为核心的服务

以时间为核心的增值服务涉及使用专业人员在递送以前对存货进行分类、组合和排序。

以时间为核心的增值服务的一种流行形式就是准时化。在准时化概念下,供应商先把商品送进工厂附近的仓库,当需求产生时,仓库就会对由多家供应商提供的产品进行重新分类、排序,然后送到配送线上。以时间为核心的服务,其主要的一个特征就是排除不必要的仓库设施和重复劳动,以便能最大限度地提高服务速度。基于时间的物流战略是竞争优势的一种主要形式。

3) 增值服务障碍

增值服务障碍主要有物流人员知识更新慢、基础设施的限制、物流服务网络规模不经济、企业之间缺乏互信等，克服这些障碍将是企业增值物流服务的第一步。

（1）物流人员知识更新慢

物流人员缺乏现代物流专业技能及经验是造成我国物流服务水平不高的重要原因。当今客户需求的是信息一体化的物流增值服务，要求物流人员通晓现代经济贸易、现代物流运作、运输与物流理论和技能、英语、国际贸易运输及物流管理。而国内物流人才的培养相差甚远。目前，国内的物流高级人才主要是从海外留学回国的人员。

（2）基础设施的限制

全面完善的常规物流服务是增值物流服务的基础，而常规物流服务要求基础设施等硬件支持。物流基础设施是指在供应链的整体服务功能上和供应链的某些环节上，满足物流组织与管理需要的、具有综合或单一功能的场所或组织的统称，主要包括公路、铁路、港口、机场以及网络通信基础等。在中国物流行业条块分割、多头管理的模式下，各种物流基础设施的规划和建设缺乏必要的协调性。

（3）物流网络规模不经济

物流服务增值的发展在很大程度上取决于物流企业如何在保持高质量服务与灵活性的同时，控制和降低物流的成本。社会上一方面车辆空驶、仓库闲置，另一方面又有很多企业在寻找车辆和仓库。这说明货运、增值物流服务仓储资源并不短缺，缺的是寻找资源、整合资源。另外，中国物流系统功能不强，仓储功能和运输功能缺乏协调，长途运输和短途配送也缺乏有效衔接，各种运输方式之间配合不力，没有形成一个完整的物流系统。因此，只有众多分散的物流企业结成联盟，形成服务网络，实现规模经济，才是降低物流运作成本的最佳途径。

（4）企业之间缺乏互信

企业之间缺乏互信，限制了增值物流服务的人力、财力、物力的投入。由于商业保密和信任等因素，以及相关管理部门缺乏引导，物流供应商和生产企业难以形成长期的合作伙伴关系；供应商在增值服务的人力、财力、物力投入有所顾虑，限制了增值服务的发展速度。此外，物流业的发展涉及基础设施、物流技术设备、产业政策、投资融资、税收与运输标准等各方面，分属不同的政府职能部门管理，但各职能部门对现代物流认识不足并缺乏统一协调的战略思想，严重阻碍着物流企业的快速发展。

10.4.3 我国物流企业的增值服务模式

我国物流企业如果想要在目前竞争激烈的市场上占有一席之地，迎接来自跨国物流公司的挑战，增值服务已经成为影响企业经营成败的关键元素。因此我国物流企业必须选择适合本企业发展的增值服务模式。目前我国物流企业存在以下几种增值服务模式：

1）仓储型增值服务

根据企业本身拥有的仓储设施来开展增值服务，包括为客户提供材料及零部件的到货检验；材料及零部件的安装制造；全天候收货和发货窗口；配合客户营销计划进行产品的重新包装和产品组合服务；为特殊客户提供低温冷藏等特殊需求的服务；为顾客提供存货查询功能等。以客户为引导，按区位排列顺序列出各种规格型号货物的详细信息，确定有效库存能满足顾客需求，提高客户的满意度。

2）信息型增值服务

以信息技术为优势的物流服务商可以把信息技术融入物流作业安排当中，例如：向供应商下订单,并提供相关财务报告;接受客户的订单,并提供相关财务报告;利用对数据的积累和整理,对客户需求的预测,提供咨询支持;运用网络技术向客户提供在线数据查询、在线帮助服务。

3）第四方物流增值服务

向客户提供全面意义上的供应链解决方案,通过对客户的企业组织机构、产品、物流水平、创新能力、物流管理人员等方面的调查研究,以及企业所处宏观环境进行分析,帮助客户制定物流总体发展战略、阶段性实施计划、各职能部门的战略规划与选择等;根据客户发展物流的战略目标设计组织框架,建立合理、有效的决策指挥系统;根据客户的要求,对客户涉足的产业行业和物流领域展开各种形式、各种内容和各种规模的市场调查,如市场规模调查、用户满意度调查、产业发展状况调查、广告投入和效果调查、市场容量和市场结构调查、企业市场营销与物流策略调查等;根据公司的营销战略,提出物流支持企业营销的解决方案,以扩大公司份额;第四方物流增值服务可以为顾客开展企业诊断服务,进行业务流程再造,找出客户经营管理活动中急需解决的物流问题、与客户共同寻求物流系统服务的解决方案,分析企业的供应链构成,确定物流增值业务活动,消除无价值的物流活动,从而使企业提高物流运行效率。

4）金融增值服务

企业通过提供金融增值服务,帮助顾客盘活资金,提升其在整体供应链中的竞争力,同时获得附加值的物流利润。金融增值服务可以通过以下方式实现:融资企业可以把货物存储在第三方物流企业的仓库中,然后凭借仓单向银行申请贷款,银行根据所押品的价值并参考第三方物流企业的建议向客户企业提供一定比例的贷款,由第三方物流企业负责监管和储存质押品,通过对具体货物的实体进行质押,融资企业将货物置于第三方物流企业的控制之下即可获得贷款,由第三方物流企业对相应货物进行特别监控,融资企业提货时应有银行的允许,可以在保持质押物的名称、质量、状况不变,且数量不低于一定量的前提下,使质押物相对地动态流动;银行可以根据第三方物流企业的规模、经营业绩、运营状况、资产负值比例及信用程度,授予第三方物流企业一定的信贷配额;第三方物流企业又根据与其长期合作的中小企业的信用状况配置其信贷配额,为生产经营企业提供信用担保,并以受保企业滞留在其融通仓内的货物作为质押品或反担保品,确保其信用担保的安全。

5）承运人型增值服务

承运货物运输的快运公司、集装箱运输公司,最适宜从事此类增值服务。例如:从收货到递送的货物全程追踪服务;电话预约当天收货;车辆租赁服务;对时间敏感的产品提供快速可靠的服务;对温度敏感的产品提供快速可靠的服务如冷藏、冷冻运输;信誉好的承运人甚至可以对客户提供承运人的评估选择,运输合同管理服务等。

10.4.4 如何实现物流增值服务

1）适应客户需求

在以客户为中心的市场经济环境下,物流企业的发展必须适应客户的需求。了解客户到底需要什么服务,什么时候需要这些服务,对于某些十分不清楚自己需要何种服务的客户,物流企业应当对客户需求进行适当的分析,提供合适的物流解决方案。这样,客户就能体会到增值服务带来的益处,就会增加对物流企业的信任度,放心接受企业提供的其他增值服务。

2）加快信息技术的发展

信息技术是物流企业提供增值服务的基础。其发展实践了信息共享，极大地提高物流效率和物流收益。许多大型物流跨国企业都设有专门的信息平台。通过信息技术，企业能够整合业务流程，融入客户的生产经营过程，实现物流企业和客户共享资源，对物流的各个环节进行实时跟踪，有效控制和管理。信息化建设是我国本土物流企业发展中最薄弱的一个环节。有些物流企业购置了必要的设施设备，但却没有发挥出相应的作用；或是有一套信息管理软件，但却没有形成一个信息系统技术集成体，只是在某一环节起作用，这些都不是完整意义上的信息化。因此建设物流信息系统是现代物流企业超越传统物流服务获得增值服务竞争优势的必要条件。

3）选择适合企业发展的增值服务模式

物流市场的竞争已经由单纯的价格竞争走向服务质量和服务层次的全面竞争。物流企业要在当前竞争激烈的市场中占有一席之地，增值服务将成为一个重要因素。物流企业要认真分析不同行业的发展趋势和不同客户的特点。企业还要针对企业能够提供什么样的服务模式，企业在品牌、资源等方面的状态等因素进行优劣势分析，来选择适合本企业发展的增值服务模式。

物流增值服务是物流行业发展成熟的标志之一，随着国内物流市场的发展趋向成熟，物流企业仅仅提供基础服务的时代已经过去。转向为客户提供增值服务，以提升企业的品牌知名度和核心竞争力已经成为我国物流企业发展的必由之路。对我国物流企业来说，只有掌握先进的物流理念，提高物流综合服务水平，才能更好地参与市场竞争。

10.5 物流企业管理合理化发展

1）距离短

运输、保管、包装、装卸搬运、流通加工、配送等活动，最理想的目标就是"零移动"，因为凡是要移动产生距离的物流活动对企业来说都要支付费用，距离移动越短、费用越少，所以首先是距离要短。

对运输来说，如果产品在产地消费，能大大节省运输成本，减少能源消耗；采取直达运输，尽量不中转，避免或减少交叉运输、空车返回，也能做到运距短；大、中城市间采取大批量运输方式，在城市外围建配送中心，由配送中心向各类用户进行配送，可以杜绝重复运输，缩短运距。现在一些发达国家进行"门到门""线到线""点到点"的送货，进一步缩短了运输距离，大幅度减少了运输上的浪费。距离短还包括装卸搬运距离短，货架、传送带和分拣机械等是缩短装卸搬运距离的工具。

2）时间少

这里指的是自产品离开生产线算起到最终用户的时间，例如，运输时间少、保管时间少、装卸搬运时间少和包装时间少等。如果能尽量压缩保管时间，就能减少库存费用和占压资金，节约生产总成本。在装卸搬运时间少这一方面，可以采用叉车作业、传送带作业、托盘化作业、自动分类机、自动化仓库等。装卸搬运实现自动化作业后，不仅能大大缩短时间、节约费用、提高效率，而且通过装卸搬运环节的有效链接，还可以激活整体物流过程。在包装环节，使用打包机作业比人工作业速度更快。现代物流手段之一的模块化包装和模拟仿真等，都为提高物流流程的效率提供了有利条件。所以说,尽量减少物流时间,是物流企业合理化的重要发展方向之一。

3）整合好

物流企业应整合整个物流活动,将运输、保管、包装、装卸搬运、流通加工、配送以及信息整合为一个统一体,以降低成本,提高效益。单一发展、一枝独秀并不可取。

例如,一个企业花费庞大的投资建立了一个全自动化立体仓库,实现了保管作业高效率化。可是该企业运输环节落后,交叉运输、空车返回,或者由于道路拥挤、运输速度和效率低,不能与全自动化立体仓库配合的话,则提高效益意义不大。

又如,一个企业全自动化立体仓库建立起来了,保管效率大幅度提高了,可是商品包装差,经常散包、破损,或者托盘尺寸和包装尺寸不够标准、不统一,造成物流活动混乱,窝工现象不断。那么,建立全自动化仓库也只能发挥一部分作用,物流整体的效率还是没有太大的提高。

再如,一个物流企业运输、保管、包装和装卸四个环节都实现了现代化,只有信息环节落后,造成信息收集少、传递不及时、筛选分析质量差或者计算差错率高等,那么整个物流系统还是不能高效运转。

由此可见,整合合理化发展对物流企业来说是必不可少的。

4）质量高

质量高是企业合理化发展的核心。质量高的内容主要有:运输、保管、包装、装卸搬运、配送和信息各环节本身的质量要高;为客户服务的质量要高;企业管理质量要高等。

就运输和保管质量来说,送货的数量不能有差错、地址不能有错、中途不能出交通事故、不能走错路,保证按时到达。在库存保管方面,要及时入库、上架、登记,做到库存物品数量准确、货位确切,还应将库存各种数据及时传递给各有关部门,作为生产和销售的依据,库存数据和信息的质量要求也必须高标准。物流企业发展合理化目标归结点就是为客户服务,物流企业要按照用户要求的数量、时间、品种、安全、准确地将货物送到指定的地点,这是合理化发展的主体和实质。

物流企业质量高的另一个方面就是管理质量,高水平的管理也是必不可少的。

5）费用省

物流企业发展的合理化中,既要求距离短、时间少、质量高,又要求费用省,似乎难以理解,绝大部分的人认为,物流质量高了,为用户服务周到了,肯定会增加成本,现在又要求节约物流费用,不是相互矛盾吗?实际上,在物流作业中,减少交叉运输和空车行驶可以节约运输费用;利用计算机进行库存管理,充分发挥信息的功能,可以大幅度降低库存,加快仓库周转,避免货物积压,也会大大节省费用;采取机械化、自动化装卸搬运作业,既能大幅度减少作业人员,又能降低人工费用,这笔开支在国外企业中所占的比例很高,在我国也将逐渐上升,这方面费用节省的潜力很大。

10.6 物流企业的整合发展战略

早在20世纪80年代,欧美国家的物流企业纷纷实施战略转型,它们将传统的以业务领域纵向划分的产业组织结构(例如仓储、保管、运输和包装等),及时调整为横向的集约化水平的产业组织结构,实现了资源和流程的优化组合。

20世纪90年代以来,越来越多的企业开始重视物流,认识到建立高效的物流体系是节约资源、人力、财力,降低成本和提高市场运行效率,实现永续发展的重要课题,更是中国加入世贸组织后企业面临的挑战和机遇。面对物流业务具有经营资源专有性等特点,越来越多的企业开始探索借用第三方物流的力量,以低成本、高效率、实现资源优化配置为目标来选择物流供应商。因此,抓住机遇,尽早制定和实施有效战略是物流企业的当务之急。

10.6.1 我国物流企业的整合发展战略

1) 加强物流学科建设,加快物流人才培养

一些高校已经意识到了物流人才紧缺的现状并开始学习发达国家的先进物流教育经验,物流研究机构也相应出现,这一切已经成为物流专业人才和学科体系的支撑,但进一步加强物流学科建设,解决理论和实际结合问题,加快人才培养,仍是我国高等教育物流专业建设的当务之急。

2) 加快物流标准的制定

物流标准化是以物流为一个大系统,制定系统内部物流设施、机械装备、专用工具等的技术标准,包装、仓储、装卸、运输等各类作业标准以及作为现代物流突出特征的物流信息标准,形成全国以及和国际接轨的标准化体系。

3) 必须重视物流观念的变革

企业必须真正树立现代物流管理思想,把物流运作管理作为企业参与市场竞争、形成经营优势的战略内容进行研究和决策,彻底改变过去只重市场促销而忽视物流管理的状况,建立现代物流管理的新模式。中小企业必须重视供应链管理思想,把物流运作建成一个以满足经营需要为目标的供应链体系,发展自身的供应链联盟才能够增强自身适应市场竞争的能力。企业必须建立绿色物流观念,顺应绿色潮流,积极采用现代科学技术,推动企业物流的可持续发展。逐步树立第三方物流观念,根据物流资源状况,优化配置方式,实现物流功能一体化和物流配送市场化,不断提高物流效益。

4) 创造现代物流发展的良好环境

我国企业要按市场规律构筑适合自己的一体化物流战略,离不开完善的宏观环境和外部环境。我国政府要加强和完善物流法律、法规建设;应采取积极的财政政策、税收政策、金融政策等;要为物流企业、物流服务企业在跨地区经营的工商登记、办理证照、统一纳税、交通管制、进出口货物查验通关等方面创造良好的经营环境;要扶持、引导物流企业、物流服务企业引进先进装备,改善物流设施,进而提高物流绩效和物流服务水平;要积极鼓励和扶持有一定基础的大型货运企业或储运企业完善服务功能,实现向物流服务企业的转变,推动第三方物流服务市场的形成;要健全社会保障和就业机制,促进生产性和流通性等企业更多地使用社会化物流,既提高经济效益又提高社会效益。

5) 加快物流基础设施的建设

加快综合物流中心的建设,是提高物流综合效益的核心。大型综合物流中心,是指多功能、高层次、集散功能强、辐射范围广的社会化物流中心。发达国家的经验表明,综合物流中心在地区经济发展中具有重要作用。加快物流基础设施建设关键在于资金的筹集,企业除调集自有资金外,重点要引入市场竞争机制,坚持"谁投资、谁受益"的原则,以多种方法吸纳资金。

6）积极使用高科技物流设备，改善物流管理技术

在积极发展物流的同时，应大力推广计算机、信息技术，发展专用车辆，先进的装卸、仓储技术等。引进国外物流管理技术，有助于我们破除只盯着眼前的既得利益、把精力放在低水平的扩张及对本部门的垄断保护等方面落后的观念，从而缩小我国物流业与现代物流的差距。

7）提高服务质量，树立良好信誉

质量是企业的生命，是企业可持续发展的重要因素。经营信誉是企业宝贵的无形资产。物流企业要向管理要效益，在员工中牢固树立用户至上的经营观念，建立一套严格的业务规则和制度。在抓好内部机制管理，提高服务质量的同时，物流企业要特别注意树立经营信誉，扩大在社会中的影响。

8）企业要构筑一体化物流战略

任何一个企业只有与别的企业结成供应链才有可能取得竞争的主动权。在激烈的市场竞争中，企业必须将物流活动纳入系统化的统一管理。一体化物流既提高顾客服务水平又降低物流总成本，进而提高市场竞争力。企业内部实现不了一体化，就谈不上与供应链上下游企业之间合作形成一体化供应链。但是并不是每个企业都要成立物流服务部或物流子公司，只有那些物流活动具有相当规模的企业，才有必要成立物流服务部或物流子公司。对于新成立的企业，就应该将精力集中在自己的核心业务上，将物流给第三方经营。而对于一些大规模的制造企业来说，要拿出巨额资金来自己做物流，依据国际经验，仍值得认真思考。所以在不需大规模投资的情况下，整合内部物流，把外部物流交由第三方去做，会获得更好的效果。

9）缔结战略联盟，以供应链的整体优势参与竞争

我国的大型制造企业、商业企业要迅速从"大而全"的经营误区中解脱出来，不失时机地与合适的供应商、储运商等结成战略联盟，通过合作以供应链的整体优势参与竞争，同时又实现互惠互利。通过物流战略联盟使众多企业集约化运作，降低企业物流成本。从社会效益来看，由于采用第三方物流机构作为同盟，统筹规划、统一实施，减少了社会物流过程的重复劳动。要积极寻求与核心企业的战略合作，成为核心企业长期的、稳定的战略伙伴。结成战略联盟，实行供应链管理，以供应链参与国内、国际竞争，提高我国产品在国内、国际市场的竞争能力和市场份额已是大势所趋。

10）引进专业物流管理咨询公司

我国的中小企业要想成功地进入一个新的市场领域发展物流，或者在现有市场的基础上进一步提升服务水平和扩大市场份额，虽然企业自身专业力量不足，但可以借助相关的管理顾问公司或者相关研究机构来制定企业科学的物流战略规划、实施战略和管理体系。不仅要透彻地了解先进的物流企业是怎么做的，更要了解它们为什么那么做，在做的过程中，它们的物流服务理念是怎样变化的，是怎样与市场竞争和客户需求以及企业经营战略相衔接的。很多企业在采用物流技术和新管理方式前都进行过有关咨询活动，尤其是管理咨询最多。我国的中小企业只有充分利用专业管理顾问公司的优势能力，才能够更快捷地搭建先进的物流系统及管理平台，才能够全面提升企业物流运作与管理的整体水平。

11）开拓全球性物流，寻求全球性市场空间

我国的企业要增强竞争忧患意识，在抓住国内市场的同时，要放眼世界，构筑全球化战略，以一体化的物流管理和供应链管理在全球寻求资源采购、生产装配和产成品分销，参与国际化竞争。在全球范围内,通过实现对顾客的快速反应、提高顾客服务水平、降低物流总成本或供应链成本,提高企业在国际市场的竞争力,并在全球性竞争中立于不败之地。

相对于强大的外来竞争者,受计划经济下条块分割管理的影响,国内许多物流企业尚缺少提供一站式集约化物流服务的综合资源,这些物流企业急需补上"流程优化"这一课。实施整合战略是物流企业突出重围、保障自我的首要战略选择。实施整合战略可实现:

(1) 建立进入障碍整合后的企业能够发挥"综合效果",这包括经济规模的扩张、技术的获取以及服务种类和市场范围的扩大。企业寻求整合的原因,无非是为了获得稳定仓储、运输供应来源、稳固或抢夺市场,或者为了获得规模经济。

(2) 扩大产品市场规模。针对外部的横向整合可取得目标公司的现成产品生产线,除了取得现成生产技术,其品牌及行销渠道往往更是公司关注的焦点。大众物流公司利用整合战略,与上海煤气制气公司合作,组建了两个专业运输公司,成功进入危险品和冷藏品物流领域便是例证。

(3) 强化市场竞争。从另一个观点来看,整合是市场竞争常用的策略。整合同行市场竞争者,是扩大市场占有率及提高竞争能力的最快速的方法。为提高竞争能力,世界航运界的龙头企业马士基轮船公司,与海陆轮船公司成功实现了联合,不但削减了相互的恶性竞争,而且成功扩张了市场。联合后的轮船公司(马士基—海陆)成为当之无愧的巨无霸,业务领域实现了快速扩张,占据了世界货运市场的主动。

(4) 快速取得生产设备。如同市场的快速取得一样,投入巨大的仓储和运输设备的快速取得亦成为很多整合案的动机。

(5) 加强企业内部管理。通过整合,可发挥双方企业的优势,提高内部管理水平,使企业的优势资源得到充分利用。

(6) 增强对市场的控制能力。横向整合可减少竞争,增加市场份额;纵向整合可从某种程度上提高物流企业限制客户的讨价还价能力,形成对仓储、运输和配送的垄断等,提高企业的市场垄断性。

(7) 提高战略实施水平。整合战略的实质是实现两个层面的规划和实施。一是在战略思维的层面上,整合是资源整合,是系统论的实践。通过整合资源,将企业内部彼此相关但却彼此分离的职能,以及企业外部既参与共同的使命又拥有独立经济利益的合作伙伴整合成为一个为客户服务的系统,取得 $1+1$ 大于 2 的效果。二是在战术选择的层面上,整合是优化配置的决策。根据企业的发展战略和市场需求对有关的资源进行重新配置,突出企业的核心竞争力,消除制约发展的因素,并寻求资源配置与客户需求的最佳结合点,其目的是通过组织制度安排和管理运作协调来增强企业的竞争优势,提高客户服务水平。

课后练习

1. 简述物流企业的概念及其基本条件。
2. 物流企业的运作模式有哪些?请以实例说明物流企业中存在的运作模式。
3. 简述物流企业增值服务的内容及其对企业发展的意义。
4. 物流企业应如何进行合理化管理?
5. 物流企业的整合发展战略有哪些?

11 国际物流

> **学习目标**
> 1. 掌握国际物流概述。
> 2. 掌握国际物流系统构成。
> 3. 掌握国际物流的增值研究。
> 4. 应用货代在国际物流中的作用。
> 5. 掌握国际物流合理化趋势研究。
> 6. 掌握国际物流的发展战略。

案例导读·联邦快递

Fred Smith 在 1973 年组建 Federal Express 公司,使用八架小型飞机开始提供航空快递服务。Federal Express 公司推出全美国翌日到达的"门对门"航空快递服务,并以及时性、准确性以及可信赖性为原则。

进入 21 世纪,并购与上市等多种资本方式对物流业产生了很大影响,也催生出十大物流集团。其中在快递业,基本出现"四大巨人"垄断的局面,"四大巨人"即联合包裹(UPS)、联邦快递(FedEx)、DPWN 德国邮政世界网(DHL 的母公司)、TNT Post Group(荷兰邮政集团)。

11.1 国际物流概述

众所周知,随着全球经济一体化的趋势不断增强,各国在国际分工基础上形成的合作交往日益密切,相互联系、相互依赖、共同发展是当今世界经济发展的主要特征。这一特征使得现代企业打破原有的国家及地域的局限,在全球范围内配置资源,开展经营活动,使企业的产品和服务跻身于全球流通市场。这就是国际物流蓬勃发展的动因。国际物流是国内物流的延伸,是国际贸易的必然组成部分,各国之间的贸易最终都需要通过国际物流来加以实现。近年来,我国特别是沿海地区物流国际化趋势明显,国际货物运输、国际货运代理、国际化采购和生产等国际物流业务快速增长,成为我国对外开放的保障和经济增长支柱。

11.1.1 国际物流的含义

广义的国际物流研究的范围包括国际贸易物流、非贸易物流、国际物流投资、国际物流合作、国际物流交流等领域。其中,国际贸易物流主要是指组织货物在国际上的合理流动;非贸易物流是指国际展览与展品物流、国际邮政物流等;国际物流合作是指不同国别的企业共同完成重大的国际经济技术项目的国际物流;国际物流投资是指不同国家物流企业共同投资组建国际物流企业;国际物流交流则主要是指在物流科学、技术、教育、培训和管理方面的国际交流。

狭义的国际物流主要是指:当生产消费分别在两个或在两个以上的国家(或地区)独立进行时,比如,广州到淮安物流专线为了克服生产和消费之间的空间间隔和时间距离,对货物(商品)进行物理性移动的一项国际商品或交流活动,从而完成国际商品交易的最终目的,即实现卖方交付单证、货物和收取货款。

11.1.2 国际物流特点

1) 物流环境存在差异

国际物流的一个非常重要的特点是,各国物流环境存在差异,尤其是物流软环境存在差异。不同国家的不同物流适用法律使国际物流的复杂性远高于一国的国内物流,甚至会阻断国际物流;不同国家不同经济和科技发展水平会造成国际物流处于不同科技条件的支撑下,甚至有些地区根本无法应用某些技术而迫使国际物流全系统水平的下降;不同国家不同标准,也造成国际"接轨"的困难,从而使国际物流系统难以建立;不同国家的风俗人文也使国际物流受到很大局限。

物流环境存在差异就迫使一个国际物流系统需要在几个不同法律、人文、习俗、语言、科技、设施的环境下运行,无疑会大大增加物流的难度和系统的复杂性。

2) 物流系统范围广

物流本身的功能要素、系统与外界的沟通就已经很复杂,国际物流再在这复杂系统上增加不同国家的要素,这不仅是地域、空间更为广阔,而且所涉及的内外因素更多,所需的时间更长,广阔范围带来的直接后果是难度和复杂性增加,风险增大。

当然,也正是因为如此,国际物流一旦融入现代化系统技术之后,其效果才比以前更显著。例如,开通某个"大陆桥"之后,国际物流速度会成倍提高,效益显著增加,就证明了这一点。

3) 国际物流必须有国际化信息系统的支持

国际化信息系统是国际物流,尤其是国际联运非常重要的支持手段。国际信息系统的建立,一是管理困难,二是投资巨大,再由于世界上有些地区物流信息水平较高,有些地区较低,所以会出现信息水平不均衡,因而信息系统的建立更为困难。

当前国际物流信息系统一个较好的建立办法是和各国海关的公共信息系统联机,以及时掌握有关各个港口、机场和联运线路、站场的实际状况,为供应或销售物流决策提供支持。国际物流是最早发展"电子数据交换"(EDI)的领域,以 EDI 为基础的国际物流将会对物流的国际化产生重大影响。

4) 国际物流的标准化要求较高

要使国际物流畅通起来,统一标准是非常重要的,可以说,如果没有统一的标准,国际物流水平是提不高的。目前,美国、欧洲基本实现了物流工具、设施的统一标准,如托盘采用 1 000 mm × 1 200 mm,集装箱统一规格及条码技术等,这样一来,大大降低了物流费用,降低了转运的难度。而不向这一标准靠拢的国家,必然在转运、换车底等许多方面要多耗费时间和费用,从而降低其国际竞争能力。

在物流信息传递技术方面,欧洲各国不仅实现了企业内部的标准化,而且实现了企业之间及欧洲统一市场的标准化,这就使欧洲各国之间比其与亚、非洲等国家之间的交流更简单、更有效。

11.1.3 国际物流的必要性

随着现代科学技术的迅猛发展和经济全球化趋势的加强,现代物流作为一种先进的组织方式和管理理念,被广泛认为是企业降低物耗、提高劳动生产率以外的第三利润源泉。

国际物流是开展国际贸易的必要条件。

世界范围的社会化大生产必然会引起不同的国际分工,任何国家都不能够包揽一切,因而需要国际合作。国际的商品和劳务流动是由商流和物流组成的,前者由国际交易机构按照国际惯例进行,后者由物流企业按各个国家的生产和市场结构完成。为了克服他们之间的矛盾,这就要求开展与国际贸易相适应的国际物流。

国际贸易对物流提出新的要求:

(1) 质量要求。国际贸易结构正在发生巨大变化,传统的初级产品、原材料等贸易品种逐渐让位于高附加值、精密加工的产品。随着高附加值、高精密度商品流量的增加,对物流工作质量也提出了更高的要求。

(2) 效率要求。国际贸易合约的履行是由国际物流活动来完成的,而在整个物流活动中涉及不同运输工具、多种运输方式以及装卸搬运等多重环节的衔接,这就要求对整个物流系统进行整合,以促进物流效率的提高。

(3) 安全要求。国际物流所涉及的环节多、风险大、情况复杂,要受到自然和政治、经济等多方面因素的影响,其中任何一个环节出现问题都会影响到整个物流活动的进行。因此,只有对各方面因素进行综合考虑才能保证国际物流安全、有效地运行。

(4) 经济要求。国际物流费用是国际贸易交易中的一项重要开支,国际贸易的特点决定了国际物流的环节多、运期长,这就要求国际物流企业要选择最佳的物流方案,控制物流费用,以减少国际贸易中的物流开支,提高国家贸易企业在国际市场上的竞争力。

11.1.4 国际物流的作用

国际商流导致了国际物流的诞生,这就要求国际物流为货物转移时货物的运输、装卸、仓储、信息传输等各个环节提供便利。现代物流运用科技手段,使物流信息快速传递,准确反馈,采用货物流通的最优渠道,将产品按消费者的需求生产出来,快速送到消费者手中,提高了服务质量,刺激了消费需求,加快了企业对市场的反应速度,在供应链连接的各企业间实现了资源共享,大大缩短了产品的流通周期,加快了物流配送速度。企业的物流渠道、物流功能、物流环节与制造环节集成化,使物流服务扩大化和系列化,并通过规范作业,使贸易过程中延迟交货、送货不及时或货物损坏灭失等不可控风险大大降低,从而促进各国企业间贸易。低效率的物流体系会成为国际贸易发展的瓶颈,从事国际贸易带来的利益会被巨大的流通费用所抵消。

在货物的国际转移中,对物流各功能的要求很高。以运输为例,与国内运输相比,国际运输涉及的环节多,风险大,线长面广,情况更为复杂。国际运输中要对供应及销售物流的海运、陆运、空运、管道及多式联运等运输方式进行选择,确定合理的运输路线,并对运输活动进行有效的管理。在整个运输过程中,要使用多种运送工具,变化不同运输方式,中途还要经过多次装卸搬运,途经不同的国家和地区,与各国的货主、保险公司、银行、海关和各种中间代理人打交道。各国政治、法律、金融货币制度不同,可变的因素非常多,其中某个环节一旦发生问题,就会影响到整个物流的效率。所以,在国际贸易中货物的国际转移需要高效的国际物流系统,才能实现安全、迅速、准确、节省、方便的目标。

随着全球化市场竞争的加剧,很多产品完成了由卖方市场向买方市场的转变。贸易商竞争的重点是如何更好、更快地满足客户多样化、个性化的需求。国际贸易中的产品和服务趋向于多样化、定制化。生产商用标准化的零件实现规模经济,贸易商获知国际市场上客户的具体要求,通过物流的流通加工功能,对零部件按照多种方式进行组合,形成符合客户要求的个性化产品,再经过包装、运输、配送把产品送到消费者手中,实现"门到门"的服务。高效的物流系统为国际贸易不断发展提供了有力保障,使各国贸易商的收益提高。

为了实现成本最低化,很多企业从世界成本最低的国家和地区进行原材料、零部件的采购,同时,又把产成品销往世界各地。跨国企业的采购和销售在国际贸易中占据的比重越来越大,据统计,跨国企业经营着全球2/3的国际贸易活动。在目前的多品种、小批量生产的趋势逐渐加强、产品生命周期日益缩短以及日趋激烈的贸易竞争情况下,企业不可能孤军奋战,只有通过合作伙伴,如供应商、贸易商、零售商、代理商的共同参与,才能对产品进行动态改进,不断挖掘客户新的需求,这就需要形成高效的全球供应链体系来不断整合全球资源。企业可以凭借高度灵活和快速响应的物流和供应链系统,在世界范围内重组业务、优化配置要素、定位和布局生产,进而实现贸易利益的最大化。

由此可见,国际物流已成为影响和制约国际贸易进一步发展的重要因素。国际物流的发展极大地改善了国际贸易的环境,为国际贸易提供了各种便利的条件。世界贸易的飞速增长与国际物流的发展是分不开的。

11.2 国际物流系统构成

国际物流系统包括构成物流系统的各功能子系统,主要有:运输系统、仓储系统、商品检验通关系统、流通加工系统及国际物流信息系统。其中,运输和仓储系统是国际物流系统的两大支柱。国际物流通过商品的储存和运输实现自身的时间和空间效益,满足国际贸易的基本需要。

11.2.1 国际物流系统的组成

1)运输系统

运输的作用是将商品使用价值进行空间移动,物流系统依靠运输作用克服商品生产地点和需要地点的空间距离,创造了商品的空间效益。国际货物运输是国际物流系统的核心。商品通过国际货物运输作业由卖方转移给买方。国际货物运输具有路线长、环节多、涉及面广、手续繁杂、风险性大、时间性强等特点。运输费用在国际贸易商品价格中占有很大比重。国际运输主要包括运输方式的选择、运输单据的处理以及投保等有关方面。

2）仓储系统

商品的储存、保管使商品在其流通过程中处于一种或长或短的相对停滞状态,这种停滞是完全必要的。因为,商品流通是一个由分散到集中,再由集中到分散的源源不断的流通过程。国际贸易和跨国经营中的商品从生产厂或供应部门被集中运送到装运港口,有时须临时存放一段时间,再装运出口,是一个集和散的过程。它主要是在各国的保税区和保税仓库进行的,主要涉及各国保税制度和保税仓库建设等方面。保税制度是对特定的进口货物,在进境后尚未确定内销或复出的最终去向前,暂缓缴纳进口税,并由海关监管的一种制度。这是各国政府为了促进对外加工贸易和转口贸易而采取的一项关税措施。保税仓库是经海关批准专门用于存放保税货物的仓库。它必须具备专门储存、堆放货物的安全设施,健全的仓库管理制度和详细的仓库账册,配备专门的经海关培训认可的专业管理人员。保税仓库的出现,为国际物流的海关仓储提供了既经济又便利的条件。有时候会出现对货物不知最后作何处理的情况,这时买主(或卖主)将货物在保税仓库暂存一段时间。若货物最终复出口,则无须缴纳关税或其他税费;若货物将内销,可将纳税时间推迟到实际内销时为止。从物理角度看,应尽量减少储存时间、储存数量,加速货物和资金周转,实现国际物流的高效运作。

3）商品检验通关系统

由于国际贸易和跨国经营具有投资大、风险高、周期长等特点,使得商品检验成为国际物流系统中重要的子系统。通过商品检验,确定交货品质、数量和包装条件是否符合合同规定,如发现问题,可分清责任,向有关方面索赔。在买卖合同中,一般都订有商品检验条款,其主要内容有检验时间与地点、检验机构与检验证明、检验标准与检验方法等。

根据国际贸易惯例,商品检验时间与地点的规定可概括为三种做法:

(1) 在出口国检验。可分为两种情况:在工厂检验,卖方只承担货物离厂前的责任,运输中品质、数量变化的风险概不负责;装船前或装船时检验,其品质和数量以当时的检验结果为准。买方对到货的品质与数量原则上一般不得提出异议。

(2) 在进口国检验。包括卸货后在约定时间内检验和在买方营业处所或最后用户所在地查验两种情况。其检验结果可作为货物品质和数量的最后依据。在此条件下,卖方应承担运输过程中品质、重量等变化的风险。

(3) 在出口国检验、进口国复验。货物在装船前进行检验,以装运港双方约定的商检机构出具的证明作为议付货款的凭证,但货到目的港后,买方有复验权。如复验结果与合同规定不符,买方有权向卖方提出索赔,但必须出具卖方同意的公证机构出具的检验证明。

在国际贸易中,从事商品检验的机构很多,包括卖方或制造厂商和买方或使用方的检验单位,国家设立的商品检验机构以及民间设立的公证机构和行业协会附设的检验机构。在我国,统一管理和监督商品检验工作的是国家出入境检验检疫局及其分支机构。究竟选定由哪个机构实施和提出检验证明,在买卖合同条款中,必须明确加以规定。商品检验证明即进出口商品经检验、鉴定后,应由检验机构出具的具有法律效力的证明文件。如经买卖双方同意,也可采用由出口商品的生产单位和进口商品的使用部门出具证明的办法。检验证书是证明卖方所交货物在品质、重量、包装、卫生条件等方面是否与合同规定相符的依据。如与合同规定不符,买卖双方可以此作为拒收、索赔和理赔的依据。此外,商品检验证也是议付货款的单据之一。商品检验可按生产国的标准进行检验,或按买卖双方协商同意的标准进行检验,或按国际标准或国际惯例进行检验。商品检验方法概括起来可分为感官鉴定法和理化鉴定法两种。理化鉴定法对进出口商品检验更具有重要作用。理化鉴定法一般是采用各种化学试剂、仪器器械鉴定商品品质的方法,如化学鉴定法、光学仪器鉴定法、热学分析鉴定法、机械性能鉴定法等。

4) 流通加工系统

杜邦定律(美国杜邦化学公司提出)认为:63%的消费者是根据商品的包装装潢进行购买的。国际市场和消费者是通过商品来认识企业的,而商品的商标和包装就是企业的面孔,它反映了一个国家的综合科技文化水平。现在我国出口商品存在的主要问题是:出口商品包装材料主要靠进口;包装产品加工技术水平低,质量上不去;外贸企业经营者对出口商品包装缺乏现代意识,表现在缺乏现代包装观念、市场观念、竞争观念和包装的信息观念,仍存在着"重商品、轻包装""重商品出口、轻包装改进"等思想。

为提高商品包装系统的功能和效率,应提高广大外贸职工对出口商品包装工作重要性的认识,树立现代包装意识和包装观念;尽快建立起一批出口商品包装工业基地,以适应外贸发展的需要,满足国际市场、国际物流系统对出口商品包装的各种特殊要求;认真组织好各种包装物料和包装容器的供应工作,这些包装物料、容器应具有品种多、规格齐全、批量小、变化快、交货时间短、质量要求高等特点,以便扩大外贸出口和创汇能力。

5) 国际物流信息系统

国际物流信息的主要内容包括进出口单证的操作信息、支付方式信息、客户资料信息、市场行情信息等,特点是信息量大、时间性强、交换频繁。信息的作用,是使国际物流向更低成本、更高服务、更大量化、更精细化方向发展,许多重要的物流技术是靠信息才得以实现的,国际物流活动的每个环节都要以信息支撑。国际贸易中物流信息系统的发展是一个重要趋势,强调物流信息系统在国际物流系统中的应用,建设国际贸易和跨国经营的信息高速公路,适应国际多式联运和"精细物流"的要求,是国际物流信息系统发展的方向。

11.2.2　国际物流系统的运作模式

国际物流系统包括:系统的输入部分、系统的输出部分以及将系统的输入转换成输出的转换部分。而作为一个具有自我调节功能的系统,则应有反馈环节。在系统运行过程中或一个系统循环周期结束时,有外界信息反馈回来,为原系统的完善提供改进信息,使下一次的系统运行有所改进,如此循环往复,使系统逐渐达到有序的良性循环。

国际物流系统,遵循一般系统模式的原理,构成自己独特的物流系统模式。下面以出口物流为例,介绍国际物流系统模式,如图 11-1 所示。

在国际物流中,除了上述三项主要功能外,还经常有许多外界不可控因素的干扰,使系统运行偏离原计划内容。这些不可控因素可能是国际的、国内的、政治的、经济的、技术上的和技术法令、风俗习惯等的制约,这是很难预计、控制的。它对物流系统的影响很大,如果物流系统具有较强的应变能力,遇到这种情况,马上能提出改进意见,变换策略,这样的系统就具有较强的生命力。如 1956—1967 年苏伊士运河封闭,直接影响国际货物的运输。这是事先不可能预见的,是因为受到外界政治因素严重干扰的结果。当时日本的对外贸易商品运输因此而受到严重威胁,如果货船绕道好望角或巴拿马运河前往欧洲,则航线增长,时间过长,经济效益太差。为此,日本试行利用北美横贯大陆的铁路线运输,取得良好的效果,于是

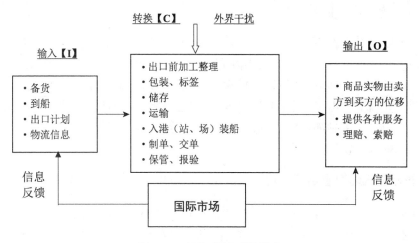

图 11-1 国际物流系统模式

大陆桥运输应运而生。这说明当时日本的国际物流系统设计,对于外部环境的干扰,采取了积极措施使系统具有新的生命力。

国际物流是以实现国际贸易为目标的,国际贸易合同签订后的履行过程,就是国际物流系统的实施过程。

11.3 国际物流的增值研究

11.3.1 国际物流增值服务概述

随着国内市场的不断开放,中国市场与世界市场将紧密联系在一起,物流服务的全球化、国际化也是大势所趋。就基本概念而言,国际物流与国内物流是一脉相承的,两者之间有许多共同点,但按其重要性和复杂性来说,国际物流远远超过单纯的国内物流。如今的物流服务已经超出了传统意义上的货物包装、配送、仓储或者寄存等常规服务,由常规服务延伸而出的增值服务成为物流发展的新趋势。

许多专家和学者认为,增值服务与全球物流趋向一体化、新技术提速物流业、第四方物流带来的新的挑战一起构成了国际物流发展的四大趋势。美国学者迈克·乔恩指出,"对竞争激烈的物流企业而言,单独的物流服务,如运输业务已经无法构成企业牢固的基础。所以一方面必须提出新的附加业务,扩大业务范围;另一方面也必须不断推陈出新,为客户提供独家的或者至少是特别的服务内容——增值服务,以增加企业的核心竞争力"。

物流的增值功能没有固定的组成要素,近年来对于增值功能的界定比较模糊。笼统地说,只要是需要在物流过程中进行的,不属于物流基本功能的都算增值功能。现代企业需要的不是普通的运输和仓储服务,它需要的是物流服务,包括增值性的物流服务。物流增值服务是随着第三方物流的兴起而逐渐引人注意的一个词。有人说所有的物流服务是增值性服务,因为它们增加价值,这种观点值得商榷,这些增值服务与传统的物流或者储运服务是有区别的。

11.3.2　国际物流增值服务概念

物流增值服务是指在完成物流基本功能基础上，根据客户需求提供的各种延伸业务活动。物流增值服务提供商是提供功能性物流服务的企业根据货主企业的要求在保证单一物流功能低成本运作的基础上，进行货物拆拼箱，重新贴签/重新包装，包装/分类/拼货/零部件配套，产品退货管理，组装/配件组装，测试和修理等服务；是把物流作为一个增值过程来管理，反映了为赢得并保持顾客满意而采取的有力行动，并在灵活性上做了额外的投入，特别是适应特殊的或非常规的需求。

11.3.3　国际物流增值服务的特点

从概念上看，国际物流增值服务是相对于常规服务而言的，主要是借助完善的信息系统，根据客户的需要，提供除基本物流服务以外的、个性化、创新的、融信息和知识一体化的物流服务，主要是依托人员的经验、技能和智慧等"软"件来实现的，诸如打制商业发票、为货物托运方投买保险和管理全程的服务，努力对客户的供应链进行管理和服务，使得客户可以在第一时间掌握全面、准确、动态的信息，属于技术和知识密集型的服务，可提供信息效用和风险效用。而常规服务一般是指提供物流的几大基本功能要素，比如提供仓储、运输、装卸搬运、包装、配送等服务，它们提供了空间、时间效用以及品种调剂效用。常规服务大多是与完成货物交付有关的服务，主要依靠物流设施、设备、器具等硬件来完成，是资产和劳动密集型的服务，具有标准化特征。

从物流增值服务的起源来看，增值服务一般是指在物流常规服务的基础上延伸出来的相关服务。例如从仓储与运输等常规服务的基础上延伸出来的物流增值服务。这种增值服务主要是将物流的各项基本功能进行延伸，伴随着物流运作过程实施，从而将各环节有机衔接起来，实现便利、高效的物流运作。如仓储的延伸服务有原料质检、库存查询、库存补充及各种形式的物流加工服务等。运输的延伸服务如选择国际、国内运输方式、运输路线，安排货运计划，为客户选择承运人，确定配载方法，货物运输过程中的监控、跟踪、门到门综合运输、报关、代垫运费、运费谈判、货款回收与结算等。配送服务的延伸有集货、分拣包装、配套装配、条码生成、贴标签、自动补货等。这种物流增值服务需要有协调和利用其他物流企业资源的能力，以确保企业所承担的货物交付任务能以最合理的方式、尽可能小的成本来完成。

从全球化物流和供应链集成的发展趋势来看，增值服务的范畴要广阔得多。基于一体化物流和供应链集成的增值服务是向客户端延伸的服务，通过参与、介入客户的供应链管理及物流系统来提供服务。这种服务能够帮助客户提高其物流管理水平及控制能力，优化客户自身的物流系统，加快响应速度，为企业提供制造、销售及决策等方面的支持，如库存管理与控制、采购与订单处理、市场调研与预测、产品回收、构建物流信息系统、物流系统的规划和设计、物流系统诊断与优化、物流资讯及教育培训等。这类服务往往需要企业发挥更大的主动性去挖掘客户的潜在需求，需要更多的专业技能及经验支持，具有更大的创新性和增值性，是高技术、高素质的服务。这种高层次的增值服务需要建立在双方充分合作、相互信任的基础上。

11.4 货代在国际物流中的作用

11.4.1 货代的概述

货代,从字面来看是货运代理的简称。货运代理则是指在流通领域专门为货物运输需求和运力供给者提供各种运输服务业务。它们面向全社会服务,是货主和运力供给者之间的桥梁和纽带。从工作内容来看是接受客户的委托完成货物运输的某一个环节或与此有关的环节,涉及这方面的工作都可以直接或间接的找货代来完成,以节省资本。根据货物不同也有海外代理。

货运代理,英文为 freight forwarding,是货主与承运人之间的中间人、经纪人和运输组织者。在中国,国际货运代理是指一种新兴的产业,是处于国际贸易和国际货物运输之间的"共生产业"或"边缘产业"。

(1) 为发货人服务

① 货代代替发货人承担在不同货物运输中的任何一项手续。
② 以最快最省的运输方式,安排合适的货物包装,选择货物的运输路线。
③ 向客户建议仓储与分拨。
④ 选择可靠、效率高的承运人,并负责缔结运输合同。
⑤ 安排货物的计重和计量。
⑥ 办理货物保险。
⑦ 负责货物的拼装。
⑧ 装运前或在目的地分拨货物之前把货物存仓。
⑨ 安排货物到港口的运输,办理海关和有关单证的手续,并把货物交给承运人。
⑩ 代表托运人/进口商承付运费、关税税收。
⑪ 办理有关货物运输的任何外汇交易。
⑫ 从承运人那里取得各种签署的提单,并把它们交给发货人。
⑬ 监督货物运输进程,并使托运人知道货物去向。

(2) 为海关服务

当国际货运代理作为海关代理办理有关进出口商品的海关手续时,它不仅代表它的客户,而且代表海关当局。事实上,在许多国家,它得到了这些当局的许可,办理海关手续,并对海关负责,负责在法定的单证中,申报货物确切的金额、数量、品名,以使政府在这些方面不受损失。

(3) 为承运人服务

货运代理向承运人及时定舱,议定对发货人、承运人都公平合理的费用,安排适当时间交货,以及以发货人的名义解决和承运人的运费账目等问题。

(4) 为航空公司服务

货运代理在空运业上,充当航空公司的代理。在国际航空运输协会以空运货物为目的而制定的规则上,它被指定为国际航空协会的代理。在这种关系上,它利用航空公司的货运手段为货主服务,并由航空公司付给佣金。同时,作为一个货运代理,它通过提供适于空运程度的服务方式,继续为发货人或收货人服务。

(5) 为班轮公司服务

货运代理与班轮公司的关系随业务的不同而不同。近几年来由货代提供的拼箱服务,即拼箱货的集运服务已建立了它们与班轮公司及其他承运人(如铁路)之间较为密切的联系。

(6) 提供拼箱服务

随着国际贸易中集装运输的增长,引进了集运和拼箱的服务。在提供这种服务时,货代担负起委托人的作用。集运和拼箱的基本含义是:把一个出运地若干发货人发往另一个目的地的若干收货人的小件货物集中起来,作为一个整件运输的货物发往目的地的货代,并通过它把单票货物交给各个收货人。货代签发提单,即分提单或其他类似收据交给每票货的发货人;货代目的港的代理,凭初始的提单交给收货人。拼箱的收、发货人不直接与承运人联系,对承运人来说,货代是发货人,而货代在目的港的代理是收货人。因此,承运人给货代签发的是全程提单或货运单。如果发货人或收货人有特殊要求的话,货代也可以在出运地和目的地从事提货和交付的服务,提供"门到门"的服务。

(7) 提供多式联运服务

在货代作用上,集装箱化的一个更深远的影响是它介入了多式联运,这是它充当了主要承运人并承担了组织一个单一合同下,通过多种运输方式进行"门到门"的货物运输。它可以以当事人的身份,与其他承运人或其他服务提供者分别谈判并签约。但是,这些分拨合同不会影响多式联运合同的执行,也就是说,不会影响发货人的义务和在多式联运过程中货代对货损及灭失所承担的责任。在货代作为多式联运经营人时,通常需要提供包括所有运输和分拨过程的一个全面的"一揽子"服务,并对它的客户承担一个更高水平的责任。

11.4.2　货代在物流中的地位和作用

国际货运代理人是从国际商务和国际运输这两个关系密切的行业里共同分离出来而独立存在的。这是商业和运输高度社会化和国际化的必然结果。

国际货运代理的工作性质决定了从事这项业务的代理人必须具有有关国际贸易运输方面广博的专业知识、丰富的实践经验和卓越的办事能力。他们熟悉各种运输方式、运输工具、运输路线、运输手续和各种不同的社会经济制度、法律规定、习惯做法等等,精通国际货物运输中各个环节的种种业务,与国内外各有关机构如海关、商检、银行、保险、仓储、包装、各种承运人以及各种代理人等等有着广泛的联系和密切的关系,并在世界各地建有客户网和自己的分支机构。他们具有的这些优势使得他们在国际货物运输中起着任何其他人都取代不了的作用。这些作用大致可以归纳为以下几个主要方面:

(1) 能够为委托人办理国际货物运输中每一个环节的业务或全程各个环节的业务,手续简单方便。

(2) 能够把小批量的货物集中为成组货物进行运输。这对货主来说,可以取得优惠运价而节省运杂费用;对于承运人来说,接收货物省时、省事、省费,而且有比较稳定的货源。

(3) 能够根据委托人托运货物的具体情况,综合考虑运输中的安全、时耗、运价等各种因素,使用最适合的运输工具和运输方式,选择最佳的运输路线和最优的运输方案,把进出口货物安全、迅速、准确、节省、方便地运往目的地。

（4）能够掌握货物的全程运输信息，使用最现代化的通信设备随时向委托人报告货物在运输途中的状况。

（5）能够就运费、包装、单证、结关、领事要求、金融等方面向工农贸企业提供咨询，并对国外市场和在国外市场销售的可能性提出建议。

（6）不仅能够组织和协调运输，而且能够创造开发新运输方式、新运输路线以及制订新的费率。

总之，国际货运代理是整个国际货物运输的设计师和组织者，也是保证国际物流顺利进行不可缺少的角色。

11.5 国际物流合理化趋势研究

11.5.1 国际物流发展的趋势

1）物流企业向集约化与协同化发展

随着物流市场的全面启动，物流产业将由起步期逐渐过渡到发展期乃至成熟期，物流服务产品的标准化、规范化和全面市场化发展必将对参差不一的物流企业进行筛选。物流行业服务标准的形成和物流市场竞争格局的逐步确立，将使物流产业的规模效应迅速显现出来，物流产业的空间范围将进一步扩大，物流企业将向集约化与协同化发展。首先表现在物流企业的兼并与合作。进入21世纪，世界范围内各行业企业间的联合与并购，将会继续推动国际物流业加速向全球化方向发展，而物流全球化的发展走势，又必然推动和促进各国物流企业的联合和并购活动。其次是物流企业间战略联盟的形成。由于商业运作的复杂性，某一单一的物流服务提供方往往难以实现低成本、高质量的服务，也无法给客户带来较高的满意度。通过结盟解决资金短缺和应付市场波动压力，进而增加服务品种和扩大企业的地理覆盖面，为客户提供"一站式"服务，从联合营销和销售活动中收购已成为许多具有一定实力的物流企业的发展战略。

2）物流服务的优质化与全球化

面对21世纪更加激烈的市场竞争和迅速变化的市场需求，为客户提供日益完善的增值服务，满足客户日益复杂的个性化需求将成为现代物流企业生存和发展的关键。物流企业的服务范围将不仅仅限于一项或一系列分散的外协物流功能，而是更加注重客户物流体系的整体运作效率与效益。随着合同导向的个性化服务体系的建立，物流市场的服务标准将逐渐趋于规范化。在物流服务产品化的初期，众多物流产品之间往往千差万别，市场尚未形成公认的行业服务标准，这在某种程度上阻碍了物流产品的优化和服务成本的下降，并加剧了替代品的竞争。随着合同导向的客户服务观念的确立与普及，以及物流服务产品化、市场化的继续发展，物流市场的服务标准将逐渐趋于规范化。

物流服务的全球化是今后发展的又一重要趋势。目前许多大型制造部门正在朝着"扩展企业"的方向发展。这种所谓的"扩展企业"基本上包括了把全球供应链条上所有的服务商统一起来，并利用最新的计算机体系加以控制。同时，制造业已经实行"定做"服务理论，并不断加速其活动的全球化，对全球供应连锁服务业提出了一次性销售"一票到底"的需求。这种服务要求极其灵活机动的供应链，也迫使物流服务商几乎采取了一种"一切为客户服务"的解决办法。

3) 客户物流增值服务

现在的物流服务已经超出了传统意义上的货物传送、仓储或者寄存。实际上从接到订单开始,物流公司就已经参与产品的全过程。不论是海运、空运还是陆运,事实上几乎所有和物流运输业有关的公司都在想方设法地提供增值服务。全球性的运输公司和快递公司选择为顾客提供一站式服务,它们的服务涵盖了一件产品从采购到制造、仓储入库、外包装、配给、发送和管理回返、修理以及再循环的全过程。比如传统的物流企业——船运公司现在不仅仅负责运输货物,而且还提供诸如打制商业发票、为货物投买保险和管理全程的服务,事实上也就是在努力提供完整的供应链管理,使得客户可以在第一时间追踪到自己的货物方位、准确进程和实际费用。

4) 第四方物流(4PL)的发展趋势

目前,第四方物流大部分是从第三方物流的服务公司、信息技术提供者和咨询公司等衍生而来,另一些则是各种不同种类公司的"合体",比如同一供应链上的操作公司和信息技术的参与者,或者是针对某一特定项目时,同一家大公司下属的一系列子公司所采取的联合管理。不可否认的是,物流领域所包含的复杂因素:从咨询到技术、操作处理,以及如何才能将增值服务链中的问题和麻烦降低到零等等,使得一家公司很难独立完成实际操作。4PL 公司和物流专家面临的挑战是如何调和统一那些原本为不同行业和贸易提供服务的公司利益。无论如何,4PL 都会超越仅仅提供一个互联网平台的作用。

全球化趋势和日益扩大的服务范围,使得物流运送链的概念和以前完全不同,过程变得越来越复杂,客户的要求也越来越严格。在 4PL 的模式下,一个外部的物流整合者或者综合性服务机构会承担起顾问、咨询、计划、控制以及将程序链维持在最佳状态的任务。这就如同在客户和传统的物流企业之间增添了一层高效率的服务膜。在理论上,4PL 提供者是完全中立的,作为一个提供长期战略咨询的服务公司,它的任务是提供交换数据的信息平台、挑选合作伙伴、为客户提供更加透明的程序、削减成本,以及提供完整的管理服务。

11.5.2 未来国际物流的发展趋势

观察未来国际物流的发展趋势,离不开世界经济发展的大背景:那就是席卷世界的经济全球化。经济全球化是当今世界发展的最重要趋势,其他趋势不能不受到这一趋势的影响和制约。

在经济全球化的推动下,资源配置已从一个工厂、一个地区、一个国家扩展到整个世界。国际物流通过现代运输手段和信息技术、网络技术,降低了物流成本,提高了物流效率,在国际贸易和全球资源配置中发挥着越来越大的作用。作为新崛起产业,国际物流正越来越引起人们对它的关注和重视。

国际物流是现代物流的重要组成部分,是国际货物跨越国与国、地区与地区之间的一种物流运作方式。在经济全球化的条件下,当前国际物流的发展,正面临着前所未有的机遇。

(1) 国际贸易的急剧扩大,为国际物流提供了广阔的发展空间

进入新世纪以来,国际贸易高速增长,规模急剧扩大。世界贸易依存度的大幅度上升,表明了国与国、地区与地区之间的世界经济联系进一步加强,也表明了以国际贸易为基础的国际货物流动在世界范围内更加波澜壮阔地加快推进。

(2) 国际产业的重新分工布局，为国际物流发展提供了广泛的服务

经济全球化使越来越多的国家被卷入其中。从国际分工看，相互依存、优势互补的分工程度大大提高，制造业重心继续东移。原来的传统垂直分工体系，是由发展中国家提供能源、资源和原材料，发达国家提供工业制成品的两极配对，现在已演变成一般发展中国家提供能源和资源，以中国为首的一些新兴经济体提供大部分工业制成品，发达国家提供关键技术、零部件、高端产品和服务，最后进行总集成或总装的格局。这种新的国际分工和布局，不仅决定了国际物流的走向和布局，而且决定了国际物流新的服务对象和服务内容。

在全球经济一体化进程不断加快、高新技术迅猛发展的形势下，以电子商务为代表的新经济逐步发展成一种崭新的运作方式和商务模式，已成为推动经济增长的重要驱动力，同时也引发了经济领域里自工业革命以来最广泛、最深刻的一场变革。随着信息技术的普及应用和电子商务的发展，在实现由传统物流向现代物流快速转型的同时，物流业也被提到了前所未有的高度，越来越显示出其社会经济发展中的重要作用和战略地位。

物流过程是企业采购、生产制造、流通等环节中的主要组成部分，是社会和企业经营发展的"第三利润源泉"，同时也被认为是21世纪企业降低成本的最后手段。在信息技术的支持下，发达国家的现代物流已经成为国民经济发展的重要支柱产业、提高经济效益的重要源泉、产业升级和企业重组的关键推动力，以及区域创新和经济发展支撑环境的关键因素之一。现代物流将极大地改变目前的商务、生产模式，最终作为一个系统化的整体成为社会经济的基础层面部分。目前国际上普遍认为，物流业的发达程度和水平高低是一个国家现代化程度和综合国力的重要标志之一，现代物流已经成为发达国家最具普遍影响力的经济基础和"朝阳产业"。

11.6 国际物流发展战略

物流战略是指为寻求物流的可持续发展，就物流发展目标以及达成目标的途径与手段而制定的长远性、全局性的规划与谋略。

11.6.1 国际物流发展战略的目标

1) 成本最小

成本最小是指降低可变成本，主要包括运输和仓储成本，例如物流网络系统的仓库选址、运输方式的选择等。面对诸多竞争者，公司应达到何种服务水平是早已确定的事情，成本最小就是在保持服务水平不变的前提下选出成本最小的方案。当然，利润最大一般是公司追求的主要目标。

2) 投资最少

投资最少是指对物流系统的直接硬件投资最小化从而获得最大的投资回报率。在保持服务水平不变的前提下，可以采用多种方法来降低企业的投资，例如，不设库存而将产品直接送交客户，选择使用公共仓库而非自建仓库等。

3) 服务改善

服务改善是提高竞争力的有效措施。随着市场的完善和竞争的加剧，顾客在选择物流公司时除了考虑价格因素外，及时准确的到货也越来越成为物流公司的有力筹码。当然高

的服务水平要有高成本来保证。因此权衡综合利弊对企业来说是至关重要的。服务改善的指标值通常是用顾客需求的满足率来评价,但最终的评价指标是企业的年收入。

总之,企业物流战略的制定作为企业总体战略的重要部分,要服从企业目标和一定的顾客服务水平,企业总体战略决定了其在市场上的竞争能力。

11.6.2 即时物流战略

20世纪80年代中期以后,企业的经营管理逐步向精细化、柔性化方向发展,其中即时制管理(Just-In-Time)得到了广泛的重视和运用。它的基本思想是"在必要的时间、对必要的产品从事必要的生产或经营",因而不存在生产、经营过程中产生浪费和造成成本上升的库存,即所谓的零库存。即时制管理是即时生产、即时物流的整合体。即时物流战略又表现为以下两个方面。

1) 即时采购

即时采购是一种先进的采购模式或商品调达模式,其基本思想是在恰当的时间、恰当的地点,以恰当的数量、恰当的质量从上游厂商向企业提供恰当的产品。它是从平准化生产发展而来的,是为了消除库存和不必要的浪费而进行持续性改进的结果。平准化生产是为了及时应对市场变化而组织的一种以小批量、多品种为生产特点的敏捷作业管理体制。其特点表现为:在生产方式上,生产线同时加工由多个品种组成的生产批量;在生产计划上,以天为单位制订每个品种的生产计划,而且允许生产计划的随时变更;在生产工程上,各种零部件被放置在生产线旁的规定位置,不同的零部件以小批量的方式混合装载搬运。显然,平准化生产的一个重要之处在于物料或上端产品的采购必须是即时化的,亦即采购部门根据生产经营的情况形成订单时,供应商立刻着手准备作业,与此同时,在详细采购计划编制的过程中,生产部门开始调整生产线,做到敏捷生产,在订单交给供应商的时候,上游厂商以最短的时间将最优的产品交付给用户。所以,即时采购是整个即时制生产管理体系中的重要一环。

2) 即时销售

对于生产企业而言,物流管理的另一个重要机能就是销售物流。在构筑企业自身的物流系统、确立即时销售过程中,生产企业与零售企业出现了不同的发展趋势。对于生产企业而言,推行即时销售一个最明显的措施是实行厂商物流中心的集约化,即将原来分散在各分公司或中小型物流中心的库存集中到大型物流中心,通过数字化备货或计算机等现代技术实现进货、保管、在库管理、发货管理等物流活动的效率化、省力化和智能化,原来的中小批发商或销售部以转为厂商销售公司的形式专职从事销售促进、零售支持或订货等商流业务,从而提高销售对市场的反应能力以及对生产的促进作用;而在零售企业当中,物流中心有分散化、个性化发展的趋势,即物流系统的设立应充分对应一定商圈内店铺运营的需要,只有这样才能大大提高商品配送、流通加工的效率,减少销售中的损失,同时也使物流服务的速度迅速提高。当然,还应当看到的是,即时销售体制的建立除了通常所说的物流系统的构建外,信息系统的构筑也是必不可少的。如今很多企业一方面通过现代信息系统提高企业内部的销售物流效率(如POS系统、数字库存管理系统等);另一方面,也积极利用EOS、EDI等在生产企业与批发企业或零售企业之间实现订、发货自动化,真正做到销售的在线化、正确化和即时化。

11.6.3 协同或一体化物流战略

协同或一体化物流是打破单个企业的绩效界限,通过相互协调和统一,创造出最适宜的物流运行结构。在如今流通形式多样化的情况下,各经济主体都在构筑自己富有效率的物流体系,因而反映到流通渠道中必然会积极推动有利于自身的物流活动和流通形式,这无疑会产生经济主体间的利益冲突。除此之外,不同规模的企业也会因为单个企业物流管理的封闭性产生非经济性。随着消费者消费个性化、多样化的发展,客观上要求企业在商品生产、经营和配送上必须充分对应消费者不断变化的趋势,这无疑大大推动了多品种、少批量、多频度的配送,而且这种趋势会越来越强烈。在这种即时化物流的背景下,一些中小型的企业面临着经营成本上升和竞争的巨大压力,一方面由于自身规模较小,不具备商品即时配送的能力,也没有相应的物流系统;另一方面,由于经验少、发展时间短等各种原因,也不拥有物流服务所必需的技术,因此,难以适应如今多频度、少量配送的要求。即使有些企业具有这些能力,出于经济上的考虑,也要等到商品配送总和能达到企业配送规模经济要求才能够开展,这又有悖于即时化物流的宗旨。面对上述问题,作为企业物流战略发展的新方向,旨在弥合流通渠道中企业间对立或企业规模与实需对应矛盾的协同或一体化物流应运而生。目前协同或一体化物流战略主要有以下三种形式。

1)横向协同物流战略

所谓横向协同物流是指同产业或不同产业的企业之间就物流管理达成协调、统一运营的机制。

2)纵向协同物流战略

纵向协同物流战略是流通渠道不同阶段企业相互协调,形成合作性、共同化的物流管理系统。这种协同作业所追求的目标不仅是物流活动的效率性(即通过集中作业实现物流费用的递减),而且还包括物流活动的效果性(即商品能迅速、有效地从上游企业向下游企业转移,提高商品物流服务水准)。

3)通过第三方物流实现协同化

这种方式是通过协调企业之间的物流运输和提供物流服务,把企业的物流业务外包给专门的物流管理部门来承担。它提供了一种集成物流作业模式,使供应链的小批量库存补给变得更经济,而且还能创造出比供方和需方采用自我物流服务系统运作更快捷、更安全、更高服务水准,且成本相当或更低廉的物流服务。

11.6.4 高度化物流战略

1)全球化物流战略

当今,企业经营规模不断扩大,国际化经营不断延伸,出现了一大批立足于全球生产、全球经营和全球销售的大型全球型企业。这些企业的出现不仅使世界上都在经营、消费相同品牌的产品,而且产品的核心部件和主体部分也趋向于标准化。在这种状况下,全球型企业要想取得竞争优势,获取超额利润,就必须在全球范围内配置、利用资源,通过采购、生产、营销等方面的全球化实现资源的最佳利用,发挥最大的规模效益。

2)互联网物流战略

现代信息技术的发展,特别是互联网迅速向市场渗透,正在促使企业的商务方式发生改变。由于互联网具有公开标准、使用方便、低成本和标准图形用户界面（GUI）等特点，利用互联网的物流管理具有成本低、实时动态性和顾客推送的特征。互联网物流战略表现在，一方面通过互联网这种现代信息工具，进行网上采购和配销，简化了传统物流烦琐的环节和手续，使企业对消费者需要的把握更加准确和全面，从而推动产品生产的计划安排和最终实现基于顾客订货的生产方式（Build-TO-Order，简称 BTO），以便减少流通渠道各个环节的库存，避免出现产品过时或无效的现象；另一方面，企业利用互联网可以大幅度降低交流沟通成本和顾客支持成本，增强进一步开发现有市场的新销售渠道的能力。如今，互联网物流作为物流管理的一种新趋势正在企业实践中广为应用，如通用、丰田等都在积极推动互联网物流的发展。这里应当提出的是，互联网物流的兴起并不是彻底否定了此前的物流体系和物流网络，相反，它们是相互依存的，这是因为虚拟化企业之间的合作必然在实践中产生大量的实体商品的配送和处理，而这些管理活动必须以发达的物流网络为基础才能够实现，或者说互联网物流是建立在发达的实体物流网络基础之上的。现在一些优秀的企业都在探索如何将这两者的优势有机地结合在一起。

3）绿色物流战略

从经济可持续发展的角度看，伴随着大量生产、大量消费而产生的大量废弃物对经济社会产生了严重的消极影响，这不仅因为废弃物处理的困难，而且还表现在容易引发社会资源的枯竭和自然环境的恶化。所以，如何保证经济的可持续发展是所有企业在经营管理中必须考虑的重大问题，对于企业物流管理而言也是如此。具体来讲，要实现上述目标，从物流管理的角度看，不仅要在系统设计或物流网络的组织上充分考虑企业的经济利益（即实现最低的配送成本）和经营战略的需要，同时也要考虑商品消费后的循环物流，这包括及时、便捷地将废弃物从消费地转移到处理中心，以及在产品从供应商转移到最终消费者的过程中减少容易产生垃圾的商品的出现。除此之外，还应当考虑如何使企业现有的物流系统减少对环境所产生的负面影响（如拥挤的车辆、污染物排放等）。显然，要解决上述问题，需要企业在物流安排上有一个完善、全面的规划，诸如配送计划、物流标准化、运输方式等，特别是在设计物流管理体系时，企业不能仅仅考虑自身的物流效率，还必须与其他企业协同起来，从综合管理的角度，集中合理地管理调达、生产和配送活动。

11.7　中国国际物流发展战略

11.7.1　"一带一路"的发展倡议

"一带一路"分别指的是丝绸之路经济带和21世纪海上丝绸之路。初步估算，"一带一路"沿线总人口约44亿，经济总量约21万亿美元，分别约占全球的63%和29%。"一带一路"作为中国首倡、高层推动的国家倡议，对我国现代化建设和屹立于世界的领导地位具有深远的影响。"一带一路"倡议构想的提出，契合沿线国家的共同需求，为沿线国家优势互补、开放发展开启了新的机遇之窗，是国际合作的新平台。"一带一路"倡议在平等的文化认同框架下谈合作，是国家的战略性决策，体现的是和平、交流、理解、包容、合作、共赢的精神。

"一带一路"倡议将是上海经济合作组织、欧亚经济联盟、中国—东盟（10＋1）、中日韩自贸区等国际合作的整合升级，也是我国发挥地缘政治优势，推进多边跨境贸易、交流合作的重要平台。构想提出丝绸之路沿线国家合力打造平等互利、合作共赢的"利益共同体"和"命运共同体"的新理念；描绘出一幅从波罗的海到太平洋、从中亚到印度洋和波斯湾的交通运输经济大走廊，其东西贯穿欧亚大陆，南北与中巴经济走廊、中印孟缅经济走廊相连接的新蓝图。

我国对外开放2.0版本：改革开放40多年来，我国对外开放取得了举世瞩目的伟大成就，但受地理区位、资源禀赋、发展基础等因素影响，对外开放总体呈现东快西慢、海强陆弱格局。"一带一路"倡议将构筑新一轮对外开放的"一体两翼"，在提升向东开放水平的同时加快向西开放步伐，助推内陆沿边地区由对外开放的边缘迈向前沿。遵循和平合作、开放包容、互学互鉴、互利共赢的丝路精神，中国与沿线各国在交通基础设施、贸易与投资、能源合作、区域一体化、人民币国际化等领域，必将迎来一个共创共享的新时代。

我国成为世界强国的重要路径："一带一路"倡议是我国构筑国土安全发展屏障，摆脱以美国为首国家的不平等国际贸易谈判，寻求更大范围资源和市场合作的重大倡议，这是中国在近200年来首次提出以中国为主导的洲际开发合作框架，将彻底摆脱原来依附大国、被动挨打的地缘政治局面。

11.7.2 亚投行

对中国来说，西部内陆将成为对外开放的前沿，有助于最贫穷地区缩小与东部沿海发达地区的差距，实现区域均衡发展。在"一带一路"区域内，通过基础设施投资，进行要素和资源整合，提升各国竞争优势，形成包括贸易、国际物流、产业加工、商贸服务的国际贸易产业链，最终可能发展成为亚欧共同经济带，可能改变世界经济的现有格局。

亚投行的出现是世界经济重心向亚洲区域转移的必然结果。世界经济曾经历了中国与朝贡体系、英国与金本位制、美国与美元本位制等几次转换。随着世界经济的重心转移至亚洲，现行秩序显然已经不适应其发展的要求。布雷顿森林体系崩溃以来世界经济危机周期性发生，目前各国还挣扎在经济低迷之中。中国的"一带一路"倡议和亚投行的设想顺应了世界经济重心转移和发展的潮流，赢得了广泛欢迎。

亚投行作为"一带一路"的投融资平台，能够帮助"一带一路"不断深化互联互通建设，提高"一带一路"区域的投资能力和分散投资风险，并平衡多个国家在该地区的利益。这将帮助拉动这些国家的经济复苏，对于全球经济的可持续发展非常重要，也必然带来全球经济格局的深刻调整。

课 后 练 习

1. 简述国际贸易与国际物流的关系。
2. 简述国际物流系统概念及构成。
3. 国际物流的特点有哪些？

参考文献

[1] 王庆云.东方物流与西方 Logistics[J].交通运输系统工程与信息,2002,2(2):63-66.
[2] 董千里.高级物流学[M].北京:人民交通出版社,1999.
[3] 于刃刚.网络经济[M].石家庄:河北人民出版社,2001.
[4] 丁立言,张铎.物流系统工程[M].北京:清华大学出版社,2000.
[5] 肖翔,肖雪悦,李晓月,等.新型高铁列车推进高铁运输与现代物流的融合问题[J].长安大学学报(社会科学版),2018,20(1):18-27.
[6] 丁万斌.铁路货运与现代物流融合发展[J].长安大学学报(社会科学版),2018,20(1):28-37.
[7] 李宝珠,王颖.基于ANP的企业物流外包服务评价研究[J].中国农机化,2010(2):89-92.
[8] 彭本红,罗明,周叶.物流外包中的最优契约分析[J].软科学,2007,21(1):26-28,36.
[9] 刘福华,陶杰,黄秀娟.企业物流外包的风险与防范[J].物流科技,2005,28(7):1-3.
[10] 黄玉华.基于资源基础理论的物流外包决策研究[D].兰州:兰州理工大学,2009.
[11] 黄赪.金恒利公司物流外包服务水平提升策略研究[D].广州:华南理工大学,2010.
[12] 徐娟,刘志学.基于实物期权的物流外包成本风险研究[J].系统工程,2007,25(12):30-33.
[13] 熊吉陵,雷霆.中小企业物流外包的动因及策略简析[J].中国市场,2008(2):59-60.
[14] 李桂艳.物流外包风险的防范策略[J].经济与管理,2008,22(5):79-82.
[15] 杨淼,邵鲁宁.浅析物流外包[J].上海管理科学,2004(3):31-32.
[16] 涂筱兰.生态坊化妆品有限公司物流外包研究[D].武汉:华中科技大学,2004.
[17] 陈文粤.成都可口可乐饮料有限公司物流外包研究[D].成都:西南交通大学,2007.
[18] 戴一兵.广州地铁运营物资采购物流外包研究[D].广州:华南理工大学,2009.
[19] 宗涛.外包关系对制造企业物流外包绩效的影响[D].西安:西安理工大学,2009.
[20] 田宠.家具企业物流外包的策略研究[D].南京:南京林业大学,2010.
[21] 张洁.基于WNN的企业物流外包风险预测研究[D].邯郸:河北工程大学,2009.
[22] 刘健.基于委托代理理论的物流外包激励机制研究[D].北京:清华大学,2009.
[23] 姚卓顺,鲁雅萍.基于企业物流外包的第三方物流选择[J].科技和产业,2010,10(8):89-91,95.
[24] 田宇.从物流外包到物流联盟:契约机制体系与模型[J].国际贸易问题,2007(2):29-33.
[25] 罗勇,卿海锋.物流外包和自营物流的比较分析——以新一佳超市有限公司为例[J].物流技术,2007,26(5):16-17,51.
[26] 赵卫华.物流外包——烟草商业物流的方向[J].贵州工业大学学报(社会科学版),2008(5):33-34,37.
[27] 袁志锋.企业物流外包与物流企业博弈探析[J].中国市场,2008(10):52-53.
[28] 洪怡恬,李晓青.企业物流外包风险预警指标体系的构建及外包风险分析与评价[J].物流技术,2008,29(9):101-104.
[29] 顾睿.生产企业物流外包中甄选最佳第三方物流供应商模型研究[D].武汉:武汉科技大学,2008.
[30] 曾叶.物流外包及物流绩效评价研究[D].杭州:浙江工业大学,2006.
[31] 陈志.制造业物流成本核算及物流外包决策研究[D].大连:大连海事大学,2007.
[32] 马鹏,刘斌,徐国强,等.企业物流业务外包的双向选择模型[J].华北水利水电学院学报,2006,27(1):110-112.

[33] 招莉莉.供应链管理环境下的港口企业物流服务外包[D].长沙:中南大学,2009.
[34] 阮栩.物流外包好看不好吃?[N].信息时报,2003-01-23(C04).
[35] 程凯媛.企业物流业务外包中存在的问题及解决方法[J].物流科技,2009,32(2):121-122.
[36] 田宇,阎琦.物流外包关系中物流服务需求方信任的影响因素研究[J].国际贸易问题,2007,293(5):29-33.
[37] 胡从旭.基于价值链的企业物流业务外包问题探讨[J].物流科技,2008,31(11):79-81.
[38] 刘联辉,王坚强.企业物流外包风险分析及其防范[J].湖南工程学院学报(社会科学版),2005,15(4):21-23.
[39] 王淑云.物流外包的效益及外包区域分析[J].公路交通科技,2004,21(8):129-133.
[40] 鲁松,时琪.淮矿物流大市场"第三方物流外包"成功运作[N].淮南日报,2008-08-10(001).
[41] 杨树果.物流外包决策的模糊综合评价[J].黑龙江八一农垦大学学报,2010,22(4):89-91.
[42] 俞仲秋.当代物流外包中企业战略关系矩阵的探索与研究[J].物流科技,2011,34(4):45-47.
[43] 俞仲秋.当代物流外包中有效沟通系统模型研究[J].物流技术,2011,30(2).
[44] 杨涛,孙军伟.物流外包风险管理研究现状述评[J].价值工程,2011,30(13):31.
[45] 虞上尚,刘丹.基于承包商视角的物流外包风险分析与对策研究[J].物流技术,2011,30(7):19-21,67.
[46] 王宇楠.基于企业生命周期的物流外包策略研究[J].辽宁工业大学学报(自然科学版),2011,31(2):128-131.
[47] 周立军.企业物流外包风险分析与控制研究[J].物流技术,2010,29(11):119-121.
[48] 郑平,何雪君.物流外包业务的风险矩阵模型[J].上海海事大学学报,2011,32(1):80-85.
[49] 李朝敏.浙江省制造企业物流外包程度影响因素及对策研究[J].嘉兴学院学报,2011,23(2):42-48.
[50] 陈兰芳,吴刚.基于委托-代理理论的逆向物流外包模式研究[J].数学的实践与认识,2010,40(7):14-19.
[51] 公彦德,李帮义.三级CLSC物流外包与废品回收的临界条件整合研究[J].管理工程学报,2010,24(2):124-129.
[52] 周湘峰.生产企业物流外包决策行为分析[J].华东经济管理,2010,24(5):109-111.
[53] 刘艳锐,孙福田,索瑞霞,等.基于效益最优的企业物流外包决策的量化研究[J].数学的实践与认识,2010,40(10):40-45.
[54] 怀劲梅,颜慧.基于供应链环境的物流外包风险研究[J].物流工程与管理,2010,32(6):81-82.
[55] 余泳泽,马欣.物流外包中专用性资产投资不足的治理模式研究[J].物流技术,2010,29(6):238-241,244.
[56] 包祖琦,杨斌.非对称信息下企业的物流外包服务商数量选择模型[J].物流技术,2010,29(6):211-214.
[57] 方骥.物流与商流融合:颇具活力的现代物流业态——兼谈传统储运业的发展趋向[J].中国储运,2007(2):89-91.
[58] 谭建华.整合为手段提升为目标——探索传统储运企业向现代物流企业的转变[J].商品储运与养护,2006,28(1):28-31.
[59] 李宪春.传统储运如何向现代物流转化[J].北京物资流通,2006(4):43-45.
[60] 华细玲,吴倩.传统储运业向现代物流业转型的几点思考[J].价格月刊,2006(3):23-24.
[61] 尹红璋,兰兴旺,魏正伟.论传统储运业向现代物流的转化[J].物流技术,2004(4):19-20,31.
[62] 杨华.传统储运怎样向现代物流演变[J].中国储运,2005(2):33-34.
[63] 林琳,林海北.传统储运企业的"二次创业"[J].商场现代化,2007(7):113-115.
[64] 慕寒.传统储运企业的中国式转型[J].市场周刊(新物流),2007(10):4-7.
[65] 单正兵.传统仓储业与现代物流[J].市场周刊(新物流),2007(1):20-21.

[66] 王奕俊.传统储运企业的转型之路[J].市场周刊(新物流),2006(5):28.

[67] 刘飞燕.传统物流企业转型的实施问题探讨[J].成组技术与生产现代化,2006,23(3):22-25.

[68] 现代物流与传统储运的区别[J].水路运输文摘,2006,(Z1).

[69] 梁娟.传统储运企业向现代物流企业转型的策略研究——基于资源整合和核心能力[J].物流科技,2006,29(3):1-3.

[70] 李兰冰,刘秉镰.传统交通运输企业如何向现代物流企业转型[J].物流技术,2005(4):15-18.

[71] 刘颖.交通运输企业向第三方物流转型的战略思考[J].世界海运,2003,26(3):25-26.

[72] 程欣.论传统仓储企业如何向现代物流企业转变[J].中国储运,2007(9):59-60.

[73] 段李杰.国有物流企业向现代物流的战略转型的思考[J].湖北经济学院学报(人文社会科学版),2007(12):50-51.

[74] 中国物流业进入新的发展阶段[J].北京物资流通,2007(1).

[75] 我国物流业高成本快速发展[J].北京物资流通,2007(1).

[76] 戴小芳.浅谈降低物流成本的途径[J].涟钢科技与管理,2008(1):60.

[77] 物流业已成为中国现代服务业发展的重要基础产业[J].北京物资流通,2006(4).

[78] 陈显宝.物流企业发展的"四化"[J].北京物资流通,2006(2).

[79] 赵海林.世界物流政策的改革创新及调整趋向[J].宝鸡社会科学,2007(2):16-20.

[80] 曹砚.抓住机遇,促进物流行业发展[J].北京物资流通,2006(3).

[81] 李艳丽.我国企业物流成本控制问题研究综述[J].财经政法资讯,2006(4).

[82] 吴明.供应链一体化时代的物流管理[J].北京物资流通,2007(4).

[83] 李珊珊,刘立萍,王耀球.对我国物流产业的几点认识[J].中国物流与采购,2003(9):36-37.

[84] 武钧,贾春雷.物流产业的发展研究[J].内蒙古科技与经济,2005(9):159.

[85] 崔介何.物流产业的机遇和挑战[J].当代经理人,2001(1).

[86] 钱厚源.我国物流产业的兴起及发展途径[J].大众科技,2004(4):8-9.

[87] 舒辉.政府对物流产业管制问题的探讨[J].商业研究,2004(23):179-189.

[88] 刘远祥.试论水矿集团物流产业的发展[J].煤炭企业管理,2003(10):44-45.

[89] 夏辉.物流产业发展中的政府因素[J].商业时代,2004(3):52-53.

[90] 李学工.论物流产业对国民经济的贡献[J].北京工商大学学报(社会科学版),2003(6):1-4.

[91] 黄小彪,黄曼慧.关于我国物流产业发展的思考[J].商讯商业经济文荟,2005(1):66-70.

[92] Wang Y, Zhang J, Guan X Y, et al. Collaborative multiple centers fresh logistics distribution network optimization with resource sharing and temperature control constraints[J]. Expert Systems With Applications, 2021:165.

[93] Liu W H, Wang S Y, Dong D, et al. Evaluation of the intelligent logistics eco-index: Evidence from China[J]. Journal of Cleaner Production,2020,274:123-127.

[94] 居永梅.跨境电商第三方物流选择的风险识别与评估[J].商业经济研究,2020(12):82-84.

[95] 陈龙,黎英,刘沩.基于大数据库的物流共享包装设计研究[J].包装工程,2020,41(10):205-210.

[96] 谢雨蓉,高咏玲,王庆云.经济全球化背景下的国际物流格局演变[J].宏观经济研究,2020(2):102-111.

[97] 陶章,乔森."一带一路"国际贸易的影响因素研究——基于贸易协定与物流绩效的实证检验[J].社会科学,2020(1):63-71.

[98] 李军.跨境电商背景下我国国际物流系统优化[J].对外经贸实务,2019(12):90-92.

[99] Chan H K, Dai J, Wang X J, et al. Logistics and supply chain innovation in the context of the Belt and Road Initiative (BRI)[J]. Transportation Research Part E,2019,132:51-56.

[100] Yang A M, Li Y F, Liu C S, et al. Research on logistics supply chain of iron and steel enterprises based

on block chain technology[J]. Future Generation Computer Systems, 2019, 101:635-645.

[101] Chen D Q, Ignatius J, Sun D Z, et al. Reverse logistics pricing strategy for a green supply chain: A view of customers' environmental awareness[J]. International Journal of Production Economics, 2019, 217:197-210.

[102] Shen B, Xu X Y, Guo S. The impacts of logistics services on short life cycle products in a global supply chain[J]. Transportation Research Part E, 2019:131.

[103] 张敏洁.国内外物流业新业态发展研究[J].中国流通经济,2019,33(9):29-41.

[104] 宾厚,王欢芳,谢国杰.分享经济下企业实施众包物流的影响因素研究[J].管理评论,2019,31(8):219-229.

[105] 赵胜利,师宁,李泽萍,等."互联网+"背景下现代物流网络体系构建[J].科技管理研究,2019,39(13):205-210.

[106] 曾欣韵,闵婕.第三方物流整合与物流服务质量、企业运营绩效相关性分析[J].商业经济研究,2019(12):90-93.

[107] 周艳.跨境电商第三方物流企业核心竞争力研究[J].价格月刊,2019(6):72-76.

[108] 高志军,邵晴晴,朱卫平.第三方物流嵌入全球供应链的网络协调者作用[J].企业经济,2019(5):92-101.

[109] 吴爱萍.中国物流发展历程及其演变——基于绿色发展理念[J].价格月刊,2019(4):59-62.

[110] 李佳.基于大数据云计算的智慧物流模式重构[J].中国流通经济,2019,33(2):20-29.

[111] George Yarusavage. Global Logistics and Supply Chain Management[J]. Transportation Journal, 2018, 57(4):464-466.

[112] Kain R, Verma A. Logistics management in supply chain-an overview[J]. Materials Today: Proceedings, 2018, 5(2):3811-3816.

[113] 吴迪,徐健,曹路园,等.自动化立体仓库技术在冷链仓储物流行业的应用[J].制造业自动化,2018,40(5):38-40.

[114] 季逸清,石峃然.物流外包企业、第三方物流企业与政府之间的演化博弈[J].商业经济研究,2018(9):107-109.

[115] 孙芳."一带一路"视域下国际物流服务贸易发展战略[J].商业经济研究,2017(21):85-87.

[116] 高志军,朱卫平,陈圣迪.物流服务供应链整合研究[J].中国流通经济,2017,31(10):46-54.

[117] 赵泉午,赵军平,林娅.基于O2O的大型零售企业城市配送网络优化研究[J].中国管理科学,2017,25(9):159-167.

[118] 王娟娟,杜佳麟."一带一路"区域绿色物流体系构建及路径探索[J].中国流通经济,2017,31(6):27-36.

[119] 王道平,徐展,杨岑.基于两阶段启发式算法的物流配送选址-路径问题研究[J].运筹与管理,2017,26(4):70-75,83.

[120] 陈耀庭,黄和亮.我国生鲜电商"最后一公里"众包配送模式[J].中国流通经济,2017,31(2):10-19.

[121] 李玉鹏,魏俊美,王召同,等.冷链物流"最后一公里"快速配送方法研究[J].工业技术经济,2017,36(1):51-60.

[122] 梁海红."互联网+"时代物流配送中心选址优化模型构建[J].统计与决策,2016(22):51-53.

[123] 张夏恒,郭海玲.跨境电商与跨境物流协同:机理与路径[J].中国流通经济,2016,30(11):83-92.

[124] 吴鹏飞,邓爱民,杨葱葱,等.连锁超市配送中心逆向物流量及其库存成本模型研究[J].中国管理科学,2016,24(10):78-85.

[125] 孙芳.基于跨境电商环境的国际物流模式探讨[J].商业经济研究,2016(18):106-107.

[126] 陈俊梅,石宇强.基于知识的智能制造物流系统平台研究[J].机械设计与制造,2016(9):192-196.

[127] 王成金,李国旗.国际物流企业进入中国的路径及空间网络[J].人文地理,2016,31(4):72-79.
[128] 武淑萍,于宝琴.电子商务与快递物流协同发展路径研究[J].管理评论,2016,28(7):93-101.
[129] 乐雄平.电商企业包装物逆向物流回收模式研究[J].商业经济研究,2016(14):73-74.
[130] 张沈青.低碳经济下物流运行模式探析[J].当代经济研究,2016(7):92-96.
[131] 鲁旭.基于跨境供应链整合的第三方物流海外仓建设[J].中国流通经济,2016,30(3):32-38.
[132] Young H L. Smart logistics and global supply chain management[J]. Maritime Economics & Logistics, 2016,18(1):1-2.
[133] 苗治国,杨倩洪,王文杰.铁路现代综合物流园功能建设和运作模式研究[J].铁道运输与经济,2016, 38(1):1-5.
[134] 庞燕.跨境电商环境下国际物流模式研究[J].中国流通经济,2015,29(10):15-20.
[135] 公彦德,达庆利.闭环供应链主导模式与物流模式的组合研究[J].管理科学学报,2015,18(10):14-25.
[136] 马正英,杨凡.我国国际物流发展对国际贸易的影响研究[J].价格月刊,2015(8):43-45.
[137] 张锦,陈义友.物流"最后一公里"问题研究综述[J].中国流通经济,2015,29(4):23-32.
[138] 张夏恒,马天山.中国跨境电商物流困境及对策建议[J].当代经济管理,2015,37(5):51-54.
[139] 戴君,谢珂,王强.第三方物流整合对物流服务质量、伙伴关系及企业运营绩效的影响研究[J].管理评论,2015,27(5):188-197.
[140] 王昕天.国际物流绩效影响因素的作用机理[J].技术经济,2015,34(1):89-94.
[141] 赵晓敏,高方方,林英晖.基于顾客退货的闭环供应链运作绩效研究[J].管理科学,2015,28(1):66-82.